吉林省文化创意产业
发展规划研究

刘贵富 康启鹏/著

吉林大学出版社
·长春·

图书在版编目（CIP）数据

吉林省文化创意产业发展规划研究 / 刘贵富，康启
鹏著 . —— 长春：吉林大学出版社，2022.11
　（吉林省文化 IP 赋能产业高质量发展研究）
　ISBN 978-7-5768-0926-8

　Ⅰ．①吉… Ⅱ．①刘… ②康… Ⅲ．①文化产业—产
业发展—研究—吉林 Ⅳ．① G127.34

中国版本图书馆 CIP 数据核字 (2022) 第 200927 号

书　　　名　吉林省文化创意产业发展规划研究
　　　　　　JILIN SHENG WENHUA CHUANGYI CHANYE FAZHAN GUIHUA YANJIU

著　　　者　刘贵富　康启鹏　著
策划编辑　李卓彦
责任编辑　杨　宁
责任校对　安　萌
装帧设计　张沐沉
出版发行　吉林大学出版社
社　　址　长春市人民大街 4059 号
邮政编码　130021
发行电话　0431-89580028/29/21
网　　址　http://www.jlup.com.cn
电子邮箱　jdcbs@jlu.edu.cn
印　　刷　吉林省科普印刷有限公司
开　　本　787mm×1092mm　　　　1/16
印　　张　20.125
字　　数　350 千字
版　　次　2022 年 11 月　第 1 版
印　　次　2022 年 11 月　第 1 次
书　　号　ISBN 978-7-5768-0926-8
定　　价　180.00 元

前 言

本著作是吉林省社科基金重点项目——吉林省特色新文创 IP 全产业链体系构建及应用研究、吉林省科技厅创新发展战略项目——吉林省"一主六双"文化创意产业体系构建及发展战略研究、吉林省乡村文化产业振兴路线图与实现机制研究、吉林省教育厅重大招标项目——吉林省文化产业链开发模式研究、吉林省文化和旅游厅重大委托项目——吉林省文化产业"十四五"发展规划研究、吉林省文化产业链和旅游产业链深度融合机制研究、吉林省市场监管厅地方标准项目——文化产业特色乡(镇)村评定规范、长春市文化广电和旅游局重大委托项目——长春"六城联动"之文化创意城总体工作方案、实施方案研究等系列研究成果之一。

课题主要调研成果：为完成以上课题研究工作，课题组于 2020 年 12 月 18 日—2021 年 12 月，驱车 6000 千米，历时 30 天，对全省各地市州文化产业发展状况开展了系统摸底调研；掌握了吉林省及长春市文化产业发展真实状况，为相关课题研究提供了第一手资料。完成了《吉林省文化创意产业发展状况调研报告》《长春市文化创意产业发展状况调研报告》两份调研报告；完成了吉林省文化创意企业数据库、长春市文化创意企业数据库两个数据库的建设工作。

课题主要应用成果：编制完成了《吉林省文化产业"十四五"发展规划》(2021—2025)、《吉林省文化和旅游发展"十四五"规划》(文化产业部分)(2021—2025)，已被吉林省文化和旅游厅、吉林省人民政府采纳；编制完成了吉林省地方标准《文化产业特色乡(镇)村评定规范》，已被吉林省文化和旅游厅、吉林省市场监管厅采纳；编制完成了《长春"六城联动"之文化创意城》综合研究报告、总体工作方案、实施方案等全部文案，被长春市文化广电和旅游局采纳。

课题主要理论成果：系统阐述了吉林省文化创意产业发展状况，构建了吉林省"一主六双"文化创意产业发展体系，提出了"一核引领、一极带动、一区协同、三带辐射"的吉林省文化创意产业发展空间布局，制定了"十四五"期间吉林省文化创意产业链强链优链十大行动计划、吉林省乡村文化产业发展五年行动计划，系统构建了吉林省文化产业特色乡（镇）村评定规范。在系统分析长春文化资源禀赋的基础上，构建了基于"六个融合"的长春文化创意产业5×6矩阵文化体系，提出了长春文化创意城是由影视文化创意城、冰雪文化创意城、雕塑文化创意城、汽车文化创意城、高铁文化创意城、航空航天文化创意城、松花石文化创意城、元宇宙文化创意城等若干子城构成的文化创意子城集群的全新观点，研究制定了长春文化创意城总体工作方案、实施方案、发展战略、保障体系。提出的长春文化基因解码的"六大工程"，为长春文化创意城建设体系构建厘清了文脉溯源思路；提出文化生产的是精神产品，精神产品需要物质载体来支撑，需要文化事业和文化产业双轮来驱动理论为文化创意城建设体系构建厘清了理论思路。从长春市文化产业发展战略高度，构建了长春文化创意城实施纲要总纲，为长春文化创意城实施纲要编写，为长春17个县市区文化创意城建设提供了总体思路。

目 录

第一章
吉林省文化产业发展现状分析

一、吉林省文化产业发展状况摸底调研

为全面系统掌握全省文化产业发展状况，吉林省文化和旅游厅于 2020 年 12 月下发了吉林省文化和旅游厅《关于开展全省文化产业发展情况摸底调研工作的通知》（吉文旅发〔2020〕474 号），同时派省文化产业"十四五"规划专家组深入全省各地进行实地调研。省文旅厅文化产业"十四五"规划专家组在 2020 年 12 月 18 日接到编写规划任务后，于 12 月 20 日到 1 月 6 日驱车 4800 公里历时 18 天对全省各个地区文化产业进行了摸底调研，覆盖吉林省内各地市州，走访了 56 个文化产业典型调研点位，拜访了全省各地文旅局领导和 12 位文化产业行业协会、学会、商会负责人，与 50 余位文化产业企业家进行了深度座谈，召开了 8 场文化产业沙龙，查阅了近 120 万字的文献资料，同步向全省征集了 100 余个文化产业重点项目，创建了全省文化产业重点企业库。全面掌握了我省文化产业企业、文化产业园区、文化产业基地运营管理状况。在此基础上，编制完成了《吉林省文化产业"十四五"发展规划》《吉林省文化和旅游发展"十四五"规划》（文化产业部分），同时完成了 15 份调研报告。

二、吉林省文化产业发展主要成绩

按国家统计局《文化及相关产业分类（2018）》，文化产业共包括 9 个大类、43 个中类、147 个小类，文化和旅游厅负责其中 1 个中类、10 个小类（演艺、动漫等）。2018 年全省文化及相关产业增加值 175.8 亿元（占全省 GDP1.6%），其中文化和旅游厅负责的为 18.74 亿元，占 10.6%；规模以上企业 240 家，文化和旅游厅负责 11 家，占 4.5%。

（一）市场主体竞相发展

目前，全省共有文化产业园区、基地 69 个，其中：国家级文化产业示范园区 1 个，国家级文化产业示范基地 11 个，省级文化产业示范园区 14 个，省级文化产业示范基地 41 个，省级文化产业试验园区 2 个；各类文化经营企业（场所）4000 余家。东北亚文化创意科技园被国家文旅部命名为"国家级文化产业示范园区"（全国 9 家）。

（二）消费带动作用凸显

长春市荣膺全国首批文旅消费示范城市（全国 15 个），吉林市、通化市被确定为全国首批文旅消费试点城市（全国 60 个），文旅消费对地方经济增长的综合带动作用不断增强。

（三）数字文化创新提升

中国（长春）动漫艺术博览会连续举办十六届，搭建了国际化的数字文化展示推广平台；吉林动画学院获中国文化艺术政府奖第三届动漫奖"最佳动漫教育机构"奖；全省动漫认证企业达 9 家；我省动漫企业出品的《参娃与天池怪兽》成为全国第一部主打冰雪产业、宣传吉林本土文化的动画电影。

（四）企业数据不断完善

据 2021 年 1 月开始编制我省"十四五"文化产业规划期间进行的全省调研结果，共 120 家企业被纳入我省重点文化产业企业库。2021 年 8 月 12 号，吉林省文化和旅游厅文化产业研究基地组织各地新一轮申报文化企业入库入统，据统计，新增敦化市渤海部落柳编工艺品专业合作社等 21 家文化企业，其中长春市 2 家、吉林市 6 家、辽源 1 家、松原市 3 家、通化市 3 家、延边州 5 家、白山市 1 家；从文化企业类别来看，演艺业 2 家、动漫业 3 家、工艺美术业 5 家、创意设计业 6 家、文化会展业 3 家、文旅融合业 1 家、产业园区 1 家。到目前为止，我省重点文化企业库共有 141 家企业，涵盖了文旅厅分管的所有细分行业。8 月 18 号，省文化产业"十四五"规划编研组又从省统计局获取了全省 4285 家文化和旅游企业名录。经省文化和旅游厅文化产业基地专家分类统计分析，各细分行业企业数量如下表所示，省文化和旅游厅文化产业基地专家组又于 9 月深入全省各地，对这些企业进行实地调研，创建吉林省文化和旅游厅文化企业数据库。

表1-1 吉林省文化产业企业数量统计表

序号	产业名称	数量	序号	产业名称	数量
01	演艺业	257	08	文化装备制造业	2
02	娱乐业	1234	09	数字文化产业	65

序号	产业名称	数量	序号	产业名称	数量
03	动漫业	13	10	文旅融合产业	206
04	创意设计业	24	11	文化产业园区	4
05	艺术品业	23	12	温泉酒店	31
06	工艺美术业	224	13	自驾车露营地	4
07	文化会展业	5	14	总计	2092

三、吉林省文化产业存在的主要问题

（一）产业龙头企业少，产业链断点、痛点、难点较多

产业规模相对小，我省规模以上大型文化企业只有10家，其他均为较小规模的小微企业，具有市场影响力和能够拉动行业发展的骨干企业很少。

（二）知名企业家和文化工匠匮乏，企业原创动力不足

由于知名企业家稀缺，导致管理水平落后、原创动力不足。大多数文化企业采用作坊式、分散式的经营管理模式，缺乏现代经营管理的理念和资本运作能力；我省的文化工匠不仅数量少，而且行业分布不均匀，从而导致文化企业原创动力不足，严重制约了文化产业的发展。同时由于整体经济水平落后，激励机制配套不足，也造成了很多文化工匠与文化人才的流失。

（三）缺少好的内容创作，缺少独具特色的IP（Intellectual Property）

在"内容为王""超级IP为王"的时代，没有好的内容原创、优秀的超级IP，就无法获得用户的价值认同。我省有很多著名的作家、艺术家，但他们对市场不是十分了解，很难创作出既有思想性、艺术性、观赏性，又符合市场用户需求的精品力作。

（四）产业数字化转型较慢，数字文化产业刚刚起步

文化企业和企业家对以5G、大数据、云计算、人工智能等为代表的新一代信息技术缺乏深入了解，从而导致文化产业与新一代信息技术和产业融合发展深度不够，文化产业和科技相互赋能不足，严重制约了我省文化产业的高质量快速发展。

（五）新媒体营销渠道不畅，数字化营销矩阵正在构建中

全省文化产业企业很多位于较偏远的地区，从业者对新媒体运营、电子商务、直播带货还缺乏足够的了解，加之，文化产品量小利薄，文化中介营销商

不愿参与文化产业营销体系建设，目前尚未构建全省文化产品全媒体营销矩阵体系。

（六）行业协会功能缺位，文化产业数据库建设刚刚起步

文化产业企业多是小微企业，由于行业协会功能缺位，行业主管部门对很多企业发展实际状况很难全面系统掌握；政、行、校、企四位一体助推全省文化产业力度不够等，导致文化产业链出现盲点、断点与堵点。

（七）融资渠道较少，文化产业发展政策体系不够完善

主要表现在我省文化产业专项资金支持力度不够，文化产业税收优惠政策、用地优惠政策、房租补贴政策等文化产业政策等尚不够细化，企业融资渠道较少等。

四、吉林省文化产业高质量发展对策

（一）规划引领，科学编制文化产业"十四五"发展规划

本课题组团队高质量编制了《吉林省文化产业"十四五"发展规划》《吉林省文化和旅游发展"十四五"规划》（文化产业部分），对我省文化产业空间布局、健全现代文化产业体系、壮大文化产业市场主体、突出重点项目引领带动等方面做了明确部署。为切实发挥《规划》的引领作用，吉林省文旅厅逐步健全规划实施机制、完善产业政策法规、加大财政税收支持力度、加强专家智库建设，确保《规划》有序落位。

（二）以文化产业链为抓手，做强做优传统文化产业链

围绕产业链部署创新链，围绕创新链布局产业链，促进产业链和创新链精准对接。着眼于扩大终端消费，打造特色文化产品，不断完善供给体系。做强冰雪文化产业，推动文化创意与冰雪元素融合发展，创意制作开发吉林冰雪文化背景的各类出版物、游戏、动漫等，促进冰雪文化传播和品牌塑造。做大旅游演艺产业，突出打造延边州"阿里郎花"、松原市"查干湖"、吉林市"梦回乌拉"和"满韵清风"等具有民族特色的演艺品牌。做精松花石文化产业，推动成立松花石文化产业园区，举办松花石产业博览会（论坛），推进松花石文化的传承与发展。做优工艺美术产业，依托我省特有资源，重点培育松花石、长白石、集黄玉、农民画、刀油画、草编、柳编、剪纸、撕纸等工艺美术产业，着力提升工艺美术产品的工艺水平和艺术表现力。做亮动漫游产业，支持开发具有知识产权的动漫原创作品，鼓励优秀动漫内容产品进行全产业链立体开发，发展动漫品牌授权和形象营销，延伸动漫产业链和价值链。加快推动非遗保护

传承产业化，深化中国传统节日、民俗节庆活动内涵，提升传统民俗活动影响，作为吸引消费的增长点；将非遗产品打造成为旅游商品推广销售；推动非遗特色景区、非遗特色街区、非遗特色宾馆、非遗大酒店等非遗场景建设。

（三）全面落实文化产业数字化战略，推进数字文化产业快速发展

全面落实文化产业数字化战略，促进文化产业"上云用数赋智"，推进线上线下融合，推动文化产业全面转型升级，提高质量效益和核心竞争力。培育云演播业态。坚持线上线下融合、演出演播并举，支持建设在线剧院、数字剧场，推动文艺院团、演出经纪机构、演出经营场所数字化转型。鼓励文艺院团、文艺工作者、非物质文化遗产传承人在网络直播平台开展网络展演。提高线上制作生产能力，培育一批原生云演艺产品，惠及更多观众，拉长丰富演艺产业链。丰富云展览业态。支持文化文物单位与融媒体平台、数字文化企业合作，发展"互联网＋展陈"新模式，打造一批博物馆、美术馆数字化展示示范项目。推进文化会展行业数字化转型，引导支持举办线上文化会展，实现云展览、云对接、云洽谈、云签约，探索线上线下同步互动、有机融合的办展新模式。发展沉浸式业态。支持 VR/AR/MR、5G＋4K/8K 超高清、无人机等技术在文化领域应用，发展全息互动投影、无人机表演、夜间光影秀等产品。支持文化机构开发沉浸式体验项目、沉浸式旅游演艺、沉浸式娱乐体验产品。鼓励沉浸式业态与城市综合体、城市公共空间、旅游景区等相结合。数字文化与其他产业融合发展。以数字化推动文化和旅游融合发展，实现更广范围、更深层次、更高水平融合。推进数字文化产业与先进制造业、消费品工业、智慧农业融合发展，与金融、物流、教育、体育、电子商务等现代服务业融合发展。促进数字文化与社交电商、网络直播、短视频等在线新经济结合，发展旅游直播、旅游带货等线上内容生产新模式。推动数字文化产品和服务在公共文化场馆的应用，丰富公共文化空间体验形式和内容。

（四）搭建文化产业集聚发展平台，发挥平台示范作用

高标准创建一批国家级、省级文化产业示范园区（基地），特别是发挥东北亚文化创意科技园、吉林省广告创意文化产业示范园区等国家级园区的示范作用，围绕文化产业链创作、生产、传播、展示、消费等环节，将政策、土地、产业项目、综合服务等功能相结合，搭建文化全产业创新创业平台，打造文化产业资源集聚的有效载体，形成集聚功能，发挥产业间互补协同效应，带动产业链协同发展。

（五）开发文化产业数据库，建立文化产业动态监控体系

建立文化产业项目库。加大文化产业项目谋划储备力度，按照"谋划一批、

储备一批、推动一批、实施一批"的原则，对项目库实行清单管理、动态调整、滚动实施；做好项目谋划、策划、规划、计划工作，做好项目可行论证及与国土、生态等规划相衔接，推进符合全省文化产业发展规划的重大产品和设施项目。建立文化企业数据库，作为全省文化企业大数据分析平台，对文化企业的产品供应及消费市场的数据进行统计，研判文化产业发展趋势，为完善文化产业政策提供依据。

（六）培育文旅融合新业态，构建文旅消费新场景

依托吉林省资源优势，充分发挥文旅产业的拉动作用和融合能力，以"文化+""+文化""文旅+""+文旅"产业融合发展为主线，转型升级、提质扩容，构建文旅与教育、科技、工业、体育、康养等深度融合发展的大产业格局。拓展公共文化资源旅游功能。在文旅融合的过程中，支持文化馆、博物馆、图书馆、美术馆、科技馆等各类文化场馆进行旅游场景打造，融入旅游元素，运用艺术设计和数字化技术，拓展公共文化资源的利用空间，推进文化收藏、展览借阅、文化研究等传统公共服务与旅游体验融合发展。支持各地文化场馆与学校、旅游企业联合开发研学课程和研学旅游产品。支持公共文化场馆的文创产品自主研发，与文创企业、艺术院校、非遗项目传承人合作研发，拓宽文创产品的研发和销售渠道，促进文化场馆成为文化旅游景点、研学基地、沉浸式文化体验地、文创产品的研发和营销中心，拓展我省公共文化资源的旅游功能。延展重点文化行业旅游功能。支持旅游演艺创作，推出一批具有吉林特色的旅游演艺精品。支持各类文艺院团、演出制作机构与演出中介机构、演出场所等以多种形式参与旅游演艺项目，培育一批思想性强、文化内涵丰富、市场接受度高的具有吉林特色文化IP的文化演艺剧目。鼓励演艺产品、演艺类非遗项目与旅游景区、乡村旅游经营单位的联合，不断提高旅游景区、乡村旅游经营单位的文化内涵。落实"文旅+"八大业态融合计划：（1）"文旅+教育"。重点建设以文化资源为载体的知文达礼研学旅游示范基地，以自然山水为载体的生态保护研学旅游示范基地，以红色文化为载体的爱国主义研学旅游示范基地，以乡村休闲为载体的现代农业研学旅游示范基地，以长春"六大摇篮"工业为载体的高科技研学旅游示范基地，建设3～5个国家级研学旅游示范基地。（2）"文旅+农业"。深入挖掘乡村文化产业资源，依托旅游景区、旅游名镇名村、特色农业园区，打造田园综合体、创意农创园、休闲农庄、乡村民宿和果园花园，提高农业综合效益。（3）"文旅+工业"。依托吉林省工业优势，发展工业旅游产品，壮大"文旅+工业"融合产业规模。支持长春依托电影、汽车、高铁、光电子技术、生物技术、应用化学等工业，重点培育吉林特色工业旅游。支持将废旧厂房改造，建设都市休闲文旅产业聚集区、博物馆、酒吧、咖啡馆、文创工坊，打造都市流行文化聚集地。（4）"文旅+科技"。支持运用数字技术、网络技术，创新文旅产品生产与传播模式，通过虚拟现实、智能机器人、

场景再现等高新技术，开发适应年轻旅游群体喜好的实景模拟、沉浸体验、数字博物馆等新兴旅游体验类产品。支持利用科技手段对现有传统景区进行改造升级，增强景区的旅游体验。（5）"文旅＋体育"。支持通过体育场馆与旅游功能的融合，开发丰富多彩的品牌体育产品，不断提升现有体育旅游产品质量。鼓励发展山地越野、山地自行车、森林探险、户外露营、攀岩、漂流、独木舟、皮划艇等山地河湖运动旅游项目，重点打造吉林冰雪运动旅游项目。（6）"文旅＋康养"。支持在生态环境良好的区域，大力发展文旅康养产业，建设生态休闲康养社区、温泉康养社区、康养综合度假区等项目。（7）"文旅＋水利"。推进吉林省水利景区建设和"水景观、水生态、水文化"同步发展，以文旅产业促进水资源保护，以水质改善促进文旅产业可持续发展。发展河道、江道两岸生态性、亲水性水上文旅产品，激发水活力，做足水产品；开发水文化休闲旅游，优化水利旅游发展环境，积极创建"文旅＋水利"融合示范点。（8）"文旅＋商业"。打造文旅商融合产品体系，依托特色街区，打造文旅商综合体，建设一批品牌文旅商街区、旅游休闲街区；支持文旅企业在淘宝、天猫、京东等电子商务平台开设"文化吉林"文旅商品专卖店，建设文旅商品电子购物平台；培育"云游""直播带游"新业态。"云游""直播带游"、虚实融合、5G、云、AI 技术与文旅产业的深度融合，实现更低时延和更高速率，体验更加清晰逼真的数字内容呈现和更加生动有趣的实时交互，打造虚实融合的文旅元宇宙，为我省文旅产业带来新场景、新体验、新传播和新营销，使既有的现实世界更加绚丽夺目。

（七）创新体制机制，完善文化产业政策体系

目前，已完成《吉林省文化产业"十四五"发展规划》《吉林省文化和旅游发展"十四五"规划》（文化产业部分）、《关于做大做强做优全省文化产业链的工作计划》《吉林省文化产业链五年行动计划》（2021—2025）、《吉林省文化产业链四图五清单》《吉林省乡村文化产业发展行动计划》《文化产业特色乡镇（村）评定规范》《关于进一步落实"链长制"建立吉林省文化产业链工作专班的实施方案》《关于建立文化产业链龙头企业"一对一"联系机制的工作方案》《关于金融支持吉林省文化和旅游产业发展的若干措施》《吉林省松花石文化产业发展实施方案》等文件的撰写工作。

第二章
关于做强做优吉林省
文化产业链的实施计划

根据吉林省政府《关于印发吉林省产业链链长制工作制度的通知》（吉政函〔2020〕99号）、吉林省加快制造业发展领导小组《关于进一步推动落实链长制有关工作的通知》文件精神和省政府2021年第4次常务会议要求，为进一步夯实文化产业基础，充分发挥链长制对做大做强做优文化产业链的重要作用，不断提升文化产业发展的质量和效益，加快建设文化强省，特制定如下工作计划。

一、产业概况

（一）发展现状

2018年全省文化及相关产业增加值175.8亿元（占全省GDP1.6%），其中吉林省文旅厅负责的为18.74亿元，占10.6%；规上企业240家，吉林省文旅厅负责11家，占4.5%。

——市场主体竞相发展。目前，全省共有文化产业园区基地69家，其中：国家级文化产业示范园区1个，国家级文化产业示范基地11个，省级文化产业示范基地41个，省级文化产业示范园区14个，省级文化产业试验园区2个；各类文化经营企业（场所）近5万家。东北亚文化创意科技园成功被文旅部命名为"国家级文化产业示范园区"（全国9家）。

——消费带动作用凸显。长春市荣膺全国首批文旅消费示范城市（全国15个），吉林市、通化市被确定为全国首批文旅消费试点城市（全国60个），文旅消费对地方经济增长的综合带动作用不断增强。

——数字文化创新提升。中国（长春）动漫艺术博览会连续举办十六届，搭建了国际化的数字文化展示推广平台；吉林动画学院获中国文化艺术政府奖第三届动漫奖"最佳动漫教育机构"奖；全省动漫认证企业达9家；吉林省动漫企业出品的《参娃与天池怪兽》成为全国第一部主打冰雪产业、宣传吉林本土文化的动画电影。

（二）统计分类和行业领域

从统计分析角度，文化产业共包括9个大类、43个中类、147个小类；吉林省文旅厅涉及其中5个大类、9个中类、26个小类；牵头负责其中1个中类（艺术表演）、10个小类（图书馆、文物及非物质文化遗产保护、博物馆、纪念馆、艺术表演场馆、文化产业园区管理、歌舞厅娱乐活动、电子游艺厅娱乐活动、网吧活动、文化娱乐经纪人）。

从促进行业发展角度，依据文化和旅游部《"十四五"时期文化产业发展规划》，文旅部门主要负责"促进演艺、娱乐、动漫、创意设计、数字文化、艺术品、工艺美术、文化会展、文化装备制造等行业全面协调发展。"

总体上看，文旅部门负责的是文化产业整体当中的一小部分。

（三）文化产业链主要环节

文化产业同公益性文化事业相对应，是指以文化为核心内容而进行的创作、生产、传播、展示文化产品和提供文化服务的经营性活动；产业链涵盖文化创作、生产、传播、展示、消费、服务等各个环节，不断提升文化创作质量，最终形成品牌、生成特色文化IP，实现全产业链闭环。

（四）吉林省文化创意产业发展存在的问题

一是产业规模相对小，龙头企业少。二是缺少好的内容创作和好的IP包装。三是文化工匠匮乏，文化企业原创动力不足。四是新一代信息技术和产业融合发展深度不够。五是传播平台和营销渠道不畅，缺少优秀的文化中介服务运营公司。六是融资渠道不畅。七是行业协会功能缺位。八是文化产业发展政策体系不够完善。

二、总体思路

以习近平新时代中国特色社会主义思想为引领，深入贯彻习近平总书记视察吉林重要讲话重要指示精神，按照吉林省政府关于产业链链长制的总体要求，坚持把社会效益放在首位，社会效益、经济效益相统一，围绕文旅部门负责的文化产业行业领域，针对产业链上下游各个环节，汇集资源、补齐短板、强化保障，推动产业链延链补链强链，持续提升全省文化产业链供应链创新链的安全性、稳定性和现代化水平，加快构建具有吉林特色的现代文化产业体系。

三、工作目标

　　——到 2021 年，初步形成完善的文化产业链政策支撑体系，推动全省各类文化市场主体发展壮大，打造 3~5 个具有影响力的文化产品和品牌，实施 5~10 个具有带动作用的重点文化产业项目，创建一批具有示范效应的国家级、省级文化产业示范园区（基地），全省文化产业链竞争力得到增强。

　　——到 2025 年，全省培育一批具有核心竞争力的文化企业，打造 20~30 个具有较强影响力的文化产品和品牌，实施 30~40 个具有较强带动作用的重点文化产业项目，国家级、省级文化产业示范园区（基地）超过 100 家，打造 1~2 个市场化、专业化的重点文化产业展会；争创国家文化和旅游消费示范试点城市，支持长春市建设国际消费中心城市，全省力争建设 2 个示范城市、3 个试点城市；全省文化产业链实现整体优化升级。

　　——到 2030 年，实现全省文化产业链整体实力和竞争力明显增强，培育形成具有自主知识产权的文化产品和品牌体系，实施全省重点文化产业项目超过 100 个，国家级、省级文化产业园区（基地）超过 200 家，全省规模以上文化企业数量较 2020 年"翻一番"，推动全省文化产业链迈向中高端，形成具有吉林特色的现代文化产业体系。

四、主要任务

（一）突出文化产业链发展规划引领

　　高质量编制吉林省文旅厅《"十四五"时期文化产业发展规划》，围绕强化文化产业链、进一步延链补链强链，把吉林省文化产业的发展方向、产业链发展路径、产业区域的科学布局、产业要素的科学配置及发展重点、发展步骤谋划好，形成战略思考和战略对策，把宏观战略真正落实到文化全产业链提升上来，不断提高文化产业发展质量。

（二）推动文化产业链创新提升

　　围绕产业链部署创新链，围绕创新链布局产业链，促进产业链和创新链精准对接。推动文化产业链向数字化方向发展。加快数字经济对文化产业全链条的改造提升，重点支持数字文化产业创新发展、文化创意产品开发、文化创意和设计服务与相关产业融合发展建设，扩大优质数字文化产品供给。持续举办中国（长春）动漫艺术博览会，搭建产业链数字化推广合作平台。推进文化产业转型升级。提高文化自主创新能力，推动内容、技术、模式、业态和场景创新，挖掘长白山文化、民族民俗文化，创新开发沉浸式、体验式、场景式文化消费产品。提升传统业态，发展新型文化企业、文化业态、文化消费模式，创造更多新就业形态和新就业岗位，形成适应新技术新业态新消费发展、产业链上下游和跨行业融合的文化生产、流通、消费生态体系。加强文化产业链科技支撑。开展文化企业科技需求和文化产业可转化科技成果征集工作，对于产业链关键核心技术，协调科技部门、科研院所开展核心技术攻关，在演艺、娱乐、动漫、创意设计等行业进行集成创新和科技成果转化应用。

（三）搭建文化产业链集聚发展平台

加大文化产业园区发展力度。高标准创建一批国家级、省级文化产业示范园区（基地），特别是发挥东北亚文化创意科技园、吉林省广告创意（文化）产业示范园区等国家级园区的示范作用，围绕文化产业链创作、生产、传播、展示、消费等环节，将政策、土地、产业项目、综合服务等功能相结合，搭建文化全产业链创新创业平台，打造文化产业资源集聚的有效载体，形成集聚功能，发挥产业链互补协同效应，带动产业链上下游发展。建立文化产业项目库。加大文化产业项目谋划储备力度，按照"谋划一批、储备一批、推动一批、实施一批"的原则，对项目库实行清单管理、动态调整、滚动实施。做好项目谋划、包装、方向确定、论证及与国土、生态等规划相衔接，推进符合全省文化产业发展规划的重大产品和设施项目。建立文化企业数据库。作为全省文化企业大数据分析平台，对文化企业的产品供应及消费市场的数据进行统计，研判文化产业发展趋势，为完善文化产业政策提供依据。

（四）做大做强文化产业链

围绕文化创作、生产、传播、展示、消费、服务等产业链各个环节，发挥市场在文化产业资源配置中的主导地位，做大做强我省文化市场主体。培育龙头企业。常态化开展"吉林省文化产业链龙头企业推荐活动"，企业名单实行动态管理，进一步摸清底数，实时掌握文化产业链各环节、各行业领域的龙头企业，重点支持在产业链居于核心地位的头部企业，采取"一企一策"支持龙头企业加快科技、管理、产品和商业模式创新，释放企业示范带动效应，延伸链条、打造品牌、形成集群。提升企业数量和质量。对具有一定规模、符合产业政策、有发展前景的企业进行重点培育和扶持；加快中小微企业发展，促进个体工商户升级为企业，推动中小微企业向规上企业转型升级；引入规模大的文化及相关产业企业，不断扩大全省规模以上文化企业数量。打造重点项目。针对文化产业链总量偏小的问题，推动文化产业项目建设，重点支持在产业链各个环节具有标志性、引领性的大项目，立足我省松花石、旅游演艺、动漫等产业资源优势，深入挖掘和包装一批上下游项目，组织产业链招商，积极引进一批大项目，更好支撑文化产业高质量发展。

（五）突出解决产业链薄弱环节

吉林省文化产业自主开发和创新能力不足，"创作生产"是吉林省文化产业链的薄弱环节，同时作为文化产业链的上游环节，直接制约全省文化产业整体发展。一是提升文化企业原创动力。抓好文化内容创作，支持市场主体综合运用文化表达方式进行创作，鼓励多种文化艺术题材、体裁、形式、风格、流派的探索和创新。通过指导申报国家艺术基金等方式，支持企业创作生产和提供健康向上、品质优良、种类丰富、业态多样的文化产品和服务。二是包装吉林特色文化IP。提炼吉林文化精髓，立足资源优势，提升其中的文化价值和精神内涵，全面实施我省文化IP包装计划，构建吉林文化行业的品牌形象。三是培育文化工匠。实施文化人才培养计划，畅通人才引进、人才培养、人才培训三大渠道，培养一批兼具工匠精神和技艺精湛的文化工匠。

（六）完善特色文化产品供给体系

着眼于扩大终端消费，打通文化产业链中下游环节，促进产业链安全稳定运行。做强冰雪文化产业，推动文化创意与冰雪元素融合发展，创意制作开发吉林冰雪文化背景的各类出版物、游戏、动漫等，促进冰雪文化传播和品牌塑造。做大旅游演艺产业，突出打造延边州"阿里郎花"、松原市"查干湖"、吉林市"梦回乌拉"和"满韵清风"等具有民族特色的演艺品牌。做精松花石文化产业，推动成立松花石文化产业园区，举办松花石产业博览会（论坛），推进松花石文化的传承与发展。做优工艺美术产业，依托我省特有资源，重点培育松花石、长白石、集黄玉、农民画、刀油画、草编、柳编、剪纸、撕纸等工艺美术产业，着力提升工艺美术产品的工艺水平和艺术表现力。做亮动漫游产业，支持开发具有知识产权的动漫原创作品，鼓励优秀动漫内容产品进行全产业链立体开发，发展动漫品牌授权和形象营销，延伸动漫产业链和价值链。加快推动非遗保护传承产业化，深化中国传统节日、民俗节庆活动内涵，提升传统民俗活动影响，作为吸引消费的增长点；将非遗产品打造成为旅游商品推广销售；推动非遗特色景区、特色街区建设。

五、重点行业领域产业链发展计划

（一）旅游演艺产业链

指导推动旅游演艺经营主体与相关企业在创意策划、市场营销、品牌打造、衍生品开发等全产业链环节开展合作。支持各类文艺院团、演出制作机构与演出中介机构、演出场所等以多种形式参与旅游演艺项目。重点推动冰雪文化和旅游演艺的融合，打造旅游演艺产品《粉雪传奇》；创作《粉雪传奇》剧本，排演制作《粉雪传奇》音舞诗画。支持发展中小型、主题性、特色类、定制类旅游演艺项目，形成多层次、多元化供给体系；不断促进旅游演艺产业链更加完善，管理服务体系基本健全。

（二）松花石文化产业链

全面深入研究全国石文化，进行全省松花石资源普查，编制《松花石文化产业发展规划》，重点打造松花石文化IP，把文化IP融入松花石资源开采、工艺加工、销售推广等全产业链；依托行业协会举办松花石文化产业博览会和松花石文化产业发展高峰论坛，启动松花石文化产业园区建设，培育形成松花石文化产业链的产品营销、品牌推广、文化传播、产业集聚平台。

（三）动漫游产业链

突出动漫游产业链优势长板，发挥吉林动画学院、吉林艺术学院等文化教育资源优势，推动学研产一体化发展，建立涵盖文化教学、理论研究、原创设计、产业发展等重点环节为一体的动画、漫画、游戏产业链，形成对下游消费领域配套产业的带动作用，促进动漫游产业集聚，建设辐射东北亚的动漫游产业基地。

（四）乡村特色文化产业链

深入落实乡村振兴战略，充分利用我省独特的民族民俗文化、黑土地农耕文化等传统乡村地域文化资源，培育具有乡村特色的文化服务，以乡村文化为核心，将乡村生产、生活、民俗、农舍、休闲、养生等系统链接，发展多样化文化体验项目，构建乡村特色文化产业链条。聚焦传统工艺产品，积极开发传统民间艺术、民俗表演项目和节日文化用品，形成终端文化消费产品。把培育乡村特色文化产业乡镇、特色村作为抓手，指导各地打造一批文化产业特色乡镇（村）。

（五）红旗汽车文化产业链

重点打造红旗汽车文化IP，把推动实施长春"红旗文化小镇"项目作为重点，培育以红旗汽车文化为核心，涵盖文化体验、创新研发、智能制造等全产业链环节的汽车文化产业小镇；把推动建设"全球最大的汽车标识博物馆"作为关键，开发"红旗"系列文创产品和旅游商品，逐步延伸红旗文化产业链条，形成集聚效应。

六、保障措施

（一）建立业务支撑体系

吉林省文旅厅建立文化产业链工作专班，负责配合链长开展文化产业链发展相关工作（见附件1）。推动建立吉林省文化产业相关社团组织，形成政府、企业、学校之间的桥梁和纽带。发挥高校和科研院所作用，开展文化产业课题研究，利用人才和理论优势，通过高质量研究支撑吉林省文化产业链发展的战略性思考和创新性举措。

（二）建立要素保障体系

围绕文化产业链发展和项目建设，协调金融、财政、发改、国土、人社等部门，统筹政策和资源要素，保障文化产业大项目土地、人才、政策、资金、技术等诸要素落实到位。会同相关部门制定出台《关于金融支持吉林省文旅产业发展的若干政策措施》，推动金融要素向文化产业链集聚。协调财政部门加大资金支持，特别是用好用足地方政府专项债券支持文化产业项目。协调自然资源部门，力争将文化产业用地纳入国土空间规划，有效保障文化产业设施、项目用地需求；加快探索文化产业供地用地模式，实施精准征地、精准供地，全力保障"拿地即开工"。协调科技部门，推动文化和科技深度融合，提升文化产业科技支撑水平。

（三）建立议事协调体系

吉林省文化产业链工作专班定期研究推动文化产业链发展重要事项，会商调度重点工作。各地也要参照本计划成立相应的领导机构和推进机制，确保链长制工作落到实处。对于各地在文化产业链发展中遇到的共性问题和关键性难题，提交吉林省文化产业链工作专班研究推动。

（四）建立工作服务体系

建立产业链龙头企业"一对一"联系机制，吉林省文旅厅领导跟踪服务产业链重点企业和项目（见附件2）。省文化产业链工作专班定期走访一批重点文化企业，并召开座谈会，研究支持政策，同时开展工作落实情况检查。

附件1 关于进一步落实"链长制"建立吉林省文化产业链工作专班的实施方案

按照吉林省政府《关于印发吉林省产业链链长制工作制度的通知》，为完善链长制业务支撑体系，省文旅厅决定建立文化产业链工作专班，负责配合链长开展文化产业链发展相关工作，重点推动（吉林省文旅厅主管的）文化产业发展，特制定本实施方案。

一、重点任务

全面梳理吉林省文化产业（吉林省文旅厅主管的）相关行业领域产业链条。结合国内外疫情及行业形势，加强行业运行调度分析和形势研判。与文化和旅游部、吉林省直相关厅局、各级文旅部门形成联动机制。远近结合、标本兼顾，用足用好优惠政策，为文化产业链重点企业纾难解困，加快补齐关键环节短板。

（一）绘制"四图""五清单"。围绕文化产业相关行业领域产业链条，建立产业链重点生产企业清单、核心配套企业清单、断链断供风险清单、重点项目清单和政策清单；研究制定文化产业链图、技术路线图、应用领域图、区域分布图，实施文化产业链"四图""五清单"作业，推动各项任务落实。

（二）运行调度分析。协调吉林省统计局、市（州）文旅部门、重点文化企业、行业协会以及高校院所等建立信息沟通渠道，实时掌握行业讯息，定期调度全行业、重点企业经济运行数据和重点项目建设进展，定期形成行业运行分析报告，及时掌握相关问题和风险隐患并采取应对措施。

（三）深化协调联动。各地要参照成立相应的文化产业链领导机构和推进机制，加强与省文化产业链工作专班、相关部门、重点企业的沟通联动，深入企业开展调研走访和精准对接服务，帮助协调解决项目前期手续办理及建设运营中遇到的重点难点问题。

（四）落实惠企政策。做好国家和省内各项惠企政策宣贯，全力开展援企稳企和降本减负。针对产业链关键领域和薄弱环节，研究制定专项政策并细化落实。支持全省文化企业转型升级，以数字化推动文化全产业链高质量发展。

二、组织领导

文化产业链链长：吉林省文化和旅游厅厅长
文化产业链副链长：吉林省文化和旅游厅副厅长
链长制工作专班下设综合协调组、要素保障组、企业服务组、统计分析组四个工作组，厅办公室、综合处、财务处、艺术处、宣传处、市场处、非遗处、产业处、资源处、执法局、博物馆处、监管处、审批办等处（室、局、办）为专班各组成员（同时，根据工作推进情况适时调整或增设工作组及成员）。

（一）综合协调组

主要负责全省文化产业链日常协调工作，定期组织研究推动文化产业链发展的重要事项，会商调度重点工作，协调推动解决文化产业链发展遇到的关键性问题和困难。

（成员：产业发展处、办公室、综合处）

（二）要素保障组

主要负责围绕文化产业链发展和项目建设，协调金融、财政、发改、国土、人社等部门，统筹资源和政策要素，建立资金、土地、市场推广、用工等各类要素保障体系。

（成员：产业处、财务处、艺术处、非遗处、资源处、博物馆处）

（三）企业服务组

主要负责营造良好的企业发展环境，服务文化企业经营、文化项目建设，推动我省文化企业做大做强，支持和推动文化产业项目建设，更好支撑文化产业高质量发展。

（成员：产业处、艺术处、宣传处、市场处、非遗处、资源处、执法局、博物馆处、监管处、审批办）

（四）统计分析组

主要负责围绕文化产业发展、文化产业研究基地，进行数据统计分析和研判，摸清产业发展底数，为研判产业发展趋势、制定产业政策提供依据，不断夯实文化产业发展基础。

（成员：财务统计处、产业处）

三、工作机制

（一）建立吉林省地协同联动机制。各市（州）、县（市、区）要结合实际，参照制定具体实施方案，组建工作专班和推进机制。吉林省文化产业链工作专班负责全省文化产业链工作的组织实施和跟踪指导，各地要随时与省文化产业链工作专班保持紧密联系，及时上报有关情况。各级工作专班要明确负责领导、牵头处（科）室及联络员。

（二）建立专班工作例会机制。吉林省文化产业链工作专班定期召集成员单位召开工作例会，听取阶段性工作进展，研究解决重大事项，统筹推进各项工作落实；同时，根据工作需要视情况召开临时会议。各成员单位定期向工作专班办公室上报工作进展及相关问题。

（三）建立走访台账管理机制。省文化产业链工作专班建立文化产业链重点企业走访台账管理机制（见附件3），组织遍访企业活动，建立企业台账，明确企业生产经营情况和遇到的主要问题，与企业共同探讨加快文化产业链发展举措，切实解决问题，加快企业发展和项目落地。

（四）建立沟通专报机制。各市（州）、县（市、区）要定期（每季度）围绕文化产业链发展情况向吉林省文化产业链工作专班进行信息专报，强化工作联络，确保产业链工作信息沟通顺畅、工作运转高效。

四、工作要求

（一）各地工作专班要加强对文化企业反映问题的分类梳理，属地能够解决的要及时解决，对需要吉林省及国家协调解决的跨部门跨地区问题要及时向吉林省文化产业链工作专班反映，省文化产业链工作专班迅速协调分派任务，相关工作组要积极配合、主动认领、深入对接，及时向省文化产业链工作专班反馈工作进展和有关问题。

（二）各地工作专班要全面梳理掌握本地重点文化企业名单，开展精准对接和跟踪服务。加强政策宣传，指导企业用好用足已出台政策，采取"一事一议""一企一策"方式，推动解决文化龙头企业及其核心配套企业相关问题，带动文化产业链上下游、大中小企业协同发展。围绕断点堵点，加强优质资源的培育和谋划引进，引导协助企业稳链固链强链。

（三）吉林省文化产业链工作专班下设的工作组，要结合工作职能和主要任务，强化服务意识、积极主动作为，服从产业链工作安排部署，全力配合链长工作，相互补台、形成合力，按时高质量完成各项任务，确保文化产业链工作运转顺畅、服务高效。

附件2　关于建立文化产业链龙头企业"一对一"联系机制的工作方案

根据省政府《关于印发吉林省产业链链长制工作制度的通知》文件精神和省政府2021年第4次常务会议要求，为进一步提升全省文化产业链的安全性、稳定性和现代化水平，省文旅厅建立文化产业链龙头企业"一对一"联系机制，现制定工作方案如下。

一、主要目的

根据全省文化产业链相关行业领域的企业分布、企业规模、业态特点、行业影响、产业链节点情况等因素，筛选出文化产业链重要节点的龙头企业。

通过建立文化产业链龙头企业"一对一"联系机制，厅领导带队，深入企业一线，了解产业链重要节点企业经营管理实际情况，聚焦企业需求，加强要素保障，解决企业实际困难，帮助企业稳定生产经营，助力企业提质升级。

二、工作内容

按照厅领导分管工作领域和对企业熟悉程度等因素，确定每个厅领导"一对一"联系的文化产业链龙头企业（见表2-1），厅领导通过带队走访企业，深入了解企业生产经营和项目建设情况，特别是存在的困难和问题，以及对产业链的整体影响，重点提供智力支持和业务指导，协调解决文旅部门职能范围内可以帮助解决的问题；了解掌握企业经营和项目建设中涉及土地、环保等重大问题，共性问题通过集中梳理汇总，提交省文化产业链工作专班协调相关部门解决。

三、相关建议

1. 请各位厅领导定期调度走访负责跟踪推进的文化产业链龙头企业，调度走访工作中具体承办处室和人员由各位厅领导确定，请各位厅领导每月指定专人将企业调度走访和推进情况反馈给产业发展处。

2. 请各市（州）文旅部门参照本工作方案制定具体方案，加强对所在地区文化产业链重点企业的跟踪服务，配合省文旅厅做好文化产业链龙头企业"一对一"联系机制的落实工作。

四、厅领导负责联系重点企业相关情况表

表2-1 重点企业"一对一"联系机制

序号	企业名称	企业联系人	企业联系电话	文旅厅联系人	文旅厅联系电话
1	吉林省东北亚文化创意科技园有限公司	牛楚涵			
2	吉林省林田远达形象集团	林锡森			
3	吉林省八吉工艺美术集团有限公司	齐伟			
4	吉林省国家广告产业园区	李琪			
5	吉林吉动文化艺术集团股份有限公司	郑立国			
6	长春吉广传媒集团有限公司（吉林国家广告产业园区）	王启民			
7	吉林省工艺美术集团有限公司	冯宇平			
8	松原市鼎润文化青年创业园有限公司	齐欣			
9	吉林动漫集团股份有限公司	王永青			
10	吉林省紫晶动漫科技开发有限公司	胡志军			
11	吉林省凯帝动画科技有限公司	韩雨江			
12	吉林省歌舞团有限责任公司	王明华			
13	吉林省和平大戏院集团有限公司	韦芳			
14	吉林省领域创意产业有限公司	王敬			
15	吉林省知合动画集团	孙文康			
16	吉林省东北风文化传播有限公司	李云杰			
17	吉林省和平大戏院集团有限公司	徐凯宏			
18	长春市紫玉木兰工艺有限公司	郭丽			
19	吉林泓雨轩北部陶瓷文化有限公司	刘秀利			
20	吉林市一力乌拉草制品有限公司	刘淑范			
21	辽源市显顺琵琶学校	周显顺			
22	通化市工艺美术厂	张璇			
23	白山市聚源文化传播有限公司	邵昶友			

续表

序号	企业名称	企业联系人	企业联系电话	文旅厅联系人	文旅厅联系电话
24	通化市佟江文化创意产业园有限公司	姜赢鑫			
25	吉林吉动禹硕影视传媒股份有限公司	周婷			
26	吉林省百隆工艺品有限公司	宋喜军			
27	敦化市利华柳编专业合作社	安保民			
28	长春东北亚艺术中心股份有限公司	周华起			
29	李艳梅明星艺术培训学校	李健夫			
30	梨树二人转剧团	赵丹丹			
31	众方集团有限公司	李新			
32	吉林省凝羽动画有限公司	邢原源			
33	吉林省中筝光明文化产业发展集团有限公司	王晓欢			
34	吉林省青年创新创业产业孵化有限公司	王子傲			
35	吉林铭诺文化传播有限公司	赵秋			
36	吉林省广盛工艺品有限公司	耿海燕			
37	吉林风雷网络科技有限责任公司	孙玉奇			
38	长春市雅贤楼茶文化有限责任公司	张鹏燕			
39	吉林省吉福茶业有限责任公司	张淑华			
40	长春国际会展中心	王文利			
41	延吉锦星文化	韩成浩			

一、吉林省文化产业链"十四五"行动计划

（一）总体思路

坚持以习近平新时代中国特色社会主义思想为指导，深入贯彻习近平总书记视察吉林重要讲话精神，按照吉林省政府关于吉林省产业链链长制工作制度的总体要求，围绕优势文化产业链重构和重点文化产业链提升，以数字赋能、新业态培育、协同发展为基本原则，大力发展"演艺娱乐、工艺美术、创意设计、数字文化、动漫游戏、文化会展、沉浸式体验、乡村文化"等优势文化产业，进一步延伸产业链、提升价值链、融通供应链，加快推动文化产业转型升级，构建特色鲜明的吉林文化产业体系，为吉林省文化产业高质量发展提供坚实支撑。

（二）主要目标

通过"文化产业链 10 项行动计划"组合拳，构建新兴文化产业链，强化特色产业链优势，补齐文化产业链短板，延伸文化产业链长度，拓展文化产业链宽度；做强冰雪文化产业链，做大旅游演艺产业链，做精松花石文化产业链，做优工艺美术产业链，做亮动漫游产业链；产业规模稳步发展，产业核心竞争力显著增强，产业生态更加完善。

（三）主要举措

1. 数字建链行动计划

围绕吉林省较为薄弱的数字文化产业、沉浸式体验业等新兴文化产业，必须招引龙头企业，引进相关配套企业，开展"建链"工作。

2. 科技创链行动计划

以数字化、网络化、智能化为技术基点，加强文化创作、生产、传播和消费等环节与新一代信息技术的深度融合，重点突破文化艺术、创意设计、文物保护利用、非物质文化遗产传承、文化旅游等领域系统集成应用技术，开发内容可视化呈现、互动化传播、沉浸化体验技术应用系统平台与产品，实现文化产业全产业链创新。

3. 人才兴链行动计划

根据吉林省建设文化强省目标的需要，实施经营管理人才培养计划、创意设计人才培养计划、文化工匠培养计划、文化创客培养计划，畅通人才引进、人才培养、人才培训三大渠道，打造一批文化产业链领军人才和高端人才；培养一批兼具工匠精神和技艺精湛的文化工匠。选派一批文化产业领域有发展潜力的文化工匠培育理论研究、艺术表演、艺术设计、非遗保护与创新、企业管理等方面的中青年文化工作者，到高等院校、专门机构进修或培训，不断提升文化从业者的整体素质。

4. IP 强链行动计划

提炼吉林省特色文化符号，解码吉林文化基因，全面实施我省超级 IP 开发计划，打造由创意策划 IP、物质文化 IP、非物质文化 IP 共同构成的超级 IP 体系，重构吉林省文化各行业品牌。影响文化产业的决定性因素就是 IP 本身所具备的文化价值和精神内涵，IP 强链行动计划就是要开发利用吉林文化优秀 IP 资源，讲好吉林故事，打造吉林特色文化 IP，促进吉林文化产业与社会各领域生态化协同化发展；通过互联网平台连接更多开发主体，以共同开发吉林 IP 为核心，共同创造吉林文化生产新体系、人才培养新模式，逐步形成具有吉林特色的打造超级 IP 的新方式；IP 强链行动计划就是要突出技术赋能，将大数据、人工智能、区块链、VR/AR 等新技术与吉林优秀 IP 资源深度融合，增强消费者在虚拟环境中的"现实体验感"，用现代科技和创意让吉林文化焕发新活力，让吉林文化走向全国，走向世界；IP 强链行动计划就是要以 IP 构建为核心，借助新技术赋能，实现文化科技产业深度融合发展，形成网络社交产业、网络文学产业、网络音频产业、网络视频产业、网络直播产业、游戏动漫产业、电子竞技产业、网络电影产业、网络电视剧产业、网络综艺产业等内容丰富、形式多样、传播渠道矩阵化的新文化业态，为吉林文化产业创造巨大的市场机会。

5. 招商补链行动计划

对文化产业链龙头企业采取"一企一策"，支持龙头企业加快科技创新、管理创新、产品创新和商业模式创新，增强核心竞争力，针对一些产业链条不完善、龙头企业不强、处于价值链中低端等问题，深入挖掘和包装一批上下游项目开展招商引资。集中力量培育壮大一批优势特色产业链，推动全省文化产业迈向中高端。依托"文化产业链四图"，建立产业链上下游招商项目库，开展点对点精准招商。引进国内外优质企业，推动与行业龙头企业、跨国企业交流与合作。积极对接"一带一路"、长江经济带、粤港澳大湾区建设等，促进市场化投资合作，增强产业链核心竞争力。

6.园区聚链行动计划

通过实施优势资源文化带、品牌文化产业园区、典型文化产业集聚区、文化产业示范基地、文旅融合发展示范区、文化生态保护区、特色非遗村落、文化产业特色乡（镇）村八大计划，聚集吉林特色文化企业，构建吉林特色文化产业链，打造吉林特色文化产业园区，实现吉林文化产业的快速发展。

7.金融活链行动计划

修订完善《吉林省省级文化发展专项资金管理办法》《吉林省省级文化产业发展专项资金实施细则》两项政策，设立"文化产业贷款风险补偿资金池"，引导金融机构创新产品和服务，为中小微文化企业量身定制融资方案，加大企业信贷等支持力度，扩宽中小微文化企业融资渠道，推动一批文化龙头企业在中小板、新三板或H股上市融资。

8.消费稳链行动计划

在"六夜"（夜景、夜演、夜宴、夜购、夜娱、夜宿）、"六间"（城间、坊间、巷间、乡间、云间、心间）、"六区"（景区、园区、街区、社区、校区、馆区）、"六创"（文化创意、科技创新、品牌创建、场景创设、精品创作、业态创想）上挖潜力，扩大文化消费市场，释放文化消费潜力。推进文化消费试点示范城市建设、夜间文化消费集聚区创建。激发青年群体消费热情，培树新的消费观念，提高大众消费品位。以特色文化驱动我省文化消费的转型升级，着力建设世界知名、国内领先的文化消费大省。

9.文旅融链行动计划

实施公共文化资源功能拓展计划，推动传统文化场馆服务与现代旅游体验的融合，加快非遗文化与旅游产业发展的融合，促进文化场馆与大众文化消费融合；实施特色文化IP资源开发计划，构建特色文化IP资源的旅游化开发体系，做强"冰雪""避暑"文旅IP双品牌，打造红色文旅IP共同体，培育乡村文旅产品群IP；实施旅游产品内涵升级计划，提速旅游景点的内涵升级，创新旅游产品体系，培育文化旅游产品品牌，打造优质目的地形象；实施文旅融合新业态品牌培育计划，支持重点文旅融合品牌项目建设，培育文旅融合龙头企业品牌，打造文旅融合产品品牌，做强文旅节庆会展活动品牌。

10. 乡村筑链行动计划

针对吉林乡村文化特点，通过实施五大计划，大力发展吉林乡村特色文化产业，构筑吉林乡村特色文化产业链。

实施吉林乡土文化人才挖掘培养计划，培育打造各类乡村文化产业人才；实施乡村传统工艺振兴计划，培育形成具有吉林地域特色的传统工艺产品；实施乡村民间艺术开发计划，积极开发传统民间艺术、民俗表演项目和节日文化用品，促进乡村文化资源与现代消费需求有效对接；实施特色乡村文化产业功能区培育打造计划，建设一批农耕文化产业展示区、特色文化产业乡镇、文化产业特色村和乡村文旅融合发展示范基地；实施特色乡村文化产业全媒体传播计划，利用大型网络文化传播平台和短视频平台全方位展示传播吉林乡村民间艺术、吉林特色农耕文化，培育一批吉林乡村文化传播达人。

（四）文化产业链五年行动计划2021年实施方案

从 2021 年 2 月至 2021 年 12 月，分四个阶段进行。

1. 规划布局，全面部署（2021 年 2 月—2021 年 4 月）

按程序报批《吉林省文化产业链五年行动计划（2021—2025）》，召开全省文化产业链工作会议，部署启动全面开展文化产业链五年行动。各地区、各有关部门制定实施方案，对文化产业链五年行动做出具体安排。

2. 摸底调查，编制"四图""五清单"（2021 年 5 月—6 月）

各地区、各有关部门深入分析本地区文化产业链的堵点断点痛点，完成本地区不同行业文化产业链"四图""五清单"编制。

3. "挂图"作业，集中攻坚（2021 年 7 月—9 月）

一是查找风险，延链补链。对本地区文化产业和重点企业、产业链堵点断点痛点等产业链风险隐患进行全面深入细致的排查，制定风险解决方案、时间表和路线图，加快推进产业链"建链强链延链补链"措施，产业链稳定运行工作取得初步成效。二是典型带动，引领示范。全面打造吉林"粉雪"IP，创作《粉雪传奇》音舞诗画、影视剧、动画片等系列文艺作品，开发吉林"粉雪"系列文创衍生品；全面打造吉林"松花石"IP，创作《松花石》音舞诗画、影视剧、动画片等系列文艺作品，全产业链开发松花石系列文化产品；做亮吉林"粉雪"IP、松花石 IP 动漫游产业链。

4. 巩固提升，总结经验（2021 年 10 月—12 月）

深入分析文化产业链共性问题和突出风险，深挖背后的深层次矛盾和原因，梳理出在法规标准、政策措施层面需要建立健全、补充完善的具体制度，逐项推动落实。结合各地经验做法特别是总结本地稳链经验，形成一批制度成果，在全省推广。

二、吉林省乡村特色文化产业"十四五"行动计划

加强规划引导、典型示范，通过高水平编制吉林省文化产业"十四五"发展规划，大力发展吉林乡村特色文化产业。

实施吉林乡土文化人才挖掘培养计划。培育打造吉林农耕文化专家、吉林乡村民俗文化专家、吉林乡村故事家、吉林乡村表演艺术家、吉林乡村传统工艺技能大师、吉林乡村文化企业家、吉林乡村文化工匠等各类乡村文化产业人才。

实施乡村传统工艺振兴计划。培育形成具有吉林地域特色的传统工艺产品，积极推动乡村传统工艺产品走进旅游景区、走向全国、走向世界。

实施乡村民间艺术开发计划。积极开发传统民间武术、戏曲、舞龙、舞狮、锣鼓等民间艺术、民俗表演项目和节日文化用品，促进乡村文化资源与现代消费需求有效对接。

实施特色乡村文化产业功能区培育打造计划。建设5~10个吉林特色鲜明、优势突出的农耕文化产业展示区；打造30~50个特色文化产业乡镇、文化产业特色村和文化产业示范基地，30~50个乡村文化和乡村旅游融合发展示范基地。

实施特色乡村文化产业全媒体传播计划。在充分发挥传统媒体传播渠道的基础上，利用爱奇艺、优酷、腾讯等大型网络文化传播平台和抖音、快手等短视频平台全方位展示、传播吉林乡村民间艺术、吉林特色农耕文化，培育一批吉林乡村文化传播达人。

第四章

吉林省文化产业特色乡（镇）村地方标准

一、文化产业特色乡（镇）村评定规范（征求意见稿）

（一）适用范围

《吉林省文化产业特色乡（镇）村地方标准》（下简称《标准》）规定了文化产业特色乡（镇）村的术语和定义、必备条件、评分依据、评定程序与管理。

《标准》适用于吉林省范围内文化产业特色乡村的评定、管理。

（二）规范性引用文件

下列文件对于本文件的应用是必不可少的。凡是注日期的引用文件，仅所注日期的版本适用于本文件。凡是不注日期的引用文件，其最新版本（包括所有的修改单）适用于本文件。

GB3095《环境空气质量标准》

GB3096《声环境质量标准》

GB5749《生活饮用水卫生标准》

GB9664《文化娱乐场所卫生标准》

GB16153-1996《饭馆（餐厅）卫生标准》

GB/T15971《导游服务规范》

GB37487《公共场所卫生管理规范》

GB37488《公共场所卫生指标及限值要求》

GB50016《建筑设计防火规范》

GB50763-2012《无障碍设计规范》

（三）术语和定义

下列术语和定义适用于本文件。

3.1 乡（镇）村

居民以农业为经济活动基本内容的一类聚落的总称。

3.2 文化产业

为社会公众提供文化产品和文化相关产品的生产活动的集合。

3.3 文化产业特色乡（镇）村

依托乡村文化资源和优质生态环境，具备完备的基础设施和服务设施，有文化企业或其他组织从事生产经营活动、生产相关文化产品及提供服务，能够挖掘乡村特色文化、培育特色文化产业乡（镇）村、推动乡村文化产业和其他产业深度融合，并且具有示范引领作用的乡村。

（四）必备条件

1. 吉林省内有文化产业经营业务的乡村可以申请参加评定。
2. 乡村文化企业或其他组织应具备合法的营业执照及相关证件。
3. 乡村文化产业经营用地应符合所在地乡村发展用地有关规划。
4. 乡村有符合本地风俗习惯的村规民约。
5. 乡村近一年内无重大安全责任事故。

（五）评分依据

5.1 乡村环境

1. 交通环境：进出交通畅通，进入乡村的道路为硬化路面，宽度不小于4.5m，周边有公共交通停靠站。
2. 生态环境：乡村生态环境好，清洁卫生。
3. 生产环境：经营场所环境好，安全卫生。
4. 生活环境：空气质量符合GB3095的规定，噪声符合GB3096的规定，生活饮用水应符合GB5749的规定。

5.2 乡村设施

1. 有停车场，标识清晰。
2. 生产经营场所建筑设计防火规范应符合GB50016的要求。
3. 厕所整洁卫生，标志清晰；合理配置垃圾桶，造型美观，完好无损。

5.3 乡村文化风貌

1. 有展示乡村文化的文化符号。
2. 有展现乡村文化生活的场馆。
3. 有展销乡村文化产品的购物场所。

4. 有提供乡村文化饮食的餐馆。

5.4 乡村文化产业项目

1. 有乡村传统文化产业项目。

2. 有乡村文农融合项目。

3. 有乡村文旅融合项目。

5.5 乡村文化产业产品

1. 有非物质文化遗产产品。

2. 有商标权产品。

3. 有专利产品。

4. 有获奖产品。

5.6 乡村文化产业活动

1. 举办或参加文化产业节庆活动。

2. 举办或参加文化产业产品交易会、展览会、展演会。

3. 举办或参加文化产业发展论坛。

5.7 乡村文化产业管理

1. 有文化产业管理团队。

2. 有文化产业管理制度。

3. 有文化产品数智管理。

5.8 乡村文化产业发展

1. 有乡村文化产业发展规划。

2. 有乡村文化产业行业组织。

3. 有乡村龙头文化企业。

4. 有乡村文化产业人才。

5. 对乡村经济、村民就业的贡献。

（六）评定程序与管理

　　满足必备条件（见 4.1 ~ 4.5）的乡村可以申请参加评定。省级文化产业特色乡（镇）村评分满分为 500 分，分为自评得分和省级评定得分；自评得分达到 300 分者即可向本级主管部门提出申请，经市（州）文化产业行政主管部门核准盖章后，向省文化和旅游厅推荐参加省级评定；省文化和旅游厅组织省级文化产业特色乡村的评定和管理工作，总分得分 400（含）分以上可评定为省级文化产业特色乡（镇）村。

　　文化产业特色乡（镇）村等级划分评分表见附录（表 4-1）。

附录

表4-1　文化产业特色乡（镇）村等级划分评分表

序号	评定项目	分值	评分依据	各项分值	自评分值	专家评定得分
1	乡村环境	20				
	交通环境	5	进出交通畅通，进入乡村的道路为硬化路面，宽度不小于4.5m，周边有公共交通停靠站	5		
	生态环境	5	生态环境好，清洁卫生	5		
	生产环境	5	经营场所环境好，安全卫生	5		
	生活环境	5	空气质量应符合GB3095的规定，噪声应符合GB3096的规定，生活饮用水应符合GB5749的规定	5		
2	乡村设施	15				
（1）	停车场	5	有专设停车场，标识清晰	5		
			有停车区域，未设标识	2		
（2）	防火设施	5	生产经营场所建筑设计防火规范应符合GB50016的要求	5		
（3）	卫生设施	5	厕所卫生整洁，标识清晰 合理配置垃圾桶，造型美观，完好无损	5		
			厕所卫生整洁，标识清晰 未合理配置垃圾桶	2		
3	乡村文化风貌	60				
（1）	文化符号	15	乡村呈现的文化符号能够反映独特的地方文化内涵，表现形式富有创意	15		
			乡村呈现的文化符号能够反映独特的地方文化内涵，表现形式较有创意	10		
			有能够呈现乡村文化的符号	5		
（2）	文化场馆	15	有三种以上展示乡村文化生活的场馆，内容丰富	15		
			有两种展示乡村文化生活的场馆，内容比较丰富	10		
			有展示乡村文化生活的场馆	5		

续表

序号	评定项目	分值	评分依据	各项分值	自评分值	专家评定得分
（3）	文化购物	15	有展销乡村文化产品的场所，产品种类丰富，具有地方特色，明码标价	15		
			有展销乡村文化产品的场所，产品种类较丰富，明码标价	10		
			有展销乡村文化产品的场所	5		
（4）	文化餐馆	15	有提供乡村文化饮食的餐馆，菜品反映地方乡村特色，餐厅氛围舒适，厨房干净整洁	15		
			有提供乡村文化饮食的餐馆，菜品反映乡村特色，餐厅氛围较舒适，厨房干净整洁	10		
			有提供乡村文化饮食的餐馆	5		
4	乡村文化产业项目	100				
（1）	传统文化产业项目	50	传统工艺产品项目、传统节日文化用品项目、民间艺术、民俗表演项目，特色鲜明，保护传承力度大，市场认可度高，创造性转化和创新性发展效果明显	50		
			传统工艺产品项目、传统节日文化用品项目、民间艺术、民俗表演项目，特色较鲜明，保护传承力度较大，市场认可度较高，创造性转化和创新性发展效果较明显	30		
			传统工艺产品项目、传统节日文化用品项目、民间艺术、民俗表演项目，保护传承力度一般，市场认可度一般，创造性转化和创新性发展效果一般	10		
（2）	文农融合项目	25	具有较大投资规模，项目内容体现了文化产业和农业的深度融合，富有创意，具有良好的发展前景	25		
			具有一定的投资规模，项目内容体现了文化产业和农业的融合，比较有创意，具有较好的发展前景	15		
			有乡村文农融合项目	5		
（3）	文旅融合项目	25	具有较大投资规模，项目内容体现了文化产业和旅游产业的深度融合，富有创意，具有良好的发展前景	25		

序号	评定项目	分值	评分依据	各项分值	自评分值	专家评定得分
（3）	文旅融合项目	25	具有一定的投资规模，项目内容体现了文化产业和旅游产业的融合，比较有创意，具有较好的发展前景	15		
			有乡村文旅融合项目	5		
5	乡村文化产业产品	100				
（1）	非遗产品	40	有国家级非遗产品	40		
			有省级非遗产品	30		
			有地市级非遗产品	15		
（2）	商标权产品	15	有商标权产品，品质良好	15		
（3）	专利产品	15	有专利产品，品质良好	15		
（4）	获奖产品	30	有国家级获奖产品	30		
			有省部级获奖产品	20		
			有地市级获奖产品	10		
6	乡村文化产业活动	60				
（1）	文化节庆	20	近一年举办过地方文化特色鲜明的文化产业相关节庆活动	20		
			近一年参加过地方文化特色鲜明的文化产业相关节庆活动	10		
（2）	文化会展	20	近一年举办过文化产业产品交易会、展览会、展演会，效果良好	20		
			近一年参加过其他地区举办的文化产业产品交易会、展览会、展演会	10		
（3）	文化论坛	20	近一年举办过文化产业发展论坛，效果良好	20		
			近一年参加过其他地区举办的文化产业发展论坛	10		
7	乡村文化产业管理	50				
（1）	管理团队	15	有文化产业管理团队，组织结构合理	15		
			有文化产业管理团队，组织结构基本合理	10		

续表

序号	评定项目	分值	评分依据	各项分值	自评分值	专家评定得分
（2）	管理制度	15	有健全的规章制度	15		
			有比较健全的规章制度	10		
（3）	数智管理	20	文化产品能够进行数字化销售与传播、进行智慧化经营与管理，效果良好	20		
			文化产品能够进行数字化销售与传播、进行智慧化经营与管理，效果较好	15		
			文化产品能够运用网络销售与传播	10		
8	乡村文化产业发展	100				
（1）	发展规划	10	有完整的乡村文化产业发展规划	10		
			有较完整的乡村文化产业发展规划	5		
（2）	行业组织	10	有健全的乡村文化产业行业组织	10		
			有较健全的乡村文化产业行业组织	5		
（3）	龙头企业	20	有乡村龙头文化企业，带动效应明显	20		
			有乡村龙头文化企业，带动效应一般	10		
（4）	产业人才	30	有乡村文化产业带头人，在社会上具有很高知名度	30		
			有乡村文化产业带头人，在社会上具有较高知名度	20		
			有乡村文化产业带头人，在社会上具有一定知名度	10		
（5）	产业贡献	30	对乡村经济、村民就业具有突出贡献	30		
			对乡村经济、村民就业具有较大贡献	20		
			对乡村经济、村民就业具有一定贡献	10		
合计				500		

参考文献

[1]GB/T16766 旅游业基础术语。

[2]《文化及相关产业分类（2018）》国家统计局。

[3] 赵晶媛 . 文化产业与管理 [M]. 北京：清华大学出版社，2021 年 8 月。

[4] 范玉刚 . 乡村文化复兴与乡土文明价值重构 [M]. 北京：中国大百科全书出版社，2020 年 10 月。

[5]李冬艳.吉林省实施乡村振兴战略研究[M].北京：社会科学文献出版社，2020年6月。

[6]赵东.乡村振兴中特色文化产业链构建及其实践[J].学术交流.2021（7）。

[7]巩吕.乡村振兴战略下乡村特色文化产业类型及发展对策[J].乡村科技.2021（3）。

[8]宋艳琴.河南乡村特色文化产业发展研究[J].农村.农业.农民（B版）.2020（12）。

[9]陆梓欣，齐骥.乡村振兴视域下特色文化产业人才优化路径初探[J].发展研究.2020（04）。

[10]詹绍文，王敏，段太阳.乡村特色文化产业发展的价值逻辑[J].大众逻辑.2019（10）。

二、《文化产业特色乡（镇）村评定规范》编制说明

（一）工作简况

1.任务来源

《文化产业特色乡（镇）村评定规范》（下简称《规范》）由吉林工程技术师范学院、长春光华学院提出，由吉林省文化和旅游厅归口。

按照《吉林省市场监督管理厅关于印发〈2021年吉林省地方标准制修订项目立项指南〉的通知》（吉市监标准字〔2020〕188号），由吉林工程技术师范学院、长春光华学院、吉林省艺术研究院起草，吉林省文化和旅游厅作为主管部门申请制定《文化产业特色乡（镇）村评定规范》。

2.起草单位、协作单位

起草单位：吉林工程技术师范学院、长春光华学院

协作单位：吉林省文化和旅游厅、吉林省艺术研究院

3.主要起草人（以表格形式将内容明确）

表4-2 主要起草人员信息表

姓名	性别	职务/职称	工作单位	任务分工
刘贵富	男	二级教授	吉林工程技术师范学院	项目负责人，负责标准编制、编制说明撰写、组织和协调工作
吕珊珊	女	副教授	吉林工程技术师范学院	参与标准编制、编制说明撰写等工作
康启鹏	男	副教授	长春光华学院	参与标准编制、调研等工作
许志超	男	讲师	长春光华学院	参与标准编制、调研等工作
刘婷艳	女	助教	吉林工程技术师范学院	参与标准编制、调研等工作
王子皓	女	副研究员	吉林省艺术研究院	资料收集工作
朱红	女	产业处处长	吉林省文化和旅游厅	组织和协调工作

（二）制定（修订）标准的必要性和意义

1. 必要性

（1）乡村振兴需发展特色乡村文化产业。目前我省乡村特色文化产业链不长、增值空间不大及同质化问题严重，编制《文化产业特色乡（镇）村评定规范》可促进全省乡村文化产业朝着标准化和特色化的方向发展，将乡村文化资源优势转化为产业发展优势，与乡村经济中的一、二、三产业体系充分融合，实现结构优化、产业升级、财富积聚的跨产业、多行业联动效应。"省级文化产业特色乡（镇）村"的建设和评定，必将促进吉林省乡村文化产业高质量发展，为乡村振兴注入新动能。

（2）国家文化和旅游部"十四五"时期文化产业发展规划（征求意见稿）第四章第三节发展乡村特色文化产业中，明确要打造一批国家级文化产业特色乡（镇）村。

（3）《吉林省文化和旅游发展"十四五"规划》（征求意见稿）中，明确要打造一批吉林省文化产业特色乡（镇）村。

2. 意义

（1）经济意义。有利于构建特色鲜明的乡村文化产业体系，延伸产业链、提升价值链、融通供应链，加快推进我省乡村文化产业转型升级步伐。

（2）社会意义。有利于重构吉林省特色乡村文化、弘扬优秀传统文化；有利于加快推动城乡要素自由流动、平等交换和合理配置；有利于推进我省非遗项目产业化进程；有利于新增乡村就业机会，减少乡村人口外流，保持社会稳定。

（3）生态效益。有利于吉林省建设生态宜居、文化氛围浓厚的美丽乡村；有利于乡村提供完善的基础设施、便捷的公共服务、可靠的社会保障和多元的文化活动，满足人们的精神生活追求；有利于拓展城市居民的生态游憩空间，满足他们对绿色农产品、田园休闲娱乐等消费需求。

（三）主要起草过程

1. 形成草案

（1）在吉林省文化和旅游厅的指导下，2021年2月，吉林工程技术师范学院、长春光华学院成立了起草小组，制定了详细的标准研制计划，并按计划有序开展标准草案的编写工作。经过认真核准，确定拟申报的《文化产业特色乡（镇）村评定规范》标准目前在国内外没有已发布的标准，具有独创性。

（2）起草小组根据确定的标准题目，在前期全省文化产业调研掌握的材料的基础上，进一步收集相关资料，分析研判吉林省现有文化产业乡村状况，结合标准起草负责人刘贵富教授完成的《吉林省文化和旅游发展"十四五"规划》

（征求意见稿）中文化产业部分的成果，起草了该标准的大纲。

（3）经过起草小组的反复讨论、论证，构建了以"乡村文化风貌、乡村文化产业项目、乡村文化产业产品、乡村文化产业活动、乡村文化产业管理、乡村文化产业发展"为重点的标准体系，并集中力量完成了标准第一稿。

2. 征求意见

标准第一稿完成后，三次召开专家座谈会，根据专家意见修改完成标准第二稿，又征求部分基层文旅局和部分基层乡村意见后修改完善，形成了标准第三稿。

3. 修改完善

（1）2021年3—4月，起草小组将标准第三稿送交吉林省文化和旅游厅相关处室，征求意见的对象包括：产业发展处、综合处等，根据各处室的修改意见，修改完善形成了标准（草案）。

（2）2021年5月，接到吉林省市场监管厅项目答辩通知后，标准起草小组又反复论证，对原有标准（草案）进行了进一步修改，形成了答辩提交的标准（答辩版本）。

（3）2021年6—9月，标准起草小组深入吉林省内典型乡村进行实地踏查，结合答辩会上专家提出的意见与建议，对标准（草案）进行再次修改、完善。

（四）制定（修订）标准的原则和依据，与现行法律、法规、标准的关系

本《标准》的编制借鉴了ISO9001：2000的管理思想和体系架构，从吉林省乡村文化产业发展实际出发，着眼吉林省乡村振兴、建设文化强省的发展趋势，吸收借鉴了省内外有关资料和操作规程，引用了部分国家标准或规范。突出特色文化产业乡村的建设和评定，不断优化吉林省乡村文化产业链，促进吉林省文化产业的发展。

在本《标准》的编制过程中，我们秉持了以下几个原则。

1. 依法原则

即以现行法律法规的规定为基础。本《规范》中涉及消防、食品卫生等方面，已经有不少法律法规、强制性标准作了概括或具体的要求，本《规范》中的约束性条款与这些法律法规、强制性标准的要求保持一致。

2. 规范性原则

本《标准》的编写结合国家统计局下发的《文化及相关产业分类（2018）》和当前吉林省乡村文化产业发展的实际情况，尽可能地考虑了规范条款的可操

作性。参照了《环境空气质量标准》（GB3095）、《声环境质量标准》（GB3096）、《生活饮用水卫生标准》（GB5749）、《文化娱乐场所卫生标准》（GB9664）、《饭馆（餐厅）卫生标准》（GB16153-1996）、《公共场所卫生管理规范》（GB37487）、《无障碍设计规范》（GB50763-2012）等标准，《建筑设计防火规范》引用文件（GB50016）。对吉林省特色文化产业乡村的必备条件、评分依据、评定程序与管理等方面进行了要求，并在此基础上进行了延伸和细化。

3. 一致性原则

与已有的国家标准及文化产业行业的相关标准或行业规范保持一致。

（五）主要条款的说明

1. 主要目标

确定评定省级文化产业特色乡（镇）村的必备条件、评定依据、评定程序与管理等。

2. 研究任务和内容

（1）吉林省文化产业特色乡村发展行动计划研究

主要包括：文化产业人才挖掘培养计划、乡村传统工艺振兴计划、乡村民间艺术开发计划、文化产业特色乡村功能区培育计划、文化产业特色乡村全媒体传播计划等。

（2）吉林省发展文化产业特色乡村的对策研究

主要包括：吉林省制约乡村文化产业发展的主要因素、吉林省发展乡村特色文化产业须突破的重点难点问题、吉林省乡村特色产业文化赋能路径等。

（3）吉林省文化产业特色乡村评价指标体系构建研究

主要包括：制定评价指标体系的依据、相关文献资料的搜集整理、主要评价指标及其权重的确定等。

（4）吉林省文化产业特色乡村评定实施研究

主要包括：吉林省文化产业特色乡村评定指标打分表、吉林省文化产业特色乡村评定实施方案、吉林省文化产业特色乡村评定实施计划等。

3. 项目的技术关键、难点、创新点

（1）项目的技术关键是文化产业特色乡村评定指标体系的确定；

（2）难点有两点：一是这方面数据、资料极其匮乏，二是文化产业特色乡村分布范围广、调研难；

（3）创新点：①选题视角新，紧密结合国家乡村振兴战略，就编制我省文化产业特色乡村评定规范这一重大问题展开研究，急政府之所急；②内容体系新，系统构建了文化产业特色乡村评定指标体系，填补了国内外研究空白；③

成果应用新，研究成果直接面向政府和社会实际需求，直接作为标准评定吉林省文化产业特色乡村，通过以评促建，必将加快我省乡村文化产业发展的步伐，促进我省乡村振兴目标早日实现。

（六）重大意见分歧的处理依据和结果

遇到重大意见分歧时征求至少 10 个单位的意见，这些单位的类型为从事乡村文化产品生产的龙头企业、行业协会、大专院校和科研院所相关专家等。

（七）作为推荐性或强制性标准的建议及理由

为加强本《标准》的执行力度，确保我省乡村文化产业规范、快速发展，建议行业主管部门积极宣贯，鼓励、引导和督促文化产业乡村依据本规范进行完善，积极招商引资，推动特色文化产业项目落地，亦可考虑在有关文件中引用本规范的规定，从而使本《标准》通过政府文件的引用而成为推荐性规定。因此，建议将《文化产业特色乡（镇）村评定规范》作为推荐性标准发布实施。

三、《文化产业特色乡（镇）村评定规范》评审会议纪要

2022 年 2 月 26 日，吉林省市场监督管理厅组织召开了《文化产业特色乡（镇）村评定规范》征求意见稿审查会，来自吉林大学、吉林省社会科学院、吉林省金控集团等单位的 7 位专家出席会议，并组成标准审查专家组。

标准起草工作组汇报了《标准》制定情况。审查专家组听取并审阅了标准起草组提交的《文化产业特色乡（镇）村评定规范》送审稿的标准文本、编制说明、征求意见汇总表及验证报告等文件资料。与会专家对《文化产业特色乡（镇）村评定规范》文本进行了逐章逐条的审查，并提出了修改意见。经充分讨论，审查专家一致认为：

1.《标准》起草工作组提供的会议审查的文件资料齐全完整、内容翔实、数据准确，符合送审要求。

2.《标准》起草过程符合地方标准制修订工作程序的要求。

3.《标准》内容符合国家法律、法规、强制性标准的有关规定，与相关国家、行业、地方标准相协调。

4.《标准》的编写符合 GB/T1.1-2009 的有关规定。

5.《标准》起草过程中，工作组收集了国内相关研究成果，进行了大量的试验验证，广泛征求了各政府部门、科研机构、高等院校、企业的意见，《标准》的主要技术指标和技术要求反映了我省在乡村振兴战略实施过程中促进乡村文化产业发展的实践经验和成熟技术，具有一定的先进性，可操作性强。

6.制定该《标准》的意义。《标准》的制定，有利于构建特色鲜明的乡村文化产业体系，延伸产业链、提升价值链、融通供应链，加快推进我省乡村文化产业转型升级步伐；有利于重构我省特色乡村文化、弘扬优秀传统文化；有

利于我省建设生态宜居、文化氛围浓厚的美丽乡村；具有较强的经济意义、社会意义和生态效益。

7. 审查专家一致同意，通过《文化产业特色乡（镇）村评定规范》的审定。

8. 请标准起草工作组，根据审查会议提出的修改意见，对送审稿做进一步修改和完善，尽快形成报批稿，报吉林省市场监督管理厅批准发布并尽早实施。

2022 年 4 月 26 日

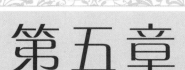

第五章

吉林省文化产业"十四五"发展规划

一、认清形势 把握文化产业发展新机遇

（一）现有基础

1.已有成就

文化产业规模不断扩大。我省现有各级文化产业示范（试验）园区、基地69家，其中国家级文化产业示范园区1家，国家级文化产业示范基地11家，省级文化产业示范基地41家，省级文化产业示范园区14家，省级文化产业试验园区2家。各类文化经营企业（场所）近5000余家，文化产业分布广泛、初具规模。文化产业对社会经济发展的促进作用显著增强，文化产业增量逐年提高。

文化资源不断丰富。我省汽车、高铁、电影、航天等工业文化资源得到了不断挖掘和利用，红旗绿色智能文化小镇建成并投入使用，长春国际影都产业园区正在建设中，长春合心轨道交通文化特色小镇已规划设计完毕，即将开工建设。博物馆、图书馆、美术馆、科技馆等传统文化场馆逐步通过管理机制创新、引入现代科技进行设施设备改造、开发文博衍生品等方式进行功能拓展，促进文化消费。"十三五"期间，我省传统国家级代表性非遗传承人从11人增至22人，省级非遗代表性项目从293项增至365项。

龙头企业阵列逐步形成。我省通过政府推动、政策引导、市场运作的方式，形成了吉林省歌舞团、吉广传媒集团、知合动漫集团、林田远达集团、禹硕动漫集团、华漫兄弟、铭诺传媒、光明艺校、东北风大剧院、和平大戏院等多个文化龙头企业，在全国形成了较强的市场影响力。

重点文化行业发展迅速。演艺娱乐行业，吉林市歌舞团连续十多年走进央视春晚；工艺美术行业，涌现了以吉林省宇平工艺品制作公司、临江东江工艺美术公司、吉林省八吉工美集团、四平百隆工艺品有限公司、吉林磐石广盛工艺品有限公司、白山江源松花石交易市场等为代表的工艺品制造商；动漫游产业，涌现了长春知合动漫集团、吉林禹硕动漫集团、延边锦星动漫公司、吉林市风行动漫公司、吉林省凯帝动画科技有限公司、吉林铭诺文化传播有限公司等一批有代表性的动漫游戏企业；创意设计行业，涌现出吉林艺术学院、吉林省建筑设计院、东北亚文化创意科技产业园、吉广集团、吉林省林田远达形象集团等一批有代表性的高等院校、产业园区和行业龙头企业。

2. 存在问题

产业规模相对小，龙头企业相对少。我省规模以上大型文化企业只有10余家，其他均为较小规模的小微企业，具有市场影响力和能够拉动行业发展的骨干企业很少，缺少头部企业。

知名企业家稀缺，管理水平落后。大多数文化企业采用作坊式、分散式的经营管理模式，缺乏现代经营管理的理念和资本运作能力。

文化工匠匮乏，文化企业原创动力不足。我省的文化工匠不仅数量少，而且行业分布不均匀，从而导致文化企业原创动力不足，严重制约了文化产业的发展。同时由于整体经济水平落后，激励机制配套不足，也造成了很多文化工匠与文化人才的流失。

新一代信息技术和产业融合发展深度不够。文化企业和企业家对以5G、大数据、云计算、人工智能等为代表的新一代信息技术缺乏深入了解，从而导致文化产业与新一代信息技术产业融合发展深度不够，文化产业和科技相互赋能不足，严重制约了我省文化产业的高质量快速发展。

大量优秀企业外流。由于东北经济发展相对落后，地方政策配套不足，加之本地市场容量有限，导致大量优秀文化企业外流，使我省文化产业发展受到严重限制。

行业协会功能缺位。政、行、校、企四位一体，是文化产业发展的基本模式。行业协会资金短缺，与政府、企业连接链条断裂，从而导致政府并不直接掌握大量企业数据，行业协会由于缺少资金和人才，缺少政府的支持，对企业数据也掌握不够全面，导致从政府到企业的数据链条断裂。

融资渠道不畅。文化产业的发展和成熟，需要丰盈充裕的资金储备。但是，由于创意生产机制和产品利润回流方式的特殊性，以及文化载体化产品的非保值性，从而导致文化产业的高风险性。中小企业很难通过正常渠道融资，从而制约了文化创意产业的发展。

政策支持力度不够。目前吉林省对扶持文化产业发展的政策体系不够完善，如金融服务、优惠政策、人才支持及土地、财政、税务等优惠政策尚不健全，缺乏相应的激励机制，制约了文化产业的进一步提升和发展。

（二）发展机遇

1.政策机遇

"一带一路"不仅是国际商贸之路，更是国际文化对话、传播与交流之路。在"一带一路"文化产业带内容构成维度上，应以文化旅游、文化遗产保护和文化会展等产业业态为先导，以文化创意、平面传媒、广播影视、出版版权、演艺娱乐、网络文化服务以及文化产品生产等业态为延伸，进而形成吉林与东北亚各国协同开发"一带一路"文化产业的基本格局。开发"一带一路"的文化旅游产业不仅是一种自上而下的政策驱动行为，而且还有自下而上的需求基础和现实支撑，具备历史文化、旅游资源、经济交往等多方面条件。

东北振兴是东北的全面振兴、全方位振兴。大力发展区域特色文化，全面振兴东北文化产业是东北振兴的必然要求，长春正加快建设成东北亚区域性中心城市。文化产业发展也是衡量东北亚中心区域性中心城市的重要指标。构建国内国际双循环新发展格局，对文化产业发展提出了新要求。特色乡村文化建设、数字文化产业高质量发展将进一步开拓国内消费群体的需求，拓宽消费者的渠道，构建文化产业的内循环格局。

2.科技机遇

新一轮科技革命和产业变革深入发展，新型基础设施建设加快推进，以5G、大数据、云计算、人工智能等为代表的新一代信息技术广泛应用，将进一步提高文化产业数字化、网络化、智能化水平，改造提升传统业态，催生大量文化产业新产品、新业态和新模式，促进文化产业实现全面转型升级。

3.资源机遇

长春是中国汽车产业、高铁产业、电影产业、光电产业、生物疫苗产业的摇篮，同时也是中国空军的摇篮，以下简称六大"摇篮"。六大摇篮文化的深入挖掘，将使长春的工业资源转化为工业文化资源，实现工业＋文化的深度融合发展。

特色文化资源优势。吉林省还有很多特色文化资源，冰雪文化、松花石文化、长白山文化、"东北三宝"文化、老工业基地文化、近代历史文化、东北抗联文化、朝鲜族、满族、蒙古族民族民俗文化等，这些为吉林省文化产业发展提供了丰富的特色文化资源优势。

人才资源优势。长春拥有较为雄厚的文化创意产业人才实力。有全国最大的"985工程"和"双一流"大学吉林大学，有首批国家"211工程"和教育部直属师范院校东北师范大学，有培养雕塑、美术、音乐、创意设计等专业人才的吉林艺术学院，有培养动漫游人才的吉林动画学院等。中科院长春光机所、应化所、地理所汇聚了大量顶尖科学技术人才，这些为吉林省文化产业发展提供了人才资源。

（三）面临的挑战

1. 国际形势的不确定性

当今世界正经历百年未有之大变局。单边主义、贸易保护主义上升，世界经济低迷，全球产业链供应链因非经济因素而面临冲击，国际经济、科技、文化、安全、政治等格局都在发生深刻调整，世界进入动荡变革期。极端主义、民粹主义、恐怖主义使得国际秩序和地区稳定面临巨大安全威胁。

2. 新冠疫情带来的冲击

由于新冠疫情还将持续一段时间，在疫情防控时期，人口流动和集聚大幅萎缩，使严重依赖人员集聚的部分文化产业效益遭遇断崖式下滑，从而给文化产业发展带来了巨大的冲击。

3. 区域经济环境的限制

由于东北三省天气寒冷，思想观念更新相对慢，管理体制机制相对落后，营商环境相对较差，经济增长速度相对偏低，市场容量萎缩，人口流失严重，这些都限制了我省文化产业的发展。

二、厘清思路　确立文化产业发展新目标

（一）指导思想

高举习近平新时代中国特色社会主义思想伟大旗帜，深入学习贯彻党的十九大和十九届历次全会精神，以习近平总书记重要讲话重要指示精神为统领，紧紧抓住推进东北振兴发展的历史机遇，立足新发展阶段，贯彻新发展理念，构建新发展格局，深入实施"三个五"战略，持续推动中东西"三大板块"协调发展，着力构建"一主、六双"产业空间布局，坚定文化自信，坚持以社会主义核心价值观为引领，围绕"举旗帜、聚民心、育新人、兴文化、展形象"的使命任务，坚持把社会效益放在首位，社会效益和经济效益相统一，以深化供给侧结构性改革为主线，同时注重需求侧管理，坚持创新驱动，以文化创意、科技创新催生新发展动能，提升产业链现代化水平和创新链效能，不断健全现代文化产业体系和市场体系，推动文化产业高质量发展，促进满足人民文化需求和增强人民精神力量相统一，推进文化强省建设。

（二）基本原则

1. 坚持社会效益和经济效益相统一

坚持马克思主义在意识形态领域的指导地位，始终把社会效益放在首位，牢固树立以人民为中心的创作生产导向，创作生产传播更多优秀文化产品，更好满足人民精神文化生活新期待；围绕国家重大区域发展战略，把握文化产业发展特点规律和资源要素条件，促进形成文化产业发展新格局。

2. 坚持政府引导与市场运作相结合

充分发挥政府在政策扶持、规范管理、公共服务、营造环境等方面的重要作用，充分发挥市场配置资源的决定性作用，调动社会力量和行业协会的积极性和创造性，推动形成吸引社会资源要素流向文化产业的机制，实现政府引导与市场运作同频共振。

3. 坚持创新驱动与新业态培育相结合

坚持以创新为核心驱动力，以文化科技创新体系建设为重点，推进文化和科技深度融合，加强技术集成与模式创新，改造传统文化产业，催生新的文化业态，实现文化产业内容形式、方法手段、载体渠道全面升级，激发文化产业发展新动力、增强文化产业发展新活力、释放文化产业发展新潜力。

4. 坚持深度融合与协同发展相结合

坚持以文塑旅、以旅彰文，推动文化产业和旅游产业深度融合发展；实施"文化+"战略，在制造业、服务业和战略性新兴产业中融入文化元素，推动文化产业跨产业、跨部门、跨区域深度融合，实现文化产业与其他产业相互赋能，协同发展。

5. 坚持错位发展与突出特色相结合

充分发挥我省各地区位优势，找准生态位，突出区域特色文化资源开发，培育区域特色文化产业，提升区域产业影响力、社会认知度和品牌知名度，推动各地区文化产业多样化、差异化发展。

（三）总体目标

"十四五"期间，围绕打造文旅万亿级支柱产业发展目标和2035年建成文化强省的远景目标，文化产业整体实力和竞争力不断提升，地方文化品牌影响力不断扩大。文化和科技、旅游深度融合，新型文化业态不断释放新动能。完善文化产业链体系，补齐产业链断点、理顺产业链堵点、医治产业链痛点，进一步延伸产业链、提升价值链、融通供应链。做强冰雪文化产业链，做大旅游演艺产业链，做精松花石文化产业链，做优工艺美术产业链，做亮动漫游产业链。大力发展数字文化产业，培育演播、创意设计、数字艺术、沉浸式体验等新业态新模式。推动特色文化产业带建设，优化文化产业结构布局，持续引导和扩大文化消费，全面提升全产业链质量效益和核心竞争力，为吉林省文化产业高质量发展提供坚实支撑，扎实推进城乡公共文化服务体系一体化建设。

中华优秀传统文化保护、传承、发展工作取得新进展。到 2025 年，培育 40 家左右社会效益和经济效益突出、创新能力强、具有较强影响力的龙头企业，培育 3~5 个具有区域影响力、引领我省文化产业发展的国家级文化产业示范园区，建设 60~80 个具有示范带动作用的省级文化产业示范园区和 80~100 个特色文化产业基地，打造 80 个左右文化产业特色乡（镇）村，构建 3~6 个特色文化生态保护区，培育 10~20 个特色非遗村落。

三、打造集群 优化文化产业空间新布局

（一）总体发展布局

图 5-1 三带辐射

根据吉林省现有的文化产业区域分布特征，结合国家战略，打造"一核引领、一极带动、一区协同、三带辐射"的文化产业空间布局。"一核引领"，即长春经济圈引领；"一极带动"，即长白山文化产业增长极带动；"一区协同"即东辽河文化产业协同区；"三带辐射"即长—吉—图—珲—（俄日朝韩）冰雪（避暑）丝路文化产业带、长—松—白—（蒙）草原生态文化产业带、长—梅—通—集—（朝）特色民俗文化产业带，如图 5-1 所示。

（二）一核引领——长春经济圈

"一核"主要是指长春经济圈，立足省会政治、经济、文化中心的地位，是全省文化产业发展的制高点与核心引擎。

从知名度和社会影响力视角看，长春是新中国汽车工业的摇篮、地铁高铁工业的摇篮、电影工业的摇篮、光电子工业的摇篮、生物疫苗工业的摇篮，同时还是中国空军的摇篮，以下简称"六大摇篮"。这"六大摇篮"至今仍然是长春最亮丽的名片。发挥"六大摇篮"优势，实现产文融合，将工业生产转化

为文化产业,实现工业生产与文化产业相互赋能,是长春引领吉林省文化产业发展的第一核心要素;从历史遗产视角看,长春是国家历史文化名城,是东北亚战略要地,遗留下诸如日本伪满历史遗迹、沙俄苏联历史遗迹;从历史视角看,长春是辽金、清代军事重镇,保留了独具特色的黄龙辽金文化遗产、柳条边历史文化遗产;同时,长春又有大量优秀的记录东北文化的非物质文化遗产;此外,长春还是"一五"期间156个老工业基地建设项目主要布局地,遗留下大量老工业遗产;保护开发这些历史文化遗产,实现史文融合并将其转化为文化产业,是长春引领吉林省文化产业发展的第二核心要素;长春是国家区域创新中心,既有传统的新闻出版产业、广电服务产业、工艺美术品制造产业,又有 VR、AR、5G+4K/8K 超高清、无人机等新一代信息技术产业,大力发展数字文化产业、沉浸式产业、元宇宙产业,实现科文融合,是长春引领吉林省文化产业发展的第三核心要素;从文化消费视角看,长春是首批国家文化和旅游消费示范城市,长春人口占全省人口的 40% 左右,长春 GDP 占全省的 53% 左右,长春人的吃、住、行、购、学、娱共同筑就了长春的原生文化、商贸文化、教育文化、体育文化、演艺文化和冰雪文化,弘扬长春文化,实现生文融合、商文融合,是长春引领吉林省文化产业发展的第四核心要素;长春地处东北亚地理几何中心,是国家"一带一路"北线中蒙俄经济走廊重要节点城市和东北亚地区合作中心枢纽,"中国吉林·东北亚投资贸易博览会"是东北地区唯一的国家级投资贸易博览会,中韩(长春)国际合作示范区是东北亚区域经济合作的引领区、中韩全方位宽领域合作的先行区、吉林省乃至东北地区振兴发展的新引擎,这些国际资源是长春引领吉林省文化产业发展的第五核心要素。

以长春经济圈为核心,充分发挥长春区位优势、产业优势、环境优势、资源优势、科教优势、经济优势、人口优势、文化优势,拉开发展框架、拓展战略视野、壮大规模总量、强化辐射带动,引领全省文化产业创新发展。

(三)一极带动——长白山文化增长极

长白山是中华十大名山之一,绵延广阔,具有广泛的地域代表性、文化边疆性和国际交融性,是东北民族文化的图腾。长白山文化的源头性、交汇性、刚毅性、包容性等特点蕴含着巨大的思想能量和人文精神。长白山既是一座丰富的自然资源宝库,也是一座底蕴深厚的文化宝库,其本源地脉、圣灵水脉、生息林脉、历史文脉、民族血脉、经济动脉等"六脉文化"铸就了长白山海量资源、巨量资产。

一极是指以长白山作为区域文化产业增长极,对长白山文化体系进行创新性提炼及创造性转化,对其文化资源和文化遗产进行历史再现、文化再生、艺术再植,打造长白山文化 IP 品牌,发展长白山生态文化产业、旅游产业、民族民俗文化产业、红色文化产业、东北三宝文化产业、松花石文化产业、中药材文化产业、工艺美术产业、影视文化产业、数字文化产业等文化产业,培育文化产业新增长点,带动长白山区域乃至全省文化产业的创新发展,使长白山成为我省文化产业的新增长极。

（四）一区协同——东辽河特色文化产业协同区

一区协同是以四平、辽源为核心，建设东辽河流域满族特色文化产业协同区，带动双辽区、梨树县、伊通县、东丰县、东辽县等县（区），大力发展满族民俗文化产业项目，打造特色文化旅游线路，带动区域内民俗旅游、工艺美术品生产、演艺娱乐、影视剧创作等特色文化产业发展。紧密与长春经济圈建立协同发展机制，实现三地文化产业深度合作，协同提升、共赢发展。

（五）三带辐射——冰雪丝路、草原生态、民族民俗文化产业带

长—吉—图—珲—（俄日朝韩）冰雪丝路文化产业带，是以长春、吉林、图们、珲春等沿线城市为依托，充分挖掘长吉图珲区域文化特色、技艺传承、历史价值，提炼文化符号，打造本产业带上具有持续发展前景的系列IP，围绕IP进行重点开发、多领域开发，培育一批具有国内影响力的历史文化和旅游品牌。加强与俄罗斯、朝鲜、韩国、日本等区域国家的文化产业合作，带动国内国际双循环，形成冰雪（避暑）丝路文化产业核心区，辐射和带动周边地区发展。冰雪（避暑）丝路文化产业带建设是加强"一带一路"倡议在东北地区的再挖掘、再实践，是融入国家双循环新发展格局的新路径，是释放我省冰雪（避暑）资源优势，构建现代冰雪（避暑）经济体系的特色战略平台，是吉林全面振兴发展的文化新动能。

长—松—白—（蒙）草原生态文化产业带，以长春、松原、白城地区为地理轴心，以草原文化、湿地文化、蒙古族文化为文化轴心，串联起区域内的产业基地、文化企业、文化服务发展平台、文化教育艺术单位及各类文化设施，打造集文化、生态、旅游等为一体的草原生态文化产业带，建设吉林省西部生态文化产业发展新格局。

深入挖掘草原、湿地地域文化内涵、生态文化内涵，围绕蒙古族民族文化特色，培育"生态＋文化＋旅游"特色文化产业功能区，支持内容创新、业态创新、模式创新、机制创新，实现区域文化产业的快速增长、空间集聚、价值提升、产业融合，建设成为我省西部文化产业发展的增长带。

长—梅—通—集—（朝）民族民俗特色文化产业带，以长春、梅河口、通化、集安至鸭绿江一线为地理轴心，以民族民俗文化、自然生态文化、世界文化遗产高句丽文化为文化轴心，串联起区域内的产业基地、文化企业、文化服务发展平台、文化教育艺术单位及各类文化设施，打造集文化、生态、旅游等为一体的生态文化产业带，建设吉林省东南部历史文化、生态文化产业发展新格局。

四、突出重点 激活文化产业发展新动能

（一）文化产业体系构建工程

搭建文化产业链研究平台。成立吉林省文化产业协会，组织文化企业开展文化产业论坛，制定文化产业行业标准；设立吉林省文化产业研究基地，负责跟踪分析国内外文化产业发展动态趋势，研究吉林省文化产业发展的前瞻性、战略性、全局性问题；成立吉林省文化产业创新联合体，集中企业、机关、高校、科研院所的优势，组织文化企业聚焦补齐产业链短板和突破关键领域；搭建吉林省文化产业大数据监测平台，对文化产品供应及消费市场的数据进行统计，研判文化产业发展趋势，为不断完善文化产业政策提供依据。

构建文化产业研究体系。构建文化产业理论体系、文化产业要素支撑体系、非遗保护传承产业化体系、文化与其他产业融合发展体系、文化产业招商服务体系、产业链运行动态监测评估体系、现代文化市场体系、特色文化产品供给体系、文化产业政策保障体系。

绘制文化产业链"四图""五清单"。分行业绘制文化产业链构成图、技术路线图、应用领域图和应用分布图"四图"；编制产业链重点生产企业清单、核心配套企业清单、断链断供风险清单、重点项目清单和政策清单"五清单"。

专栏1　十四五期间拟出台文化产业发展政策

《吉林省文化产业发展促进条例》《吉林省促进数字文化产业创新发展行动纲要（2021-2025年）》《吉林省省级文化产业园区管理办法》《吉林省省级文化产业基地管理办法》《吉林省松花石文化产业发展促进条例》《吉林省文化产业特色乡（镇）村评定规范》。

（二）文化产业链强优工程

我省文化产业规模较小，产业链较短，龙头企业不强，"十四五"期间，重点打好"建链、强链、延链、补链"组合拳，补齐文化产业链短板，延伸文化产业链长度，拓展文化产业链宽度，做强做优文化产业链。重点实施十大产业链行动计划。

数字建链行动计划。围绕我省较为薄弱的数字文化产业、沉浸式体验业等新兴文化产业，必须招引龙头企业，引进相关配套企业，开展"建链"工作。

科技创链行动计划。以数字化、网络化、智能化为技术基点，加强文化创作、生产、传播和消费等环节与新一代信息技术的深度融合，重点突破文化艺术、创意设计、文物保护利用、非物质文化遗产传承发展、文化旅游等领域系统集成应用技术，开发内容可视化呈现、互动化传播、沉浸化体验技术应用系统平台与产品，实现文化产业全产业链创新。

人才兴链行动计划。根据我省建设文化强省目标的需要，实施经营管理人

才培养计划、创意设计人才培养计划、文化工匠培养计划、文化创客培养计划，畅通人才引进、人才培养、人才培训三大渠道，打造一批文化产业链领军人才和高端人才；培养一批兼具工匠精神和技艺精湛的文化工匠；选派一批文化产业领域有发展潜力的文化工匠培育理论研究、艺术表演、艺术设计、非遗保护与创新、企业管理等方面的中青年文化工作者，到高等院校、专门机构进修或培训，不断提升文化从业者的整体素质。

IP 强链行动计划。提炼我省文化精粹，全面实施我省超级 IP 开发计划，打造由创意策划 IP、物质文化 IP、非物质文化 IP 共同构成的超级 IP 体系，重构吉林文化各行业品牌。影响文化产业的决定性因素就是 IP 本身所具备的文化价值和精神内涵。IP 强链行动计划就是要开发利用吉林文化优秀 IP 资源，讲好吉林故事，打造吉林特色文化 IP，促进吉林文化产业与社会各领域生态化协同化发展；通过互联网平台连接更多开发主体，以共同开发吉林 IP 为核心，共同创造吉林文化生产新体系、人才培养新模式，逐步形成具有吉林特色的打造超级 IP 的新方式；IP 强链行动计划就是要突出技术赋能，将大数据、人工智能、区块链、VR/AR 等新技术与吉林优秀 IP 资源深度融合，增强消费者在虚拟环境中的"现实体验感"，用现代科技和创意让吉林文化焕发新活力，让吉林文化走向全国，走向世界；IP 强链行动计划就是要以 IP 构建为核心，借助新技术赋能，实现文化科技产业深度融合发展，形成网络社交产业、网络文学产业、网络音频产业、网络视频产业、网络直播产业、游戏动漫产业、电子竞技产业、网络电影产业、网络电视剧产业、网络综艺产业等内容丰富、形式多样、传播渠道矩阵化的新文化业态，为吉林文化产业创造巨大的市场机会。

招商补链行动计划。对文化产业链龙头企业，采取"一企一策"，支持龙头企业加快科技创新、管理创新、产品创新和商业模式创新，增强核心竞争力，针对一些产业链条不完善、龙头企业不强、处于价值链中低端等问题，深入挖掘和包装一批上下游项目开展招商引资。集中力量培育壮大一批优势特色产业链，推动全省文化产业迈向中高端。依托"文化产业链四图"，建立产业链上下游招商项目库，开展点对点精准招商。引进国内外优质企业，推动与行业龙头企业、跨国企业交流与合作。积极对接"一带一路"、长江经济带、粤港澳大湾区等，促进市场化投资合作，增强产业链核心竞争力。

园区聚链行动计划。通过实施优势资源文化带、品牌文化产业园区、典型文化产业集聚区、文化产业示范基地、文旅融合发展示范区、特色文化产业乡镇（村）六大计划，聚集吉林特色文化企业，构建吉林特色文化产业链，打造吉林特色文化产业园区，实现吉林文化产业的快速发展。

金融活链行动计划。建议修订完善《吉林省省级文化发展专项资金管理办法》《吉林省省级文化产业发展专项资金实施细则》两项政策，设立"文化产业贷款风险补偿资金池"，引导金融机构创新产品和服务，为中小微文化企业量身定制融资方案，加大企业信贷等支持力度，扩宽中小微文化企业融资渠道，推动一批文化龙头企业在中小板、新三板或 H 股上市融资。

消费稳链行动计划。在"六夜"（夜景、夜演、夜宴、夜购、夜娱、夜宿）、"六间"（城间、坊间、巷间、乡间、云间、心间）、"六区"（景区、园区、街区、社区、校区、馆区）、"六创"（文化创意、科技创新、品牌创建、场景创设、精品创作、业态创想）上挖潜力，扩大文化消费市场，释放文化消费潜力。推进文化消费试点示范城市建设、夜间文化消费集聚区创建。激发青年群体消费热情，培树新的消费观念，提高大众消费品位。以特色文化驱动我省文化消费的转型升级，着力建设世界知名、国内领先的文化消费大省。

文旅融链行动计划。实施公共文化资源功能拓展计划，推动传统文化场馆服务与现代旅游体验的融合，加快非遗文化与旅游产业发展的融合，促进文化场馆与大众文化消费融合；实施特色文化 IP 资源开发计划，构建特色文化 IP 资源的旅游化开发体系，做强"冰雪""避暑"文旅 IP 双品牌，打造红色文旅 IP 共同体，培育乡村文旅产品群 IP；实施旅游产品内涵升级计划，提速旅游景点的内涵升级，创新旅游产品体系，培育文化旅游购品品牌，打造优质目的地形象；实施文旅融合新业态品牌培育计划，支持重点文旅融合品牌项目建设，培育文旅融合龙头企业品牌，打造文旅融合产品品牌，做强文旅节庆会展活动品牌。

乡村筑链行动计划。培育形成具有吉林地域特色的传统工艺产品，积极开发传统民间艺术、民俗表演项目和节日文化用品，促进乡村文化资源与现代消费需求有效对接，利用大型网络文化传播平台和短视频平台全方位展示传播吉林乡村民间艺术、吉林特色农耕文化，培育一批吉林乡村文化传播达人，实施特色乡村文化产业乡镇、特色村培育打造计划，建设一批特色文化产业乡镇、文化产业特色村。

专栏 2　规划建立文化产业示范园区

长春国际影都文化产业园、林田国际汽车标识博物馆、吉林非遗文化产业园、长春光华学院、影视文创产业园、长春光华学院非遗文化产教融合示范园、吉动动漫游产业园、长春松花石文化产业园、四平市梨树二人转文化产业园、通化市抗联文化产业园、延边州延吉市恐龙文化产业园、延边州龙井市海兰江足球文化产业园、延边州图们市白龙村朝鲜族民俗文化产业园

专栏 3　文化产业特色乡（镇）村打造工程

为加快乡村振兴步伐，提升乡村文化产业水平，依托全省丰富的乡村文化资源，充分发挥乡村文化人才、乡村传统工艺等优势，突出特色产业支撑，指导各地培育和打造 80 个左右特色文化产业乡镇（村）。

专栏 4　打造动漫游文化产业集聚区

原创动漫基地。建立以"原创动漫 IP 孵化、生产"为基础，以"自主动漫软件研发与运用"为核心，覆盖动漫影视的前期创作、中期生产、技术研发、后期制作、营销推广等全产业链的国际化原创动漫基地。

国家漫画基地。构建国潮原创漫画体系，"十四五"期间，预计实现原创漫画 IP 超过 1000 部，获得用户超过 500 万，成为中国最大规模的 IP 资源库。

游戏及衍生品开发创作基地。基地总建设资金约 1 亿元，产出游戏作品 5000 部，形成游戏产业创作、创业、创新的人才集散地，成为吉林省游戏创业的摇篮。

双阳数字影视基地及科普主题乐园。基地建设以 IP 影视、游戏、漫画、动画为突破，构建以 IP 为核心，链接原创剧本、导演制片、平台宣发、后期制作的全产业链工业化体系。

数字影视特效制作基地。基地以影视特效、物理特效领域的高端生产技术为核心，引进国际化资源与技术，建成以影视特效、物理特效制作为主体，同时涵盖剪辑服务、音效制作、校色服务等影视后期的一站式服务体系。

（三）文化产业数字化工程

充分运用 5G、大数据、云计算、人工智能等科技创新成果，大力发展数字文化产业和文化创意产业，推进文化产品和服务生产传播消费的数字化网络化进程。优化数字文化产业发展环境，培育有竞争力、影响力的数字文化产业市场主体。

实施平台能级升级计划，打造"云博物馆、云纪念馆、云艺术馆"等线上数字产品，发展网络视频、游戏、文学、直播等数字文化消费业态。推动文化企业线上线下融合，扩大优质数字文化产品供给，加强数字文化产业原创能力建设，支持引导文化企业创作生产多样化、个性化的数字文化内容产品，推进我省现有文化产业平台资源整合，提升我省文化产业发展平台的规模能级，实现文化产业高质量发展。

开发文化产业大数据平台。针对吉林省文化产业发展现状，实施文化产业大数据工程，建设数据汇聚平台，进行文化产业"新基建"，推动全流程数据采集，形成完整贯通的数据链，支持上下游企业开放数据，引导和规范公共数据资源开放流动，提升数据流通共享商用水平。

开发"吉林文化淘宝"平台。搭建"吉林文化淘宝"（吉林文化云平台），对接"国家文化淘宝"（国家公共文化云平台），创新文化消费业态，助力文化产业 GDP 增长。

（四）文化产业改造提升工程

1. 培育文化产业新业态

演艺业、娱乐业、工艺美术业是三大传统文化业态，挖掘我省典型特色文化 IP，与互联网平台合作，培育适合线上观演、传播、消费的原生云演艺产品，打造云演艺、云展览、沉浸式体验等新业态新模式。

2. 构建文化 IP 全产业链

依托我省汽车文化、高铁文化、电影文化、光电文化、航空文化、松花石文化、长白山文化、粉雪文化、朝鲜族文化、蒙古族文化等独具特色的物质文化遗产、非物质文化遗产、知名历史人物、重大历史事件、老字号品牌、著名企业、名优产品、知名土特产品等特色文化 IP 资源，打造重点文化产业链，对特色文化

IP 产业链中内容创作、文创产品生产、媒体播放平台、衍生品开发等进行重点扶持，树立文化 IP 产业开发典型，构建吉林省文化 IP 全产业链体系，形成我省文化 IP 产业生产模式和人才支撑体系。"十四五"期间，重点做强冰雪文化产业链，做大旅游演艺产业链，做精松花石文化产业链，做优工艺美术产业链。

3. 壮大文化企业整体实力

推动骨干文化企业做优做大做强，推动民营文化企业和中小微文化企业加快发展。支持国有文化企业做强主业、多元发展。促进有条件的文化企业实施跨所有制并购重组。推动文化产业园区建设，进一步强化园区的产业集聚和孵化功能，建设一批省级重点文化产业园区。充分发挥国家级和省级文化产业园区（基地）的示范引领带头作用，壮大园区（基地）整体实力，发挥好其辐射和带动作用，不断提升吉林省文化产业的生机和活力。

4. 推动文化产业与科技融合发展

强化文化科技支撑，加强文化科技企业创新能力建设，提高文化核心技术装备制造水平。围绕"互联网+"，推动文化与科技深度融合。大力培育发展移动多媒体、网络视听、数字出版等新业态，打造文化科技融合园区，突破一批重点文化领域发展需要的共性关键技术，运用云计算、人工智能、物联网、区块链等科技成果，催生新兴文化业态，发展一批具有较强实力和竞争力的龙头骨干文化科技企业。

专栏5 文化产业大数据云平台

文化产业大数据云平台。推动文化大数据采集、存储、加工、分析和服务产品开发，打造文化数据产品和服务体系。分别就政府、企业、专家与大师等角色，就信息、活动、基本数据等进行数据结构设计与界面设计。同时争取对接国家级数据平台、本省其他产业数据平台与外省相关产业数据平台（含文化企业库、文化产品库、文化项目库、文化专家智库、文化大师工匠库、文化 IP 库等20余个子库）。

（五）沉浸式体验培育工程

沉浸式文化体验赋能计划。沉浸式戏曲艺术欣赏体验：选取京剧、吉剧、二人转、黄龙戏、满族新城戏、东北大鼓、朝鲜族歌舞等具有吉林特色的经典剧目，以 VR、AR、MR 技术展示戏曲艺术的观赏点，提高观众对吉林地方特色戏曲的鉴赏能力，培育和扩大地方文化圈层。沉浸式美术、书法品鉴和教育：展示名家名师创作手法和名书名画品鉴要点，提高公众对书画的鉴赏能力。沉浸式博物馆、非遗馆，推进智慧博物馆和非遗数字博物馆建设，以 VR、AR、MR 技术为重点同步建设沉浸式博物展区，增强交互体验功能。

沉浸式旅游体验赋能计划。沉浸式冰雪体验：以滑雪、温泉、雾凇和冬捕为核心，发展吉林冰雪沉浸式体验模式。

沉浸式红色旅游体验：以抗联英雄、辽沈战役、抗美援朝为重点，建立VR、AR、MR红色英雄谱系，发展沉浸式红色旅游体验模式；沉浸式民俗旅游：以关东风情和满族、朝鲜族民俗为重点，展示吉林省民俗饮食文化、服饰文化、手工艺品、民间游戏、民族节庆等民俗旅游资源。

沉浸式工业旅游：以一汽、中车长客等企业为重点，采用全息投影＋数字展厅方式，以VR、AR、MR技术＋导览的形式发展沉浸式工业旅游。

沉浸式体验平台建设计划。整合沉浸式体验产业版块，实施VR、AR、MR、5G+4K/8K超高清、无人机等技术培训，培育一批掌握关键技术、带动交叉学科发展的本领域高端研发、应用创新和高级管理人才，建设全省沉浸式体验业态支撑平台，抓好平台梯次培育，建立完善大数据采集、存储、加工、分析和服务等环节的运行机制。

沉浸式体验项目培育计划。以沉浸式科技公司为依托，以重大项目为引领，培育一批以文化文物、景区景点、主题公园、园区街区等具有实用性强、示范性好的沉浸式体验项目。重点支持以冰雪文化和红旗汽车文化产业为主的虚拟主题公园文旅融合沉浸式体验项目。推动基层博物馆、美术馆、纪念馆等数字场馆建设，开展虚拟讲解、虚拟场景和交互体验服务。

（六）非遗产品市场拓展工程

支持非遗产品、旅游商品进景区，打造景区非遗驻场演艺项目，使游客深度体验非遗文化；设计推广非遗主题旅游线路、非遗研学产品等，促进非遗与旅游融合发展。支持非遗产品进校园，开展非遗教育，提高学生对非遗的认知水平、保护意识和传承信念，推广普及非遗文化。支持非遗产品进商场，在商场打造非遗产品制作演示体验活动。支持省级非遗交易平台建设，建立展示、销售、体验于一体的实体店，通过线上线下双渠道销售非遗产品。

专栏6 非遗产品市场拓展工程

非遗产品进景区。延边朝鲜族农乐舞、朝鲜族象帽舞、蒙古族民歌、蒙古族马头琴、蒙古族安代舞、黄龙戏、朝鲜族传统婚礼、蒙古族萨满祭天仪式、满族新城戏、长白山满族过年习俗。

非遗产品进校园。通化长白山满族剪纸、长白山满族剪纸、长白山满族枕头顶刺绣、舒兰皮影、梨树二人转、东升泥人、长白山民歌、朝鲜族短箫、长白山满族撕纸、五行通背拳。

非遗产品进商场。杨麻子大饼、吉林缸窑烧造技艺、满族旗袍传统工艺、东辽葫芦画、东丰农民画、朝鲜族米肠制作技艺、长白山满族豆瓣酱酿造技艺、芦苇画、李连贵大饼、长白山野生山葡萄酒酿造技艺。

（七）市场主体壮大工程

以服务企业发展、支持企业创新、鼓励企业提升为着力点，推动市场主体规模持续扩大，结构更加合理，竞争力显著提升，文化创新创造活力进一步激发。

打造龙头。鼓励有实力的文化企业通过资源整合、扩大经营、并购重组等方式做优做强，重点打造40家左右社会效益和经济效益突出、创新能力强、具有较强影响力及核心竞争力的文化产业龙头企业。

培育骨干。结合新技术应用、新产品研发、新项目投产，大力培育一批文旅商品、文化娱乐、文化创意、文化科技、文化电商等行业领军企业。

扶持小微。引导中小微文化企业向"专业化、特色化、创新型"方向发展，在提供个性化、多样性、高品质文化产品和服务方面形成比较优势。打造一批有代表性、影响力和美誉度的文化企业品牌。

搭建平台。依托中国—东北亚博览会，搭建东北亚国际文旅产业合作平台。依托国家中日韩文化产业论坛，推进吉林文化产业体系与中日韩文化产业资源、平台、项目、人才的无缝对接，加快吉林省文化产业国际化发展步伐。

建设基地。在抓好文化产业园区和基地管理的基础上，在全省合理布局一批集聚效应好、主业突出的文化产业园区和基地，形成面向区域和行业的协同创新平台、促进文化企业集聚发展的重要载体，培养一大批文化产业高层次人才。

支持吉林省东北亚文化创意科技园、吉林省广告创意文化产业园区等国家文化产业示范园区的建设创建工作，使其提升供给能力、健全服务体系、提高服务水平，发挥引领示范和辐射带动作用。支持吉林数字动漫游影视产业集聚区、长春山丘影视文化产业园、延吉文创产业园、敦化东方震旦新文旅、长白山文化创意产业园、白城红色文化产业园、通榆军旅文化研学基地建设。支持吉林非遗产教融合保护传承、生产性保护传承项目建设。

突出重点项目引领。有效发挥文化产业项目的要素聚集和带动作用，激发产业上下游发展活力，形成全链条、全覆盖的产业发展模式，重点支持实施100个左右国家级省级重点文化产业项目，10个左右国家级省级国际合作重点项目，对入选项目给予投融资、宣传推介、人才培训等支持和服务。

专栏7　文化产业重中之重工程

文化产业链建设工程。分行业绘制文化产业链"四图五清单"，完善文化产业链政策体系。实施数字建链、科技创链、人才兴链、IP强链、招商补链、园区聚链、金融活链、消费稳链、文旅融链、乡村筑链10项行动计划，打好组合拳，优化文化产业链结构，补齐文化产业链短板，延伸文化产业链长度。依据"四图五清单"，建立全省重点文化产业项目库，对项目库实行清单管理、动态调整、滚动实施。

冰雪特色文化产业带打造工程。依托我省寒地冰雪文化，丰富冰雪旅游产品的吉林特色文化内涵，推动冰雪体育、民俗表演、冰雪客栈等与冰雪文化、冰雪旅游相融合，促进冰雪艺术创作、展示、表演，开展冰雪文化创意、冰雪风光、冰雪雕塑、冰雪民俗等体验活动，实现对冰雪文化资源的有机整合。

红旗汽车文化产业链培育工程。支持相关企业建设汽车主题文化产业项目。支持开发"红旗"系列文艺作品，开发"礼遇吉林·红旗"系列文创产品，打造"红旗汽车文化"超级IP。

松花石文化产业开发工程。开展全省松花石资源普查，编制《吉林省松花石文化产业发展规划》，举办松花石文化产业博览会和松花石文化产业发展高峰论坛，支持长春松花石文化产业园、松花石文化博览馆和松花石东北文化雕塑园建设，开发松花石主题文艺作品，开发"礼遇吉林·松花石"系列文创产品，打造"松花石文化"超级IP。

吉林三宝文化产业链培育工程。人参、鹿茸、乌拉草是著名的"吉林三宝"。深入挖掘人参、鹿茸、乌拉草文化内涵，建设以"吉林三宝"为主题的文化载体平台，支持充分运用网络文学、吉林三宝文化产业链培育工程。人参、鹿茸、乌拉草是著名的"吉林三宝"。深入挖掘人参、鹿茸、乌拉草文化内涵，建设以"吉林三宝"为主题的文化载体平台，支持充分运用网络文学、网络视频、数字艺术等形态，全面提升人参、鹿茸、乌拉草"吉林三宝"IP的文化价值和市场影响力，开发"礼遇吉林·吉林三宝"系列文创产品，打造"吉林三宝"超级IP。

文化产业赋能乡村振兴工程。制定特色文化产业乡（镇）村评定规范，培育80个左右特色文化产业乡（镇）村，提升乡村振兴文化内涵，促进乡村文化产业人才培养，促进群众就业增收。

（八）产业国际合作工程

创建吉林省文化产业与日韩文化产业对接机制。依托国家中日韩文化产业论坛机制，推进吉林文化产业政策体系与中日韩文化产业政策、资源、平台、项目、人才的无缝对接，加快吉林省文化产业国际化发展步伐。

搭建东北亚国际文化产业合作平台。依托东北亚投资贸易博览会，开设东北亚文化产品贸易分会场，举办东北亚国际文化产业合作论坛，建立东北亚国际文化产业合作联盟。

扶持文化产业国际合作项目。扶持一批文化进出口龙头企业，扶持一批"一带一路"文化产业国际合作项目。

建设对外文化贸易基地。支持企业参与海外线上重点国际展会和交易会，打造具有吉林特色的国家对外文化贸易基地。

五、数字赋能 提升文化产业竞争力

（一）数字文化产业新业态培育

培育云演艺业态。支持建设在线剧院、数字剧场，推动文艺院团、演出经纪机构、演出经营场所数字化转型。加强演艺机构与互联网平台合作，打造舞台艺术演播知名品牌。鼓励文艺院团、文艺工作者、非物质文化遗产传承人在网络直播平台开展网络展演。提高线上制作生产能力，培育一批符合互联网特点规律，适合线上观演、传播、消费的原生云演艺产品，惠及更多观众，拉长丰富演艺产业链。

丰富云展览业态。支持文化文物单位与融媒体平台、数字文化企业合作，发展"互联网＋展陈"新模式，打造一批博物馆、美术馆数字化展示示范项目。推进文化会展行业数字化转型，引导支持举办线上文化会展，实现云展览、云对接、云洽谈、云签约，探索线上线下同步互动、有机融合的办展新模式。

发展沉浸式业态。支持VR、AR、MR、5G+4K/8K超高清、无人机等技术在文化领域应用，发展全息互动投影、无人机表演、夜间光影秀等产品，推动现有文化内容向沉浸式内容移植转化，丰富虚拟体验内容。支持文化文物单位、景区景点、主题公园、园区街区等运用文化资源开发沉浸式体验项目，开展数字展馆、虚拟景区等服务。开发沉浸式旅游演艺、沉浸式娱乐体验产品。

（二）网络文化产品原创能力提升

培育具有鲜明吉林特色的文化IP，重点打造"粉雪传奇"IP、"查干湖"IP、"一汽红旗"IP、"松花石"IP、"乌拉草"IP，充分运用动漫游戏、网络文学、网络音乐、网络表演、网络视频、数字艺术、创意设计等产业形态，推动吉林特色文化IP创造性转化、创新性发展，逐步形成具有广泛影响力的吉林数字文化品牌。

（三）数字文化与其他产业融合发展

以数字化推动文化和旅游融合发展，实现更广范围、更深层次、更高水平融合。推进数字文化产业与先进制造业、消费品工业、智慧农业融合发展，与金融、物流、教育、体育、电子商务等现代服务业融合发展。促进数字文化与社交电商、网络直播、短视频等在线新经济结合，发展旅游直播、旅游带货等线上内容生产新模式。推动数字文化产品和服务在公共文化场馆的应用，丰富公共文化空间体验形式和内容。

六、创新路径 构建文旅产业深度融合新场景

坚持以文塑旅、以旅彰文、文旅深度融合、保护开发相得益彰为基本原则，以目标引领创新、促进发展，在新发展格局中推进我省文旅理念的契合，文旅机构的组合，文旅资源的整合，文旅产业的融合，文旅资本的聚合。

（一）文化产业和旅游产业融合新路径

1. 景区景点文化内涵升级

深挖景区景点的文化内涵，将我省特色文化IP融入旅游景区品牌形象打造，全面提升我省旅游景区景点的文化品位。鼓励将我省优秀传统文化符号和现代文化元素融入旅游服务设施、旅游场景、旅游民宿和旅游活动的打造，鼓励旅游景区开发特色文化剧目、旅游演艺节目并常态化演出。鼓励我省工艺美术品企业在旅游景区建设展示场所、DIY空间和购物区，延长、拓宽旅游景区产业链。支持在景区内建设主题酒吧、特色文化夜市、购物空间等现代文化消费设施，推动景区原生文化与特色文化、当代时尚的融合发展。

2. 旅游商品文化内涵升级

支持开发具有吉林特色文化符号的旅游商品，鼓励旅游商品进文化场馆、

进旅游集散中心、进景区、进超市、进机场，支持打造"礼遇吉林"旅游商品一条街，支持举办"礼遇吉林"主题文旅消费活动，扩大"礼遇吉林"旅游商品品牌的市场影响力，带动全省旅游商品文化内涵升级。

3. 旅游目的地文化形象升级

深挖吉菜文化、特色民族餐饮，支持建设反映当地生态和文化特色的主题酒店、文化客栈和旅游民宿。鼓励各地建设融入吉林特色文化符号的公共服务设施和旅游标识系统。提升旅游目的地文明素养，优化人文环境，增强吉林特色文化体验，全方位提升我省优质目的地形象。

（二）文化产业和旅游产业融合新业态

1. 公共文化资源旅游功能拓展

鼓励文化馆、博物馆等各类公共文化资源进行旅游场景打造，拓展旅游功能。

2. 重点文化行业旅游功能拓展

支持旅游演艺创作，推出一批具有吉林特色的旅游演艺精品。鼓励工艺美术品企业在大型旅游景区建设展示基地、创意工坊，提供知识普及、展览展示、产品销售、制作体验等服务。鼓励有条件的文化产业园区、文化街区、特色文化小镇拓展旅游功能。

3. "文旅+"新业态培育

推动我省文化和旅游产业与农业、林业、中医药、教育、科技等其他产业融合，积极发展乡村文化休闲游、中医药健康游、森林康养游、红色教育游、冰雪文化体验游、边境民俗文化游。支持长春依托汽车、高铁、电影、光电子技术等工业重点培育"文化+汽车+旅游""文化+高铁+旅游""文化+电影+旅游"等，培育文化和旅游产业融合新业态，促进文化产业链和旅游产业链的无缝对接。

4. 数字文化产业与旅游产业融合新业态培育

以融合发展、开放共享、创新驱动、绿色发展为基本原则，在数字经济新发展格局下，支持数字技术赋能我省文化和旅游产业的发展，实现数字文化向旅游领域的拓展。支持文化场馆、景区景点开发数字化产品，推动数字文化企业与旅游企业对接合作，开发数字文化和旅游融合项目，培育数字文化产业和旅游产业融合的新业态，实现数字文化产业和旅游产业更广范围、更深层次、更高水平融合。

（三）文化产业和旅游产业融合新载体

1. 文旅融合品牌项目打造

广泛征集文旅融合项目，建立文旅融合项目信息库。建设一批省级文化产业和旅游产业融合发展示范区，并积极向国家推荐，扩大我省文旅融合品牌项目的市场影响力。探索促进文旅融合发展政策和文旅融合保障机制，培育新型文化业态，打通、拓展、增强文化产业链，促进文化和旅游产业链的融合对接，引领文化产业和旅游产业深度融合，打造重点文化和旅游融合项目。鼓励地方梳理具有国家文化生态保护区和全域旅游示范区双重申报资格的项目，打造为国家级文化生态旅游示范项目。支持长白山自然保护区、向海湿地等生态保护区与全域旅游示范区融合发展，将文化元素融入景区游客中心、游步道、风景道、导览系统、标识系统、公共设施与安全设施建设，全力打造文旅融合品牌项目。

2. 文旅融合品牌企业打造

鼓励我省互联网等新型文化企业以新业务拓展、兼并、联合等形式跨界文化产业和旅游产业。支持在线旅游平台加强与我省文化企业和旅游企业合作，延伸文化产业和旅游产业链条、整合文化和旅游产业链条，振兴文化和旅游全产业链。创新旅游企业的运营模式，支持有独立知识产权的文化企业、地理标志的合法使用人参与旅游企业运营和管理，增强文化企业建设，推进网络文化互建，打造文旅融合品牌企业。

3. 文旅融合品牌产品打造

深挖我省特色文化资源，聚焦我省文脉的传承保护与创新开发，打造具有吉林特色文化符号的文化和旅游融合品牌产品。支持文化创意与景区经营主体多点对接，提升景观视觉品质、景点文化内涵和品牌知名度；全面推进冰雪旅游、乡村旅游、红色旅游、康养旅游、边境旅游等发展，促进文旅产品多元化；丰富文旅产品和线路，加快培育以满族、朝鲜族、蒙古族民俗和关东风情为主的民俗文化旅游产品体系；建立以长白山神庙遗址、高句丽文物古迹等为主的历史文化旅游产品体系；遴选一批具有深厚传统文化底蕴、吉林特色文化符号和美学价值的文化和旅游商品，开发文化和旅游吉林礼物系列，进一步提高"礼遇吉林"产品品牌价值。

4. 文旅融合品牌活动打造

疫情防控安全保障下，坚持把社会效益放在首位、兼顾经济效益和社会效益的前提下，推出一批具有国内、国际影响力的品牌文化和旅游节庆活动。继续创新、高质量举办"吉林国际冰雪产业博览会""查干湖冬捕""吉林非物质文化遗产节""长白山粉雪节"等文化和旅游节庆活动，充分发挥品牌文化和旅游节庆活动对文化和旅游发展的拉动作用。鼓励各地创新地域文化和旅游节庆活动内容，重点支持长春、延边州、松原等具有地方民族文化特色的文化和旅游节庆活动。创新"礼遇吉林"旅游商品大赛活动机制、扩大活动影响范围，以赛带研、以赛促销。加强文化和旅游节庆活动与体育、教育、健康、生态等领域的联动，全面打造我省文旅融合品牌活动。

七、协同创新 注入文化产业发展新活力

（一）演艺业

1."三精"演艺作品创作计划

树立精品意识，制定思想精深、艺术精湛、制作精良的"三精"演艺作品创作计划，依托吉林省歌舞团、吉林省吉剧团、长春话剧院、吉林市歌舞团、四平青年文化传媒有限公司等已形成品牌影响力的院团组织，进一步挖掘、开发抗联文化、冰雪文化、红旗文化、非遗文化等更深层次和广泛的历史文化资源和人文故事，推出"三精"演艺作品。鼓励省内各京剧团、吉剧团与梨树二人转剧团、柳河吕剧团等剧团组织在注重文化传承的同时，创新作品形式。设立专项发展资金，从文化传承与地域特色的角度，推动吉林省戏剧、曲艺等原创演艺作品的策划创作，注重作品的创作质量，延伸演艺产业链。

2.特色旅游演艺项目打造计划

实施特色旅游演艺项目打造计划，推动具有地方文化特色的大中型驻场旅游演艺项目的开发；持续打造《天地长白》等现有旅游演艺项目的品牌影响力；鼓励发展中小型、主题性、定制类的特色旅游演艺项目；支持各类文艺院团、演出制作机构与演出中介机构、演出场所等以多种形式参与特色旅游演艺项目的开发和推广；支持开发以线上演出为核心的全新云微综项目；发展我省大型旅游景区驻场演出精品项目，实施旅游演艺精品打造计划。

3.演艺集聚区发展计划

优化演艺设施布局，支持演艺集聚区建设，着力打造长白山旅游演艺集聚区、松原查干湖旅游演艺集聚区、长春长影红旗街—湖西路演艺集聚区、长春环人民广场演艺集聚区、长春国际影都演艺集聚区、吉林市人民大剧院演艺集聚区、四平梨树二人转演艺集聚区等特色演艺集聚区建设。支持各演艺集聚区创作社会效益突出、经济效益显著、具有地方代表性的各类演艺项目，汇聚优秀演艺资源，形成文化集群效应。支持在演艺集聚区建设优质演艺场馆、数字演艺场馆，在集聚区开发演艺项目的衍生品，延长产业链，提升全产业链收益。

支持高校音乐学院与旅游企业合作，打造音乐演出、音乐教育、音乐创作的音乐旅游综合体；支持高校戏剧学院与旅游企业合作，打造以话剧、歌剧、舞剧、音乐剧演出为特色的演艺旅游综合体。鼓励高校、演出机构与旅游企业共同开发音舞诗画等综合演艺项目。

4. 演艺新业态开发计划

开发沉浸式、行浸式、全息式、互动式、跨界化等演艺新业态。推动建设体现新科技的剧场及舞台，加大演艺产业领域的科技应用力度，通过科技赋能，构建演艺产业协同效益的科技创新体系，积极推动演艺与"5G+AICDE"技术（人工智能 AI、物联网 IoT、云计算 Cloud computing、大数据 big data、边缘计算 Edge Computing）等新兴信息技术深度融合，实现云演艺的科技制作升级、超高清体验升级、云端交互升级、商业模式升级。支持将吉剧、二人转等地方传统戏剧，黄龙戏、新城戏、安代舞等非遗演艺舞蹈戏曲、舞蹈杂技等演艺形式进行演艺资源数字化，形成多领域的经营模式，并在与其他分支机构、其他演艺机构的合作中产生价值。

支持条件成熟的演艺项目向艺术教育、创意设计、展览展示、餐饮住宿、休闲娱乐等综合配套业态转型，因地制宜建设一批旅游演艺小镇。培育符合互联网特点规律，适合线上观影、传播消费的原生云演艺产品。支持文艺院团、演出机构、演出经营场所数字化，打造数字剧场，让更多的名团、名家上线上云。支持演艺企业与互联网平台合作，提升数字化传播和营销能力。

5. 云演艺商业模式完善计划

支持各大院团大力发展"5G+云演艺"，支持省内各演艺团体与吉视传媒、吉视通等业内知名平台合作，推出各类云演艺产品，以公益模式扩大平台新增用户规模，为合作艺人提供宣发平台，以收费模式升级视听体验，提升演出质量，优化用户观看体验，促进流量变现，不断强化用户付费习惯，进而拓展盈利渠道，提升平台利润，形成云演艺商业模式闭环。

专栏8 "5G+云演艺"的四大核心要素——"4I"

Interconnected 指连接方式为基于5G技术的商用多地 4K/8K 超高清直播，通过"5G+云演艺"，探索商演过程中的技术叠加手段，打造 N 个第二现场，实现多个现场的云融合；Interactive 是指融入多种云演艺实时交互形式的互动体验。在用户与明星云端交互场景上，创新打造"云观众""云包厢""云打 Call"等互动方式；Intelligent 智能应用则为用户提供了更深入、更多元的云演艺交互感。包括子弹时间/自由视角、交互式 AR 技术、数字全息、

MR 虚拟舞台等技术，"冻结"时空画面、打破虚与实界限，给用户超越现实的感官体验；通过这一系列的连接、交互与智能应用，实现 Immersive 沉浸体验。

"5G+云演艺"将为用户提供更优质的内容与互动体验，用户将得到超预期的演艺享受。云演艺提供不同档位的线上电子门票，实现线上线下用户全部付费观看模式，云演艺开拓了传统演艺的商业运营新模式。

（二）娱乐业

1. 打造特色文化主题公园

加大对长春雕塑公园、延吉恐龙公园为代表的具有吉林省特色文化主题公园的开发建设，支持各地因地制宜挖掘特色文化资源，立足于区域文化消费需求，建设特色鲜明、新颖有趣、内涵深厚的文化主题公园，文化主题公园通过场景营建、互动化体验设计，为步入园区的游客打造全方位的沉浸式娱乐体验。

2. 发展综合娱乐新兴业态

围绕多种娱乐主题，探索线上线下娱乐活动开发，发展多屏连麦合唱、线上互动游戏、线上虚拟包厢等新型线上内容和服务，增强歌舞娱乐的智能化、互动化。鼓励上网服务场所探索多元化经营模式，整合餐饮、休闲、社交、网络培训、创客空间等多种功能，加快与电竞、VR、AR、MR、歌舞娱乐、游戏游艺、影视、旅游、休闲体育、电子商务等业态融合发展、集聚发展，构建娱乐服务综合体。引导上网服务场所向周边居民提供数字图书阅读、网络文化教育、网购、休闲娱乐活动、公益等服务，打造社区、乡村公共文化服务网络中心。鼓励电竞馆、手游吧、电竞酒店、自助网咖等新兴业态的健康发展。

3. 完善娱乐业监管体系

完善常态化检查机制和随机抽查机制，通过全程、实时监管，引导、督促经营单位守法经营。加强对行业协会的指导，顺应娱乐业的发展规律，最大限度地激励创新，采取措施有效保护消费者，及时针对娱乐业的新业态、新问题出台新举措，保障娱乐消费的持续健康有序发展。

（三）动漫业

1. 动漫品牌打造计划

扶持原创，打造本土IP精品。探索创作能够发展成省内动漫形象的"经典形象"，引领动漫产业创作；对省内动漫企业出品的宣传本土故事、地域特色的优秀动漫、系列短片给予扶持奖励；举办动漫设计大赛与展会，遴选优秀动漫作品，推荐参加中国文化艺术政府奖动漫奖；对接主流媒体平台，精准定位年龄段，创作适合不同年龄段观看的本土原创动画。

2. 动漫新业态开拓计划

扶持"动漫+VR/AR/MR"新业态，将典型动漫场景、人物等和VR/AR/MR技术融合，呈现互动动漫效果；鼓励在消费场所设立小型体验机、创建虚拟特效体验馆或建设大型室内动漫体验基地,增强动漫互动性、感染力、震撼力。

扶持"动漫+互联网"新业态,支持小型动漫企业、动漫专业学生团队建设,定期组织比赛,奖励扶持优秀团队开发动漫新业态,如本土动漫表情包、互动小游戏、小程序、视频滤镜表情包、轻小说创作、剧本创作、新动漫创作,等等,刺激动漫新业态在年轻人的创作中不断发展。

扶持线上线下融合发展新业态,如建设动漫体验场景及真人互动游戏、建设动漫密室体验场景、推广动漫角色扮演等动漫主题大型活动,精准把握用户个体体验,增加用户黏性、参与感,拓展传播渠道。

3. 动漫产教融合集聚区建设计划

支持吉林动画学院动漫产教融合集聚区建设,该集聚区共分八大板块,分别是吉林动漫游影视产业集聚区、原创动漫基地、国家漫画基地建设、游戏开发创作基地、动漫游衍生产品研发区、双阳数字影视基地及科普主题乐园、数字影视特效制作基地、动漫游体验和教育培训区。

4. 动漫产业与相关产业融合发展计划

扶持"动漫+工艺美术""动漫+音乐""动漫+演艺"等各种"动漫+"新业态。支持动漫企业与工艺美术企业联合开发动漫衍生工艺品,与演艺机构联合开发动漫舞台剧、动漫云演艺,与会展机构共同举行大型动漫漫展活动、主题活动,扶持Cosplay宣传本土动漫文化,设计动漫文化主题旅游产品。

(四)创意设计业

1. 创意设计与相关产业融合发展计划

以"文化创意+"为实施路径,加快提升广告服务、建筑设计服务、工业设计服务、专业设计服务等为主要内容的文化创意设计和设计服务产业发展水平,推进与相关产业融合发展,支持创意设计与汽车、高铁、电子产品深度融合,全面提升汽车高铁电子产品的文化附加值;支持创意设计与工艺美术品深度融合,构建设计创意价值、科技价值、材料价值、工艺价值、品牌文化价值"五位一体"的新价值体系;支持"创意设计+食品""创意设计+会展""创意设计+……",实现创意设计与大部分产业的深度融合发展。举办创意设计博览会、创意设计周、创意设计论坛、创意设计大赛等活动,推动创意设计人才培养,加快吉林创意设计产业发展步伐。

2. 创意设计与吉林民族民俗文化融合发展计划

支持吉林民族民俗文化的保护与传承,挖掘吉林民族民俗文化的核心内涵;通过创意设计,提升吉林民族民俗文化产品核心价值;活化利用吉林民族民俗文化资源,通过"吉林民族民俗文化+产业+创意设计"弘扬吉林特色民族民俗文化，提高我省产品的文化影响力和产品的文化竞争力。

3. 创意设计与现代生活消费品融合发展计划

加强生活消费产品造型、结构、功能等创新，支持吉林地域文化特色、创意文化元素与生活消费品的结合力度，实现生活消费品和文化内涵的有机融合；打造文化消费品牌，提升文化消费质量，推动现代消费品向创新创造转变，增加多样化供给，引导消费升级；创造具有吉林特色的现代新型消费品，实现文化价值和使用价值的有机统一，提高经济效益和综合竞争力。通过创意设计拓展非物质文化遗产传承利用途径，支持消费类产品提升新产品设计和研发能力，加强传统文化与现代时尚的统合，以创新和设计引领特色文化产品消费需求，促进文化创意与消费市场结合的可持续发展。

4. 地方特色创意设计企业培育计划

扶持中小微创意设计企业发展，支持文化创意设计企业向专、精、特、新方向发展，鼓励挖掘、保护、发展、创新中华老字号等民间特色传统技艺；培育一批富有活力和吉林特色的文化创意设计品牌企业；培育具有地方特色的领军创意设计企业。

5. 创意设计文旅融合计划

促进创意设计企业与旅游业深度融合，加强旅游景区的包装和塑造，为旅游业注入创意设计元素；推动与旅游景区深度融合的实用性产品、个性化产品、定制产品的研发，以创意设计产品推动旅游业快速发展，以旅游业带动创意设计产品消费，实现"以文促旅，以旅彰文"。

（五）艺术品业

1. 建立健全艺术品经营管理人才培养机制

深入省内艺术品市场，摸清艺术品市场现状，与高校、科研院所建立艺术品经营管理人才培训基地，不定期举办艺术品经营管理人才系列培训班。

2. 建立健全艺术品鉴定机制

借鉴国内外成熟的艺术品鉴定方法与标准，依托科研机构，借助科学手段，组建专家队伍，推广"科学规范流程＋科学鉴定＋艺术鉴定（经验鉴定）"的鉴定方法架构，采用"6-2-2"式的标准化机构评估方式进行评估鉴定，逐步建立起符合吉林艺术品市场发展实际的艺术品鉴定评估体系，推动吉林艺术品市场健康有序发展。

3. 建立健全艺术品交易市场体系

进一步创新艺术品交易市场业态体系，完善艺术品交易市场信用体系，加强艺术品交易市场监控体系，提升艺术品交易市场支撑服务体系，构建艺术品交易市场环境体系。

4. 完善艺术品投资机制

大力支持艺术家信托投资机制，引导艺术品组合投资机制，完善文化产权交易所资本运作机制。

（六）工艺美术业

开展工艺美术文化资源普查工作，建立并逐步完善工艺美术业数据库，以地域文化涵养、非遗文化撬动、数字科技赋能为理念，促进工艺美术产业振兴。

1. 工艺美术企业品牌提升计划

依托吉林省工艺美术集团、吉林省八吉工艺美术集团、四平百隆工艺有限公司、吉林广盛工艺美术有限公司、吉林一力乌拉草制品有限公司等工艺美术龙头企业，加强地理标志商标开发意识，积极申报驰名商标、地理标志保护产品。实施工艺美术企业品牌战略，创建宣传推广保护我省工艺美术品牌，创建拥有自主知识产权的名牌产品。鼓励我省工艺美术从业者将创意设计、科学技术、工匠精神相融合，追求卓越和精益求精，创作出内涵丰富、艺术精湛、大众喜闻乐见的工艺美术品，打造一批具有吉林特色的工艺美术企业品牌。

2. 工艺美术产品品牌打造计划

分层次开发各类工艺美术产品，针对松花石、浪木根雕、陶瓷等原材料成本较高并且对手工技艺依赖性强的品类，开发工艺美术精品；针对农民画、芦苇画、剪纸等对原材料成本要求相对低的品类，开发半手工半机械化生产或全机械化生产的工艺美术品。制定工艺美术业标准，完整、系统、科学地规范我省工艺美术产品生产技艺，保证产品质量，打造工艺美术产品品牌，提升我省工艺美术产品的竞争力。建立人才引进和激励机制，充分发挥企业家、艺术家、非遗传承人、民间艺人的集体智慧，设计、制造出具有艺术化、生活化，彰显吉林文化和富有现代时尚的工艺美术产品。

3. 工艺美术特色集聚区建设计划

支持以"内扶外引"两种模式培育一批工艺美术龙头企业，推动形成长春城市工艺美术特色集聚区，吉林陶瓷工艺美术特色集聚区，敦化根雕柳编工艺美术特色集聚区、白山—通化松花石工艺美术特色集聚区，松原—白城渔猎湿地文化工艺美术特色集聚区，四平旅游工艺美术品集聚区、辽源农民画草编工艺美术特色集聚区，发挥省会对全省的带动作用，形成众星捧月、星月齐辉的工艺美术产业格局。促进集聚区内关联企业跨界融合、共同运营、协调合作，降低生产成本，形成集聚效应。

4."工艺美术+互联网"发展计划

依托互联网技术，全面收集整理我省工艺美术企业、产品销售、用户信息、社会评价、顾客满意度等信息，建立工艺美术产业数据库，通过数据分析，为我省工艺美术品开发设计者提供更准确的方向，为不同消费群体提供精准服务。支持数字科技赋能我省工艺美术业发展，逐步实现个性化定制、精准化营销、协作化创新、网络化共享、场景化消费等新型生产经营方式，全面提高产业链的运行效率。

（七）文化会展业

1.打造省级文化会展平台，促进我省文化产业及产品创新发展

会展是构建现代市场体系和开放型经济体系的重要平台，文化会展是文化产业链中的重要一环，是健全文化和旅游体系中不可或缺的一部分。充分利用吉林省文化旅游产品资源丰富，非物质文化遗产品类齐全，自然景观和人文景观特点明显，蒙古族、满族、朝鲜族等少数民族文化气质独特的优势，做大做强"吉林国际冰雪产业博览会""长春东北亚文化旅游产业博览会""长春文化产品交易博览会""中国（长春）国际珠宝玉石首饰博览会""中国·长春国际动漫艺术博览会（International Animation and lomils Exposition）""长春年博会""中国（长春）国际茶业博览会""中国（长春）民间艺术博览会"，培养打造吉林省特色文旅品牌展会，拉动文旅产业链健康快速发展，促进吉林省文化产业及产品创新发展，提升吉林省的文化识别度。

2.利用区域会展资源，推进我省文化产业与其他产业深度融合

充分利用"中国吉林·东北亚投资贸易博览会""中国（长春）国际汽车博览会""中国长春国际农业·食品博览会""中国东北（长春）教育装备博览会"等各类大型博览会，开辟文化产业展览分会场，推进吉林省文化产业与其他产业深度融合发展。

3.创新文化会展模式，融合发展"云上会展"

推进文化会展与沉浸式体验、工艺美术、非遗文化、电子竞技、文化和旅游装备制造、动漫、数字文化等产业的相互融合及协调发展；发挥会展线上线下的平台功能，打造"会展+文化+旅游+论坛+政策解读+规划+路演+投

融资＋产业＋消费＋数字文化"文化会展模式，全面提升文化会展各项功能。

支持"文化云会展"。会展业逐步从"面对面"发展到"面对面＋屏对屏"、线上线下协同发展的新模式。支持会展业采用互联网、VR、AR、MR、物联网、3D、网上直播等技术手段开展云端活动，同时将直播带货融入到会展发展中。

（八）文化装备制造业

1. 提升数字文化装备实力

支持企业自主研发数字文化领域关键核心技术装备，特别是影视光学相关设备的开发。支持内容制作、传输和使用的相关设备、软件和系统的自主研发及产业化。

2. 培育优势文化产业装备企业

培育以舞台演艺装备、冰雪运动装备等产业中具有潜力的品牌，打造一批掌握核心技术、具有国内市场竞争力的产品。

3. 补齐文化装备产业链短板

基于吉林省特色优势文化产业，引进文化装备制造业龙头企业，招引文化装备制造业领域的高端项目、优势项目，补齐文化装备产业链短板，带动文化装备行业整体发展。

4. 加快文化装备产业人才培育

加强文化装备人才培养，探索建立多种形式的科研合作平台和人才培养基地。通过实施各层次人才培养计划，着力培养一批文化装备制造业领军人才和技术技能人才。

八、强化措施　保障文化产业规划有序落位

（一）健全规划实施机制

1. 统筹协调

加大组织实施力度，围绕文化产业发展和项目建设，协调金融、财政、发改、国土、人社等部门，统筹政策和资源要素，保障文化产业大项目土地、人才、政策、资金、技术等诸要素落实到位。及时跟踪分析和解决规划实施中出现的问题，保障规划顺利实施。各地要结合文化产业发展布局和重点，加强地方规划与专项规划的衔接，确保规划的整体性和协调性，避免同质化竞争和盲目发展。

2.创新机制

建立推进文化产业相关部门联动工作机制，加强对规划实施的组织、协调和指导。各地要全面落实规划确定的各项政策，制定扶持产业发展的具体细化措施，确保各项扶持政策落到实处。集中有限优势资源，实现重点领域的突破发展，引领带动文化产业整体发展。

3.考核评估

建立任务落实情况督促检查评估机制，对文化产业园区、文化产业基地、文化产业重大项目等实行动态调整管理。加强考评结果运用，对考评结果优秀的给予滚动支持，对考评不合格的予以摘牌。

（二）完善产业政策法规

1.推进地方文化产业立法进程

结合国家《文化产业促进法》立法进程与我省实际，启动《吉林省文化产业促进条例》立法工作。

2.出台相关文化产业政策措施

进一步完善《吉林省省级文化发展专项资金管理办法》《吉林省省级文化产业发展专项资金实施细则》，出台《吉林省文化产业促进条例》《吉林省促进数字文化产业创新发展行动纲要（2021—2025 年）》《吉林省省级文化产业园区管理办法》《吉林省省级文化产业基地管理办法》《吉林省文化产业特色乡镇（村）评定规范》。

3.健全知识产权保护和运用机制

鼓励文化企业加大创作力量和研发投入力度，创造出更多的核心专利、知名品牌、版权精品，提高知识产权的创造能力。鼓励文化企业加强对创意作品及形象的专利申请、商标注册、软件著作权登记等工作。完善与中小微文化企业相关的知识产权质押登记管理办法。

4.培育完善文化产业社会组织

加强对文化产业行业协会、基金会、民办非企业单位等社会组织的引导、扶持力度，鼓励文化市场主体成立行业协会，加大政府向文化产业社会组织购买服务力度，将适合由社会组织提供的文化产业服务事项交由社会组织承担。

（三）加大财政税收支持力度

1. 发挥财政资金的引导和撬动作用

建立完善政府引导、市场主导的文化资金长效投入机制，吸引社会资本广泛参与我省文化产业建设，进一步激发全社会文化创造活力。综合运用股权投资、贷款贴息、事前审核事后补助等方式，建立无偿与有偿并行、事前与事后结合的多元化投入机制。

2. 加大税收支持力度

全面落实国家文化产业相关税收优惠政策，针对我省实际，出台支持我省文化产业发展的减税降费政策。

（四）构建多元化投融资体系

1. 拓宽直接融资渠道

充分发挥国家和省文化产业专项资金作用，引导金融机构加大对文化产业融资支持力度。加快构建多层次资本市场和投融资体系，拓宽文化产业的融资渠道。鼓励发展天使投资和创业投资，支持文化产业企业上市融资，重点扶持和优先培育有条件的文化产业企业在主板、中小板、创业板和"新三板"挂牌上市。

2. 扩大投资引导基金规模

鼓励有条件的企业发起设立财政参股的文化产业创业投资基金，发挥基金引导作用，带动社会资金投入文化产业领域。围绕文化产业发展需要，引导金融机构创新金融产品和服务。积极推进商标权、专利权、股权质押贷款以及产业链融资等金融创新产品，扩大信贷规模。建立完善知识产权交易平台，为文化产业企业提供知识产权、无形资产质押融资等专业化金融服务。

3. 鼓励金融机构贷款

探索建立文化产业项目推介常态化制度，搭建银企交流平台，积极引导金融机构采取投贷联动等新模式，进一步加大对文化产业倾斜支持力度。建立和完善文化产业链企业信用担保体系，提高中小企业融资能力，扩大融资规模。鼓励银行机构组建文化产业金融服务专营机构，建立相应的客户准入标准和授信审批机制，对文化产业项目优先给予信贷支持。积极发挥知识产权质押贷款、信用保险保单质押贷款等在文化产业领域的融资作用。

4. 改善投资环境，加大融资力度

深化文化金融合作，发挥财政政策、金融政策、产业政策的协同效应，引导金融资源向文化领域配置；构建"文化扶持资金＋贷款担保＋风险投资＋财税返还＋房屋补贴"的扶持政策体系，创新扶持引导方式，提高资金使用效率和效益。

（五）加强人才队伍建设

1. 搭建文化产业创新创业平台

实施省文化产业"双创"示范基地行动计划，打造一批创新创业要素集聚、服务专业、布局优化的创业创新平台，不断激发创业创新动力和活力。

2. 加快培养文化产业创新型人才

与地方高校合作，建设一批特色文化产业学院，高起点培养文化产业创新型人才。健全产学研用协同育人机制，支持文化企业与高校、科研单位共建文化人才培养基地。

3. 充分激发人才创新活力

构建符合各类文化人才和行业特点的评价体系，完善人才分类评价标准和办法。强化对文化科研人员的股权激励和绩效激励。推动急需紧缺人才薪酬体系改革，推行高层次人才、高技能人才年薪制、协议工资制和项目工资制等多种分配方式，构建灵活的薪酬激励体系。

第六章

长春市文化创意产业发展状况分析

一、长春市文化创意产业发展状况摸底调研

为全面落实吉林省"一主六双"高质量发展战略，承接支撑"三强市三中心"发展目标，打造"六城联动"的产业发展新格局，系统掌握长春市文化创意产业发展状况，本课题组于2021年11月深入全市17个市县区进行实地调研。课题组采用典型调查法、实地观察法、面谈访问法、电话访问法等方法，对长春市17个县（市）区进行了调研走访，实地踏查了净月区、莲花山区、双阳区、九台区、榆树市、公主岭市、德惠市、农安县、绿园区、汽开区、宽城区、朝阳区、经开区、南关区、二道区、长春新区、中韩国际示范区17个县（市）区，详细考察了长春市各大特色商圈、特色文化街区、特色文化休闲地、特色乡村旅游经营单位、国家级（省级）文化产业示范园区（示范基地）、主要山林河湖草自然生态资源景观等，与各县（市）区旅游局领导进行了深入的交流与座谈。同时在各县（市）区旅游局领导的陪同下走访了长春国际影都、净月数字经济产业园、双阳博物馆群、双阳鹿乡、农安古城址、九台非遗产业群、九台马鞍山村、榆树榆树钱酒业等150多个文化产业典型调研点位，拜访了20余位文化产业行业协会、非遗传承人、特色文化产业负责人，与50余位文化产业企业家进行了深度交流，对长春市文化创意产业发展状况和资源禀赋进行了深入的调研，具体调研点位和资源禀赋情况见表6-1和表6-2。在立足各县（市）区当地资源特色的基础上，帮助各地区文旅局厘清文化创意产业发展思路，谋划文化创意产业空间战略布局。在查阅了近20万字的文献资料的同时，专家组协同市文旅局向全市各县（市）区征集了100个文化创意产业重点项目，创建了全市文化创意产业重点项目库，全面掌握了我市文化创意产业发展状况。

表6-1　长春市文化创意产业调研点位情况一览表

序号	区域	调研点位及调研内容
1	净月区	长春国际影都、净月数字经济产业园、吉视传媒、鹿鸣谷
2	莲花山区	莲花山滑雪场、亚泰花海、同心村解放长春"围城指挥所"
3	双阳区	国信南山书院、鹿乡、博物馆群、信家村
4	德惠市	德惠市文化图书馆、大白楼、俄式建筑群、沙俄教堂
5	农安县	辽塔、辽金时代观光园、剑鹏马城马术俱乐部、太平池
6	九台区	庙香山滑雪场、平氏浸膏、蔡氏纸艺、马鞍山村、八台岭、边台生态文化公园
7	榆树市	东北大鼓、二人转、榆树钱酒业、秀水老干江湿地、八号镇、榆树干豆腐、天德康养
8	公主岭市	坤圣园生态园、响铃公园、二龙湖
9	汽开区	汽车公园、红旗小镇、大屋檐街区、红旗创新大厦
10	绿园区	青怡坊、凯利汽车欢乐广场、袁家村、关东文化园
11	宽城区	北京大街、南广场、伪满皇宫、中车长客机车厂工业遗址
12	二道区	长春拖拉机厂工业遗址
13	朝阳区	长影博物馆、莲花岛、这有山
14	南关区	伊通河、水文化生态园
15	新区	运动休闲特色小镇
16	经开区	双创中心、会展中心、东北民俗馆
17	中韩经济示范区	中韩场馆

表6-2　长春文化创意产业资源禀赋调查一览表

序号	类别		文化创意产业特色资源
	大类	亚类	
1	自然资源类	山林文创产业	大黑山、吉林哈达岭山脉、长春第一峰羊圈顶子；森林资源
2		河流文创产业	第二松花江、饮马河、伊通河、雾开河、沐石河等
3		湖潭文创产业	新立湖、净月潭、双阳湖、卡伦湖、石头口门水库、南溪湿地、北湖湿地等
4		农耕文创产业	乡村休闲文化旅游地、农耕民俗博物馆、农作物主题博物馆、乡村影视拍摄基地等
5		养殖文化产业	梅花鹿博物馆、梅花鹿产品生产工业旅游体验、牧场观光体验园等
6		渔猎文化产业	九台猎鹰文化、德惠贡江碑碑刻、鳇鱼冬捕等

续表

序号	类别		文化创意产业特色资源
	大类	亚类	
7	历史遗产类	伪满历史遗迹文化产业	伪满时期行政机构、文化教育、医疗卫生、服务设施、工厂企业公园广场、派驻机构等警示教育文化资源
8		沙俄苏联历史遗迹文化产业	宽城子沙俄火车站俱乐部旧址、《还我河山》壁画、德惠老江桥、老少沟火车站、大白楼等中东铁路附属地遗迹
9		长春老工业遗产文化产业	长春电影制片厂、第一汽车制造厂、中车、长客、机车厂、长春第一机床厂、长春拖拉机厂、长春柴油机厂等
10		柳条边历史遗产文化产业	柳条边文史传说、边台遗迹、边台文化园等
11		辽金历史遗产文化产业	辽金肇始、城邦文化、军事文化、地方文艺、酒文化、窑文化等
12		东北民俗非遗文化产业	东北民族民俗博物馆、关东文化园、鹿乡玛虎戏博物馆、农安黄龙戏、人物传说、地名文化等；鼎丰真糕点制作技艺、老韩头豆腐串制作技艺、积德泉酿酒技艺、九台农民画、满族拨云绣、榆树二人转、德惠太平鼓、九台戴家村满族驯鹰习俗等
13	工业生产类	电影文创产业	长影集团、长春国际影都、长春市影视文创孵化园、影视产业园、长春光华学院电影学院、影视休闲文化园等
14		汽车文创产业	汽车工业文化旅游、汽车文化博物馆、汽车雕塑公园、大屋檐历史街区、汽车文化综合体验园、汽车综合服务产业园、汽车文化小镇等
15		高铁文创产业	中车、长春客车厂、机车厂工业遗址、长春机车厂历史文化街区等
16		光电文创产业	中科院长春光机与物理研究所、长光卫星、禹衡光学等
17		航空文创产业	空军航空大学、空军航空大学航空馆、航天英雄杨利伟等人物故事
18		医药文创产业	基因工程药物和疫苗生产基地、国家级生物产业基地、国家级中药现代化产业基地、生物科技产业园等
19	创意传媒类	内容创作产业	网络文学创作、网络音频、网络视频、网络直播、游戏动漫、网络电影、网络电视剧、网络综艺等剧本创作
20		数字创意产业	数字影视基地、智慧城市产业基地、数据中心、新经济（数字经济）创新创业实训中心、文化科技创意产业园等
21		广电出版产业	吉林出版集团、长春出版传媒集团等
22		工艺美术产业	松花石工艺美术业、吉林省工艺美术馆、徐氏中国结、蔡氏纸艺、九台农民画等
23		设计服务产业	影视文创设计、汽车文创设计、动漫文创设计
24		广告服务产业	吉广集团、吉林省国家广告产业园等
25	生活娱乐类	原生文化产业	关东饮食、关东民居、节庆活动、传统游艺等
26		商贸文化产业	历史商埠文化街区、桂林路旅游休闲街区、红旗街商圈、东北亚博览城、这有山沉浸式文旅商业综合体等
27		教育文化产业	高等院校、科研院所、营地教育基地、文博展陈馆、文化科普馆等
28		体育文化产业	文化体育公园、滑雪场、休闲健身综合场馆、新型体育健康娱乐综合体等
29		演艺文化产业	东北大鼓、黄龙戏、二人转、吉剧、玛虎戏、秧歌、地方小戏等
30	生活娱乐类	冰雪文化产业	天定山冰雪新天地、净月雪世界、庙香山滑雪场、长春雕塑冰雪天地、南湖公园大众冰雪休闲娱乐等

二、长春市文化创意产业发展优势分析

1.文化资源丰富多样，可转化为文化资本的存量充足

从榆树的"旧石器晚期文化"到当今的电影城、汽车城、雕塑城、森林城，悠久的历史和良好的文化传承赋予了长春多样性文化形态。长春是国家历史文化名城，辽金文化、明清文化、红色文化、宗教文化、民族文化多样纷呈，留下了丰富的历史遗产。历史文脉传承与历史记忆沿袭的深重人文情怀与民俗风情、现代城市兴起与发展的工业文明与典型的都市文化、城市生态和谐与可持续发展的自然人文基础，是长春可持续发展的"城市文化资本"与"文化动力因"。

2.文化产业历史悠久，创新融合发展的深层驱动力强

以电影产业为代表的文化产业历史积淀深厚。新中国成立前，长春始终是一个消费型城市，工业化历史短、内生性不强、基础薄弱、以满足生活需求的轻工业为主。因此，长期以来，长春的支柱产业呈现典型的工业与文化产业并进的趋势。以长春电影制片厂为代表的长春电影产业，已成为长春城市文化、产业经济的重要符号，带动了会展、节庆等诸多领域的发展。因此，就文化产业领域（电影产业）而言，长春具有产业历史悠久、文化积淀深厚的优势。80余年的产业文化及社会资本的积淀为未来文创产业的发展奠定了核心资源与深层驱动。

3.文化区位优势明显，面向三大文化圈层的中心性强

东北亚层面，长吉图及其所在的通道关系到中—朝—韩—俄等多边关系，对于东北亚各国之间的文化等各领域的交流合作具有战略意义。长春是该通道中中国境内唯一的特大城市，在输出本土文化、吸纳外界文化中具有更加重要的意义。

东北三省层面，长春位于东北三省发展轴线"哈大"轴的中心位置，是东北地区两大经济走廊的交会之处。从文化的区域特性上来看，长春文化具有东北文化的典型特征。

吉林省层面，长春作为吉林省的省会，亦是吉林省的文化交流中心与门户。因此，长春在东北、东北亚的特殊文化区位，为其打造特色文化城市、打造东北亚的文化创意中心创造了条件。

4.地方文化认同感高，树立城市文化自信的感召力强

根据专家组调研发现，长春市居民有着强烈的地方认同感和自豪感。统一内聚的文化认同，使得居民更加积极地投入到长春的城市发展进程中，形成了城市发展的根本动力，创造了为"长春人"所共享的城市文化根本价值，树立

了城市文化自信，深层次推动了长春城市各领域的良性发展。

5. 科教人才资源充足，推动文创经济繁荣的基础强大

从吉林省域的角度而言，长春高素质人力资源和科教资源丰富，是名副其实的"科教文化城"。现有高等教育院校 60 所，国家重点实验室 11 个，国家级工程技术研究中心 5 个，国家级生产力促进中心 2 个，科研院所 48 所。雄厚的人力资源为长春提供了文化繁荣、经济发展与社会进步的强大支持。同时，高学历人群在长春的聚集为提升长春在知识时代的综合竞争力夯实了基础。

三、长春市文化创意产业存在的主要问题

1. 文化中心地位较弱

与东北亚区域内的日本东京、韩国首尔等城市相比，长春的文化首位度与文化中心度尚不明晰，城市的文化功能并不能实现跨地区层面的文化资源有效整合。因此，提升长春的文化首位度与文化中心度，是长春迈向东北亚区域中心城市的必然选择。

2. 文化产业能级不强

国际化的文化产业结构模式、集群模式尚待构建。长春市文化产业真正起步于 2000 年左右，虽形成了文化旅游业、文化会展业、教育培训业、休闲健身业等多门类的文化产业体系，但仍存在以下制约文化产业集聚与辐射功能发挥的问题：一是文化产业总体规模偏小，文化产业增加值占全市 GDP 的比重偏低；二是缺少具有战略优势地位的主导行业或文化产业集群，文化市场规模相对较小，数量不足，市场氛围不浓厚；三是文化产业组织集约化程度不高、集群化发展不足，资源相对分散；四是缺乏现代大型文化产业集团，整体竞争力不足；五是现有文化产业门类中，支柱行业偏重于传统文化行业，以文化创意为核心的新兴文化产业所占比例较低，文化创意产业的带动作用尚不明显等。

3. 文化品牌序列缺位

目前，长春"城市文化资源"尚未得到有效整合，未形成序列化的城市文化品牌，未得到资本化、产业化运作。以"汽车文化"为例，外界对于长春汽车文化的认知多集中于以一汽集团为代表的汽车工业，而与汽车文化资源相联结的汽车旅游品牌、运动赛事品牌、汽车娱乐品牌、汽车节庆品牌等"汽车文化品牌序列"尚未形成。

4. 特色文化资源挖掘不足

长春市历史文化悠久，资源形态各异，如净月区的生态文化资源、九台区

的非遗文化资源、宽城区的历史文化资源等，但是各县（市）区对当地的文化资源缺少深入挖掘，对文化基因的解码、文化根脉的守护、文化标识的建设都缺少系统的规划。

四、长春市文化创意产业高质量发展对策

1. 全市统筹，协同发展，共建长春文化创意城

抓住长春市"六城联动"的发展契机，由长春市文化广播电视和旅游局牵头，高位统筹、协同联动，明确长春市文化创意城目标定位，在空间布局上发挥"点—线—面"协同作用，构建"文旅融合""文科融合"双线交错的新发展格局，充分利用各地区文化资源优势，共同创建长春市文化创意城。

2. 重新定位城市文化，打造新的城市文化品牌

在经济全球化的大背景下，各个城市已经开始打造城市文化品牌。没有品牌的城市就缺乏魅力，没有品牌的城市就缺乏竞争力。城市之间的竞争演变成21世纪的城市个性魅力的竞争。创新文创发展模式，有助于实现长春城市人文理念的再造，获得新的生长空间，产生更多的政策、市场与社会机遇，构建全新城市文化景观空间，塑造长春独有的城市文化品牌。

3. 发挥文化产业集群优势，形成差异化特色

发挥长春市不同地区的文化资源、产业、区位等优势，明确定位，凸显各区域文化特色，差异化竞争，特色化发展，突出抓好"一心五带双线"重点示范建设，重点打造"一个文化高地、N个文化地标、X个文化商圈、Y个文化街区、Z个文化休闲地"，使"一心五带双线"成为"文化创意产业发展的聚集地、文化旅游的目的地、文化创意人才培养的汇集地、生态文明建设的先行区"，整体推进长春市文化创意城的全面实施。

4. 开展文化基因解码工程，深入挖掘特色文化资源

全面挖掘文化内涵，调查并梳理长春市各种文化元素，解码每一种文化形态，在将文化元素提取好、传承好的过程中，找到文化的内在"基因"，用好文化基因解码成果，拓展丰富各文化元素的利用领域，构建长春区域文化标识体系，打造长春文化地标，擦亮地方城市名片，留存城市记忆，延续城市生命，塑造城市底蕴，满足城市情感，促进文旅融合发展，助推经济社会发展。

五、长春文化创意产业发展的14张亮丽名片

（一）整合汽车产业资源，创建长春国际汽车文化城

1. 长春与中国一汽合作的三种境界

长春离不开中国一汽，中国一汽离不开长春。如果说解放卡车是中国一汽的根，红旗轿车是中国一汽的魂，那么也可以说，长春是中国一汽的根，中国一汽是长春的魂。长春与中国一汽血肉相连，魂魄相通。

王国维在《人间词话》里谈了治学的三种境界，他说："古今之成大事业、大学问者，必经过三种之境："'昨夜西风凋碧树，独上高楼，望尽天涯路。'此第一种境界也。'衣带渐宽终不悔，为伊消得人憔悴。'此第二种境界也。'众里寻他千百度，蓦然回首，那人却在，灯火阑珊处。'此第三种境界也。

长春与中国一汽的合作也经历了三种境界：第一种境界是自1953年建厂起，彼此既各自发展，又互相支持，处于松散联盟状态；第二种境界是自2005年起，长春与中国一汽政企共建，成立汽车经济技术开发区，双方密切沟通，亲密合作，处于紧密联盟状态；第三种境界是长春汽开区与中国一汽基于共同愿景，融合发展战略，共建红旗绿色智能小镇，进入了长春汽车产业发展史上政企"水乳交融、深度融合"的新时代。现在，双方合作已进入更高境界——共同打造长春国际汽车城。

2018年1月，长春汽开区与中国一汽达成一致，将原来的汽车文化小镇与红旗小镇（主要是一汽红旗品牌扩能改造项目）进行有机融合，共同打造红旗绿色智能小镇。两个"小镇"融合发展，共同打造红旗绿色智能小镇，将引领长春汽车产业融合发展新境界。

2. 红旗绿色智能小镇发展总体规划

红旗绿色智能小镇将以一汽红旗悠久文化的复兴为战略支点，搭建起民族品牌创新创业发展平台。

（1）以红旗品牌为核心，以汽车产业生态为基础，以红旗智能工厂、文化体验、新型产业为重点，以历史保护建筑为特色，以优化文博为内涵，打造长春新红旗生产基地，建立工业旅游引领区。

（2）以一汽新总部基地为核心，发挥集聚效应。打造智能化、低密度、生态型的城市空间，建设集办公、科研、居住、旅游娱乐、商务金融、文化展示于一体的长春西南城市副中心。

（3）红旗绿色智能小镇将呈"一轴双核"布局，是一个"哑铃型"的小镇。主要分为三个区域：中国一汽红旗工厂升级改造区域（中国一汽1号门）、中国一汽NBD新总部周围3平方公里的核心区域、连接两个区域的东风大街区域。

（4）中国一汽红旗工厂升级改造区域（中国一汽 1 号门）：按照 5A 级景区标准改造升级红旗生产厂区（L 总装车间联建、焊装车间联建、H 涂装车间新建等），改造建设一汽历史博物馆、红旗博物馆、解放博物馆，新建体验中心和接待中心等。此外还包括厂区外围周边迎春路、锦城大街 2 个历史文化街区的修缮和改造，共 94 栋历史保护建筑（含一汽厂区内老厂房、家属住宅）34 万平方米。

（5）中国一汽 NBD 新总部周围 3 平方公里的核心区域：建设中国一汽新总部基地、汽车博览馆、合众广场、保利商务酒店、汽车研发双创中心、汽车试验跑道、汽车人才培育基地、红旗汽车零部件产业园、汽车物流产业园等配套项目。

（6）东风大街区域：实施十里汽车文化长街打造、交通基础设施优化等项目。

（7）高举"文化自信"红旗，走"内涵发展"之路，打造新中国红色汽车历史文化区。

按照"红旗小镇历史区"建设思路，以文化产业带动城区发展。打造集历史文化展示、博览、旅游休闲、科技体验、智能生产等功能于一体的既展现新中国历史时期辉煌，同时兼具新时代风貌的特色区块。

（8）以红旗绿色智能小镇建设为契机，活化一汽历史文化街区的历史建筑，围绕红旗小镇历史区，周边布局红旗汽车科技中心、红旗汽车品牌设计中心、红旗汽车主题游乐中心、红旗广场以及相关配套服务设施，带动一汽历史文化街区整体品质的提升，助推一汽历史文化街区成为世界级汽车文化特色街区。

（9）高举"改革开放"红旗，走"合作发展"之路，打造汽车产业国际合作示范区。以一汽—大众二厂区及其周边区域为主体，深化国际合作；开展城市更新，注重微空间整治，提升区域整体环境品质；逐步转变物流用地为高品质居住生活休闲区域，助推国际人才引进，建设中德汽车科技研发与创新基地。

（10）高举"研发服务"红旗，走"创新发展"之路，打造总部基地创新引领区。按照"红旗小镇未来区"建设思路，调整原汽车公园南侧生产型的工业用地向研发、服务等高附加值型的用地转变，突出汽车文化、总部经济、技术创新等功能，提升区域能级。

（11）重点打造汽车公园及南北两侧总部基地。依托一汽新总部和汽车大厦共同形成区域核心，发挥核聚效应，以前瞻性开发理念，为一汽提供全新的发展空间和管理视野。采用灵动、开放的建筑形态和舒朗大气的空间构成体现"红旗精神"，打造智能化、低密度、生态型的总部基地核心区，形成集办公、科研、居住、旅游娱乐、商务金融、文化展示于一体的总部经济聚集基地，使之成为全国先进制造业的"大脑"、汽车文化的"策源地"，全国汽车产业发展的"新红旗"。

总而言之，融合了中国一汽红旗品牌发展、长春市汽车文化建设、汽开区西南城市副中心打造等战略目标于一体的红旗绿色智能小镇，具体项目涵盖了工业、文化旅游、商服、基础设施、旧城改造等多种类型，覆盖范围之广、启动难度之大，在长春项目建设史上，都属罕见。

全面开展汽车文化建设，扩大城市影响力，提高国际话语权，促进汽车产业与城市转型提质。

传承中国"红色汽车文化"，打造汽车历史文化主题街区，结合名人题字奠基石、牌匾、名人原居所、产业工人居住区等文化要素，建设红旗、解放等民族品牌文化馆，开放一厂区部分生产线进行文化旅游参观，扩大汽车文化影响力，依托一汽历史文化街区，打造"中国汽车工业红色圣地"。

丰富新时代汽车文化新内涵，培育汽车文化核心区，强化汽车文化的引领作用，结合中国一汽技术改造与红旗新厂区建设，逐步腾退一厂区部分生产空间，并进行活化利用，重点发展汽车文化节庆活动、建设汽车文化场馆及主题公园等汽车文化旅游项目，塑造中国汽车城新风貌。

（二）联合中车长客集团，打造长春地铁高铁、铁路机车文化产业园

铁路文化是长春市历史文化的重要组成部分。时至今日，高铁已成为新时代中国在世界上的一张特色名片，长客是中国高铁生产的重要基地，是长春继中国一汽之外的另一支柱产业。因此，联合长客集团，打造长春机车厂文化特色街区既是必要的，也是必须的。

中国高铁已成为国人出行旅游的最便捷的交通工具之一，也成为中国在世界的一张亮丽名片，高铁文化也随着高铁的发展越来越深入民心。然而，作为中国高铁两大生产基地之一的长春，对高铁文化的重视程度还远远不够。特别是围绕原长春机车厂和长春客车厂老厂区工业遗址文化、老工业基地精神文化、东北工匠精神文化、新时代创新创业文化、职教文化等挖掘不够。更别提弘扬传播。中国高铁产业链非常长，非常宽。因此，像一汽和长春汽车经济技术开发区那样，密切沟通、紧密合作，共建高铁文化共同体，是市政府必须尽快做的头等大事。

建议：（1）市政府应紧紧围绕高铁产业链关键节点，设立高铁产业开发区，全力发展高铁相关产业，把高铁做成长春的第二张亮丽名片。（2）政府联合中车长春轨道客车股份有限公司成立专门的课题组，参照一汽红旗绿色智能小镇发展规划及相关建设项目，研制"长春机车厂文化特色街区"发展战略、发展规划及相关项目，并确定具体的时间表和路线图。建设长春高铁科技文化展览馆、长春铁路历史纪念馆、长春高铁职业技术学院等，打造集高铁研发创新、整车生产、人才培养、高铁工业旅游为一体的长春机车厂文化特色产业园区。

（三）建设长春国际影都，打造国家级电影文化创意产业示范园区

1. 建设长春电影众创空间 / 孵化器 / 产业园

以电影文化研究—电影剧本创作—电影作品拍摄—电影后期制作—电影宣发放映—电影衍生品开发—电影人才培养等内容，建设长春影视产业园区，为长春电影产品的创意交流、专业咨询、市场开拓等提供服务。通过延长电影产业链，拓宽电影产业链，完成电影产业化运营，提高长春电影产业化程度。通过现代电影产业的发展激活"长春电影城"的品牌效应，全力打造"长春电影城"，努力建成具有重要国际影响的"长春国际影都"，使之成为长春电影产业市场建设的重要平台，使长春成为中国电影的新摇篮。

2. 成立长春电影学院

依托原长春电影学院的历史符号，整合长春文化教育资源，引进电影产业高层次人才，吸引和集聚高端电影精英，加快组建长春电影学院，打造产学研结合的国家级电影人才培养基地，为国家培养电影产业链全链条高端人才。在净月高新技术产业开发区建成以长春电影学院、长春电影众创空间 / 孵化器 / 产业园一体化的电影创新发展基地，使之与长影世纪城、吉广国家广告创意产业园、双阳印刷工业园、吉林工艺美术集团、东北民族民俗博览馆等机构形成长春东南区域文化产业集群。

3. 加大投入力度，精心打造红旗街长影文化街区

作为"新中国电影的摇篮"，长影的发展始终牵动着长春民心。2014 年 8 月，长影旧址博物馆在长春电影制片厂老厂区对外开放。该馆是长影集团在完整保留原建筑的基础上，本着"修旧如旧"的原则修缮完成的，是记录长春电影制片厂诞生、发展、繁荣、变迁的艺术殿堂。长影电影艺术馆、长影摄影棚展区、长影电影院、长影音乐厅构成了红旗街长影文化街区。

4. 办好长春电影节

中国长春电影节创办于 1992 年，是新中国第一个以城市命名的国家级电影节。自创办以来，中国长春电影节已经成功举办了十四届，走过了二十六年的辉煌历程。中国长春电影节已经成为"增进友谊，传承文化，促进交流，创新发展"的城市电影文化标志品牌和长春最为闪亮的文化名片之一。

现在，长春电影节正努力成为中国新时代培育电影新力量的新摇篮，促进东北老工业基地全面振兴，推动新时代电影事业产业繁荣兴盛的新引擎。要实现这一奋斗目标，政府必须加大投入力度，全面整合长春电影资源，做好顶层设计规划，确定发展路线图和时间表，并逐步摆脱政府办电影节的尴尬局面，

让电影节回归市场，让市场决定电影节的未来发展。在电影节的市场化发展过程中，政府必须发挥"有形手"的作用，让政府的"有形手"和市场的"无形手"实现有效对接。

5. 重新组建长影集团

在长影集团现有产业的基础上，重新梳理研究发展定位，制定《长影集团2021—2025发展规划》，打破长影发展产业零散、特色不鲜明、电影主题不突出、电影产品市场竞争力不强的现有局面，突出长春"电影城"的核心地位，回归长影集团的电影主业。进一步提升电影资源效益，构筑完整的电影产业链条，建成一个现代化、前瞻性、支撑影视生产链的长春影视制作基地。使长影集团、长春电影学院、长春电影众创空间/孵化器/产业园、红旗街长影文化街区、长影世纪城、长春电影节相互融合发展，形成集电影教育、电影创作、电影生产、电影衍生品开发、电影旅游、长春电影节六位一体的长春"电影城"品牌。

6. 创新长春电影产业发展的体制机制

政府必须在政策上大力支持电影企业跨体制、跨行业、跨地区进行兼并重组，设立长春电影产业基金，组建电影产业投资集团，吸纳社会资本进入电影行业，鼓励电影文化企业、高科技企业和产业资本的融合发展，建立多元化的电影产业投资和融资体制，对电影产业链上、中、下游企业给予足够的优惠政策，培养一批"电影作品精、业务能力专、综合实力强"的电影企业，增强长春电影产业的市场竞争力。

7. 坚持内容为王发展导向，注重文化资源的挖掘，注重文化创意的提升，注重文化品牌的打造

文创产业是一个内容为王的产业，只有创作出一流的文学本子，才能生产出一流的文创产品。加强作家队伍建设，积极培育一批知名的本土作家，挖掘长春大学城的专家资源和各领域杰出人才的潜能，打造长春内容原创中心。支持国有及民营文艺院团开展主题创作，重点扶持弘扬社会主义核心价值观、反映中华民族伟大复兴"中国梦"的艺术精品。实施与非遗相融合的动漫创作、原创艺术类精品游戏推优扶持工程。把提升文化产品的内涵和质量作为基本着力点，加强知识产权保护和运用，扩大文化产品和服务的有效供给，占领IP产业新高地。

（四）依托吉林动画学院，建设长春动漫游文化创意产业园区

吉林动画学院是全国唯一以动漫游为特色的本科院校，已有近20年办学历史，在动漫游界具有很高的知名度。现下设动画艺术学院、漫画学院、游戏学院、虚拟现实学院、设计学院、广告学院、产品造型学院、电视与新媒体学院、电影学院、影视造型学院、文化产业商学院、国际影视特效学院等十余个专业

学院和动漫游美术基础部、设计广告基础部。

学校面向文化创意产业全产业链，围绕动漫游类、影视类、设计类、虚拟现实与人工智能、文化创意产业管理与品牌营销五大体系，全面搭建产学研对接实践教学平台。建有现代动画技术吉林省高等学校工程研究中心、游戏与互动媒体技术吉林省高等学校工程研究中心、吉林省产学研合作示范基地、吉林动漫文化研究基地，先后承办"中国·吉林国际动漫游戏论坛""中国文化产业峰会""中美漫画高峰论坛""中法文化之春交流季"等高峰论坛 30 余次。

吉林动画学院是动漫游产学研一体化发展的杰出代表。现有以吉林纪元时空动漫游戏科技集团股份有限公司为代表的动漫游企业十余家。吉林禹硕影视传媒股份有限公司、吉林天博影视制作股份有限公司、吉林华品科技股份有限公司、吉林盘古广告有限公司、吉林纪元素品牌设计有限公司、吉林文创动漫游戏产业园管理有限公司等公司是吉林纪元时空动漫游戏科技集团股份有限公司全资子公司，在国内外知名度较高。

建议：市政府在吉林动画学院双阳新校区规划建设时，毗邻其新校区建设长春动漫游众创空间／孵化器／产业园，精心打造产学研一体化的动漫游创新创业示范园区，以实现动漫游文化研究—动漫游剧本创作—动漫游作品开发—动漫游后期制作—动漫游衍生品开发—动漫游产品营销全产业链发展。从而使净月高新技术产业开发区、双阳区形成电影文化产业和动漫游产业双集群发展，全力将这里打造成长春电影创新创业基地、动漫游创新创业基地双基地，实现长春电影产业、动漫游产业与净月生态旅游的融合发展。使净月高新技术产业开发区、双阳区成为长春的"电影之都""动漫游之都"。

（五）挖掘老工业基地历史文化遗产，打造三大工业特色文化创意产业园区

作为东北老工业基地之一的长春，经过六十年的建设发展，已经形成了汽车产业、高铁产业、电子产业、医药产业、文化产业等门类齐全的产业体系，国家东北老工业基地振兴战略的实施更让长春老工业基地历史文化遗产成为一张张承载厚重历史感的城市名片。长春老工业基地历史文化遗产有鲜明的历史特色，珍藏了宝贵的历史遗产。以第一汽车制造厂、长春机车厂、长春客车厂、长春第一机床厂、长春第二机床厂、长春第三机床厂、长春第四机床厂、长春建筑机械厂、长春齿轮厂、长春无线电厂、长春拖拉机厂、长春柴油机厂、长春汽油机厂、长春纺织厂、长春电影制片厂等一系列老工业基地深深刻在了长春人民的心里，影响了长春几代人的生活、工作、发展。目前，这些老工业基地遗产大都已经消亡。保护现有的老工业基地遗产，挖掘老工业基地文化遗产，将其打造成工业特色文化街区，既是保护传承老工业基地文化、老工业基地精神的需要，更是延续长春历史文化脉络，开展老工业基地精神、工匠精神教育的最佳基地。根据本课题组调研，建议重点打造以下三大工业特色文化街区、三大工业特色文化产业园区。

1. 长春水文化生态产业园区

长春市净水厂原址位于亚泰大街和净水路交会处。1932 年，长春市净水厂在这里建立了第一净水系统，1936 年，扩建了第二净水系统，1953 年，完成了第三净化系统，形成了最早的长春市第一水厂。在长春市净水厂原址基础上，改造建设的长春水文化主题园区即将落成。长春水文化生态园总占地面积 30.2 万平方米，园林景观面积 26.9 万平方米，总建筑面积 4.6 万平方米，其中改造建筑 15 栋，文保修缮 11 栋，原拆原建 10 栋。长春水文化主题园区以净水厂城市环境再生为载体，以生态资源活化、分享为核心方式，打造新一代城市再生与生态资源共享的典范。通过绿化最大化 + 水生态主题，最大程度保护生态绿化资源；通过文化情境再现 + 历史建筑再利用，最大程度尊重历史文化遗迹；通过功能置换 + 产业融入，最大程度塑造城市生态活力；通过建设全龄化的活动场所，同时保持建筑总量平衡，最大程度体现土地资源价值。

水文化生态园的设计引入了海绵城市的理念。结合场地地势，营造水系景观。雨水在净化后回用，作为景观用水；利用厂区原有的净水设备，重塑艺术景观；原有的沉淀池景观也会再利用，融入水文化艺术装置。在水系设置上，园区周围的地形属于台地式，整体西高东低，高差约为 28 米，东西长 850 米，南北长 606 米。

"场地高差较大，有利于重力流排水，对于海绵城市收获雨水设计具有得天独厚的优势。"此外，水文化生态园分为五大分区，分别是水生态活力区、历史文化博览区、文创办公区、城市活力嘉年华、艺术文化中心。园区内有艺术家工作室、咖啡室、书吧，通过古今观念的碰撞，给市民提供一个全新的生态休息场所。

长春水文化主题园区紧靠长春市重点规划项目——伊通河滨岸生态湿地。本课题组经过深入调研后，建议：（1）长春水文化生态园应和伊通河滨岸生态湿地、南溪湿地公园、北湖湿地公园、长春南湖公园、净月潭森林公园、新立城水库、八一水库公园、卡伦湖旅游度假区等长春城区水系统一规划，构建完整的长春水文化公园体系。（2）长春水文化公园体系既要保证长春市民休闲养生、健身娱乐，又要弘扬长春特色文化，把其建成长春文创产业宣传的新平台。（3）在长春水文化公园体系的基础上，从顶层规划设计相应的长春水文化产业发展架构，使其市民休闲娱乐、地方文化宣传、水文化传播、水文化产业四位一体化发展。（4）将长春雕塑文化、长春名人文化、东北语言文化、东北农耕文化等长春特色文化精心提炼，将其融入长春水文化公园体系中，既宣传了长春特色文化，又增添了这些公园的文化内涵。

2. 长春拖拉机厂文创产业园区

长春拖拉机厂工业遗址地处长春市二道区，东至发电设备附属厂东侧，西至民丰大街，南至荣光路，北至东新路，占地面积约 42 万平方米。作为中国"激情年代"诞生的工业企业，长春拖拉机厂在新中国工业发展史上具有举足轻重的地位和影响，曾是全国最大的轮式拖拉机生产基地，是全国第二大农机制造厂，与洛阳、天津拖拉机厂并称为中国农机制造企业的三雄，生产的上游牌拖拉机曾参加新中国成立十周年庆祝大典，东方红牌拖拉机成为第三套人民币壹元纸币正面图案。长拖的历史不仅仅是它自身的历史，也反映了长春工业发展和东北老工业基地建设的历史，更体现了一个新生社会主义国家一路蹒跚走来的背影。

长春拖拉机厂工业遗址改造项目拟规划定位为东北亚区域性文化创意产业园区，建设内容涵盖工业文明博览中心、文旅艺术演绎中心、商务办公众创中心、商业休闲体验中心、高端宜居生活社区等，拟打造成为东北首席全生态、全形态、全品类、全客层、体验式工业主题街区。通过对长拖工业遗址的保护与改造，将为长春"国家历史文化名城"再添新名片，打造长春乃至东北亚区域的文化旅游商业新地标。

3. 中车长客机车厂文化创意产业园区

利用长春机车厂旧址，开发具有铁路文化特色的文化创意产业园区。

（六）发挥国家历史文化名城优势，开发六大历史文化街区

长春市作为一个历史悠久、历史遗产丰富的城市，在 2017 年 10 月被国家批准列为"国家历史文化名城"。逢此契机，我市应大力发展文化事业和相关文创产业。从短期看，能够拉动旅游及相关产业，增加就业机会，从而带动长春市的整体经济发展；从长远看，能够树立基于本市的文化自信，提升市民的文化自觉，促进长春软环境建设，增进长春吸引力，吸引高端人才和优势资本，形成城市发展的良性循环。

在《国务院关于同意将吉林省长春市列为国家历史文化名城的批复》（国函〔2017〕131 号）中批示，长春市"历史悠久，历史遗产丰富，城市空间格局独特，工业遗产特色鲜明，非物质文化遗产丰富多样，具有重要的历史文化价值。"在《长春历史文化名城保护规划》中，则主要基于伪满新京与新中国老工业基地的历史城区结构，按照"两区、三轴、五片"进行保护。本课题组对长春"两区、三轴、五片"进行了系统考察，并查阅了大量文史资料，据此本课题组提出，在保护"两区、三轴、五片"的基础上，重点开发建设以下六大历史文化旅游街区。

1. 长春地质宫—文化广场—御花园街区

地质宫位于"八大部"建筑中心区——新民大街北端，是吉林大学朝阳校区（原长春地质学院）教学楼，地质宫曾为日伪新宫内府所在地。地质宫是作为溥仪的正式"皇宫"来修建的。1938 年 9 月动工，因太平洋战争爆发，财力紧张而停工，只完成地下部分。1953 年，由梁思成设计，在原来基础上修建了

这座绿色瓦顶，宫殿式建筑，建筑面积三万平方米。因为是长春地质学院教学楼，故由郭沫若题名"地质宫"。地质宫是典型中国古代建筑风格。地质宫内设有地质博物馆，从各种珍贵钻石、矿产到各种古生物化石标本、恐龙化石等应有尽有，是国内六大地学胜地之一。

地质宫门前广场有18万平方米，称文化广场。文化广场历史上曾是伪满洲国的国都广场，始建于1933年，名为"帝宫广场""顺天广场"。新中国成立后，地质宫广场作为我市的大型集会广场，在全市的政治生活中有着不可取代的作用。地质宫的历史连同它前面的文化广场可以追溯到1938年。伪满洲国成立后，日本人着手规划长春。不久，他们便把今天的解放大路以北，东、西民主大街之间的这个区域定为"宫廷建筑用地"。

1996年初，经市政府批准，将地质宫广场改建命名为文化广场，可容50多万人集会。站在宫殿的中轴线上向南眺望，一条宽80米的笔直的新民大街直向南湖公园延伸，中线花坛松、柏、丁香树风景带和两侧的高可钻天的杨树形成了1500米的绿色长廊，"伪国务院"及下属"八大部"的办公室全部坐落大街两侧，形成一个菱形景区，建筑各具特色，绝无雷同。

在地质宫后面，原来是为溥仪的皇宫修建的御花园准备的用地，近年来进行了改造，成了一处自然生态休闲园。

2. 新民大街伪满洲国"八大部"历史文化街区

长春新民大街，是吉林省首条"中国历史文化名街"。它曾是伪满洲国时期的政治中心。新民大街不但是伪满皇宫的中轴线，还是伪满国都政治中心的"中央大道"。1933年建成后，取名"顺天大街"，出自《圣经》"人应顺天"；1946年国民党时期改为"民权大街"，是根据孙中山先生的三民主义而命名；新中国成立后改为"新民大街"，持续沿用。道路两侧及周边的建筑包括伪满洲国"治安部（军事部）""司法部""经济部""交通部""兴农部""文教部""外交部""民生部"这些政治机构同伪国务院综合法衙形成以地质宫为中心的建筑群。

3. 伪满皇宫历史文化街区

伪满皇宫是中国末代皇帝爱新觉罗·溥仪充当伪满洲国傀儡皇帝时的宫廷遗址，是中国现存的三大宫廷遗址之一。它占地13.7万平方米，宫廷建筑大小数十座，建筑风格可谓中西兼有中日杂陈，具有典型的殖民特色，是日本军国主义武力侵占中国东北、推行法西斯殖民统治的最典型的历史见证。伪满皇宫东部是东北沦陷史陈列馆。伪满皇宫博物院始建于1962年，占地25.05万平方米，主要负责伪满皇宫旧址的保护、恢复、利用和文物资料的征集、保管、研究等，并深入挖掘这一宫廷遗址特殊的历史文化内涵，举办与之相适应的陈列展览，开展近现代史和爱国主义教育。

伪满皇宫与长春道台府片区构成了伪满皇宫历史文化街区，上接满铁附属地街区，下连大马路长春老商埠街区，是长春历史文化遗产的核心区域。

4. 大马路长春老商埠街区

大马路旧称"商埠大马路"，是一条贯穿老城和商埠地，一直通往长春火车站的大马路。大马路一带是长春最早的商埠地，始建于清末宣统元年（1909年），范围主要由大马路、二马路直至七马路、大经路、永长路、长通路等16条马路和燕春茶园东胡同、郝家胡同、康宁胡同等34条街巷组成。长春大马路修建完工于1908年。1907年清朝的吉林西路兵备道决定开始建设商埠地，这条马路和道台府衙的建设成为最重要的两项公共设施工程。大马路工程的名称为"商埠地大马路"，建成时称为"北门外大街"，后更名为大马路。这条马路南起长春老城的北门口，北至满铁附属地的日本桥，为长春商埠地贯穿南北的交通干线。后来，在大马路沿途，自北门开始陆续修建了六条东西走向的马路与大马路交叉，并分别命名为二马路（现长春大街）、三马路……直至七马路。

5. 宽城子老城区

从现长春南起解放大路，北至长春大街段，东起伊通河，西至大经路范围内为长春宽城子老城区，其中头道街为玉器街市，二道街为日用百货，三道街是瓜果市场，西三道街有钱庄，其间有鞋帽、服装、糕点等商铺，伴随着说书、卖唱、杂技等民间艺术，还有书店、酒馆、茶馆、浴池、理发店及影院。二道街有长春文庙，三道街有财神庙与天主教堂，四道街北有地藏寺，桃源路与东门里为回族聚居区，是长春儒家文化、少数民族文化与宗教文化发源地。

6. 西广场—火车站—南广场"满铁附属地"文化街区

以长春西广场—长春火车站—长春南广场为坐标的满铁文化历史文化街区是以在1913年3月由日本"满铁"公司投资32万元，建成面积4000平方米的以长春站为核心形成的历史街区，北自铁北二道沟火车站，南至胜利公园。此后，日本侵略者的数次城市规划，都是以这座火车站为中心展开的。该街区内包含了大量自清末以来长春早期带有西方、日本风格的建筑，这些建筑不仅是殖民时代统治的见证，同样也是建筑学上的遗产。在某种意义上，这些历史遗留建筑就是长春市的城市肌理和历史文脉。

在进行了实地考察和查阅大量文献的基础上，本课题组对上述历史文化街区的保护和开发提出如下建议。

（1）挖掘特色、打造亮点，开发具有历史传承的文化品牌

从当前城市规划上来看，长春主要沿着宽城子老城历史片区、"满铁附属地"历史片区、商埠地历史片区、伪满新京历史片区五大片区进行规划和保护。但是坐拥着如此丰富的历史文化遗产的长春市旅游产业，能够和五大历史片区结合起来的4A~5A级景点仅有伪满皇宫博物院一家，政府还应深入挖掘开发这一片区的文化内涵，将其打造成4A景区。

（2）资源共享，协同合作，与地方高校共同挖掘历史资源

吉林大学、东北师大、吉林省社科院、吉林省文联、吉林省作家协会有一大批常年研究吉林省与长春市本地历史文化的专家学者，在地方自治、"满铁"历史、老工业基地、东北抗联等方面研究广泛透彻。长春市政协文史资料委员会历年来出版了长春文史资料近百辑，内容包含丰富，若与学者联手合作，定能挖掘出长春市更多历史文化资源。

（3）保护设施，发掘文物，细化深耕已经成型的历史遗产

长春本地很多清代之前的历史文化资源都处于已经考古发掘出来，但是未经开发和利用的状态；清代之后到改革开放之前很多近代建筑和规划已经遭到破坏。当务之急是将该保护的保护起来，该发掘的发掘出来，有利益才会驱动保护，将历史和文化加以循环再利用才是最好的保护方式，因此对已经成型的历史文化遗产应该细化、深耕其历史文化内涵和外延，将之发展成产业，才能起到更好的保护作用。

（4）以人为本，树立典范，建立长春名人展览馆

自道光年间，长春便屡出进士，同治年间，长春文庙兴建，1883年（清光绪九年）长春厅通判李金镛即在城北门西兴办养正书院（详细记载于康德八年版长春县志）。李金镛之子李澍恩后也曾任农安县知县及宾州府知府，著有《宾州府政书》，具有很高的学术价值。

1906年（清光绪三十二年），时为同盟会会员的中华民国陆军二级上将商震曾在长春财神庙附近开展设立演说会、学校、官话字母学堂等工作，并联络时任长春知府宋春霆代为筹款（详细记载于盛京时报光绪三十二年10月20日第37号）。长春兴学之风自清末时期即已蔚然成风。

民国元年，民主革命家章太炎任东三省筹边使。自新中国成立之后，匡亚明、成仿吾、公木等人在长春兴办高等教育，至今为止，长春市高校林立，又出现了黄大年、郑德荣等道德楷模，长春文化脉络日益昌盛，文化传承日益丰富，文化之旅结合红色之旅的主线已经形成，一俟进行良好整合，便即可成型。

建议：建立长春名人展览馆，充分展示在长春历史上为长春建设、改革、发展做出突出贡献的政治家、革命家、军事家、教育家、科学家等名人名家的故事，树立长春文化自信。

（七）强化冰雪文化体系建设，促进长春冰雪产业升级

1. 加强冰雪文化体系建设

发挥长春市冰雪旅游产业独特的资源优势和区位优势，认真贯彻落实习近平总书记关于"冰天雪地也是金山银山"的重要精神，抓住2022年第24届北京冬季奥林匹克运动会的历史机遇，按照长春市出台《关于做大做强冰雪产业的实施意见》（吉发2016[29]号）加快推进"白雪换白银"，充分释放长春市冰雪体育旅游产业发展的潜力和巨大空间，大力发展"白色经济"。营造冰雪

体育活动氛围，开发高品质冰雪旅游活动，挖掘多样化冰雪旅游产品，挖掘长春市冰雪旅游文化，打造长春市国际冰雪旅游品牌，完善冰雪体育旅游产业链条，努力把长春市从"冰雪资源大省"建设成"冰雪体育旅游产业强省"。

建议：结合长春区位地理优势和文化资源优势，重新构建长春"冰文化"体系、"雪文化"体系、"雾凇文化"体系，使之形成长春冰雪旅游文化的靓丽名片。

2. 开发个性化、品牌化、高质量的冰雪旅游产品

长春市冰雪旅游产品除了继续运用"长白山滑雪节""长春瓦萨国际滑雪节""冰雪新天地""净月雪世界"等现有的冰雪旅游项目，还要加强对长春特色的少数民族传统体育旅游产品的综合开发和利用，突出独特的民族地域文化，努力打造休闲娱乐游、度假游、产品商务游、赛事观摩游、冰雪探险游等一系列高品质冰雪体育旅游产品。

3. 借助国际冰雪赛事，促进冰雪体育产业发展

通过举办大型的冰雪赛事搭建平台，加强对冰雪体育旅游市场宣传，让全国以及世界各地的新闻媒体和游客更进一步认识吉林，给吉林省带来更多的人流、资金流以及信息流，从而提升吉林省冰雪体育旅游的知名度和品牌的影响力。

4. 打造长春的"雪乡"

建议：结合乡村原生态文化建设，在净月潭、天定山、庙香山、莲花山、神鹿峰风景区重点打造4~5个融乡村原生态文化、冰雪文化为一体的特色旅游小镇，大力发展都市冰雪文化旅游，持续推动冰雪生态文化旅游项目提质升级，打造一批国家级滑雪旅游度假地，进一步擦亮长春"国家文化和旅游消费示范城市""中国冰雪旅游十佳城市""中国最佳避暑旅游城市"三张文化旅游名片。

（八）大力发展会展演出娱乐业，提升长春市民文化消费水平

推动中国吉林·东北亚投资贸易博览会、中国长春国际农业食品博览（交易）会、中国（长春）国际汽车博览会、中国（长春）文化产业博览会等重大节展活动＋文创产业的融合，巩固和提升长春电影节的社会影响力。建议在每年九月份全国"双创周"期间设立长春文创节，充分展示长春市每年文化创意产业新成果，以主题文化活动为载体，展示文创作品，宣传文创品牌，促进区域产业对接合作，推进区域文创产业协同发展。

近年来，长春演艺市场不断扩张，形成了以和平大戏院、东北风剧场、刘老根大舞台为龙头的"东北二人转"特色文化品牌；以红事会、德云社为龙头的相声特色文化品牌；以吉剧团、评剧团为特色的地方戏曲文化品牌；以吉林省歌舞剧院为龙头的演艺业经营单位承接的演艺活动场次激增、档次不断提升，

为全市文化产业发展注入了新的活力。

建议：（1）整合东北二人转、东北大鼓、吉剧、黄龙戏、萨满说唱等长春演艺资源，打造长春演艺文化研究—演艺剧本创作—作品演出—作品衍生品开发—作品营销与传播全产业链，建设长春表演艺术众创空间/孵化器/产业园，为长春表演艺术的创意交流、专业咨询、市场开发等提供全方位服务。通过延长演艺产业链、拓宽演艺产业链，完成演艺产业化运营，提高长春演艺产业化程度。通过现代演艺产业的发展激活长春地方表演艺术的品牌效应，使之成为长春演艺市场建设的重要平台。（2）组建东北大鼓剧团、黄龙戏剧团、萨满说唱剧团等长春非物质文化遗产的表演艺术团体，并充分调动吉林卫视、长春电视台、广播电台、"网络大V"等各种媒体资源，打造长春非遗表演艺术品牌。（3）创办"印象长春"演艺集团，开设"印象长春"实景演出，综合展示长春特色文化。

（九）完善十四条特色文化商圈，大力发展文化休闲产业

长春现有商圈在形式、规模、内容、特色上均趋于同质化，应在长春现有商圈的基础上重新构建长春特色文化商圈，使市民文化消费更有的放矢，提升市民文化消费水平。本课题组在对长春市各大商圈调研的基础上，建议重点打造以下特色文化商圈：桂林路时尚文化商圈，红旗街电影文化商圈，圈楼、青怡坊花鸟文化商圈，和平、华联演艺文玩商圈，重庆路传统休闲购物文化商圈，长江路历史文化商圈，火车站北休闲购物文化商圈，中东时尚购物文化商圈，中东大市场购物休闲娱乐文化商圈，迅驰广场创新创业文化商圈，欧亚卖场休闲娱乐购物文化商圈，关东文化园——关东文化商圈，巴蜀映巷——巴蜀文化商圈，华庆路——钜城金街文化商圈。

1. 桂林路——时尚文化商圈

桂林路——时尚文化休闲街区北起解放大路，南至自由大路，东起人民大街，西至新民大街。辖区内街路纵横交错，互联互通，属于典型的棋盘式格局。建议政府结合区域特点和目前的产业状态，重点打造同志街名品名店街、桂林路天津风情文化时尚街、东隆礼路酒吧街、西隆礼路婚纱摄影街、牡丹街韩国风情街、西康路书屋及咖啡街，使这里成为年轻人的乐园。

2. 红旗街、湖西路——电影文化商圈

2017年11月，以长影旧址博物馆为核心的长影历史文化资源凭借得天独厚的电影工业资源、文化品牌形象、丰富的文物藏品和优质服务，成功入选国家十大工业遗产旅游基地，使红旗街长影文化街区成为长春市一张靓丽的文化名片。建议融合吉林艺术学院设计学院、吉林雕塑艺术区—长影商务景都教育集聚区—湖西路餐饮区—长影文化街区—欧亚商都商业区，打造一个54/55路有轨电车沿线的红旗街电影文化艺术综合街区，更名湖西路站点为"长影文化

街区"站。

3.圈楼、青怡坊——花鸟文化商圈

长春圈楼位于长春市中心重庆路商圈——重庆路步行街南胡同，毗邻近埠街市场，由老"圈儿楼"升级改造而成。五层框架商业建筑，营业面积近万平方米。主要经营名贵花卉，名贵观赏鱼、珍稀绿植、绢花、名贵奇石、玉器、瓷器、工艺品、木艺根雕、古木家具、名家书画、名人工作室、装裱、画廊等。圈楼在长春、吉林省有很高的知名度，是重庆路商圈重要的商业网点之一。

由于这里是文人墨客、文化商人、贤人雅士、城市白领经常光顾雅集之所，使这里有着长春最为丰富的人文资源，并由此构成春城文化品位档次的代表。除了文人学者外，还有各行各业的游客，国际友人到这里参观、购物、欣赏、学习，等等。在长春市、在吉林省，圈楼就是一个典藏传统文化，兼容时尚文化功能的大文化圈。

长春青怡坊花鸟鱼交易中心创建于 2000 年，是目前我国东北三省最大的花鸟鱼专业市场。交易中心地处长春市南关区商业旺地，位于通化路 7 号，紧靠解放大路，与南关区客运站相邻，交通方便，具有良好的区位优势。

4.和平、华联——文玩商圈

长春和平大世界古玩城是全国十大古玩市场之一，是吉林省规模最大的钱币邮票收藏交流中心，是全国钱币博览会主席团单位，是吉林省钱币学会会员活动和交流唯一指定和常驻单位。

长春华联古玩城位于吉林省长春市繁华的重庆路商圈，是东三省较大的古玩艺术品交流市场之一。2012 年被吉林省文化厅授予"文化产业实验园区"称号。其集艺术、收藏品的鉴定、咨询、销售、租赁，文化艺术古玩交流策划，展览展示等管理服务功能于一身。自 2007 年成立以来，华联古玩城已经成为一个古香古色的传播民间文化的大型古玩艺术品市场，目前经营品类包括奇石玉器、琥珀蜜蜡、文玩核桃、翡翠陶瓷、名家字画、仿古家具、文房四宝、古旧书籍、中外钱币、佛教信物、刀剑、装裱、加工等。楼内还设有大型展厅和鉴宝平台。

5.重庆路——传统休闲购物文化商圈

重庆路传统休闲购物文化商圈位于长春市朝阳区、南关区，临近人民广场，是一条集服饰、电器、手表、眼镜、美食的商业街，体现了国际先进的"类十字"步行系统骨架的构想，划分为西安大路至人民大街的高级精品街和人民大街至大经路的标准精品街，人民大街西侧以长百大楼、长春国贸集团、万达广场、沃尔玛、卓展购物中心等大型百货零售店为主，人民大街东侧主要由真维丝、班尼路、佐丹奴、U2、达芙妮、红太阳鞋城等休闲专卖店组成，形成了多种业态、错位经营的商业特色。重庆路又被称为"金街"，全长 1.4 公里，宽 22 米，是长春市的一张重量级烫金"名片"，每天有上万名游客在此购物。它背负起长

春市乃至吉林省商业中心的重任，起着承载长春市的城市形象、城市发展、城市文化和生活形态流变的标示性作用，不仅仅是购物的天堂，也是餐饮、文化、休闲、娱乐的天堂。

6. 长江路——历史文化商圈

长江路历史文化商圈，位于长春市中心核心地段，距离人民广场 2100 米，距离长春火车站 400 米，距离长春客运中心站 100 米，距离长春龙嘉国际机场 32 公里，是长春历史最悠久、最繁华、最有名的商业步行街。长江路最初的历史要追溯到 1908 年，建设之初，名为"横四街"（从此名可见是从火车站开始往南的第四条东西走向的街道），1923 年更名为"吉野町"，1946 年 7 月，国民政府将其更改为"长江路"，此名一直沿用至今。20 世纪七八十年代，长江路是长春最红火的商业街：这里有长春市大型商场之一的长春市第三百货商店、著名的长江路饭店、长江电影院、宏光理发店、长江路日杂商店、长江路药店，甚至还有当时在长春为数不多的西餐餐厅乌苏里饭店，是长春最初的步行街，最早的夜市。2002 年经过政府综合改造，把长江路建设成了一条集购物、休闲、娱乐于一体的高标准商业步行街，昔日百年老街再现辉煌。

7. 火车站北——休闲购物文化商圈

火车站北休闲购物文化商圈主要以宽城万达为主，踞守宽城区核心地段，西临凯旋路，东临北人民大街，南接铁北二路，北临规划路。44 万平顶级城市商业综合体，在宽城缔造中央商业区，引领城市国际风尚。宽城万达采用万达独创的商业模式第三代城市综合体，又被称为 HOPSCA，兼容城市主流元素，科学规划，互动共生，成就一个复合型、各元素相互促进、共同发展的良性循环产业链，是城市核心价值的体现，成为城市发展的新引擎。

8. 砂之船（中东）——时尚购物文化商圈

砂之船（中东）奥莱 2017 年 9 月开业，坐落于长春市主干街道人民大街北侧，是长春时尚新地标。砂之船（中东）奥莱采用 A×（1+N）×DT 的场景化营销模式，"大品牌，小价格"的奥莱业态，汇聚了所有社交需求的体验场景。"A"代表艺术，"1"是传统奥莱，"N"是超级运动馆、超级儿童馆、超级农庄等系列下的生活方式，"DT"则代表大数据分析。砂之船在大数据分析的依托下，打造以奥特莱斯为基石，围绕健康、娱乐、文化等内容的线下社交生态圈。

9. 中东大市场——购物休闲娱乐文化商圈

长春中东大市场成立于 2000 年 10 月，是中东集团投资 2 亿元兴建的集百货服饰、家居建材、美食休闲为一体的一站式购物超级航母，54 个进出通道，总长近 1000 米的四条阳光长廊共同构成了中东大市场的独特景观。中东大市场位于长春市二道区自由大路 6738 号，地处长春经济技术开发区内，东邻环城路，南接会展中心，西靠开发区行政部门办公腹地，北依自由大路。市场总面积21万平方米，使用面积13万平方米。是亚洲最大的单层、单体、室内超级购物乐园。

10.迅驰广场——创新创业文化商圈

迅驰广场创新创业文化商圈是由购物中心、高档写字楼、星级酒店、大学生创业中心等共同组成的商业建筑群落，定位面向中高端消费群体的综合体项目。迅驰广场4号楼是大学生创业中心，借助写字楼模式，为大学生提供创业打拼的平台，非常符合大学城的区位发展要求。

11.欧亚卖场——休闲娱乐购物文化商圈

欧亚卖场商圈是集购物、休闲、娱乐、商务、金融、教育、医疗、健身、餐饮、展会、住宿、旅游等多业态、多功能为一体的世界级商贸、旅游胜地。被国内外专家一致认可为最具活力的现代摩尔（shoppingmall）商业业态，曾荣获全国和谐商业企业、全国达标百货店、吉林省现代流通业示范单位、纳税信用等级A级单位等众多殊荣。是享誉全国的著名商贸购物中心和城市综合体，单体建筑面积60万平方米，停车场20万平方米，泊车位近万个。卖场巨大的体量优势，塑造了纵贯每层的四条大街：渤海大街、黄海大街、东海大街、南海大街，每条大街长达一公里；构建了四大景观共享厅：太平洋厅、大西洋厅、印度洋厅、北冰洋厅，环绕四街四厅，坐落着各大商城。

12.关东文化园——关东文化商圈

长春关东文化园，坐落于长春西部绿园区内，是长春市市区内集温泉度假、餐饮娱乐、文化博览、会议接待为一体的大型花园式文化乐园。长春关东文化园是吉林省"十二五"重点文化产业建设项目，长春市"十二五"150项重点项目之一。曾被中国旅游协会评为"全国休闲农业与乡村旅游五星级企业"，被农业部国家旅游局评为"全国休闲农业与乡村旅游示范点"，被吉林省城乡经济与社会发展研究中心评为"吉林省文化产业示范基地"，被吉林省文化厅评为"吉林省文化产业示范基地"，被吉林省旅游局评为"吉林省乡村旅游金穗级接待单位"，被长春市总工会评为"五一劳动奖状"荣誉称号，被中共长春市宣传部评为"文化产业发展先进企业"，被全国旅游景区质量等级评定委员会评为"国家AAAA级旅游景区"，被长春市旅游局评为"乡村旅游环境标兵单位"，被长春市食品协会颁发"关东第一园"称号。

13.巴蜀映巷——巴蜀文化商圈

巴蜀映巷——巴蜀文化商圈是长春市地区极具旅游参考价值的旅游景区，位于长春市东南板块生态旅游核心区位。巷子分为巴山街和蜀水巷两部分，平行排列的复古建筑及其情景院落，由清末民初风格的四合院落、兼具艺术与文化底蕴的花园洋楼、新建的宅院式精品客栈等各具特色的建筑群组成，给人们的生活休闲和娱乐带来更新的体验。

14.华庆路——钜城金街文化商圈

华庆路—钜城金街文化商圈是近两年长春市南部新城新崛起的文化休闲地，位于南关区新明街与华惠路交会处，拥有全市最大的室外主题商业街区，以绿色生态为主题的室内街区，长春首家餐饮空中花园，家庭型体验式生活中心等。

本课题组认真考察了长春现有文化商圈，特提出如下几点建议。

（1）进一步增加现有各大文化商圈的文化内涵，使长春特色文化与商圈商业文化有机融合，提升市民文化消费水平。（2）紧紧围绕长春各大新建小区，结合区域文化资源，打造具有本区域文化特色的新型文化商圈，如：北湖湿地公园、南溪湿地公园、八一水库公园、卡伦湖旅游度假区等都已形成了人口高度集中的生活小区和生活商圈，但这些小区周边配套的文化建设没有跟上小区发展的步伐，因此必须促进生活小区、生活商圈和文化商圈的融合发展，提高市民的文化消费水平。（3）在长春市区规划建设中，必须实现小区建设、商圈建设、文化建设三位一体的发展规划，实现市民日常生活质量与文化生活质量的共同提高。

（十）推进数字创意产业与地方文化融合，建设十大特色文化博物馆

当前吉林省的4A~5A级旅游景区绝大多数为政府直管，不但消耗财政资金与公务员人力，而且由于体制机制相对封闭、市场化程度低，造成景区管理简单化、保守化，景区的顶层设计规划欠缺，配套措施跟进不利，宣传营销力度有限，市场化运作和资本注入程度较低，整体活力不够。

高校作为文化传承与科技创新的制高点，资源丰富、材料齐备，专业技术人才济济，又具有广泛的文化产业消费者：学生群体。为此，高校理应具备承担起地方文化传承的使命感与责任感。建议在长春现有博览馆/博物馆的基础上，采用政校企合作的方式，与市内各高校、各大企业合建共管一系列长春特色文化博览馆/博物馆，并对市民免费开放。

与吉林大学合作共建一带一路·东北亚文化博物馆；与一汽集团、吉林大学合作共建长春汽车博物馆；与东北师范大学合作共建东北民族民俗博物馆、吉林省自然博物馆；与农博园、吉林农业大学合作共建东北农耕文化博物馆；与长春中医药大学合作共建长春中医中药文化博览馆；与长春师范大学合作共建满族民间文化博物馆、长春历史文化博物馆；与吉林工程技术师范学院合建共管长春职教博物馆；与长春光华学院、吉林艺术研究院、吉林艺术学院合作共建长春非遗博物馆；与双阳区合作共建双阳梅花鹿博物馆等。鼓励民企开发打造具有企业特色的各级各类专业博物馆；鼓励民间艺术家和地方政府合作共建各类特色文化博物馆。

以上合建共管博物（览）馆除发挥博物（览）馆的传统功能之外，还必须增加新的功能。建议：（1）与各合建共管单位开设各自专业领域的众创空间，培养各自专业的文创专业人才。（2）与各合建共管单位开设相关专业课程模块，融入相关高等教育学科专业教学之中，实现文化展览、文创专业人才培养、文创产业教育同步发展。（3）与各合建共管单位开设相关专业知识科普培训模块，实现文化展览、文创专业知识普及教育、市民文化素质提升同步发展。

（十一）体验工业生产过程，打造八大国家级工业特色旅游点

工业旅游是伴随着人们对旅游资源理解的拓展而产生的一种旅游新概念和产品新形式。工业旅游在发达国家由来已久，特别是一些大企业，利用自己的品牌效益吸引游客，同时也使自己的产品家喻户晓。在我国，有越来越多的现代化企业开始注重工业旅游。近年来，我国著名企业如青岛海尔、上海宝钢、广东美的、佛山海天等相继向游人开放，获得了政府的高度重视，得到了游客的广泛好评。

长春是全国著名的工业生产基地，汽车产业、高铁产业、医药产业、食品产业、电影产业享誉国内外，凡到长春的游客都想深入了解汽车产业文化、高铁产业文化、医药产业文化、食品产业文化、电影产业文化等。因此，应充分发挥长春工业生产基地优势，开发工业旅游产品，让游客增长工业生产知识，体验工业生产过程，享受工业生产文化，打造长春工业旅游特色品牌。本课题组在充分调研的基础上，建议重点打造长春以下八大工业旅游特色品牌，目标是成为国家级工业旅游示范点。

1. 整合一汽资源——汽车工业游

整合长春汽车产业资源，创建长春汽车工业旅游精品线路。打造一汽汽车工业旅游示范点。

2. 合心高铁文化特色小镇——高铁工业游

详见本章"（二）联合中车长客集团，打造长春地铁、高铁机车文化产业园"部分。

3. 红旗街影视文化主题街区——电影工业游

详见本章"（三）建设长春国际影都，打造国家级电影文化创意产业示范园区"部分。

4. 吉林出版集团——出版工业游

吉林出版集团股份有限公司于2013年12月19日组建，主要经营范围有中小学教材、书刊、电子音像出版物出版、发行；代印、租型及相关产业。

吉林出版集团股份有限公司共有90家子公司，其中全资独立核算的一级、

二级子公司 80 家，非全资子公司 7 家，联营或合营公司 3 家。集团有吉林人民出版社等十余家出版社，有吉林省新华书店等百余家书店，还有长春新华印刷厂、吉林省纸张经销公司等与出版相关的公司几十家，出版产业链条齐全。

集团共有涉及 6 个类别的期刊 16 种，其中综合文化生活类 8 种，包括《幽默与笑话》《启迪与智慧》《拳击与格斗》《画王》《龙漫》《世界家苑》《演讲与口才》与《做人与处世》；教育教辅类 6 种，包括《空中英语教室》《中学生优秀作文》《小学生作文辅导》《数学大世界》《小学时代》与《学生阅读世界》；专业类杂志《大众汽车》；学术理论类杂志《中国管理信息化》。集团已形成每年 14000 多种的图书出版规模，图书市场占有率连续六年全国排名第二位。其中少儿类与生活类图书的动销品种在全国排名第一位。集团推行原创精品战略与核心项目拉动战略，积极进入主流出版，发挥引领正确社会导向的作用。集团成立以来，已有百余种图书获得中宣部、国家广播电视总局等部委组织的"五个一工程"奖、国家出版奖等重大奖项，大批图书入选国家出版基金等重大工程项目。

建议：（1）集团成立出版旅游公司，开发出版集团全产业链资源，为游客提供丰盛的文化旅游大餐。（2）按照旅游局全国工业旅游示范点的要求，改造升级部分设施，研究开发相关旅游解说词等旅游文件，使之能充分满足游客的需求。

5. 皓月清真——食品工业游

吉林省长春皓月清真肉业股份有限公司是以肉牛屠宰深加工为主导产业的民营股份制企业，坐落在长春市西部，是首批国家级现代农业产业化重点龙头企业，是吉林省农产品加工产业重点支柱企业。

皓月始建于 1998 年 1 月，2000 年元月正式投产，现有员工 5500 人。多年来，公司紧紧围绕主业，充分发挥国家政策优势、吉林地域优势和清真特色优势，深化循环经济理念，实施产业一体化战略，进行相关多元化发展。横跨畜牧养殖业、食品加工业、饲料加工业、制革业、生化制品业、有机肥加工业等 6 大产业，形成了良种繁育、胚胎移植、肉牛饲养、饲料加工、屠宰加工、熟食加工、皮革加工、生物制品加工、有机肥生产加工、市场流通、职业教育和旅游观光等 12 个相关联的生态农牧产业集群。现生产能力：年屠宰肉牛 100 万头、熟食制品 10 万吨、饲料加工 60 万吨、生化制品 1200 吨、皮革加工 50 万标张。

皓月凭借产品质量及品牌优势，积极拓展营销网络。在国内形成以东三省为根据地，以京津唐地区、长江三角洲、珠江三角洲为重点的营销网络；在国际市场上形成了以阿联酋为中心的中东市场，以马来西亚为中心的东南亚市场，以俄罗斯为中心的东欧市场的三大格局，产品累计出口 20 个国家和地区，是中国乃至亚洲地区最大的肉牛加工企业，也是中国最大的优质牛肉出口基地。

通过参观皓月集团，可了解从畜牧养殖——生食品加工——熟食品加工——食品营销全过程；了解食品从农场到餐桌的全过程质量控制；了解企业文化、企业使命、企业愿景、企业核心价值观、企业精神体系的构建及在生产、营销全过程中的实施保障。

皓月集团工业游 2006 年被国家旅游局认定为全国工业旅游示范点。

6. 林田国际汽车标识博物馆——汽车标识文化游

林田远达国际集团是一家文化领域领军企业，目前涵盖品牌形象建设、数智营销展示、文创 IP 研发、文创人才教育四大产业集群业务，是文旅部"国家文化产业示范基地"和科技部"国家级众创空间"。林田汽车标识文化博物馆是全球最具特色的大型国际汽车标识文化博物馆。

7. 长春新区北湖经济开发区——工业规划游

2016 年 2 月 3 日，国务院批复同意成立长春新区，覆盖长春高新技术产业开发区、北湖经济开发区、长德经济开发区、空港经济开发区。规划面积约 499 平方公里，是长吉图开发开放先导区的重要组成部分。

（1）区位优势明显。长春新区位于长吉图开发开放先导区核心腹地和我国东北地区地理中心，是哈（尔滨）大（连）经济带和中蒙俄经济走廊的重要节点。

（2）产业基础坚实。长春新区拥有国家级高新技术产业开发区，形成了先进装备制造、生物医药、光电信息新材料、新能源、现代服务业等产业集群，拥有国家级汽车电子产业基地、国家专利导航产业发展实验区、国家级文化和科技融合示范基地以及目前亚洲最大的疫苗生产基地。战略性新兴产业和高新技术产业近三年产值增幅保持 20% 以上。

（3）创新实力较强。长春新区与中国科学院长春分院、吉林大学等合作建设的长东北科技创新中心，搭建了光电子、新材料、新能源、生物医药、生态农业等专业技术平台和政务、信息、金融、人才等公共服务平台，引进国家级科研机构 30 余家，建设了一批创新平台和载体，为新区创新发展打下了较为坚实的基础。

（4）开放条件优越。吉林省是我国参与图们江区域合作开发的核心区域，在"一带一路"建设中具有重要作用。吉林省与东北亚国家地方合作有序推进，与俄罗斯远东地区合作日益紧密，长春兴隆综合保税区封关运营，东北亚国际物流园区长春铁路综合货场项目启动建设，为新区参与国际开放合作提供了较为有力的支撑。

（5）承载能力较强。长春新区位于全国主体功能区规划明确的国家重点开发区域，水、电、气等要素资源充足，基础设施及市政配套比较完善，发展承载能力较强，适合大规模工业化、城镇化开发。生态环境优良，人居环境优美，区内森林覆盖率、空气、水资源质量等生态条件优于全国平均水平。城镇化基础较好，是吉林省新型城镇化试点和长春市城区空间拓展的重点区域。

长春新区北湖经济开发区，有北湖湿地公园、奥林匹克公园等大型园林，有中科院长春光机所、地理生态所等研究机构，有长春工业大学、长春师范大学等多所高校，还有一大批著名的创科空间孵化器等。

从宣传视角看，长春新区北湖经济开发区是长春市发展的总体缩影，是长春未来发展蓝图的集中展示区，是了解长春经济科技社会发展愿景的实景地；从旅游视角看，长春新区北湖经济开发区具有较高的工业旅游、文化旅游、规划旅游、生态旅游价值。

8. 榆树钱酒——食品工业游

吉林省榆树钱酒业有限公司是吉林省内一家知名的酿酒企业，其前身为始建于1812年（清嘉庆年间）的"聚成发烧锅"，至今已有200年的酿酒历史。历经"七代传承"，是中国北派浓香型白酒典范。234个长白山优质黄花松木酒海被吉尼斯上海总部授予"使用木质酒海数量最多的酒厂"认证。

2009年被华泽集团（现金东投资集团有限公司，前身为金六福企业）整合以来，榆树钱已经荣获"中华老字号""国家地理标志保护产品""吉林省非物质文化遗产"和"中国北方酒业基地龙头企业"等一系列荣誉称号。2011年，华泽集团投资6.9亿元，占地500亩，打造"中国北方首家体验式白酒庄园"——榆树钱酒文化庄园。该庄园集酿酒、包装、储存、体验和会所为一体。生产能力将达年产5万吨，年产值20个亿。

吉林省榆树钱酒业于2015年被吉林省旅游局评定为吉林省工业旅游示范点。

（十二）体验乡村原生态文化，打造八大国家级农业旅游特色小镇

东北有悠久的农耕历史文化，有丰富的非物质文化，有富有特色的历史民族文化，独具特色的乡村原生态文化，还有优美的山水林田湖等自然风光，将这些有机融合，可以开发出具有长春特色的旅游小镇。政府加大投入力度，经过若干年的建设，就可将这些小镇打造成国家级农业旅游特色小镇。

长春市现有国家级特色小镇和省级特色小镇若干，这些特色小镇虽已获得国家级、省级特色小镇，但是后期投入严重不足，地域文化内涵特色不丰富，没有形成真正的"独特""鲜艳亮丽"的文化品牌。本课题组在深入这些特色小镇调研的基础上，建议重点打造八大旅游小镇，目标是将这些小镇打造成国家级农业旅游特色小镇。

1. 鹿乡镇——鹿文化小镇

该镇已形成梅花鹿养殖—梅花鹿场观光旅游—梅花鹿文化考察—梅花鹿产品营销完整的产业链，是省级特色小镇。建议：（1）挖掘鹿文化内涵，打造鹿产品文化品牌。（2）按照国家农业旅游小镇的要求，进一步完善旅游基础设施，使其更好地满足游客的需求。

2. 奢岭镇——采摘文化小镇

该镇已形成种植—采摘—休闲观光—温泉疗养—特色餐饮产业链，是省级特色小镇。建议：（1）深入挖掘农耕文化和休闲疗养文化内涵，使之成为长春市民休闲疗养的"后花园"。（2）按照国家农业旅游小镇的要求，进一步完善旅游基础设施，使其更好地满足游客的需求。

3. 波泥河镇——庙香山 4A 级景区

该镇是省级特色小镇。建议：（1）按照国家农业旅游小镇的要求，进一步完善旅游基础设施，使其更好地满足游客的需求。（2）重新规划设计完善生活休闲设施，力争打造成长春集"自然生态、田园风光、佛教文化、民俗文化、冰雪文化、温泉养生、乡村旅游文化"六位一体的 5A 级景区，并在该区中凸显长春原生态文化、长春特色民居文化、长春冰雪文化，使这里成为长春原生态文化的集中展示地、长春特色民居文化的集群发展地、长春冰雪文化的典型代表地。

4. 合心镇——"城乡一体化"示范城镇

该镇是国家级特色小镇。建议：（1）分两条主线建设：第一，建设长春机车厂文化特色街区。第二，加大君子兰观光基地、蔬菜育苗基地、生菜鲜果采摘基地、中小学生农业教育基地的建设力度，努力打造成长春都市生态农业观光、休闲、体验旅游度假区。（2）按照国家农业旅游小镇的要求，进一步完善旅游基础设施，使其更好地满足游客的需求。

5. 玉潭镇——长春净月低碳森林小镇

该镇是省级特色小镇。建议：（1）在现有净月生态文化、影视文化的基础上，增添长春汽车文化、雕塑文化、东北语言文化等长春特色文化设施，使这里成为长春文化的综合展示区、博览区。（2）按照国家农业旅游小镇的要求，进一步完善旅游基础设施，使其更好地满足游客的需求。

6. 泉眼镇——生态旅游小镇

该镇是省级特色小镇。建议：（1）在现有莲花山旅游度假区的基础上，分门别类建设农业种植观光游览区、花卉园艺游览区、牲畜养殖游览区、雾开河湿地游览区、莲花山冰雪旅游区，长春特色民宿区，努力把该镇打造成长春市乡村原生态文化旅游小镇、长春"雪乡"。（2）按照国家农业旅游小镇的要求，进一步完善旅游基础设施，使其更好地满足游客的需求。

7. 伏龙泉镇——辽金文化小镇

该镇是省级特色小镇。建议：（1）按照国家农业旅游小镇的要求，进一步完善旅游基础设施，使其更好地满足游客的需求。（2）加大投入力度，深入挖掘辽金文化、马铃薯文化、山庄文化、农耕文化，力争把该镇打造成集农业休闲观光、林业生态游、马铃薯文化游、辽金文化游四位一体的乡村山庄文化游示范基地。

8.朱城子镇——黄牛文化小镇

该镇是省级特色小镇。建议：（1）深入挖掘黄牛文化内涵，打造黄牛文化品牌，形成黄牛养殖—黄牛基地观光旅游—黄牛文化考察—黄牛产品营销完整的产业链。使这里成为集农业休闲旅游、牛文化观光旅游、牛肉产品养殖生产加工集散地的"牛"镇。（2）按照国家农业旅游小镇的要求，进一步完善旅游基础设施，使其更好地满足游客的需求。

（十三）加大"创意设计+"支持力度，创建长春创意设计产业之都

文化创意产业虽然从总体上可分为十三大类，但从本质上划分主要是两大类，第一类是净化人们心灵、陶冶人们情操的文学产业，即内容产业，内容为王，只有创作出好的文学剧本，导演才能在深入研究剧本的基础上，组织演员排演并利用各种高科技手段拍成电影、电视剧、相声、小品、音乐剧等不同的艺术形式，供人们欣赏享用。第二类是"创意设计+"产业，涉及视觉传达设计、产品设计、环境设计、展示设计、服装设计、工艺美术设计等相关领域。

本课题组考察了部分长春市设计机构、设计生产企业，得出结论：（1）文化创意设计产业缺少龙头企业。虽然文化创意设计企业众多，有200余家，但都是小而散，弱而不强，没有一家能形成一定的产业规模，起到龙头企业的作用。（2）文化创意和设计服务企业缺乏高端人才。目前，长春市文化创意和设计服务行业从业人员较少，其中广告业占据了"半壁江山"，且文化创意和设计服务人员的学历和知识水平普遍偏低，一般性内容加工制作人才众多，而长于内容创意、集成传播的高端创意人才匮乏，结构性矛盾尤为突出。（3）从创意设计人才培养的角度来看，长春市开设设计相关专业的高校也相对较少。

大力发展创意设计产业的几点建议：（1）积极拓宽文化创意产业人才培养途径，为实现文化产业与实体经济融合发展提供人才保障。尽快建设一支高素质创意设计人才队伍。组织专家，结合长春经济科技文化发展实际，深入研究长春创意设计人才需求实际，研究设计"创意设计课程模块、课程体系"，与各相关高校联合设计："创意设计＋汽车""创意设计＋高铁""创意设计＋机器人""创意设计＋农机""创意设计＋建筑""创意设计＋环境""创意设计家居建材""创意设计＋农业""创意设计＋食品""创意设计＋餐饮""创意设计＋会展""创意设计＋服装""创意设计＋艺术品""创意设计＋电影""创意设计＋动漫游"等"创意设计＋课程模块、课程体系"，并在相关高校相关专业开设这类课程模块，在相关教育培训机构面向社会开设这类课程模块的培

训，配一批社会急需的"创意设计+"人才。（2）建立和完善创意设计人才管理和使用制度，健全和规范创意设计人才激励机制，针对创意设计人才特点使其能在自己的岗位中发挥优势，积极引进有高级创意设计水平和文化产业开发管理才能的人才，充分调动他们创新创造的积极性。（3）通过完善交通、教育、文化设施等基础设施，构建文化产业创意设计人才良好的工作设施和优质生活圈。（4）创建创意设计产业园区。应着手编制《长春市"创意设计+"产业园区发展建设规划》，深入挖掘长春文化资源，制定完善创意设计产业空间布局，围绕功能定位集聚文化人才、技术、资本等创新要素资源，培育创意设计产业竞争新优势。（5）抓好重点项目打造创意设计产业龙头企业。在现有创意设计企业中，重点扶持一批龙头创意设计企业，促进龙头创意设计企业和长春支柱产业的融合发展，打造一批能为长春支柱产业、产品完成创意设计的重点企业，打造一批紧密围绕长春经济社会发展的"创意设计+"企业，实现长春"创意设计产业之都"的奋斗目标。

（十四）推广"实体书店+"模式，实现书店与其他产业融合发展

加快建立布局合理、结构优化、业态多元、充满活力的新型实体书店发展格局，鼓励实体书店进行数字化升级改造，增强店面场景化、立体化、智能化展示功能，打造新一代"智慧书城"。鼓励开办各类特色书店和读者互动体验馆，构建以综合书城、特色书店、社区书店等为支撑的公共阅读服务体系，推广"实体书店+DIY""实体书店+咖啡""实体书店+艺术体验""实体书店+阅览室""实体书店+众创空间"等各种"实体书店+"，力争每20万人口社区建一座"实体书店+"，政府应为"实体书店+"提供房租补贴，减免相关税收。

六、长春文化创意产业发展的七大保障措施

由于我市文化创意产业发展缺乏顶层设计，管理体制也十分不顺，造成在机构设置、功能定位、体制机制、职责划分等方面不十分合理，从而导致政出多家，效率不高，效益不好，严重影响了我市文化创意产业的健康发展。本课题组在深入长春文化创意产业调研的基础上，建议重点从以下七方面加强建设，从而促进我市文化创意产业快速创新发展。

（一）制订长春文化创意产业发展战略

尽管我市先后制定了《长春市人民政府关于促进文化事业及文化产业发展的若干意见》（长府发〔2009〕13号）、《关于深入推进文化创意产业发展的意见》（长办发〔2014〕10号）、《关于推进国家级文化和科技融合示范基地建设的实施意见》（长办发〔2014〕11号）、《关于促进服务业加快发展的若干实施意见》（长发〔2016〕7号）、《长春市文化创意与科技研发等融合发展专业孵化器核准和管理办法》（长文广新发〔2016〕100号）等政策，但这

些政策分散、不系统、不全面，很难贯彻落实到位。

建议：在全面学习、深入理解国家、省相关文化创意产业政策的基础上，梳理我市相关文化创意产业文件，并在此基础上制定长春文化创意产业发展战略，为长春文化创意产业发展确立明确的发展定位、目标及愿景，并确立具体的实施步骤和路线图，为长春文化创意产业专项规划研制提供政策依据。

（二）研制长春文化创意产业专项发展规划

在制定长春文化创意产业发展战略，确立长春文化创意产业发展定位、目标及愿景的基础上，组织专家研制长春文化创意产业专项发展规划，并就文化创意产业十三大门类编制详细的实施计划，明确政府支持什么，发展什么，从而为长春文化创意产业制定自身的发展战略、发展规划提供最有效的抓手。

（三）编制长春文化创意产业发展条例

在制定长春文化创意产业发展战略、研制长春文化创意产业专项发展规划后，编制出台长春文化创意产业发展条例，明确市委宣传部、文化广电和旅游局、文化创意产业办公室、文化创意产业发展促进中心、文化创意产业发展促进会等各机构的职责范围、协调机制、运营模式，规范长春文化创意产业管理体制机制，系统阐述长春市人民政府有关文化创意产业发展财政、税收、人才、公共服务等各方面政策，为长春文化创意产业战略及专项发展规划的实施提供政策保障。

（四）成立长春文化创意产业发展促进中心

借鉴北京、上海先进经验，成立长春文化创意产业发展促进中心。中心主要职责有两个，一是为市委市政府和文化企业双方提供全方位无缝对接平台，二是为文化企业提供全方位公共服务和相关市场服务。中心采取民办公助形式实施市场化运作，对长春文化创意产业促进中心的建设和运营，可通过政府购买服务等方式给予扶持。

中心内部可完全参照众创空间／孵化器内部机构设置模式，为文化创意产业搭建政策服务平台、法律服务平台、工商税务服务平台、知识产权服务平台、投融资服务平台、人才服务平台、成果展示交易平台等。并通过创建网站、微信公众号、App等为文化企业提供动态移动式全方位全天候服务。

（五）建设长春文化创意产业发展智库

推动长春文化创意产业智库建设，发挥高等学校、科研院所和龙头企业资源优势，促进文化智库发展，为长春文化创意产业发展提供智力支撑。

长春文化创意产业创智库要以探索长春文化创意产业发展规律为重点，为市委市政府决策出主意、出好主意、出管用的主意，提供具有重要参考价值的对策建议。着力研究和把握好长春文化创意产业发展的规律和特点，着重回答好长春人民群众普遍关心的有关文化创意产业发展的重大理论问题和实际问题。

长春文化创意产业智库通过举办学术交流活动等多种模式，大力加强与国内外知名文创智库的合作交流，加强与各个领域著名专家、学者的联系交流，相互学习，相互借鉴，共同提高。

（六）建立长春文化创意产业发展基金

建立长春文化创意产业发展基金，重点扶持特色文创产业项目。规范各级各类文化创意产业发展专项资金的使用管理，加大对关键领域、薄弱环节、重点区域的支持力度。充分发挥文化创意产业发展基金的引导作用，对实现文化科技融合关键技术突破的示范项目，文化与旅游、体育、教育、农业等业态融合项目，给予相应奖励支持。

（七）搭建长春文化创意产业投融资平台

政府协调金融机构及投资机构，充分调动社会资金，鼓励众投、众融、众筹、众创等形式进行文化创意产业开发。同时主导设立文化创意产业投融资平台，对各种形式的投融资进行管理与扶持，解决文化创意产业发展资金瓶颈。

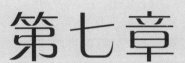

第七章
基于"六个融合"的长春 5×6 矩阵文化产业体系构建

一、构建长春特色文化产业体系的紧迫性

发展文化产业，必须和本地的特色资源紧密结合，充分发挥本地资源禀赋的独特优势，打造独具本地特色的文化产业体系。

（一）从知名度和社会影响力视角看

长春是新中国电影工业的摇篮、汽车工业的摇篮、地铁高铁工业的摇篮、光电子工业的摇篮、生物疫苗工业的摇篮，同时还是中国空军的摇篮（以下简称"六大摇篮"），这"六大摇篮"至今仍然是长春最亮丽的名片。如何发挥"六大摇篮"优势，实现产文融合，将工业生产转化为文化产业，实现工业生产与文化产业相互赋能，带动长春文化产业发展壮大是第一个亟待解决的问题。

（二）从自然资源视角看

长春是一个平原城市，松花江、松花江支流——伊通河、饮马河、雾开河三条主要江河流经长春地区，其中，伊通河、饮马河、雾开河三条主要河流流经长春市区，构成了长春特有的三条水脉与五大湖潭，滋养了长春人民，涵养了长春林田湖草，形成了长春特有的自然生态文化。如何实现水文融合，将自然文化资源转化成文化产业，实现自然资源生态生产与文化产业相互赋能，带动长春文旅产业发展壮大是第二个亟待解决的问题。

（三）从历史遗产视角看

长春是东北亚战略要地，遗留下诸如伪满历史遗迹、沙俄苏联历史遗迹；从历史视角看，长春是辽金、清代军事重镇，保留了独具特色的黄龙辽金文化遗产、柳条边历史文化遗产；同时，长春又有大量优秀的记录东北文化的非物质文化遗产；此外，长春还是"一五"期间156个老工业基地建设项目主要布局地，遗留下大量老工业遗产；如何保护开发这些历史文化遗产，实现史文融合并将其转化为文化产业是第三个亟待解决的问题。

（四）从生活娱乐视角看

长春是东北文化的主要代表地，长春人的吃、住、行、购、学、娱共同筑就了长春的原生文化、商贸文化、教育文化、体育文化、演艺文化和冰雪文化，如何进一步弘扬长春文化，实现生文融合、商文融合，使长春文化转化为文化产业是第四个亟待解决的问题。

（五）从创意传媒视角看

长春既有传统的新闻出版产业、广电服务产业、工艺美术品制造产业，又有现代设计服务业、广告服务业，如何利用5G、AR、VR、AI等现代技术拓展文化生产内容与形式，营造线上文化产品消费空间，增强文化产业的盈利韧性，实现科文融合，促进长春文化产业转型升级是第五个亟待解决的问题。

精神性、创新式、审美化及娱乐化的文化资源和内容，是文化产业的原动力和发展基础。长春拥有自然、电影、历史、工业遗产等特色文化资源，每一大类文化又分为众多的亚文化，因此，形成了多维文化要素。基于长春市特色文化资源禀赋分析，本调研组构建了长春5×6矩阵文化产业体系（如图7-1所示），为研制长春市"十四五"文化产业发展规划奠定了理论基础。

自然资源类文化产业	山林文化产业	河流文化产业	湖潭文化产业	农耕文化产业	养殖文化产业	渔猎文化产业
历史遗产类文化产业	伪满历史遗迹文化产业	沙俄苏联历史遗迹文化产业	长春老工业遗产文化产业	柳条边历史遗产文化产业	黄龙辽金历史遗迹文化产业	东北民俗非遗文化产业
工业生产类文化产业	电影文化产业	汽车文化产业	高铁文化产业	光电文化产业	航空文化产业	医药文化产业
创意传媒类文化产业	内容创作产业	数字创意产业	广电出版产业	工艺美术产业	设计服务产业	广告服务产业
生活娱乐类文化产业	原生文化产业	贸易文化产业	教育文化产业	体育文化产业	演艺文化产业	冰雪文化产业

5×6

图7-1 长春5×6矩阵文化产业体系

二、长春5×6矩阵文化产业体系内容

（一）自然资源类文化产业

自然资源是城市文化的本源，长春地区山岭起伏、江河密集、四季分明，属大黑山和吉林哈达岭两条山脉，形成了近100座山峰，拥有"绿水青山"与"冰天雪地"资源，也因拥有众多的街路绿地、近40%的森林覆盖率获得"森林城"的美誉；长春的水资源也比较丰富，流经第二松花江、饮马河、伊通河、雾开河等大小200条河流，形成了新立湖、净月潭、双阳湖、卡伦湖、石头口门水库、南溪湿地、北湖湿地等湖潭湿地。深入开发这些山林、河流、湖潭，采用"山林＋文化""河流＋文化""湖潭＋文化"模式，实现山文融合、林文融合、水文融合。

长春地区过去是游牧之地，受"贵五谷而贱金玉"的农业文化传统影响，百年来演变为典型的农养基地。长春地区农业资源丰富，盛产玉米、水稻、大豆，是全国重要的商品粮基地，公主岭有"中国玉米之乡"的美誉、双阳区被誉为"中国梅花鹿之乡"、德惠市的禽类养殖业比较发达；长春又拥有渔猎文化资源，九台猎鹰文化、德惠贡江碑碑刻、鳇鱼冬捕承载着地域渔猎文化印记。将长春地区特有的农养、渔猎资源通过创作文学作品、拍摄影视动漫、举办节事活动、发展"共享农家"等方式进行创新性开发与创造性转化，既可以满足长春城内居民对田园牧歌生活的向往，又能促进长春自然资源类文化产业消费的升级。

（二）历史遗产类文化产业

历史塑造了长春，也改变着长春，特有的历史遗产讲述着长春这座国家历史文化名城的前世今生。

1898年，俄国取得了修筑中东铁路南满支线的权利并很快动工，留下了宽城子沙俄火车站俱乐部旧址、《还我河山》壁画、德惠老江桥、老少沟火车站、大白楼等历史遗迹；1907年，日本在长春设立满铁附属地，他们修建街路、广场、公园等各类设施，1931年"九一八"事变后，日本关东军以武力占领了东北，成立了伪满洲国，清朝末代皇帝爱新觉罗·溥仪任伪满洲国执政，长春成了伪满洲国的"首都新京"，此后开始对长春进行全面、严谨规划与建设，直到1945年8月15日日本宣布无条件投降。从1898年到1948年间，长春留下了各种历史文化遗迹200余处；新中国成立后，长春发展为东北重要的工业基地，先后建设了长春电影制片厂、第一汽车制造厂、长春客车厂、长春机车厂、长春第一机床厂、长春拖拉机厂、长春柴油机厂等一大批工业企业，形成了完整的工业体系。目前电影、汽车、地铁高铁仍然是长春三张靓丽的名片，长拖、长柴等工业企业随着时代变迁退出了历史舞台，留下了大量工业遗产。

柳条边文化、农安辽金时期黄龙文化是长春地区亟待挖掘、提炼、产业化的历史遗产文化资源。清王室为保护"龙兴之地",防止居民进入,在辽西、辽东和开原以北地区修建柳条边,分为盛京边墙(老边)和后修建的吉林边墙(新边),新边长度为397公里,其中100多公里在今天长春地区经过,主要集中于今天长春九台区与德惠两地的部分乡镇;农安县的历史文化底蕴深厚,拥有史前文化、城邦文化、军事文化等多种文化,并在辽、金两个朝代达到鼎盛,千年黄龙文化是辽金文化的核心展现,黄龙府名称的起源、农安辽塔、海东青之战、宋徽宗和宋钦宗被囚、黄龙书画、黄龙戏等,是黄龙文化的精粹所在。

长春地区的非物质文化遗产,是领略东北民俗文化、长春地域文化的一个重要而便捷的窗口。截至2019年底,长春拥有国家级非物质文化遗产6项,省、市级非物质文化遗产70余项。农安黄龙戏、鼎丰真糕点制作技艺、老韩头豆腐串制作技艺、积德泉酿酒技艺、九台农民画、满族拨云绣、榆树二人转、德惠太平鼓、九台戚家村满族驯鹰习俗等均形成了一定的市场影响力。

长春市历史遗产类文化产业的发展肩负着文脉传承使命、产业使命、民生使命,需进一步对长春历史遗产文化进行挖掘:以"警示镜鉴"为理念对沙俄苏联历史遗迹、伪满历史遗迹进行开发;以"文旅互融"为理念对长春老工业遗产进行开发;以"柳色长城"为理念对柳条边历史文化资源进行开发;以"千年黄龙"为理念对黄龙辽金历史文化资源进行开发;以"匠心传承"为理念对东北民俗非遗文化进行开发。通过故事化、体验化、活态化的手段开发、打造长春历史遗产类文化产品,并进行产业化运作,实现史文融合。

(三)工业生产类文化产业

长春是新中国电影工业的摇篮,在我国的城市中,能够称为"电影城"的只有长春,长影的记忆文化、厚重的历史积淀是永远不可被复制的。伴随着改革大潮,长影在"记忆文化"的基础上,积极探索对长影文化品牌塑造以及产业化运作之路,将长影文化通过各类载体实现活化、时尚化、大众化;长春是汽车工业的摇篮,中国的第一辆汽车就是在此诞生,长春拥有深厚的汽车产业积淀和汽车文化积淀;长春是地铁高铁工业的摇篮,中国中车长春客车股份公司是中国中车的核心企业,是中国中车北方生产基地,是我国最大的轨道客车生产基地,有铁路客车和轨道车辆两大生产系统,产品遍布北京、天津等大都市和朝鲜的平壤、伊朗的德黑兰等城市;长春是光电子工业的摇篮,拥有一大批实力雄厚的科研院所,如中科院长春光机与物理研究所、长春应用化学研究所、东北地理研究所等;长春也是中国空军的摇篮,空军航空大学坐落于长春,培养了载入中国航天史册的航天英雄杨利伟、翟志刚、景海鹏、聂海胜等,空军航空大学航空馆凝缩了我国百年航空史,展示了我国当代航空航天的成就和未来发展方向;长春又是生物疫苗工业的摇篮,已成为亚洲重要的基因工程药物和疫苗生产基地、国家级生物产业基地、国家级中药现代化产业基地,医药健康产业保持高速增长。

长春不仅是新中国电影、汽车、高铁、光电子、生物疫苗的五大摇篮,而且这些工业目前仍然是长春的支柱产业，是长春五张靓丽的文化品牌。深入开发这五大工业游景点，让市民和游客亲身感受、体会和体验这些工业生产文化和工业历史文化，提升市民对长春的认同感、归属感和幸福感，使游客更加深入地了解长春、感受长春、热爱长春，在拉动地方文化旅游产业的同时，吸引更多的人才来长春安家创业。

（四）创意传媒类文化产业

长春有着"科教文化城"的美誉，拥有众多的科研院所、高校，整座城市都透着浓厚的文化气息。吉林大学、东北师范大学、吉林艺术学院、吉林建筑大学、长春师范大学、吉林动画学院等一批培养文史研究、文学创作、艺术创作、电视编导、播音主持、影视表演、广告传媒、动画制作、设计服务人才的高等学校，培养了大量文化人才，形成了由内容创作、数字创意、广电出版、工艺美术、设计服务和广告服务等产业构成的创意传媒文化产业体系。

在东北文化的滋养与长春本地乡俗的熏陶下，涌现出众多具有"东北式幽默"和开发原创内容的网络社交产业、网络文学产业、网络音频产业、网络视频产业、网络直播产业、游戏动漫产业、电子竞技产业、网络电影产业、网络电视剧产业、网络综艺产业的创作者和从业者。

在新时代下，长春创意传媒文化产业应通过互联网平台，连接社会多元主体，深化文化生产协作；依托"文化+科技"带来的新动能，促进传统文化和现代创意深度融合；构建以 IP 为核心的文化生产方式，创建文化生产新体系、人才培养新模式；打造更多具有广泛影响力的长春文化符号，推动文化价值和产业价值的相互赋能、相互助力和有机统一，推动长春文化产业"走出去"，在全国市场竞争中成长，实现科文融合。

（五）生活娱乐类文化产业

长春人饮食以东北口味为基础，又因为汇集了满族、朝鲜族、蒙古族等少数民族口味，因此，在长期共同生活中，形成了特有的本地食文化，以"鲜、咸、辣、酸"为特点的吉菜为主，杀猪菜、拆骨肉、白肉血肠、猪肉炖粉条、小鸡炖蘑菇、铁锅炖大鹅、酱焖鲫鱼、酱焖豆腐、地三鲜、尖椒干豆腐、大拉皮等典型的吉菜构成了本地餐饮业的主要菜谱；满族的酸菜白肉、黏豆包、大饼子、烧鸽子，朝鲜族的冷面、辣白菜、石锅酱汤、狗肉炖豆腐，蒙古族的手把肉、烤全羊、奶制品，回族的扒肉条、烧子盖等各种民族风味相得益彰。

长春在城区的老建筑以俄式、日本兴亚式居多；乡村住房由富裕程度不同而呈现砖房、茅草房，屋顶一般都是起脊两坡式，屋内有火炕，上置炕席。

长春是东北文化的发源地之一，二人转、吉剧、东北大鼓、黄龙戏、萨满仪式、婚葬仪式以及长春方言构成了长春原生的民俗文化，各类新兴剧场、商圈、音乐酒吧、夜市地摊儿构成了长春现代的商贸文化。

冰雪文化是长春市城市文化的一张新名片，依托得天独厚的"粉雪""静风"

等自然冰雪优势，推动了冰雪运动、冰雪旅游等冰雪产业的快速发展。

长春市的地脉、文脉原生文化特征形成了长春人特有的生活娱乐品格。将昔日商埠的繁华与现代城市时尚进行融合发展，激活商贸文化产业；依托丰厚的教育文化资源，构建从幼小教育到大学教育以及各类教育培训机构完整的教育文化产业体系；以大健康理念为引领，开创"体育＋教育＋冰雪＋旅游"四位一体产业融合发展的新路径，实现生文融合、商文融合。

三、基于"六个融合"的长春文化产业空间布局

为实现文化化人的目标，本课题组提出了基于产文融合、水文融合、史文融合、生文融合、商文融合、科文融合"六个融合"的产业空间布局理念、创建了"双核引领、三河涵养、五湖环构、六区共建、七群联动"的长春文化产业空间布局。

（一）双核引领

长春主城区文化产业主要由国家历史文化名城和若干原生商贸娱乐文化圈组成。

1. 国家历史文化名城引领

国家历史文化名城含满铁附属地、大马路老商埠地、宽城子老城、伪满新京、第一汽车制造厂等五个片区，作为本地特色文化基础，构建了长春城市的基本历史文化架构。其分布如图7-2所示。

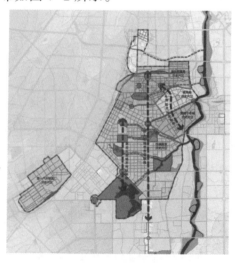

图7-2　长春国家历史文化名城片区

2. 原生商贸娱乐文化引领

原生商贸娱乐圈主要包括重庆路商贸圈、红旗街商贸圈、长江路商贸圈、

桂林路商贸圈、火车站商贸圈、华庆路商贸圈、生态广场商贸圈、吾悦广场商贸圈、欧亚卖场商贸圈、中东—北方市场商圈、砂之船商圈、中东奥莱商贸圈等若干商贸圈组成。这些商圈构建了长春城市的原生商贸娱乐文化架构。市民和游客一般会首选到这些商圈进行消费，体验长春文化。其分布如图 7-3 所示。

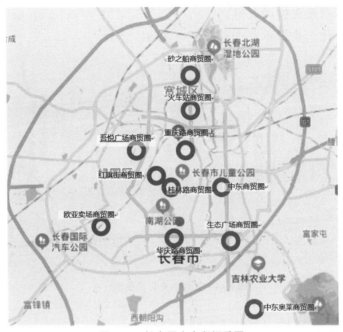

图 7-3 长春原生商贸娱乐圈

（二）三河涵养

1. 伊通河休闲文化产业带

流经长春市区的主要河流有伊通河、饮马河、雾开河。围绕这三条河流流域，长春形成了三条水文化产业带。

伊通河是长春的母亲河，伊通河流域包含有新立湖、净月潭、南溪湿地公园、水文化生态园、回忆岛、樱花岛、湿地园、滨河公园、北湖湿地公园等一系列以湿地为主题的文化景观。伊通河沿线的这些景观不仅丰富了市民的文化生活，而且带动了沿河两岸文化产业、房地产业、商贸业的繁荣与发展，形成了伊通河休闲文化产业带。

2. 饮马河生态旅游产业带

饮马河长春市内流域自长春"后花园"双阳湖起，流经石头口门水库，穿过莲花山、庙香山两山之间，流经双阳、九台、德惠、农安四个县市区后，在农安黄鱼圈附近汇入松花江，沿途已经产生了以莲花山、庙香山为代表的诸多以原生态、休闲、采摘、乡村度假为主题的产业，形成了饮马河生态旅游产业带。

3. 雾开河创意文旅产业带

雾开河自大顶子山起，流经泉眼镇、奥莱特长春工业园、雾开河公园、卡伦湖，连接了长春净月经济开发区、中韩（长春）国际合作区、长德经济开发区，形成了雾开河创意文旅产业带。

三条水文化产业带示意图如图7-4所示。

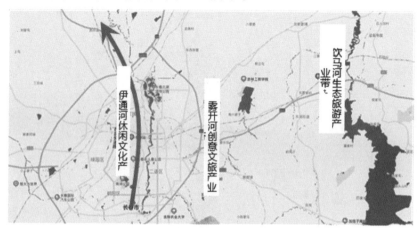

图7-4　三条水文化产业带分布

（三）五湖环构

1. 环南湖教育科创文化圈

环南湖教育科创文化圈是围绕长春南湖形成的教育科创文化区域，区域内含12所高校、15所科研院所和10余个科技创新平台。

图7-5 环南湖教育科创文化圈

2. 环北湖高新科创文化圈

环北湖高新科创文化圈是围绕长春北湖湿地公园形成的高新科创文化区域，区域内包含中科院东北地理研究所、长春应用化学研究所、长光卫星技术有限公司、长春北湖科技园、吉林省科技创新研究院、北湖生物医药园、吉林省化工新材料重大科技创新基地、吉林省地质调查院等科研院所，长春工业大学、长春师范大学等高等院校。

图 7-6　环北湖高新科创文化圈

3. 环净月潭会展创意文化圈

环净月潭会展创意文化圈是围绕长春净月潭形成的集艺术、会展、博览等文化产业区域，区域内包含有吉林省科技馆、吉林省工艺美术馆、长春农博园、中信国际展览中心、长春国际会展中心、东北民族民俗博物馆、吉林自然博物馆、彭祖述艺术馆等文化企事业单位，以及东北师范大学、吉林财经大学、吉林农业大学、吉林建筑大学、长春中医药大学、吉林警察学院、东北师范大学人文学院、长春财经学院、吉林外国语大学、长春工业大学人文学院、长春大学旅游学院等高校。

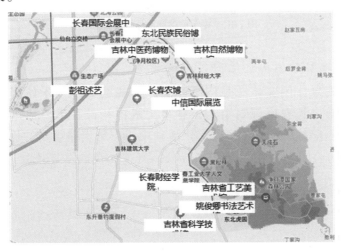

图 7-7　环净月潭会展创意文化圈

4.环卡伦湖国际运动文化圈

环卡伦湖国际运动文化圈是围绕卡伦湖形成的基于国际合作的运动文化区域,区域内包括长春龙嘉机场、中韩(长春)国际合作示范区、空港经济开发区、长德经济开发区、卡伦湖汽车运动中心、莲花山冰雪运动中心、庙香山冰雪运动中心、长春奥林匹克公园等。

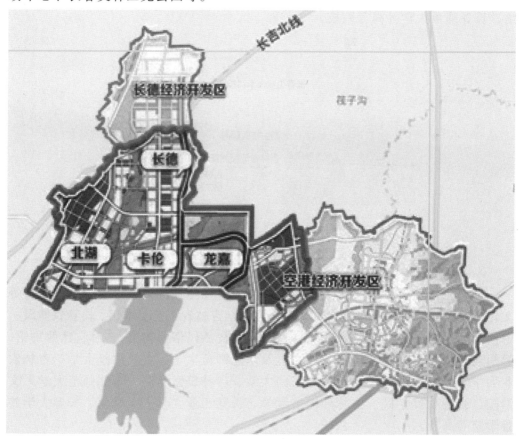

图 7-8　环卡伦湖国际运动文化圈

5.环光明湖娱乐休闲文化圈

环光明湖娱乐休闲文化圈是围绕光明湖形成的城市娱乐休闲文化区域,包括吉林省图书馆、长春市规划馆、长春市美术馆、长春市博物馆、长春市群众艺术馆、长春工人体育馆、吉林省文化活动中心、华庆路金街、长春雕塑公园、友谊公园、光明公园、梨花园、清水音公园等。

图7-9 环光明湖娱乐休闲文化圈

（四）六区共建

1. 西南汽车文化产业区
2. 西北高铁文化产业区
3. 东南影视文创产业区
4. 东北航空文化产业区
5. 北部光电文化产业区
6. 南部医药文化产业区

长春市区的产业分布：西南部主要是以一汽集团为引领的汽车产业集群，现正在打造"长春国际汽车城"；西北部主要是以中车长客为引领的高铁产业集群，正在建设高端装备制造产业区；东南部主要是以"长春国际影都"为核心区域的影视文创产业集群；东北部主要是以俄罗斯航空产业园为引领的航空产业集群；北部是以长光卫星科技公司为引领的光电产业集群；南部则是位于高新区的医药产业集群。

长春汽车产业、高铁产业、电影产业、光电产业、生物疫苗产业是中国的五大"摇篮"，长春一汽以一汽红旗绿色智能小镇为样板，建成了红旗创新大厦。红旗创新大厦是红旗小镇核心区文化及商业地标，大厦通过打造和运营"5G覆盖、智能能源、共享办公的地标性智慧楼宇"和"全球首个智能化全场景应用数字展馆"，实景展示中国一汽、红旗品牌文化和创新技术。红旗绿色智能小镇是国家级历史文化街区，也是国家级工业旅游示范点。市民和游客通过参观红旗轿车生产线、游览红旗绿色智能小镇、参观红旗文化展馆、购买红旗汽车文化衍生品，既了解了长春的汽车文化，又将汽车产业转化为汽车文化产业，实现了汽车产文的融合发展。

高铁产业、光电产业、生物疫苗产业、航空产业可以参照一汽红旗绿色智能小镇的做法，建设合心高铁绿色智能小镇、北湖光电绿色智能小镇、高新生物疫苗绿色智能小镇、长德航空绿色智能小镇……

图 7-10　六区共建产业分布图

（五）七群联动

1.长春东部莲花山生态文旅休闲产业群

2.长春南部双阳康养文旅休闲产业群

3.长春西部公主岭知农乐水文旅产业群

4.长春北部农安—德惠—榆树历史文旅产业群

5.长春环城"乡村+"休闲文旅产业群

6.长春—九台—德惠柳条边山水文旅产业群

7.长春—农安—德惠松花江鳇鱼圈渔猎文旅产业群

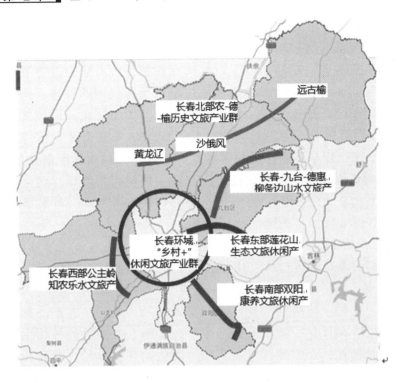

图 7-11 七个文旅产业群分布图

结合长春主城区外的县市区自然资源与文化资源禀赋，根据"长春 5×6 矩阵文化产业体系"，本调研组规划了七个文旅产业群。

（1）长春东部莲花山生态文旅休闲产业群

依托自身禀赋优势，建设以冰雪娱乐、山地运动、丛林探险、森林休闲、温泉养生为特色的冰雪运动天堂和避暑休闲胜地。强化"冰雪+"理念，创建"冰雪+运动""冰雪+休闲""冰雪+文化""冰雪+科技"等旅游产品，打造全方位、全季节、全业态冰雪旅游度假新体验。

（2）长春南部双阳康养文旅休闲产业群

依托吊水壶国家森林公园、长春第一峰羊圈顶子、双阳湖、鹿乡、御龙温泉、奢岭现代生态农业、慢山里国家研学基地等，打造以健康、养生、养殖与休闲为主题的长春"后花园"。

（3）长春西部公主岭知农乐水文旅产业群

主要依托吉林省农科院种子繁育基地、响水镇生态农业开发区等，以生态农业、戏水乐水为主题，打造公主岭响水生态农业群。

（4）长春北部农安—德惠—榆树历史文旅产业群

以农安黄龙辽金文化产业、德惠俄式风情文化产业、远古榆树人与近代酒文化产业为核心，构成农安—德惠—榆树历史文旅产业群。

农安县主要依托现有的历史文化基础，包括史前文化、城邦文化、军事文化等多种文化，以及鼎盛的辽、金两个朝代文化为核心，充分挖掘农安辽金时期历史文化，通过故事化、体验化、活态化的手段将资源转换为产品，找到文

113

化载体并同时赋予一定的功能。

德惠市主要依托大白楼、原点广场、火车主题商街、德惠博物馆、东正教堂、俄罗斯风情演艺俱乐部、俄罗斯风情商业街等现有建筑遗迹资源，围绕俄罗斯风情主题，通过空间形态的多样性组织和景观氛围的营造，构建风情浓郁的俄罗斯主题街区；挖掘火车文化、宗教文化、历史文化及商贸文化等文化内涵，进行文化创新利用，延续城市记忆与城市商脉；丰富街区业态，通过对餐饮、住宿、商业、文化娱乐等业态的科学配比，建设德惠城市休闲消费中心。

榆树市主要依托旧石器时代榆树人遗迹、榆树市博物馆、诞生于嘉庆年间的榆树钱酒等历史文化资源，将榆树市博物馆转型升级为"榆树人"博物馆，并依托榆树钱酒业集团打造酒文化工业游。

（5）长春环城"乡村+"休闲文旅产业群

充分挖掘长春环城乡村特色文化，依据"一乡一色、一村一品"，打造"乡村+"系列，如"乡村+采摘""乡村+畜养""乡村+垂钓""乡村+农创""乡村+文创""乡村+旅居""乡村+共享农庄""乡村+农产品加工"等。让长春市民、生活在长春的城市人认知乡村，了解五谷杂粮的种植生产过程、了解六畜的饲养过程、了解乡村生活全貌，使他们热爱乡村、热爱长春，促进城乡和谐发展。

（6）长春—九台—德惠柳条边山水文旅产业群

主要依托清末柳条边沿线，从舒兰县法特镇东乡边6公里处为头台；法特哈门为二台；九台区三台镇三台村为三台；上河湾镇四台村为四台；德惠市五台乡五台村为五台；九台区六台乡六台村为六台；原城子街乡七台村为七台；苇子沟乡腰八台屯为八台；九台区小南山处是九台，分上下九台，在九台境内，我们可以看到当时金代长城遗址；卡伦湖，卡伦为"台"或"站"的满语音译，它在清代的社会治安、生产、资源管理以及边防建设、疆域形成等方面均起到了不可忽视的作用。

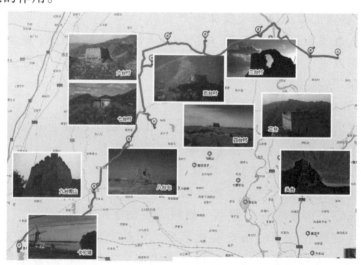

图 7-12

沿柳条边沿线，按照农创（农景、农品、农艺）主导、一"台"一品的战略思路，大力发展农业原生态文化、山水文化与历史文化相结合的方式发展，既能恢复生态，又能开辟道路拉动柳边沿线经济，同时能为松花江、半拉山片区开辟道路，连接长东北文旅产业集群，推动九台、德惠、榆树片区经济发展。

（7）长春—农安—德惠松花江鳇鱼圈渔猎文旅产业群

该产业群主要以位于德惠市岔路口镇、朝阳乡和榆树市境内松花江上，由总面积150平方公里左右的一座江心岛、周边群岛及农安的第二松花江沿线多处清末鳇鱼圈遗址遗迹构成。此地在清朝曾经是皇家贡品鳇鱼的出产地，清朝贡江碑明确提到鳇鱼。围绕这一片区，挖掘地方历史文化的同时开展渔业养殖，打造渔猎文旅产业集群。

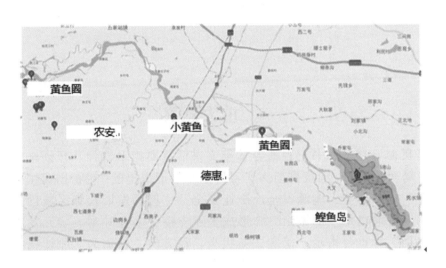

图 7-13

第八章

长春文化创意城总体工作方案

一、重大意义

一是贯彻习近平总书记视察吉林重要讲话重要指示精神、开创东北振兴率先突破新局面的需要。围绕贯彻落实习近平总书记提出的"维护国家国防安全、粮食安全、生态安全、能源安全、产业安全""巩固发展长春区域创新中心地位""冰天雪地也是金山银山""形成多点支撑、多业并举、多元发展的产业发展新格局"等重要指示，落实"新担当、新突破、新作为"殷切嘱托，以文化创意城建设为突破口，开创吉林全面振兴文化振兴新局面。二是落实全省"一主六双"高质量发展战略，坚决扛起"一主"责任担当的需要。按照全省实施"一主六双"高质量发展战略部署，要求长春充分发挥"一主"作用。聚焦辐射和融入"六双"格局，以建设文化创意城引领"双线"，当好全省"排头兵、领头羊、先行者、新标杆、新高地"。三是找准长春未来五年文化创意产业发展方向、系统擘画"战略—战术—战役"全景蓝图的需要。聚焦长春未来五年发展的需要和可能，在战略层面，落实全省"一主六双"高质量发展战略，坚持"一张蓝图绘到底"，以建设"长春现代化都市圈"作为战略引领，以"四大板块""两大基地"作为战略支撑；在战术层面，总体确立"三强市三中心"的奋斗目标，以优化"六城联动"产业布局作为空间承载和产业支撑；在战役层面，重点实施"十大工程"总施工图，形成"五化"工作法推动落实的实施路径和责任体系。"三个层面"相互衔接支撑、逐层递进落地，构建形成未来五年的总体发展思路。

二、指导思想

以习近平总书记系列重要讲话重要指示精神为指导，立足新发展阶段，贯彻新发展理念，融入新发展格局，全面落实"一主六双"高质量发展战略，坚决扛起"一主"责任担当，以建设文化创意城引领"双线"，围绕建设"文化创意中心"目标，聚焦提供优秀文化旅游产品中心环节，以文化强市铸魂都市圈建设，以文旅融合赋能高质量发展，以深化供给侧结构性改革为主线，以改革创新为根本动力，着力促进产业集聚，强化企业主体作用，全面提升文旅联动引领能力，当好全省"排头兵、领头羊、先行者、新标杆、新高地"。

三、基本原则

坚持系统观念。强化顶层设计，健全合力机制。注重前瞻性思考、全局性谋划、战略性布局、整体性推进，畅通市内城乡间小循环，融通区内产业间微循环，打造协同发展格局，增强文化创意产业的辐射力和集群效应。

坚持创新驱动。突出创新的核心地位，把创新作为引领发展的第一动力，全面推进模式创新、业态创新、产品创新，大力发挥科技创新对文化创意产业发展的赋能作用，全面塑造文化创意产业发展新优势。

坚持融合发展。以文塑旅、以旅彰文，完善文化和旅游融合发展的体制机制，推动文化和旅游更广范围、更深层次、更高水平融合发展，积极推进文化和旅游与其他领域融合互促，不断提高发展质量和综合效益。

坚持深化改革开放。紧扣新发展阶段、新发展理念、新发展格局，紧盯解决突出问题，推进文化领域深层次改革，加强改革系统集成，发挥改革整体效应，发挥省会城市和东北亚区域中心的作用，突出旅游集散地功能，"以点带面""多圈辐射"全方位开放。构建空间发散、资源共享的文旅开放新格局。

四、发展目标

（一）总体目标

以打造区域性文旅创意中心城市为目标，围绕落实"一主六双"高质量发展战略，提升文旅联动能力，努力建设形成空间布局合理、产业结构优化、创新特点显著的文化创意产业体系。培育一批具有核心竞争力的文化创意企业，创建一批具有显著示范效应的文化产业园区，实施一批具有较强带动作用的重点文化产业项目。力争到2025年，我市文化创意环境持续优化，高质量创意成果不断涌现，宜业宜居、生态包容、充满活力的城市内涵更加丰富，文化创意创新辐射带动功能更加凸显，成为区域性文化创意主体集聚中心、成果转化中心、产业引领中心。打造享誉全球的影视文化高地、引领未来的数字文化高地、国人向往的文化旅游高地。未来五年，打造1个千亿级的文化旅游产业集群，带动全市旅游总收入达到3000亿元，文化产业增加值占全市GDP比重超过5%。建设世界级影视文化产业基地，长春国际影都营业收入达到1500亿元。

1. 产业结构优化升级

文化创意产业链条更加完善，文化创意与其他领域融合更加深入，新型业态更加丰富，整体实力和竞争力显著增强。

2. 产品供给更加丰富

研发适应市民游客文化消费需求的文化产品，提升文化创意产品文化内涵和创意水平，推出更多具有自主知识产权的文化创意产品和品牌。

3. 发展环境持续优化

文化创意发展政策体系更加完善，产业投资体系更加健全，市场监管能力不断提升，创新创造活力进一步激发，人才培育和引进机制更加完善。

4. 推广体系更加成熟

加强创作引导，培育特色精品，积极开拓国内外市场，加大对我市文化创意产业和产品的宣传推广力度，培育国际合作和竞争新优势。

（二）空间布局

1. 在"点"上

以国际影都为引领，以净月区、莲花山、双阳区奢岭镇为核心，构建"北城、南苑、中山水"的空间布局，重点打造"长影"+"万达"国际影视文化双IP。

2. 在"线"上

在"线"上，统筹带动全市文化创意资源，重点打造"三带"西部河湖湿地生态和农业科技文化旅游带、北部乡村和历史文化旅游带、东部冰雪和避暑特色文化旅游带，加快建设以电影文化、汽车文化、高铁文化、航空航天文化、工业遗产文化、历史文化、雕塑文化、冰雪文化等为代表的文化地标。

3. 在"面"上

发挥长春中心城市文化旅游管理服务功能，对接辐射全省"双线"布局，与"长通白延吉长避暑休闲冰雪旅游大环线""长松大白通长河湖草原湿地旅游大环线"相衔接，以文化创意赋予产业新内涵，打造全省文化旅游集散中心。

（三）主导产业

1. 影视文化

打造影视拍摄基地、5G数字影视产业基地、影视总部基地；构建集剧本孵化、影视融资、影视拍摄、后期制作、发行放映等为一体的数字影视全产业链；推动影视与动漫游戏、创意设计、文博艺术等产业融合发展。

2. 文化旅游

大力发展都市冰雪文化旅游和生态避暑旅游，持续推动净月潭、天定山、庙香山、莲花山、神鹿峰等文化旅游项目提质升级，打造一批国家级滑雪旅游度假地和国家级旅游度假区，进一步擦亮长春"国家文化和旅游消费示范城市""中国冰雪旅游十佳城市""中国最佳避暑旅游城市"三张文化旅游名片。

3. 数字经济

围绕产业数字化、数字产业化、数据价值化，加快推动演艺娱乐、工艺美术、文旅会展、文化装备等领域数字化发展步伐，积极发展云展览、云演播、云旅游等新产业、新业态、新模式。

五、项目组群

依据《国际影都"十四五"规划》《长春净月高新区文旅产业发展规划》《长春市旅游业"十四五"规划》等相关规划、文件，长春文化创意城应有十七大项目组群。

（一）影视产业项目组群

以长春国际影都为核心，重点建设7平方千米影都核心区，高标准建设六大基地。

1. 影视拍摄基地

占地100公顷，建设35个国际一流大型或超大型摄影棚，总面积及大型棚比例均居全球影视制作基地首位，打造从拍摄、置景、服装、道具、化妆、外景地到影视旅游等一站式影视拍摄地。

2. 5G数字影视产业基地

占地75公顷，打造影视前期、数字影视制作、全球影视发行、动漫游戏、5G高清视频制播、影视科技体验展示、大数据及云服务等7大功能中心，集成利用云计算、大数据、人工智能等数字技术，助力影视产业领跑全球。

3．影视教育基地

占地 78 公顷，集聚吉林艺术学院、动画学院、长春光华学院等艺术院校，建设长春电影学院、长春影视文创孵化园区，创新影视产学研联盟，打造新时代面向全球的影视人才摇篮。

4．影视文旅基地

占地 82 公顷，建设吉林省三馆（大剧院、美术馆、近现代史展览馆）、万达 MALL、度假酒店群、复华水世界、影视主题商街、长春国际电影节主会场金色大厅等，共同打造吸引千万级旅游人口的国际时尚基地。

5．影视孵化基地

占地 70 公顷，建设创客中心、电影工坊等影视创意空间，搭建资本扶持、商机对接等综合服务平台，孵化 200 家以上 5G 影视产业公司，孕育具有无限活力的影视创新创业生态圈。

6．影视总部基地

占地 100 公顷，引入长春电影制片厂等影视行业头部企业，打造集聚全球优势影视名企资源的强磁场，建设传承历史、创新未来的高品质影视总部集聚区。

（二）动漫游产业项目组群

以吉林动画学院双阳校区建设为契机，以吉动文化艺术集团为核心，打造长春动漫游文化产业集聚区。

1．原创动漫基地

建立以"原创动漫 IP 孵化、生产"为基础，以"自主动漫软件研发与运用"为核心，覆盖动漫影视的前期创作、中期生产、技术研发、后期制作、营销推广等全产业链的国际化原创动漫基地。

2．国家漫画基地

构建国潮原创漫画体系。"十四五"期间，预计实现原创漫画 IP 超过 1000 部，获得用户超过 500 万，成为中国最大规模的 IP 资源库。

3．游戏及衍生品开发创作基地

基地总建设资金约 1 亿元，产出游戏作品 5000 部，形成游戏产业创作、创业、创新的人才集散地，成为吉林省游戏创业的摇篮。

4. 双阳数字影视基地及科普主题乐园

基地建设以 IP 影视、游戏、漫画、动画为突破，构建以 IP 为核心，链接原创剧本、导演制片、平台宣发、后期制作的全产业链工业化体系。

5. 数字影视特效制作基地

基地以影视特效、物理特效领域的高端生产技术为核心，引进国际化资源与技术，建成以影视特效、物理特效制作为主体，同时涵盖剪辑服务、音效制作、校色服务等影视后期的一站式服务体系。

（三）数字传媒产业项目组群

长春文化创意城要推动文化与科技深度融合，强化数字赋能，培育新型文化业态。全面落实文化产业数字化战略，促进"上云用数赋智"，推进线上线下融合，推动文化产业全面转型升级。

1. 培育云演播业态

支持建设在线剧院、数字剧场，鼓励文艺院团、演出经纪机构、演出经营场所、文艺工作者、非物质文化遗产传承人在网络直播平台开展网络展演，重点培育 10 个左右具有长春特色的国家级省级线上演播项目，完善线上演播商业模式，打造舞台艺术线上演播知名品牌。

2. 丰富云展览业态

支持文化文物单位与融媒体平台、数字文化企业合作，发展"互联网＋展陈"新模式，打造一批博物馆、美术馆数字化展示示范项目。推进文化会展行业数字化转型，引导支持举办线上文化会展，实现云展览、云对接、云洽谈、云签约，探索线上线下同步互动、有机融合的会展新模式。

3. 拓展数字艺术展示业态

推动数字技术与艺术创作、传播、展示更好结合，重点培育 10 个左右具有长春特色的国家级省级数字艺术体验场景，生动展示城市特色文化。

4. 发展沉浸式业态

支持 VR/AR/MR、5G+4K/8K 超高清、无人机等技术在文化领域应用，发展全息互动投影、无人机表演、夜间光影秀等产品。支持文化机构开发沉浸式体验项目、沉浸式旅游演艺、沉浸式娱乐体验产品。鼓励沉浸式业态与城市综合体、城市公共空间、旅游景区等相结合，重点培育 10 个左右具有长春特色的国家级省级沉浸式体验项目，丰富文化体验新路径。

121

5. 创新文旅消费业态

以国家文化和旅游示范城市建设为契机，促进文旅消费体制机制更加完善，政策保障体系更加健全，消费环境更加优化，产品和服务供给更加丰富，建立文化企业数据库，开发文化产业大数据平台，提升数据流通共享商用水平，对接"国家文化淘宝"，助力文化产业 GDP 增长。

6. 布局元宇宙文化产业

吸纳信息革命（5G/6G）、互联网革命（web3.0）、人工智能革命以及 VR\AR\MR，特别是游戏引擎在内的虚拟现实技术革命的成果，通过高速无线通信网络、云计算、区块链、虚拟引擎、VR/AR、数字孪生、机器人等技术创新逐渐聚合产生的新业态、新场景、新模式，全力布局元宇宙，抢占数字文化产业制高点。

（四）数字出版项目组群

以吉林出版传媒集团、长春出版集团和新华书店为龙头，构建出版传媒文化组群，打造出版传媒产业园区。

（五）数字文化新业态产业项目组群

推动文化与科技深度融合，强化数字赋能，培育新型文化业态。全面落实文化产业数字化战略，促进"上云用数赋智"，推进线上线下融合，推动文化产业全面转型升级。

（六）雕塑项目组群

打造以长春国际雕塑公园为核心的雕塑装置艺术组群，将长春地域特色文化以雕塑的艺术形式进行展示，弘扬长春特色文化，展现长春精神。

（七）文博馆文化创意产品开发项目组群

筹建东北亚文化博物馆、东北老工业基地文化博览馆、长春汽车博物馆、东北农耕文化博物馆、满族民间文化博物馆、长春中医中药文化博览馆、长春文史博物馆，与市内各高校、各大企业合建共管一系列长春特色文化博览馆/博物馆，进一步提升长春市文博事业高质量高水平发展。

（八）非遗文创产业项目组群

精选国家级、省级、市级 400 余项非遗项目，在长春文化创意城内选择合适的地域场所，建设长春非遗博物馆，打造长春非遗文化产业园，和高校共建非遗产教融合示范园区。

（九）汽车文化产业项目组群

长春是中国汽车工业的摇篮，是国际汽车城。但是汽车工业文化的挖掘、开发、利用却几乎处于零起点状态，以至于市民及游客都无法亲身感受体验汽车文化的魅力。林田远达集团与中科院自动化所科学艺术研究中心共同构建了长春汽车工业视觉文化体系，全力打造汽车数字文化产业园项目。该项目用计算机图形图像技术、信息可视化技术、人机交互技术、虚拟现实技术、全息技术、元宇宙技术，全方位构建了汽车文化应用场景。

1. 汽车工业视觉文化数字透明工厂

包含汽车整车生产数字透明工厂、汽车五大总成生产数字透明工厂、汽车典型零（部）件生产数字透明工厂、汽车数字展厅。

2. 汽车工业创意文化数字制造工坊

包含汽车文学剧本创编工坊、汽车文创产品创新工场、汽车艺术作品创意厨房、汽车智能玩具三创谷。

3. 汽车文化数字展馆

包含世界汽车历史数字博览馆、世界汽车艺术造型数字展览馆、世界汽车标识数字博物馆、世界汽车与战争影像馆、世界汽车与体育影像馆、世界汽车与生活创意馆。

4. 汽车梦幻娱乐主题公园

包含汽车儿童欢乐谷、汽车科幻元宇宙、汽车演艺广场、汽车冰雪世界、汽车丝路神画、汽车城市大道、汽车主题酒店。

经过市委市政府组织专家论证，此项目落户在长春净月开发区。

（十）高铁文化产业项目组群

联合中车长客集团，打造合心高铁文化产业园。

1. 长春是中国地铁、高铁的摇篮

铁路文化是长春市历史文化的重要组成部分。时至今日，高铁已成为新时代中国在世界上的一张特色名片，长客是中国高铁生产的重要基地，是长春继中国一汽之外的另一支柱产业。因此，联合中车长客集团，打造长春机车厂文化特色街区既是必要的，也是必须的。

中国高铁已成为国人出行旅游的最便捷的交通工具之一，也成为中国在世界的一张亮丽名片，高铁文化也随着高铁的发展越来越深入民心。然而，作为中国高铁两大生产基地之一的长春，对高铁文化的重视程度还远远不够。围绕

原长春机车厂和长春客车厂老厂区工业遗址文化、老工业基地精神文化、东北工匠精神文化、新时代创新创业文化、职教文化等挖掘不够，更别提弘扬传播。中国高铁产业链非常长，非常宽。因此，像一汽和长春汽车经济技术开发区那样，密切沟通、紧密合作，共建高铁文化共同体，是长春市政府必须尽快做的头等大事。

2. 合心高铁文化产业园的建设思路

（1）产业特色——以轨道文化、田园文化、传统文化为引领，以轨道交通装备制造业及其衍生产业、都市农业为主，地方文化旅游业为辅，形成"两主一辅"的产业特色体系。

由独特的轨道交通装备制造业，向独特的轨道交通文化衍生。树立"全产业链"发展意识，围绕轨道交通装备制造业基础，建设智能制造业引领区，延长产业链条。依托公共服务设施、文化教育事业、城镇风貌建设等，全面展开轨道科技体验、轨道文化博览、轨道技术输出、轨道风貌塑造等一系列产业外延的打造。形成"特而强"的合心镇轨道主题产业特色，打好"产业牌"。

面向近郊旅游、农耕文化体验、都市农业等全面做强田园经济。以农庄经济、都市小田地、农业嘉年华、主题摄影区等为载体，立足于近郊生鲜蔬菜、瓜果、花卉种植、农耕体验、科普、休闲娱乐等功能，消纳、转型传统农业。积极开拓长春农产品网上市场，高度重视"产业融合发展"，积极探索"互联网＋"与传统农业的融合路径，架起"千家万户的小生产与千变万化的大市场"联系的桥梁，探索农民增收新渠道。打造独具东北田园特色的现代农业体系。

深度挖掘、注入和表达地方传统文化，系统策划文化升级，唤醒传统文化资源潜在优势。以现有合心镇三清观为载体，打造地方民俗文化区；结合主题农庄、公共文化设施，举办文化展、文化庆典，植入与升级传统关东文化为雅致、现代化的长春风情。长期、持续不断地研究、丰富地方传统文化内涵，并进行系统策划，与旅游业紧密结合，营造地域特色的文化产业氛围。

（2）产业布局——优化产业发展空间，改变传统农业区、工业园区、镇区孤立发展的局面。以优质的生态环境和完善的生活配套，聚集、沉淀人口，消除产城分离的状态。打造轨道交通产业区、休闲农业发展区、服务业集聚区三大板块，形成产城协同发展新格局，强化人口就业集聚能力。

市政府联合中车长春轨道客车股份有限公司，成立专门的课题组，研制"长春合心高铁文化产业园区"发展战略、发展规划及相关项目，并确定具体的时间表和路线图。打造集高铁研发创新、整车生产、人才培养、高铁工业旅游为一体的长春合心高铁文化园区。园区内设有：长春高铁职业技术学院、长春中国轨道交通博物馆、轨道交通科技体验馆、轨道交通主题文化特色街区（包括轨道客车主题酒店、轨道客车咖啡街、轨道客车纪念品商店、轨道客车主题餐厅、轨道交通主题游乐场、轨道交通主题文化公园等）。

（十一）松花石文化产业项目组群

开展松花石资源普查，支持长春松花石文化产业园、松花石文化博览馆和松花石东北文化雕塑园建设，开发松花石主题文艺作品，开发"长春礼物·松花石"系列文创产品，打造"松花石文化"超级 IP。

（十二）冰雪文化旅游项目组群

支持寒地冰雪经济发展，打造冰雪特色小镇，建设冰雪休闲度假村，打造"温泉＋滑雪"特色旅游度假综合体，发展从事滑雪、露营、徒步、穿越、冬季垂钓等户外运动的市场主体。

1. 打造国家级大众型滑雪基地

加快完善长春净月潭、庙香山、莲花山世茂、天定山等 4 大冰雪景区和滑雪场的基础设施及周边区域的住宿、商店、酒店等配套服务设施的建设。做大做强"净月雪世界"品牌，坚持"冰雪互动，以雪为主"。充分利用冰雪和森林环境，注重创意创新、提升规模体量、旅游要素功能和舒适度，开放夜间游览体验项目，实现"冷"冰雪、"热"接待。以"净月雪世界"为引领，建成莲花山冰雪旅游度假胜地、庙香山滑雪体验中心、新立湖旅游滑雪娱乐场和国信南山温泉滑雪度假区、关东文化园冰雪民俗体验中心五个拳头产品，打造双青湖旅游度假风景区冰雪大世界、世外桃源南山满族文化园冰雪乐园、玫瑰山旅游度假区风筝滑雪等景区项目，增强长春市冰雪旅游度假产品的吸引力和竞争力，推进白雪变白银。此外，对全市主要街路、广场、公园、景区、宾馆进行雪雕美化和灯饰亮化，营造满城冰雕雪塑、流光溢彩的喜庆节日气氛，彰显城市活力与魅力。

2. 依托滑雪场、城市公园、森林公园等场地，开发出完备的冰雪旅游产品体系

包含以长春冰雪新天地和长春雕塑冰雪天地为代表的冰雪观光产品；包含以长春净月潭、庙香山、莲花山世贸、天定山等滑雪场为载体的滑雪健身产品；包含以关东文化园等温泉度假区为平台的冰雪休闲产品；包含冰灯艺术游园会等冰雪节庆产品；包含雪地跑马、雪地摩托等休闲类冰雪运动产品；包含攀冰、雪地摩托车、汽车拉力赛、冰雪探秘之旅、雪地滑翔等冰雪娱乐产品；包含冰上芭蕾、花样滑冰、冰雪摄影、冰雪狂欢巡游等冰雪文艺活动；包含冰棍、冰糖葫芦、黏豆包、蒸年糕、大豆腐等以关东年俗为主要特色的民俗特色饮食产品，等等。

3. 发展并弘扬冰情雪韵的民俗文化

将冰雪旅游融合传统冰雪文化、对接现代冰雪文化、培育文化创意、丰富

文化内涵，提升关联产品文化体验价值，促进冰雪文化传播和品牌塑造。全面提升长春市冰雪旅游资源的丰富程度，使城市旅游品质化、自然与人文环境友好性，以冰雪为媒介，满足游客对冰雪美景的无限热爱和向往，让游客在感叹大自然冰雪奇观和乐享冰雪乐趣的同时，深切感受到长春地区深厚的历史文化底蕴、极具特色的民俗风情和朝气蓬勃的现代化发展，扩大冰雪旅游的受众，提高长春市冰雪旅游的回头率。以长春市得天独厚的汽车历史文化与影视文化资源为优势，将冰雪经济与影视文化进行融合，引进冰雪主题乐园等新兴业，在长影世纪城等影视娱乐主题公园的游乐项目中融入长春特色冰雪旅游景区元素。

（十三）乡村旅游项目组群

整合各县区乡村旅游资源，优化乡村旅游产业布局，按照突出特色、差异化发展的原则，加大"乡村+温泉""乡村+研学""乡村+康养""乡村文旅综合体""旅游民宿""研学基地"等新业态的支持力度，以乡村旅游带动乡村振兴。

重点打造净月区友好村文旅综合体、慢山里研学基地、莲花山花海、天定山旅游度假小镇；绿园区美丽乡村城西镇跃进村、A级乡村旅游单位春莲产业园、三利马术俱乐部等；朝阳区永春镇莲花岛影视休闲文化园、乐山镇"长乐宫"生态园、金德瑞生态产业园、郝文家庭休闲农场、莲花村稻田蟹基地等；双阳区向阳源山庄、亿嘉山庄、奢岭草莓、黑鱼葡萄、灵山果园等各类特色采摘园；向游客推荐成熟的"一条龙"式乡村旅游体验。

（十四）生态康养产业项目组群

加强健康养老项目规划引导，支持社会力量投资建设医养结合机构。积极推进旅居养老、健康养老、智慧养老等新模式，支持养老机构规模化、连锁化、品牌化发展。到2025年末，全市康养领域市场主体力争突破50家。

（十五）文化创意会展活动项目组群

组织策划系列文化创意产业活动项目，让红色文化"热"起来，让优秀传统文化"活"起来，让城市文化"靓"起来，让乡村文化"美"起来，让文化品牌"强"起来，让文化市场"火"起来，让文化企业"优"起来，让文化园区"聚"起来，让文化人才"专"起来，促进文化消费扩容提质升级，助推文化产业高质量发展。

（十六）元宇宙文化创意项目组群

元宇宙就是在互联网世界，借助信息技术（软件+硬件+创意设计+人机交互）、5G通信、大数据、云计算、人工智能等众多高科技手段，搭建一个与现实世界完全平行的虚拟世界（数字世界），在这个虚拟世界里，既可以将现实世界在虚拟世界中完整映射出来，也可以将现实世界中难以实现的目标在虚拟世界中呈现出来。元宇宙的技术发展经历了三个阶段，第一阶段是把现实世界映射到虚拟世界中，即数字孪生阶段；第二阶段是创作者本身已经在数字世界里，就在数字世界里去生产数字产品，即数字原生阶段；第三阶段是人同时生活在现实世界和虚拟世界两个世界里，即虚实共生阶段。在虚实共生阶段，人是区分不了哪里是现实世界，哪里是虚拟世界。就像《黑客帝国》电影里面描述的场景那样，人自以为是生活在一个现实世界里，但是他不知道其实只有大脑的脑电波而已。我们的手、四肢、身体其实都是被一台叫作 Matrix（矩阵）的人工智能机器所控制的。元宇宙搭建了虚实共生场景，改变了我们传统的生产方式和生活方式，具有虚拟化身、真实体验、时空倒流三大特点。元宇宙文化创意城既包括把某个真实的现实文化场景复制到数字世界中的数字孪生，又包括在数字世界里创作生产出数字文化产品的数字原生，还包括具有虚拟化身、真实体验、时空倒流三大特点的虚实共生。当长春特色文化 IP 遇上元宇宙，通过不同领域文化 IP 与元宇宙的深度融合，就会形成元宇宙文化创意城的新时空、新场景、新体验、新项目、新产品、新业态、新模式。所以，元宇宙文化创意城是最有技术含量、最有发展前景、最有可能成为数字经济发展新赛道的一个项目组群。

（十七）综合文化创意项目组群

各地要打造独具特色的文化创意产业族群，如榆树的豆腐文化产业项目组群、绿园的君子兰文化项目组群、双阳的马文化项目组群等。

六、重点任务

（一）建立文化创意产业发展体系

1. 解码长春文化基因，溯源长春文化脉络

文化基因解码是守护长春文化根脉的"溯源工程"，是开发长春高品位文化产品的"创意工程"，是推进长春文旅产业高质量发展的"筑基工程"，是文化赋能其他产业发展的"提质工程"，是打造提升长春形象的"品牌工程"。文化是内涵，创意是灵魂，科技是手段，旅游是场景。以文促旅，以旅彰文，将文化基因作为打造优秀文旅项目和产品的种子，不断提升长春的文化软实力，加快文旅产业转型升级的步伐。用好文化基因解码成果，构建长春区域文化标识体系，打造区域文化地标，擦亮长春城市名片，留存长春城市记忆、延续长春城市生命、塑造长春城市底蕴、满足长春城市情感。

2. 应用基因解码成果，打造长春文化 IP

摸清长春市各区域内文化现象、文化元素的基本分布和概况，建立长春文

化基因数据"库";梳理长春市各区域内最具代表性的文化元素清单,形成重点文化元素"图";完成重点文化元素解码,形成解码报告"集";探索解码成果的转化利用,形成转化利用项目"群"。解码长春文化基因,发挥长春不同区域的文化资源优势,凸显各区域文化特色,重点打造"一个特色文化高地、N个特色文化地标、X个特色文化商圈、Y个特色文化街区、Z个特色文化休闲地"。

3.规范产业园区(基地)管理,加快产业园区(基地)建设步伐

坚持一手抓建设发展,一手抓规范管理,支持国家级文化产业示范园区、国家旅游科技示范园区等国家级平台建设。加强产业园区规范化管理,完善创建发展和动态管理机制,开展产业示范园区清理评定工作。支持利用旧民居、旧村落、旧厂房、旧仓库等建设产业园区,跟进长客机车厂和长拖遗址改造项目。鼓励园区企业开发建设文创艺术街区、休闲体验街区。

4.建设长春国际影都,打造长春文化高地

落实"四大板块"战略布局,以净月区为重点,依托长影、万达、吉视传媒、吉广等影视企业,以及华为、科大讯飞等信息技术企业,优先发展影视文创产业,构建影视全产业链条,打造新文创娱乐生态圈。谋划成立以净月为核心带动的国有文旅集团,承担文旅产业资源整合、规划、建设、运营,负责项目投融资和城市文旅品牌、产品对外推广等职责,建设并持续放大长春"文化创意城"品牌效应。

5.推进"上云用数赋智",增强文化产业竞争力

加强创新链与产业链对接,加快产业数字化和数字产业化步伐,推动演艺娱乐、工艺美术、文化会展等传统文化行业转型升级。全面落实文化产业数字化战略,推进线上线下融合。培育云演播业态,丰富云展览业态,推进文化会展行业数字化转型,拓展数字艺术展示业态,推动数字技术与艺术创作、传播、展示更好结合,发展沉浸式业态,支持VR/AR/MR/HR、5G+4K/8K超高清、无人机等技术在文化领域应用,发展全息互动投影、无人机表演、夜间光影秀等产品。鼓励沉浸式业态与城市综合体、城市公共空间、旅游景区等相结合。创新文化消费业态,发展文化和旅游"网红经济",提升传统文化产品整体品质和市场竞争力。

6.协同创新,推动文旅产业深度融合

坚持文化赋能、旅游带动,促进文旅业态融合,拓展文旅发展新空间;促进文旅产品融合,丰富文旅供给新内容;促进文旅市场融合,释放文旅消费新潜力。创新"文旅+"发展模式,支持"文旅+"农业、工业、商贸业、体育、教育、健康等领域跨行业产品开发,发展基于5G、创意设计、动漫影视、数字新媒体、文化科技装备等新兴领域的新一代文化和旅游消费内容。发展文旅产

业综合体，加强旅游景区、公园、街区、特色小镇、特色乡村、文体场馆等资源与商贸、体育、教育、会展融合创新集聚，构建文旅融合产业链群。

（二）完善文化旅游产业政策体系

1. 规划引领，做好长春文化旅游产业顶层设计

结合"三强市、三中心"战略部署和文化创意产业高质量发展需求，进一步推动落实和完善长春文化旅游产业发展规划。各县（市）区、开发区围绕各自特色形成文化旅游产业发展规划，整体推动，在市域范围内打造文化产业集聚区、生态旅游集聚区、都市休闲集聚区、数字产业集聚区和现代服务业集聚区，构建长春特色文化旅游标识体系，提升长春文化旅游产业的核心竞争力。

2. 完善产业发展政策，促进文化旅游产业高质量发展

推动实施长春市文化和旅游消费示范城市工作方案，研究制定长春市支持文化创意城建设发展若干政策，加快出台长春市旅游条例等系列文旅产业政策。完善财政、税收、金融、投资、土地等方面政策，探索建立文旅市场供给端和消费端长效激励政策，降低文旅企业准入门槛，鼓励文旅企业加大产品和服务的研发力度，增强中高端文旅产品供给。

3. 加强行业标准建设，促进行业规范有序发展

加强公共服务、文博场馆、旅游景区、星级饭店、旅行社企业及从业者等相关业务标准、行业标准、地方标准的研究制定及颁布推行，探索建立国内领先、东北一流的地方标准体系，以更好地指引行业企业发展，提高产品、服务品质，推动高质量发展。

（三）创新城市文旅特色产品体系

1. 打造长春特色重点文旅品牌

做强长春消夏艺术节、长春冰雪节、中国长春电影节、瓦萨国际滑雪节等文旅节庆品牌活动，拓展东北亚博览会、国际汽车博览会、长春航空展等展会影响力。做优爵士音乐节、市民读书节、周末音乐会、新年音乐会、新春文化大集、戏剧星期六等文化活动品牌，制订群众文化活动"菜单"，满足人民群众多层次文旅消费需求。

2. 加强特色文旅产品开发

大力发展红色旅游，探索构建长春红色旅游产品体系。把握北京冬奥会有力契机，开发冰雪体验、民俗体验等体育旅游、研学旅游活动产品。支持工业旅游发展，挖掘长影集团、一汽集团、中车长客、皓月集团等企业文旅资源禀赋。

发展文化休闲旅游康养产业，推动康养与文旅融合发展，开发温泉度假、森林氧吧、养生休闲等康养旅游产品。提升乡村环境和配套服务，推进乡村旅游升级发展。

3. 培育新兴文化品牌

加强动漫、设计、游戏、电竞、直播等新兴行业品牌的塑造，发展数字出版、影视传媒等产业，搭建带有新时代文化元素的活动平台，展现城市文化新活力。加强城市文化建设，强化与国家级院团合作，引进优质资源，举办"大地情深"中央歌剧院走进长春系列品牌活动、"春城四季"全国名家绘长春写生活动、国际油画艺术邀请展等艺术气息浓郁的文化活动，提升品牌影响力。

（四）健全现代公共文化服务体系

1. 完善公共文化服务设施网络

加快文化基础设施建设，推动重点文化项目建设，谋划长春市图书馆新馆、演艺集团驻地、城市音乐厅等功能性和地标性设施建设，夯实基层综合性文化中心建设，推进总分馆制建设。

2. 建设"四网一平台"

推动城市书网、惠民演出网、艺术普及网、优秀文化传承网和数字化服务平台"四网一平台"建设，丰富和延展城市公共服务体系，提升公共文化服务供给能力，推动公共文化服务高质量发展。

3. 创新实施文化惠民工程

持续实施公共文化服务设施免费开放。深入实施艺术普及培训、戏曲进基层等工程，广泛开展百姓健康舞、秧歌大赛等群众文化活动，加强慰问演出、文艺辅导等工作，推进城乡公共文化服务体系一体化建设，加强群众文化扶持力度。

（五）培育现代文化和旅游市场体系

1. 培育各类市场主体

完善文旅市场准入和退出机制，激发各类市场主体活力，持续扩大市场主体规模。支持文旅龙头企业、重点文旅项目做大做强。发挥"长春文旅云招商平台"作用，聚焦影视动漫、文化旅游、文化创意、休闲康养、数字传媒、创意设计等重点领域，加快引进和培育一批基地型、龙头型文旅企业，发挥长影、万达等龙头企业作用，用好吉林艺术学院、吉林动画学院、国家广告产业园等平台资源，吸引更多头部企业和机构加入，促进产业集聚发展。鼓励企业通过兼并、联合、重组等形式，培育、发展一批符合产业导向，有规模、有效益的领军型文化企业。支持中小微企业专业化特色化发展，加强建设用地、投资融资、人才落户、公共服务配套等方面扶持力度。鼓励众创空间、融合发展孵化器、互联网创意交易平台等载体建设。

2.完善文旅市场管理机制

统筹疫情防控和文旅市场管理工作。加快构建以信用为基础的文旅市场新型监管机制，依法依规开展失信惩戒。推进文旅市场信用体系建设，加强行业诚信文化建设。逐步建立文化和旅游市场经济运行监测体系。推进"互联网＋监管"，打造智慧监管平台。深化文化市场综合执法改革，加强执法保障，推进严格公正规范文明执法。

3.加强行业管理和服务

建立健全文旅产品和服务内容审查机制，加强线上线下内容审核及动态监测。做大做强广播电视舆论主阵地，发展积极健康的网络文化，把握正确舆论导向。加强旅行社企业和旅游饭店动态管理。规范在线旅游经营服务。完善文旅市场应急体系，健全旅游安全预警机制。发挥行业自律作用，指导行业协会加强自身建设，积极参与行业治理。

（六）推进全域旅游建设体系

1.构建旅游产业发展新格局

推动长春市全域旅游发展规划、长春市旅游发展"十四五"规划等规划文件出台，谋划全域范围资源整合、产业融合、要素聚合、业态结合，着力开发会展旅游、体育旅游、康养旅游、研学旅游、自驾车旅居车旅游、森林旅游等产品，实现"文旅融合""城旅融合""产旅融合"。到2022年末，力争1家创建单位通过国家全域旅游示范区验收；2家创建单位通过省级全域旅游示范区验收。到2025年末，力争实现游客接待量1.5亿人次，旅游总收入达到3000亿元。

2.优化旅游业态发展环境

挖掘长春历史文化旅游资源，促进城市文化和旅游产业互动融合，建设一批富有文化底蕴的旅游景区和度假区，打造一批文化特色鲜明的城市旅游休闲街区。持续开展传统旅游产品提档升级工程，大力发展夜间经济、商圈经济，提升核心消费区功能，带动"吃住行游购娱"全产业链发展，建设宜游宜居宜业的现代化都市。推动旅行社企业转型升级，培育建设一批具有竞争力、行业影响力的骨干旅行社和特色化、品牌化的中小旅行社。开展旅游饭店品质提升工作，推进文化主题旅游饭店建设。

3.双线发力带动全域发展

落实"一主六双"高质量发展战略，提升文旅联动能力，加快构建"双线"集散中心。以长春为中心，联动全省旅游资源，充分发挥各地区位特点、资源禀赋、产业基础和交通优势，提升旅游产品质量与旅游要素发展水平，提高旅游接待能力，完善城市旅游体系，建设国内一流旅游城市，打造立足吉林省、辐射全东北、面向东北亚的旅游集散枢纽和综合服务中心。

4.促进文化旅游与城乡融合发展相结合

积极服务长春国家城乡融合示范区建设，制定出台关于促进长春市乡村旅游发展提质升级的实施意见，大力发展乡村旅游，丰富产品供给。组织开展休闲农业和乡村旅游示范县、美丽休闲乡村以及休闲农业和乡村旅游经营单位A级评定工作。推进乡村旅游重点村名录建设，对重点支持发展的集中连片乡村旅游点和纳入乡村旅游重点村名录的重点村、新评定为5A级和4A级的乡村旅游经营企业、新评定为国家金宿级（5星）和银宿（4星）的旅游民宿，予以适当奖补。

5.提升公共服务能力

推动全域文化旅游体育卫生公共设施空间共享。推进国家旅游数据中心长春分中心建设，完善景区智慧化管理，打造长春旅游智慧地图。构建长春旅游大数据平台，开发多层次、多功能旅游市场监测系统和应急处理系统，提升旅游市场管理和公共服务水平。

（七）提振城市文旅消费体系

1.激发文旅消费潜力

进一步巩固国家文化消费试点建设成果，在国家文化和旅游消费示范城市基础上，推动国家消费中心城市建设。培育文旅消费节会活动，开展文旅消费季活动，推出惠民文旅消费券，提升惠民文旅消费支付系统功能。鼓励建设集合文创商店、特色书店、小剧场、文化娱乐场所等多业态的消费集聚地，促进文旅创意、购物、餐饮、娱乐等多要素融合聚集发展，组织开展文旅消费示范特色街区创建评定工作。

2.优化消费环境

扩大长春市民卡覆盖范围，推进移动支付便民项目建设，提高文旅消费便捷程度。鼓励文旅消费网点建设，引导把文化消费嵌入各类消费场所，依托社区生活综合服务中心、城乡便民消费服务中心、商场超市、商业综合体等打造便捷化文旅消费网点，鼓励引导合作开展文旅消费促销活动。

3.发展夜间文旅经济

积极争创国家级夜间文旅消费集聚区。开展省级夜经济试点城市申报创建。加大夜间消费项目培育力度，打造夜间消费集聚区，提升夜游经济配套服务。探索打造设立 25 处夜间消费场所，支持重庆路、桂林路、红旗街等重点夜间消费场所进行改造提升。探索依托历史文化街区打造夜间文旅经济区，鼓励有条件的旅游景区开展夜间游览服务。丰富夜间文旅演出市场，支持推出健康、规范的夜间娱乐精品节目或驻场演出项目，优化文旅场所的夜间餐饮、购物、演艺等服务，鼓励建设 24 小时书店。

（八）构建对外文旅传播推广体系

1.深化品牌营销

立足长春文化创意产业资源和发展战略，培育一批文旅融合示范 IP 项目。围绕工业产品类、土特产类、食品类、新兴产业类、电影类、文化创意类等门类，开发"长春礼物"产品体系。梳理城市 IP，扶持优秀文艺产品创作，发挥影视、文学作品在对外传播推广中的作用，讲好长春故事，多维度展示长春城市形象。

2.推动核心优势文旅产品和服务"走出去"

支持文化企业参与境内外综合性、专业性展会。鼓励旅行社企业积极开发域外旅游市场。支持具有竞争优势、品牌优势和经营管理能力的文化企业专业化、国际化发展，推进技术、人才、资金等资源互动，培育一批深受用户喜爱的文化产品，积极开拓国内、国际市场。

3.打造对外传播推广矩阵

深化"全国百城营销"三年行动计划，加强与国内外长春主要客源市场、"友好城市""姊妹城市"媒体传播机构的联合传播，积极参加境内外重要国际性文化和旅游展会，建设多种渠道融合、资源集约、结构合理、差异发展、协同高效的全媒体传播体系。

第九章

长春文化创意城实施纲要总纲

一、文化及相关产业分类（2018）（国家统计局）

（一）定义

本分类规定的文化及相关产业是指为社会公众提供文化产品和文化相关产品的生产活动的集合。

（二）范围

1. 以文化为核心内容，为直接满足人们的精神需要而进行的创作、制造、传播、展示等文化产品（包括货物和服务）的生产活动。具体包括新闻信息服务、内容创作生产、创意设计服务、文化传播渠道、文化投资运营和文化娱乐休闲服务等活动。

2. 为实现文化产品的生产活动所需的文化辅助生产和中介服务、文化装备生产和文化消费终端生产（包括制造和销售）等活动。

（三）结构和编码

本分类采用线分类法和分层次编码方法，将文化及相关产业划分为三层，分别用阿拉伯数字编码表示。第一层为大类，用01-09数字表示，共有9个大类；第二层为中类，用3位数字表示，共有43个中类；第三层为小类，用4位数字表示，共有146个小类。

（四）有关说明

1. 本分类建立了与《国民经济行业分类》（GB/T4754-2017）的对应关系。

在本分类中，如国民经济某行业小类仅部分活动属于文化及相关产业，则在行业代码后加"*"做标识，并对属于文化生产活动的内容进行说明；如国民经济某行业小类全部纳入文化及相关产业，则小类类别名称与行业类别名称完全一致。

2. 本分类全部小类对应或包含在《国民经济行业分类》（GB/T4754–2017）相应的行业小类中，具体范围和说明可参见《2017 国民经济行业分类注释》。

3. 本分类 01–06 大类为文化核心领域，07–09 大类为文化相关领域。

（五）文化及相关产业分类表

表9-1 文化及相关产业分类表

代码			类别名称	说明	行业分类代码
大类	中类	小类			
01			文化核心领域	本领域包括01–06大类	
			新闻信息服务		
	011		新闻服务		
		0110	新闻业	包括新闻采访、编辑、发布和其他新闻服务	8610
	012		报纸信息服务		
		0120	报纸出版	包括党报出版、综合新闻类报纸出版和其他报纸出版服务	8622
	013		广播电视信息服务		
		0131	广播	指广播节目的现场制作、播放及其他相关活动，还包括互联网广播	8710
		0132	电视	指有线和无线电视节目的现场制作、播放及其他相关活动，还包括互联网电视	8720
		0133	广播电视集成播控	指IP电视、手机电视、互联网电视等专网及定向传播视听节目服务的集成播控，还包括普通广播电视节目集成播控	8740
	014		互联网信息服务		
		0141	互联网搜索服务	指互联网中的特殊站点，专门用来帮助人们查找存储在其他站点上的信息	6421
		0142	互联网其他信息服务	包括网上新闻、网上软件下载、网上音乐、网上视频、网上图片、网上动漫、网上文学、网上电子邮件、网上新媒体、网上信息发布、网站导航和其他互联网信息服务	6429
02			内容创作生产		
	021		出版服务		
		0211	图书出版	包括书籍出版、课本类书籍出版和其他图书出版服务	8621

135

续表

代码			类别名称	说 明	行业分类代码
大类	中类	小类			
02		0212	期刊出版	包括综合类杂志出版，经济、哲学、社会科学类杂志出版，自然科学、技术类杂志出版，文化、教育类杂志出版，少儿读物类杂志出版和其他杂志出版服务	8623
		0213	音像制品出版	包括录音制品出版和录像制品出版服务	8624
		0214	电子出版物出版	包括马列毛泽东思想、哲学等分类别电子出版物，综合类电子出版物和其他电子出版物出版服务	8625
		0215	数字出版	指利用数字技术进行内容编辑加工，并通过网络传播数字内容产品的出版服务	8626
		0216	其他出版业	指其他出版服务	8629
	022		广播影视节目制作		
		0221	影视节目制作	指电影、电视和录像（含以磁带、光盘为载体）节目的制作活动，该节目可以作为电视、电影播出、放映，也可以作为出版、销售的原版录像带（或光盘），还可以在其他场合宣传播放，还包括影视节目的后期制作，但不包括电视台制作节目的活动	8730
		0222	录音制作	指从事录音节目、音乐作品的制作活动，其节目或作品可以在广播电台播放，也可以制作成出版、销售的原版录音带（磁带或光盘），还可以在其他宣传场合播放，但不包括广播电台制作节目的活动	8770
	023		创作表演服务		
		0231	文艺创作与表演	指文学、美术创造和表演艺术（如戏曲、歌舞、话剧、音乐、杂技、马戏、木偶等表演艺术）等活动	8810
		0232	群众文体活动	指对各种主要由城乡群众参与的文艺类演出、比赛、展览等公益性文化活动的管理活动	8870
		0233	其他文化艺术业	包括网络（手机）文化服务，史料、史志编辑服务，艺（美）术品、收藏品鉴定和评估服务，街头报刊橱窗管理服务和其他未列明文化艺术服务	8890
	024		数字内容服务		
		0241	动漫、游戏数字内容服务	指将动漫和游戏中的图片、文字、视频、音频等信息内容运用数字化技术进行加工、处理、制作并整合应用的服务，使其通过互联网传播，在计算机、手机、电视等终端播放，在存储介质上保存	6572

代码			类别名称	说明	行业分类代码
大类	中类	小类			
02		0242	互联网游戏服务	指以互联网为传输媒介，以游戏运营商服务器和用户计算机为处理终端，以游戏客户端软件为信息交互窗口，旨在实现娱乐、休闲、交流和取得虚拟成就的具有可持续性的个体性多人在线游戏。包括互联网电子竞技服务	6422
		0243	多媒体、游戏动漫和数字出版软件开发	仅指通用应用软件中的多媒体软件、游戏动漫软件、数字出版软件开发。该小类包含在应用软件开发行业小类中	6513*
		0244	增值电信文化服务	仅指固定网增值电信、移动网增值电信、其他增值电信中的文化服务。该小类包含在其他电信服务行业小类中	6319*
		0245	其他文化数字内容服务	仅指文化宣传领域数字内容服务。该小类包含在其他数字内容服务行业小类中	6579*
	025		内容保存服务		
		0251	图书馆	包括公共图书馆、高等院校图书馆、专业图书馆和其他图书馆管理服务	8831
		0252	档案馆	包括综合档案馆、专门档案馆、部门档案馆、企业档案馆、事业单位档案馆和其他档案馆管理服务	8832
		0253	文物及非物质文化遗产保护	指对具有历史、文化、艺术、科学价值，并经有关部门鉴定，列入文物保护范围的不可移动文物的保护和管理活动；对我国口头传统和表现形式，传统表演艺术，社会实践、意识、节庆活动，有关的自然界和宇宙的知识和实践，传统手工艺等非物质文化遗产的保护和管理活动	8840
		0254	博物馆	指收藏、研究、展示文物和标本的博物馆的活动，以及展示人类文化、艺术、科技、文明的美术馆、艺术馆、展览馆、科技馆、天文馆等管理活动	8850
		0255	烈士陵园、纪念馆	包括烈士陵园和烈士纪念馆管理服务	8860
	026		工艺美术品制造		
		0261	雕塑工艺品制造	指以玉石、宝石、象牙、角、骨、贝壳等硬质材料，木、竹、椰壳、树根、软木等天然植物，以及石膏、泥、面、塑料等为原料，经雕刻、琢、磨、捏或塑等艺术加工而制成的各种供欣赏和实用的工艺品的制作活动	2431
		0262	金属工艺品制造	指以金、银、铜、铁、锡等各种金属为原料，经过制胎、浇铸、锻打、錾刻、搓丝、焊接、纺织、镶嵌、点兰、烧制、打磨、电镀等各种工艺加工制成的造型美观、花纹图案精致的工艺美术品的制作活动	2432

续表

代　码			类别名称	说　明	行业分类代码
大类	中类	小类			
02		0263	漆器工艺品制造	指将半生漆、腰果漆加工调配成各种鲜艳的漆料，以木、纸、塑料、铜、布等作胎，采用推光、雕填、彩画、镶嵌、刻灰等传统工艺和现代漆器工艺进行的工艺制品的制作活动	2433
		0264	花画工艺品制造	指以绢、丝、绒、纸、涤纶、塑料、羽毛、通草以及鲜花草等为原料，经造型设计、模压、剪贴、干燥等工艺精制而成的花、果、叶等人造花类工艺品，以画面出现、可以挂或摆的具有欣赏性、装饰性的画类工艺品的制作活动	2434
		0265	天然植物纤维编织工艺品制造	指以竹、藤、棕、草、柳、葵、麻等天然植物纤维为材料，经编织或镶嵌而成具有造型艺术或图案花纹，以欣赏为主的工艺陈列品以及工艺实用品的制作活动	2435
		0266	抽纱刺绣工艺品制造	指以棉、麻、丝、毛及人造纤维纺织品等为主要原料，经设计、刺绣、抽、拉、钩等工艺加工各种生活装饰用品，以及以纺织品为主要原料，经特殊手工工艺或民间工艺方法加工成各种具有较强装饰效果的生活用纺织品的制作活动	2436
		0267	地毯、挂毯制造	指以羊毛、丝、棉、麻及人造纤维等为原料，经手工编织、机织、栽绒等方式加工而成的各种具有装饰性的地面覆盖物或可用于悬挂、垫坐等用途的生活装饰用品的制作活动	2437
		0268	珠宝首饰及有关物品制造	指以金、银、铂等贵金属及其合金以及钻石、宝石、玉石、翡翠、珍珠等为原料，经金属加工和连结组合、镶嵌等工艺加工制作各种图案的装饰品的制作活动	2438
		0269	其他工艺美术及礼仪用品制造	指其他工艺美术品的制造活动	2439
	027		艺术陶瓷制造		
		0271	陈设艺术陶瓷制造	指以黏土、瓷土、瓷石、长石、石英等为原料，经制胎、施釉、装饰、烧制等工艺制成，主要供欣赏、装饰的陶瓷工艺美术品制造	3075
		0272	园艺陶瓷制造	指专门为园林、公园、室外景观的摆设或具有一定功能的大型陶瓷制造	3076
03			创意设计服务		
	031		广告服务		
		0311	互联网广告服务	指提供互联网广告设计、制作、发布及其他互联网广告服务。包括网络电视、网络手机等各种互联网终端的广告的服务	7251

代码			类别名称	说　明	行业分类代码
大类	中类	小类			
03		0312	其他广告服务	指除互联网广告以外的广告服务	7259
	032		设计服务		
		0321	建筑设计服务	仅包括房屋建筑工程，体育、休闲娱乐工程，室内装饰和风景园林工程专项设计服务。该小类包含在工程设计活动行业小类中	7484*
		0322	工业设计服务	指独立于生产企业的工业产品和生产工艺设计，不包括工业产品生产环境设计、产品传播设计、产品设计管理等活动	7491
		0323	专业设计服务	包括时装、包装装潢、多媒体、动漫及衍生产品、饰物装饰、美术图案、展台、模型和其他专业设计服务	7492
04			文化传播渠道		
	041		出版物发行		
		0411	图书批发	包括书籍、课本和其他图书的批发和进出口	5143
		0412	报刊批发	包括报纸、杂志的批发和进出口	5144
		0413	音像制品、电子和数字出版物批发	包括音像制品及电子出版物的批发和进出口	5145
		0414	图书、报刊零售	包括图书零售服务，报纸、杂志专门零售服务，图书、报刊固定摊点零售服务	5243
		0415	音像制品、电子和数字出版物零售	包括音像制品专门零售店、电子出版物专门零售、音像制品及电子出版物固定摊点零售服务	5244
		0416	图书出租	指各种图书出租服务，不包括图书馆的租书业务	7124
		0417	音像制品出租	指各种音像制品出租服务，不包括以销售音像制品为主的出租音像活动	7125
	042		广播电视节目传输		
		0421	有线广播电视传输服务	指有线广播电视网和信号的传输服务	6321
		0422	无线广播电视传输服务	指无线广播电视信号的传输服务	6322
		0423	广播电视卫星传输服务	包括卫星广播电视信号的传输、覆盖与接收服务，卫星广播电视传输、覆盖、接收系统的设计、安装、调试、测试、监测等服务	6331
	043		广播影视发行放映		
		0431	电影和广播电视节目发行	包括电影发行和进出口交易、非电视台制作的电视节目发行和进出口服务	8750
		0432	电影放映	指专业电影院以及设在娱乐场所独立（或相对独立）的电影放映等活动	8760
	044		艺术表演		

续表

代码			类别名称	说　明	行业分类代码
大类	中类	小类			
04		0440	艺术表演场馆	指有观众席、舞台、灯光设备，专供文艺团体演出的场所管理活动	8820
	045		互联网文化娱乐平台		
		0450	互联网文化娱乐平台	仅包括互联网演出购票平台、娱乐应用服务平台、音视频服务平台、读书平台、艺术品鉴定拍卖平台和文化艺术平台。该小类包含在互联网生活服务平台行业小类中	6432*
	046		艺术品拍卖及代理		
		0461	艺术品、收藏品拍卖	指艺术品、收藏品拍卖活动。包括艺（美）术品拍卖服务、文物拍卖服务、古董和字画拍卖服务	5183
		0462	艺术品代理	指艺术品代理活动。包括字画代理、古玩收藏品代理、画廊艺术经纪代理和其他艺术品代理	5184
	047		工艺美术品销售		
		0471	首饰、工艺品及收藏品批发	指首饰、工艺品及收藏品的批发活动	5146
		0472	珠宝首饰零售	指珠宝首饰的零售活动	5245
		0473	工艺美术品及收藏品零售	指专门经营具有收藏价值和艺术价值的工艺品、艺术品、古玩、字画、邮品等的店铺零售活动	5246
05			文化投资运营		
	051		投资与资产管理		
		0510	文化投资与资产管理	仅指政府主管部门转变职能后，成立的国有文化资产管理机构和文化行业管理机构的活动；文化投资活动，不包括资本市场的投资。该小类包含在投资与资产管理行业小类中	7212*
	052		运营管理		
		0521	文化企业总部管理	仅指文化企业总部的活动，其对外经营业务由下属的独立核算单位或单独核算单位承担，还包括派出机构的活动（如办事处等）。该小类包含在企业总部管理行业小类中	7211*
		0522	文化产业园区管理	仅指非政府部门的文化产业园区管理服务。该小类包含在园区管理服务行业小类中	7221*
06			文化娱乐休闲服务		
	061		娱乐服务		
		0611	歌舞厅娱乐活动	指各种歌舞厅娱乐活动	9011
		0612	电子游艺厅娱乐活动	指各种电子游艺厅娱乐服务	9012
		0613	网吧活动	指通过计算机等装置向公众提供互联网上网服务的网吧、电脑休闲室等营业性场所的服务	9013

续表

代码			类别名称	说 明	行业分类代码
大类	中类	小类			
06		0614	其他室内娱乐活动	包括儿童室内游戏娱乐服务、室内手工制作娱乐服务和其他室内娱乐服务	9019
		0615	游乐园	指配有大型娱乐设施的室外娱乐活动及以娱乐为主的活动	9020
		0616	其他娱乐业	指公园、海滩和旅游景点内小型设施的娱乐活动及其他娱乐活动	9090
	062		景区游览服务		
		0621	城市公园管理	指主要为人们提供休闲、观赏、游览以及开展科普活动的城市各类公园管理活动	7850
		0622	名胜风景区管理	指对具有一定规模的自然景观、人文景观的管理和保护活动，以及对环境优美、具有观赏、文化和科学价值风景名胜区的保护与管理活动	7861
		0623	森林公园管理	指国家自然保护区、名胜景区以外的，以大面积人工林或天然林为主体而建设的公园管理活动	7862
		0624	其他游览景区管理	指其他未列明的游览景区的管理活动	7869
		0625	自然遗迹保护管理	包括地质遗迹保护管理、古生物遗迹保护管理等	7712
		0626	动物园、水族馆管理服务	指以保护、繁殖、科学研究、科普、供游客观赏为目的，饲养野生动物场所的管理服务	7715
		0627	植物园管理服务	指以调查、采集、鉴定、引种、驯化、保存、推广、科普为目的，并供游客游憩、观赏的园地管理服务	7716
	063		休闲观光游览服务		
		0631	休闲观光活动	指以农林牧渔业、制造业等生产和服务领域为对象的休闲观光旅游活动	9030
		0632	观光游览航空服务	指直升机、热气球等游览飞行服务	5622
			文化相关领域	本领域包括07-09大类	
07			文化辅助生产和中介服务		
	071		文化辅助用品制造		
		0711	文化用机制纸及纸板制造	仅指未涂布印刷书写用纸、涂布类印刷用纸、感应纸及纸板制造。该小类包含在机制纸及纸板制造行业小类中	2221*
		0712	手工纸制造	指采用手工操作成型，制成纸的生产活动。包括手工纸（宣纸、国画纸、其他手工纸）及手工纸板	2222
		0713	油墨及类似产品制造	指由颜料、联接料（植物油、矿物油、树脂、溶剂）和填充料经过混合、研磨调制而成，用于印刷的有色胶浆状物质，以及用于计算机打印、复印机用墨等的生产活动	2642

141

续表

代码			类别名称	说　明	行业分类代码
大类	中类	小类			
07		0714	工艺美术颜料制造	指油画、水粉画、广告等艺术用颜料的制造	2644
		0715	文化用信息化学品制造	指电影、照相、医用、幻灯及投影用感光材料、冲洗套药，磁、光记录材料，光纤维通信用辅助材料，及其专用化学制剂的制造	2664
	072		印刷复制服务		
		0721	书、报刊印刷	指书、报刊的印刷活动	2311
		0722	本册印制	指由各种纸及纸板制作的，用于书写和其他用途的本册生产活动	2312
		0723	包装装潢及其他印刷	指根据一定的商品属性、形态，采用一定的包装材料，经过对商品包装的造型结构艺术和图案文字的设计与安排来装饰美化商品的印刷，以及其他印刷活动	2319
		0724	装订及印刷相关服务	指专门企业从事的装订、压印媒介制造等与印刷有关的服务	2320
		0725	记录媒介复制	指将母带、母盘上的信息进行批量翻录的生产活动	2330
		0726	摄影扩印服务	包括摄影服务、照片扩印及处理服务	8060
	073		版权服务		
		0730	版权和文化软件服务	仅指版权服务、文化软件服务。该小类包含在知识产权服务行业小类中	7520*
	074		会议展览服务		
		0740	会议、展览及相关服务	指以会议为主，也可附带展览及其他相关的活动形式,包括项目策划组织、场馆租赁保障、相关服务	7281-7284 7289
	075		文化经纪代理服务		
		0751	文化活动服务	指策划、组织、实施各类文化、晚会、娱乐、演出、庆典、节日等活动的服务	9051
		0752	文化娱乐经纪人	指各种文化娱乐经纪人活动。包括演员挑选、推荐服务，艺术家、作家经纪人服务，演员经纪人服务，模特经纪人服务，其他演员、艺术家经纪人服务	9053
		0753	其他文化艺术经纪代理	指其他文化艺术经纪代理活动	9059
		0754	婚庆典礼服务	仅指婚庆礼仪服务。该小类包含在婚姻服务行业小类中	8070*
		0755	文化贸易代理服务	仅指文化贸易代理服务。该小类包含在贸易代理行业小类中	5181*
		0756	票务代理服务	指除旅客交通票务代理外的各种票务代理服务	7298
	076		文化设备（用品）出租服务		
		0761	休闲娱乐用品设备出租	指各种休闲娱乐用品设备出租活动	7121

代 码			类别名称	说 明	行业分类代码
大类	中类	小类			
07		0762	文化用品设备出租	指各种文化用品设备出租活动	7123
	077		文化科研培训服务		
		0771	社会人文科学研究	指各种社会人文科学研究活动	7350
		0772	学术理论社会（文化）团体	仅指学术理论社会团体、文化团体的服务。该小类包含在专业性团体行业小类中	9521*
		0773	文化艺术培训	指国家学校教育制度以外，由正规学校或社会各界办的文化艺术培训活动，不包括少年儿童的课外艺术辅导班	8393
		0774	文化艺术辅导	仅包括美术、舞蹈、音乐、书法和武术等辅导服务。该小类包含在其他未列明教育行业小类中	8399*
08			文化装备生产		
	081		印刷设备制造		
		0811	印刷专用设备制造	指使用印刷或其他方式将图文信息转移到承印物上的专用生产设备的制造	3542
		0812	复印和胶印设备制造	指各种用途的复印设备和集复印、打印、扫描、传真为一体的多功能一体机的制造，以及主要用于办公室的胶印设备、文字处理设备及零件的制造	3474
	082		广播电视电影设备制造及销售		
		0821	广播电视节目制作及发射设备制造	指广播电视节目制作、发射设备及器材的制造	3931
		0822	广播电视接收设备制造	指专业广播电视接收设备的制造，但不包括家用广播电视接收设备的制造	3932
		0823	广播电视专用配件制造	指专业用录像重放及其他配套的广播电视设备的制造，但不包括家用广播电视装置的制造	3933
		0824	专业音响设备制造	指广播电视、影剧院、录音棚、会议、各种场地等专业用录音、音响设备及其他配套设备的制造	3934
		0825	应用电视设备及其他广播电视设备制造	指应用电视设备、其他广播电视设备和器材的制造	3939
		0826	广播影视设备批发	指广播影视设备的批发和进出口活动	5178
		0827	电影机械制造	指各种类型或用途的电影摄影机、电影录音摄影机、影像放映机及电影辅助器材和配件的制造	3471
	083		摄录设备制造及销售		
		0831	影视录放设备制造	指非专业用录像机、摄像机、激光视盘机等影视设备整机及零部件的制造，包括教学用影视设备的制造，但不包括广播电视等专业影视设备的制造	3953

续表

代码			类别名称	说明	行业分类代码
大类	中类	小类			
08		0832	娱乐用智能无人飞行器制造	指按照国家有关安全规定标准，经允许生产并主要用于娱乐的智能无人飞行器的制造。该小类包含在智能无人飞行器制造行业小类中	3963*
		0833	幻灯及投影设备制造	指通过媒体将在电子成像器件上的文字图像、胶片上的文字图像、纸张上的文字图像及实物投射到银幕上的各种设备、器材及零配件的制造	3472
		0834	照相机及器材制造	指各种类型或用途的照相机的制造。包括用以制备印刷板，用于水下或空中照相的照相机制造，以及照相机用闪光装置、摄影暗室装置和零件的制造	3473
		0835	照相器材零售	指照相器材专门零售	5248
	084		演艺设备制造及销售		
		0841	舞台及场地用灯制造	指演出舞台、演出场地、运动场地、大型活动场地用灯制造	3873
		0842	舞台照明设备批发	仅指各类舞台照明设备的批发。该小类包含在电气设备批发行业小类中	5175*
	085		游乐游艺设备制造		
		0851	露天游乐场所游乐设备制造	指主要安装在公园、游乐园、水上乐园、儿童乐园等露天游乐场所的电动及非电动游乐设备和游艺器材的制造	2461
		0852	游艺用品及室内游艺器材制造	指主要供室内、桌上等游艺及娱乐场所使用的游乐设备、游艺器材和游艺娱乐用品，以及主要安装在室内游乐场所的电子游乐设备的制造	2462
		0853	其他娱乐用品制造	指其他未列明的娱乐用品制造	2469
	086		乐器制造及销售		
		0861	中乐器制造	指各种中乐器的制造活动	2421
		0862	西乐器制造	指各种西乐器的制造活动	2422
		0863	电子乐器制造	指各种电子乐器的制造活动	2423
		0864	其他乐器及零件制造	指其他未列明的乐器、乐器零件及配套产品的制造	2429
		0865	乐器批发	指各种乐器的批发活动	5147
		0866	乐器零售	指各种乐器的零售活动	5247
09			文化消费终端生产		
	091		文具制造及销售		
		0911	文具制造	指办公、学习等使用的各种文具的制造	2411
		0912	文具用品批发	指文具用品的批发活动	5141
		0913	文具用品零售	指文具用品的零售活动	5241
	092		笔墨制造		

代码			类别名称	说 明	行业分类代码
大类	中类	小类			
09		0921	笔的制造	指用于学习、办公或绘画等用途的各种笔制品的制造	2412
		0922	墨水、墨汁制造	指各种墨水、墨汁及墨汁类似品的制造活动	2414
	093		玩具制造		
		0930	玩具制造	指以儿童为主要使用者,用于玩耍、智力开发等娱乐器具的制造	2451–2456 2459
	094		节庆用品制造		
		0940	焰火、鞭炮产品制造	指节日、庆典用焰火及民用烟花、鞭炮等产品的制造	2672
	095		信息服务终端制造及销售		
		0951	电视机制造	指非专业用电视机制造。包括彩色、黑白电视机以及其他视频设备(移动电视机和其他未列明视频设备)的制造	3951
		0952	音响设备制造	指非专业用音箱、耳机、组合音响、功放、无线电收音机、收录音机等音响设备的制造	3952
		0953	可穿戴智能文化设备制造	指由用户穿戴和控制,并且自然、持续地运行和交互的个人移动计算文化设备产品的制造。该小类包含在可穿戴智能设备制造行业小类中	3961*
		0954	其他智能文化消费设备制造	指虚拟现实设备制造活动。该小类包含在其他智能消费设备制造行业小类中	3969*
		0955	家用视听设备批发	指家用视听设备批发活动	5137
		0956	家用视听设备零售	指专门经营电视、音响设备、摄录像设备等的店铺零售活动	5271
		0957	其他文化用品批发	包括玩具批发服务以及玩具、游艺及娱乐用品、照相器材和其他文化娱乐用品批发和进出口	5149
		0958	其他文化用品零售	指专门经营游艺用品及其他未列明文化用品的店铺零售活动	5249

注：行业分类代码后标有"*"的表示该行业类别仅有部分内容属于文化及相关产业。

表9-2 带"*"行业分类文化生产活动内容的说明

序号	国民经济行业分类及代码	文化及相关产业类别名称及小类代码	文化生产活动的内容
1	应用软件开发(6513*)	多媒体、游戏动漫和数字出版软件开发(0243)	包括应用软件开发中的多媒体软件、游戏动漫软件、数字出版软件开发活动
2	其他电信服务(6319*)	增值电信文化服务(0244)	仅指固定网增值电信、移动网增值电信、其他增值电信中的文化服务,包括手机报、个性化铃音等业务服务

续表

序号	国民经济行业分类及代码	文化及相关产业类别名称及小类代码	文化生产活动的内容
3	其他数字内容服务（6579*）	其他文化数字内容服务（0245）	仅指文化宣传领域数字内容服务
4	工程设计活动（7484*）	建筑设计服务（0321）	仅包括房屋建筑工程，体育、休闲娱乐工程，室内装饰和风景园林工程专项设计服务
5	互联网生活服务平台（6432*）	互联网文化娱乐平台（0450）	仅包括互联网演出购票平台、娱乐应用服务平台、音视频服务平台、读书平台、艺术品鉴定拍卖平台和文化艺术平台
6	投资与资产管理（7212*）	文化投资与资产管理（0510）	指政府主管部门转变职能后，成立的国有文化资产管理机构和文化行业管理机构的活动；文化投资活动，不包括资本市场的投资
7	企业总部管理（7211*）	文化企业总部管理（0521）	指不具体从事对外经营业务，只负责文化企业的重大决策、资产管理，协调管理下属各机构和内部日常工作的文化企业总部的活动，其对外经营业务由下属的独立核算单位或单独核算单位承担，还包括派出机构的活动（如办事处等）
8	园区管理服务（7221*）	文化产业园区管理（0522）	仅指非政府部门的文化产业园区管理服务
9	机制纸及纸板制造（2221*）	文化用机制纸及纸板制造（0711）	包括未涂布印刷书写用纸制造、涂布类印刷用纸制造、感应纸及纸板制造
10	知识产权服务（7520*）	版权和文化软件服务（0730）	版权服务包括版权代理服务，版权鉴定服务，版权咨询服务，著作权登记服务，著作权使用报酬收转服务，版权交易、版权贸易服务和其他版权服务。文化软件服务指与文化有关的软件服务，包括软件代理、软件著作权登记、软件鉴定等服务
11	婚姻服务（8070*）	婚庆典礼服务（0754）	指婚庆礼仪服务。包括婚礼策划、组织服务，婚礼租车服务，婚礼用品出租服务，婚礼摄像服务和其他婚姻服务
12	贸易代理（5181*）	文化贸易代理服务（0755）	包括文化用品、图书、音像、文化用家用电器和广播电视器材等国际国内贸易代理服务
13	专业性团体（9521*）	学术理论社会（文化）团体（0772）	学术理论社会团体包括党的理论研究、史学研究、思想工作研究、社会人文科学研究等团体的服务。文化团体包括新闻、图书、报刊、音像、版权、广播、电视、电影、演员、作家、文学艺术、美术家、摄影家、文物、博物馆、图书馆、文化馆、游乐园、公园、文艺理论研究、民族文化等团体的服务
14	其他未列明教育（8399*）	文化艺术辅导（0774）	包括美术、舞蹈、音乐、书法和武术等辅导服务
15	智能无人飞行器制造（3963*）	娱乐用智能无人飞行器制造（0832）	指按照国家有关安全规定标准，经允许生产并主要用于娱乐的智能无人飞行器的制造
16	电气设备批发（5175*）	舞台照明设备批发（0842）	包括各类舞台照明设备的批发

续表

序号	国民经济行业分类及代码	文化及相关产业类别名称及小类代码	文化生产活动的内容
17	可穿戴智能设备制造（3961*）	可穿戴智能文化设备制造（0953）	指由用户穿戴和控制，并且自然、持续地运行和交互的个人移动计算文化设备产品的制造
18	其他智能消费设备制造（3969*）	其他智能文化消费设备制造（0954）	仅指虚拟现实设备制造活动

二、文化创意产业链的构成

（一）文化产业链的上游中游下游

上游是内容创作：上游是创意、是金点子，是内容创作，形成的产品是"本子"，通过文学家、艺术家把这个"本子"加工创作形成了电影、电视剧、舞台剧等各种文艺作品或雕塑等艺术产品。由于文化产业的核心是创意，创意的核心是版权，因此文化产业具有"创意为王""内容为王"的产业特质。所以，文化产业又叫"文化创意产业"或"内容产业"，美国叫版权产业。这部分内容大部分由民营公司完成，但需要政府相关部门立项。

中游是播放媒体和平台：中游是播放媒体和平台，包括报刊、广播、电视、网络等，这些平台完全由政府把控或政府监管，播放内容必须通过政府相关部门审查。

下游是衍生品开发和文化制造：下游是衍生品开发和文化制造，就是文艺作品或艺术作品中形成的文化IP，对其再创作，形成新的文艺作品或艺术产品或其他文化产品。比如说我们知道"变形金刚"是动画片，但真正赚钱的是变形金刚的衍生品——玩具、文具等，光变形金刚玩具、文具就从中国赚走了100亿美元，变形金刚内容—传媒和平台—变形金刚衍生品构成了一条文化创意产业链。如果把文化产业链比作一块金光闪闪的金币，一面是无限延伸的"人性空间"，另一面则是冉冉升起的"朝阳产业"。实际上，它一端连接着人们的日常消费，另一端连接着高新技术的前沿领域，具有高创意、高附加值、高流通、高消费的特点。由于文化创意产业和信息技术的深度融合，文化创意产业和旅游产业的深度融合，使得文化创意产业增值能力倍增，也使得文化创意产业的产业链出现新的变化，产业链不再仅仅表现为垂直型，而是表现为垂直和水平相混合的网状型产业链。所以，打造文化创意产业链，延伸文化创意产业链，做大做强做优文化创意产业链，必然成为长春文化创意城建设的重点和核心。

147

（二）国内文化创意产业链的成功案例

在许多发达国家，文化产业已创造出许多工业化时代所意想不到的奇迹。资料显示，目前英国文化产业年均产值 600 亿英镑；日本一年的文化产业销售额是 11 亿万日元——相当于该国钢铁业的两倍、汽车业的一半；号称世界文化产业帝国的美国，其文化产值更是占本国 GDP 的五分之一。好莱坞电影《泰坦尼克号》创下十几亿美元的票房价值；美国《读者文摘》已发展成年收入 20 亿美元的国际性大企业；当"二人转"遇上赵本山，当电视剧遇到赵本山，赵本山每年创造了十几亿的产值，上亿元的利润，形成了东北乡土文化产业链；韩国电视剧《大长今》进入中国，在中国形成了一个"大长今"产业链；《杜拉拉升职记》《山楂树之恋》《失恋 33 天》等形成了"图书、电影、电视剧"三位一体的文化产业链，《战狼 2》《长津湖》《流浪地球》《哪吒之魔童降世》《捉妖记》《唐人街探案 2》等电影票房都达几十亿，但衍生品开发的一般。电视剧《武林外传》是由北京联盟传媒有限公司制作发行的 80 集章回体古装喜剧，2006年在央视 8 套首播，这部火遍大江南北的 80 集情景喜剧，不但创造了收视神话，更在十几年后的今天热度不减，到现在很多电视台还在反复播放这部"反江湖"的"江湖喜剧"。随后，北京联盟传媒对该片进行了深度的文化产业衍生开发，创立出全新的"武林外传"全产业链商业模式。这部电视剧的投资人郝亚宁说，"作为投资人、开发者、这个产业链的掌舵者，我要考虑的是整个品牌的运作，在什么阶段做什么开发，我必须有一个非常清楚的规划。"郝亚宁喜欢把《武林外传》比作一条鱼，从他的角度，他希望能把这条鱼四吃、五吃，而不是破坏性地一次"吃完"。于是，在最初创作的阶段，他就和编剧沟通，要求编剧在情节和人物设置上为未来动漫等衍生品开发留出空间。郝亚宁这种细致规划让《武林外传》的品牌热度得以延续至今。几年来，同名网络游戏、话剧、川剧以及紧接着的动画片、漫画书、京剧、电影、网络演艺，甚至电视剧续集、《武林外传前传》《武林外传后传》《武林外传之主题公园历险记》，每一项都按部就班地进行着。由一个电视剧品牌衍生出电影、网络游戏、动画片、漫画书、手机视频、话剧、川剧、音乐剧、网络演艺、文化用品等 24 个品牌，《武林外传》这个剧本，是作为整个品牌及产业链的起点，从电视剧品牌到网络游戏品牌，到电影品牌，到图书品牌，再到戏剧以及增值服务，不仅延长了产业链长度，拓宽了产业链宽度，而且开创了全产业链的先河。

三、文化创意城的若干特色子城

文化创意城主要包含"6+X"类文化产业。即六大类文化产业核心领域，X是指三大类相关领域文化产业中的 1 类、2 类或 3 类，也可以是文化核心领域的文化 IP 衍生品开发。

文化创意城含影视文化创意城、动漫游戏创意城、冰雪文化创意城、生态文化创意城、历史文化创意城、民族民俗文化创意城、文博非遗文化创意城、雕塑文化创意城、汽车文化创意城、高铁文化创意城、松花石文化创意城、时尚休闲文化创意城、会展文化创意城、数字文化创意城、元宇宙文化创意城、综合文化创意城等若干子城。这些子城分布在长春17个县市区，各县市区可根据本区城资源禀赋培育打造若干自己特色项目。

四、文化创意城发展目标

1. 成为享誉全球的影视文化高地、引领未来的数字文化产业高地、国人向往的文化旅游高地。

2. 成为东北亚区域文化旅游集散中心、全国文化创意示范城市、吉林省文化创意中心，服务全省文旅产业发展的排头兵、领头羊、先行者、新标杆、新高地。

3. 推动长春现代化都市圈建设步伐，提高长春现代化都市圈建设的质量和水平，为吉林全面振兴、全方位振兴提供磅礴动力。

4. 将进一步提高长春的城市品牌形象，提高长春的知名度、美誉度，进一步擦亮长春这张城市名片。

5. 文旅产业将成为长春千亿级支柱产业之一，文化产业与其他产业深度融合相互赋能，成为长春市产业转型升级新的动力源。

五、文化创意城发展战略（123456战略）

一个目标：从文化创意产业新兴城市向文化创意产业强市转变，最终实现文化创意产业强市的奋斗目标。

两大路径：通过文化和科技深度融合、文化和旅游深度融合来实现这一目标，引领和带动整个文化创意产业的高质量发展。

三大步骤：第一步（2021—2023年）：文化创意城初见成效期。该阶段的主要任务：解码长春文化基因，绘制文化创意产业图谱，构建文化创意产业体系，培养培训文化创意产业人才，塑造文化创意产业新产品、新模式、新业态、新场景。第二步（2024—2025年）：文化创意城特色形成期。该阶段的主要任务：实施招商补链、人才兴链、数字建链、科技创链、IP强链、园区聚链、金融活链、消费稳链、文旅融链、乡村筑链十大行动计划，形成一批主业突出、具有核心竞争力的文化创意企业，培育一批创新示范、辐射带动能力强的文化创意重大项目，建成一批业态集聚、功能提升的文化创意园区，集聚一批创新引领、创意丰富的文化创意人才。各领域文化创意产业特色凸显，使文化创意产业成为本市新的经济增长点，文化创意城建设目标全面实现。第三步（2026—2030年）：文化创意城振兴崛起期。该阶段文化创意城核心竞争力持续增强，自成标杆，领跑全省文化创意产业，成为国内著名、国际知名的文化创意城。

四大原则：第一项原则是国家意志、市场行为，政府引导、市场主导；第二项原则是既立足当前，又着眼长远；第三项原则是全面推进、重点突破；第四项原则是市里统筹规划、区域分散实施，企业自主发展、政企合作共赢。

五大保障：建设一个"项目库"；搭建一个"平台群"；设立一个"资金池"；推出一个"政策包"；打造一个"人才谷"。

六大工程：文化基因解码应用工程；文化创意产业链强优工程；文博非遗创意产品开发工程；元宇宙文化 IP 融合发展工程；文化创意产业园区（基地）建设工程；文化创意产业国际合作工程。

文化基因解码工程。通过对长春文化基因解码，溯源长春文化脉络，阐释长春文化精髓，创建长春市文化基因数据库，构建长春市区域文化标识体系，为长春文化创意城建设 寻找文化根脉，挖掘文化内涵，发展文化创意产业提供系统化理论指导。"文化基因解码"是增强民族文化自信的"铸魂工程"；是守护文化根脉的"溯源工程"；是开发高品味文化产品的"创意工程"；是推进文旅产业高质量发展的"筑基工程"；是文化赋能其他产业发展的"提质工程"；是打造提升区域形象的"品牌工程"。

文化创意产业链优化工程。通过实施招商补链、人才兴链、数字建链、科技创链、IP 强链、园区聚链、金融活链、消费稳链、文旅融链、乡村筑链十大行动计划，做强做优长春市文化创意产业链，形成一批主业突出、具有核心竞争力的文化创意企业，培育一批创新示范、辐射带动能力强的文化创意重大项目。

文博非遗创意产品开发工程。深入挖掘长春各种文博单位馆藏资源和非遗资源，创建文博、非遗资源库，深入挖掘文博、非遗资源的文化内涵，开发文博、非遗创意产品，打造文博、非遗创意品牌。

元宇宙文化 IP 融合发展工程。元宇宙就是在互联网世界，借助信息技术（软件 + 硬件 + 创意设计 + 人机交互）、5G 通讯、大数据、云计算、人工智能等众多高科技手段，搭建一个与现实世界完全平行的虚拟世界（数字世界），在这个虚拟世界里，既可以将现实世界在虚拟世界中完整映射出来，也可以将现实世界中难以实现的目标在虚拟世界中呈现出来。元宇宙的技术发展经历了三个阶段，第一阶段是把现实世界映射到虚拟世界中，即数字孪生阶段；第二阶段是创作者本身已经在数字世界里，就在数字世界里去生产数字产品，即数字原生阶段；第三阶段是人同时生活在现实世界和虚拟世界两个世界里，即虚实共生阶段。在虚实共生阶段，人是区分不了哪里是现实世界，哪里是虚拟世界。就像《黑客帝国》电影里面描述的场景那样，人自以为是生活在一个现实世界里，但是他不知道其实只有大脑的脑电波而已。我们的手、四肢、身体其实都是被一台叫做 Matrix(矩阵) 的人工智能机器所控制的。元宇宙搭建了虚实共生场景，改变了我们传统的生产方式和生活方式，具有虚拟化身、真实体验、时空倒流三大特点。

元宇宙文化创意城既包括把某个真实的现实文化场景复制到数字世界中的数字孪生，又包括在数字世界里创作生产出数字文化产品的数字原生，还包括具有虚拟化身、真实体验、时空倒流三大特点的虚实共生。当长春特色文化IP遇上元宇宙，通过不同领域文化IP与元宇宙的深度融合，就会形成元宇宙文化创意城的新时空、新场景、新体验、新项目、新产品、新业态、新模式。所以，元宇宙文化创意城是最有技术含量、最有发展前景、最有可能成为数字经济发展新赛道的一个子城。

文化创意产业园区（基地）建设工程。出台长春市文化创意产业园区（基地）标准，创建一批特色鲜明的文化创意产业园区（基地），择优推荐为省级、国家级文化创意产业园区（基地），促进文化创意产业升级、产业链条延伸、产业规模扩大、产业实力增强，充分发挥文化创意产业园区（基地）在文化创意城建设中的重要作用。

文化创意产业国际合作工程。依托中国—东北亚博览会，搭建东北亚国际文旅产业合作平台。依托国家中日韩文化产业论坛，推进长春文化产业体系与中日韩文化产业资源、平台、项目、人才的无缝对接，加快长春市文化产业国际化发展步伐。

六、长春文化创意城IP开发建设

（一）长春特色文化IP种类

1.中华优秀传统文化IP

成语、熟语、民间、语言故事等优秀传统文化的开发。

2.长春特色文化IP（示例）

表9-3 长春特色文化IP（示例）

序号	文化IP名称	主要内容
1	长春民俗文化IP	请相关领域专家研究、遴选、提炼
2	长春民族文化IP	请相关领域专家研究、遴选、提炼
3	长春民间文化IP	请相关领域专家研究、遴选、提炼
4	长春历史文化IP	请相关领域专家研究、遴选、提炼
5	长春红色文化IP	请相关领域专家研究、遴选、提炼
6	长春影视文化IP	请相关领域专家研究、遴选、提炼
7	长春汽车文化IP	请相关领域专家研究、遴选、提炼
8	长春高铁文化IP	请相关领域专家研究、遴选、提炼
9	长春语言文化IP	请相关领域专家研究、遴选、提炼
10	长春人物文化IP	请相关领域专家研究、遴选、提炼
11	长春农耕文化IP	请相关领域专家研究、遴选、提炼
12	长春饮食文化IP	请相关领域专家研究、遴选、提炼

续表

序号	文化 IP 名称	主要内容
13	长春文博文化 IP	请相关领域专家研究、遴选、提炼
14	长春非遗文化 IP	请相关领域专家研究、遴选、提炼
15	长春其他文化 IP	请相关领域专家研究、遴选、提炼

（二）长春特色文化IP开发路径构想

解码长春文化基因，提炼长春特色文化 IP，构建长春特色文化 IP 开发路径体系，推动长春特色文化 IP 创造性转化、创新性发展。

表9-4　长春特色文化IP开发路径构想（示例）

序号	路径	内容
1	场所路径	公共场所、学校、文化主题公园、景区景点、特色文化街区、特色文化商圈、商业综合体等
2	装置艺术路径	综合使用雕塑、建筑、绘画、音乐、戏剧、诗歌、散文、音像、摄影等手段
3	文创产品路径	文化衍生品、工艺美术品、非遗产品等
4	影视综艺路径	电影、电视剧、综艺节目等
5	地方戏曲路径	吉剧、黄龙戏、玛虎戏、二人转等
6	节事会展路径	农博会、汽博会、文博会、雪博会等
7	演绎式娱乐路径	剧本杀、密室逃脱、沉浸式体验馆、真人秀表演等
8	数字化路径	动漫游戏、网络文学、网络音乐、网络表演、网络视频、数字艺术、创意设计等
9	元宇宙路径	数字孪生、数字原生、虚实共生；汽车元宇宙、高铁元宇宙、冰雪元宇宙等
10	其他路径	·················

（三）长春雕塑文化IP开发路径构想

表9-5　长春雕塑文化IP开发路径构想（示例）

序号	路径	内容
1	雕塑产业园路径	长春松花石文化产业园、东北民族民俗文化产业园、东北黑土地文化产业园、君子兰文化产业园、长春非遗文化产业园、梅花鹿文化产业园、关东文化产业园、豆腐文化产业园、酒文化产业园，在产业园中大量增加相关雕塑作品
2	公共场所路径	在不同的公共场所增添与公共场所内涵相匹配的反映长春特色文化 IP 的雕塑
3	城市广场路径	在市区内各大城市广场增添与城市广场内涵相匹配的反映长春特色文化 IP 的雕塑

序号	路径	内容
4	景区景点路径	在不同的景区景点增添与景区景点内涵相匹配的反映长春特色文化IP的雕塑
5	社区雕塑小景路径	在全市各大社区增添与社区内涵相匹配的反映长春特色文化IP的雕塑
6	街头艺术路径	在长春市街头巷尾增添与街路内涵相匹配的反映长春特色文化IP的雕塑
7	文创产品路径	将反映长春特色文化IP的文创产品以木雕、砚雕等雕塑形式展现
8	冰雕雪雕路径	在冰雪大世界、冰雪新天地等各大冰雪娱乐场所以冰雕、雪雕的形式展现长春特色文化IP
9	其他路径	例如：在高校、科研院所、爱国主义教育基地增添名人名家、革命英雄雕塑等

（四）长春汽车文化IP开发路径构想

表9-5　长春汽车文化IP开发路径构想（示例）

序号	路径	内容
1	汽车雕塑路径	在所有的公共场所配备合适的汽车雕塑
2	红旗汽车文化小镇路径	一汽红旗小镇市政府已占55%的股份，应该面向社会开放
3	汽车博物馆路径	单独建一个长春汽车博物馆，支持民营企业创建长春国际汽车标识博物馆、汽车元宇宙博物馆等
4	汽车文化旅游路径	将一汽老厂区、一号门、大屋檐汽车历史文化街区打造为汽车工业摇篮地、工业旅游地
5	汽车文化主题研学路径	旅游企业开发打造研学旅游产品、研学基地、研学课程，中小学开展研学实践
6	汽车文化教育路径	将长春汽车文化编入乡土教材、职教教材、大学教材、汽车艺术教材
7	汽车文化艺术产品路径	系统开发反映长春汽车文化的文学作品、艺术作品、影视产品、动漫游产品、文创产品等，全方位立体化弘扬长春汽车文化，使长春汽车文化和长春国际汽车城地位相匹配
8	汽车文化休闲地	培育打造汽车文化主题餐厅、汽车文化主题宾馆、汽车文化主题公园、汽车文化主题商场等
9	汽车文化体验馆	在长春各大商场、公共场馆开设汽车数字展厅、汽车沉浸式体验馆，增设适合青少年寓教于乐的汽车涂鸦、汽车玩具、汽车主题乐园，让人们在逛街、休闲娱乐、"遛娃"的过程中进一步了解长春汽车文化，感受长春汽车文化，热爱长春汽车，购买长春汽车
10	汽车文化小镇路径	在长春国际汽车城或合适的区域创建汽车哲学小镇、汽车科技小镇、汽车艺术小镇，让汽车哲学、汽车科技、汽车艺术走进人们的日常生活

续表

序号	路径	内容
11	汽车元宇宙文化馆	开发汽车数字孪生、汽车数字原生、汽车虚实共生的汽车元宇宙文化创意城，打造全新的汽车数字透明工厂
12	汽车文化研究院路径	成立长春国际汽车文化研究院，对长春汽车文化开展系统研究、顶层设计，构建完整的汽车文化学科体系、创作体系、传播体系、话语体系、文艺创作体系、文创产品开发体系，让长春汽车文化走向全国，走向世界

七、文化创意城实施纲要总体框架（征求意见稿）

围绕长春文化创意城实施纲要开展系统的调查研究、理论研究、应用研究，主要形成以下研究成果：

第一章　文化创意城的本质特征。精神的内容要有物质载体，在系统阐述文化创意城的本质特征以及文化内容、文化创意、科技手段、物质载体的内在逻辑关系的基础上，围绕文化创意城内容创作、创意构思、科技应用、载体建设、文化片区开发、文化生态保护区开发、非遗村落保护开发、文化景区景点建设等方面做出宏观部署。

第二章　文化创意城的总体目标。在系统阐述文化创意城建设的指导思想、基本原则和总体目标的基础上，围绕文化创意城核心区以及其他县市区文化创意城建设目标做出部署。

第三章　文化创意城的实施路径。围绕长春文化创意城发展战略、实施步骤、实施路径、预期效果等方面做出部署。

第四章　文化资源普查。围绕长春文化创意城建设目标，进行全域文化资源本底调查，主要采取县市区上报、项目团队文案梳理和实地踏查走访相结合的方式开展，为文化数据库建设及文化创意城建设系列工作奠定基础。

第五章　文化数据库建设。根据文化资源普查的结果，分行业建设文化数据库。

第六章　文化基因解码。围绕长春文化基因解码，溯源长春文化脉络，阐释长春文化精髓，摸清长春市17个县市区文化元素的分布情况，建立长春文化基因数据"库"；梳理长春市各区域标志性文化元素清单，形成重点文化元素"图"；完成重点文化元素基因解码，形成解码报告"集"；探索解码成果转化利用，形成转化利用项目"群"等方面做出部署。

第七章　文化IP打造。根据长春文化资源禀赋研判，提炼文化IP符号，做出商业运营方案，形成文化IP品牌。

第八章　文化片区开发。围绕长春历史文化片区、民族民俗文化片区、汽车文化片区、电影文化片区、农耕文化片区、游牧文化片区、生态文化旅游片区等各类文化片区开发建设等方面做出部署。

第九章　文化生态保护区开发。按照《国家级文化生态保护区管理办法》

中要求，培育打造 2~3 个省级文化生态保护区。

第十章 非遗文化村落开发。按照《吉林省非遗村落认定标准》，培育打造 10~20 个左右省级非遗村落。

第十一章 文化产业特色乡（镇）村培育。按照《文化产业特色乡（镇）村评定规范》，培育打造 80 个左右省级文化产业特色乡（镇）村。

第十二章 文化园区建设。围绕文化产业园区、文化休闲公园等不同类型文化园区进行创建、提质升级建设。

第十三章 创意子城建设。围绕影视文化创意城、动漫游戏创意城、冰雪文化创意城、历史文化创意城、民族民俗文化创意城、文博非遗文化创意城、雕塑文化创意城、汽车文化创意城、高铁文化创意城、航空航天文化创意城、松花石文化创意城、时尚休闲文化创意城、会展文化创意城、元宇宙文化创意城等方面做出部署。

第十四章 文化旅游品牌培塑。围绕长春文化旅游发展现实基础分析、聚焦文化创意城主导产业、培塑长春文化旅游品牌、打造长春文化旅游目的地形象做出部署。

第十五章 文化物质载体建设。围绕文化创意城图书馆、博物馆、文化馆、博览馆、科技馆、体育馆等各类文化载体建设，特色文化街区、特色文化休闲地建设以及文化旅游景区景点、公共文化实施、社区小景、校园景观小品建设等方面做出部署。

第十六章 文化商贸载体建设。围绕文化商业综合体、文化体育综合体、公共文化场馆商业运营试点、文化街区商业化运营、特色文化商圈等方面做出部署。

第十七章 文化活动载体建设。围绕文化创意城文化节庆、文化会展、竞技赛事活动等做出部署。

第十八章 文化创意产业分行业图谱。主要包括：文化创意产业分行业资源分布图；文化创意产业分行业全产业链图；文化创意产业分行业研发路线图；文化创意产业分行业应用领域图。

第十九章 文化创意城地图，主要包括：文化创意城文化 IP 点位图；文化创意城文化片区规划图；文化创意城县市区布局图；文化创意城子城分布图。

第二十章 文化创意城作战图。围绕长春文化创意城作战的方方面面等做出部署。

第二十一章 长春文旅元宇宙发展研究。围绕长春文旅元宇宙发展等问题开展系统的研究，主要包括：元宇宙发展过程及技术支撑体系研究；元宇宙全产业链及应用场景体系研究；全国各地元宇宙发展政策举措比较研究；长春文旅 IP 与元宇宙深度融合发展体系构建研究；长春文旅元宇宙发展政策及实施路线图研究；长春市元宇宙数字化产业发展战略研究；关于加快长春元宇宙创新引领数字化产业发展的若干措施等

第二十二章 文化创意城建设绩效评估标准与机制。围绕长春市文化创意

城建设绩效评估标准与机制，开展系统研究，主要包括：县市区文化基因解码效果及应用评定规范；县市区文化片区、产业园区、生态保护区、非遗村落建设效果评价指标体系构建及应用；县市区文化创意指数测度指标体系设计及应用；长春文化创意城示范县市区评价指标体系构建及实施机制研究等。

第十章

长春市文化创意产业发展对策建议

本书课题组于2018—2022年间，向省市相关部门提出并被采纳的对策建议达50份之多，择优精选部分收录于此，供同行借鉴参考。

一、推进长春市国家文化和科技融合示范基地建设的建议

（一）国家文化和科技融合示范基地的发展现状

按照党的十七届六中全会关于"依托国家高新技术园区、国家可持续发展实验区等建立国家级文化和科技融合示范基地"的要求，中华人民共和国科学技术部（下简称科技部）与中国共产党中央委员会宣传部（下简称中宣部）会同文化部、国家广播电视总局（下简称广电总局）、新闻出版总署，开展了国家级文化和科技融合示范基地认定工作。经组织专家评审、有关部门共同研究，于2012年5月10日决定认定北京中关村国家级文化和科技融合示范基地等16家为首批国家级文化和科技融合示范基地。

为贯彻落实党的十八届三中全会精神，科技部与中宣部会同文化部、广电总局，开展了第二批国家级文化和科技融合示范基地认定工作。经组织专家评审、有关部门共同研究，于2013年12月12日决定认定长春国家级文化和科技融合示范基地等18家为第二批国家级文化和科技融合示范基地。

2018年3月29日，科技部、中宣部、中共中央网络安全和信息化委员会办公室（下简称中央网信办）、中华人民共和国文化和旅游部（下简称文化和旅游部）、国家广播电视总局印发《国家文化和科技融合示范基地认定管理办法（试行）》（国科发高〔2018〕72号）（下简称《办法》）。《办法》所称基地分为两类。一类是集聚类基地，指经科技部、中宣部会同中央网信办、文化和旅游部、广播电视总局认定的，依托国家高新技术产业开发区、国家可持

续发展实验区，以及相关部门认定的国家文化类园区等，具有明确边界范围和专业管理机构，能够聚集一批文化科技融合相关要素和企业，并为文化和科技融合发展提供相应基础设施保障和公共服务的特定区域。一类是单体类基地，指经科技部、中宣部会同中央网信办、文化和旅游部、广播电视总局认定的，在文化和科技融合发展领域取得突出成绩、具有先导性和示范性优势的企事业单位。

自此，企事业单位可以独立申报国家文化和科技融合示范基地。

2019年4月15日，科技部、中宣部、中央网信办、文化和旅游部、广电总局下发《关于认定国家文化和科技融合示范基地的通知》（国科发高〔2019〕124号），决定认定苏州高新区等5家集聚类基地、北京四达时代软件技术股份有限公司等16家单体类基地为国家文化和科技融合示范基地。

至此，全国共有集聚类基地39家，单体类基地16家。具体情况如表10-1所示。

表10-1 各省国家文化和科技融合示范基地分布情况

地区	集聚类基地	小计	单体类基地	小计
北京	北京中关村国家级文化和科技融合示范基地	1	北京四达时代软件技术股份有限公司国家文化和科技融合示范基地、利亚德光电股份有限公司国家文化和科技融合示范基地、掌阅科技股份有限公司国家文化和科技融合示范基地、北京蓝色光标数据科技股份有限公司国家文化和科技融合示范基地	4
天津	天津滨海新区国家级文化和科技融合示范基地	1		0
河北	承德国家级文化和科技融合示范基地、横店国家级文化和科技融合示范基地	2		0
山西	太原国家级文化和科技融合示范基地	1		0
内蒙古	鄂尔多斯国家级文化和科技融合示范基地	1		0
辽宁	沈阳国家级文化和科技融合示范基地、大连国家级文化和科技融合示范基地	2	中国华录集团有限公司国家文化和科技融合示范基地	1
吉林	长春国家级文化和科技融合示范基地	1		0
黑龙江	哈尔滨国家级文化和科技融合示范基地	1		0
上海	上海张江国家级文化和科技融合示范基地	1	上海科技馆国家文化和科技融合示范基地	1
江苏	南京国家级文化和科技融合示范基地、无锡国家级文化和科技融合示范基地、常州国家级文化和科技融合示范基地、苏州高新区国家文化和科技融合示范基地	4		0

续表

地区	集聚类基地	小计	单体类基地	小计
浙江	杭州国家级文化和科技融合示范基地、宁波国家级文化和科技融合示范基地	2	浙报传媒控股集团有限公司国家文化和科技融合示范基地、咪咕数字传媒有限公司国家文化和科技融合示范基地、浙江大丰实业股份有限公司国家文化和科技融合示范基地	3
安徽	合肥国家级文化和科技融合示范基地	1		0
福建	福州国家级文化和科技融合示范基地、厦门国家级文化和科技融合示范基地	2		0
江西	南昌国家级文化和科技融合示范基地	1		0
山东	青岛国家级文化和科技融合示范基地	1		0
河南	洛阳国家级文化和科技融合示范基地、蚌埠高新区国家文化和科技融合示范基地	2		0
湖北	武汉东湖国家级文化和科技融合示范基地	1	武汉理工数字传播工程有限公司国家文化和科技融合示范基地、语联网（武汉）信息技术有限公司国家文化和科技融合示范基地	2
湖南	长沙国家级文化和科技融合示范基地、马栏山视频文创产业园国家文化和科技融合示范基地	2		0
广东	广州国家级文化和科技融合示范基地、深圳国家级文化和科技融合示范基地、深圳南山国家文化和科技融合示范基地	3	广州励丰文化科技股份有限公司国家文化和科技融合示范基地、华强方特文化科技集团股份有限公司国家文化和科技融合示范基地	2
广西	桂林国家级文化和科技融合示范基地	1		0
海南		0		0
重庆	重庆北部新区国家级文化和科技融合示范基地	1	重庆中国三峡博物馆国家文化和科技融合示范基地	1
四川	成都国家级文化和科技融合示范基地、绵阳国家级文化和科技融合示范基地	2	成都索贝数码科技股份有限公司国家文化和科技融合示范基地	1
贵州	贵阳国家级文化和科技融合示范基地	1		0
云南	昆明国家级文化和科技融合示范基地	1		0
西藏		0		0
陕西	西安国家级文化和科技融合示范基地、西安文化科技创业城产业园国家文化和科技融合示范基地	2	敦煌研究院国家文化和科技融合示范基地	1
甘肃	兰州国家级文化和科技融合示范基地	1		0
青海		0		0
宁夏		0		0
新疆		0		0
合计		39		16

2019 年 8 月 13 日，科技部、中宣部、中央网信办、财政部、文化和旅游部、广播电视总局共同研究制定了《关于促进文化和科技深度融合的指导意见》（国

科发高〔2019〕280号）（下简称《意见》）。《意见》提出到2025年，基本形成覆盖重点领域和关键环节的文化和科技融合创新体系，实现文化和科技深度融合。按照国家科技创新基地优化整合总体部署，建成若干目标明确、重点突出、协同攻关的文化科技领域国家科技创新基地，建成100家左右特色鲜明、示范性强、管理规范、配套完善的国家文化和科技融合示范基地，200家左右拥有知名品牌、引领行业发展、竞争力强的文化和科技融合领军企业，使文化和科技融合成为文化高质量发展的重要引擎。

（二）长春市国家文化和科技融合示范基地的发展现状

全国副省级城市共有集聚类基地16家，单体类基地8家。具体情况如表10-2所示。

表10-2　副省级城市国家文化和科技融合示范基地分布情况

城市	集聚类基地	计数	单体类基地	计数	小计
沈阳	沈阳国家级文化和科技融合示范基地	1		0	1
大连	大连国家级文化和科技融合示范基地	1	中国华录集团有限公司国家文化和科技融合示范基地	1	2
长春	长春国家级文化和科技融合示范基地	1		0	1
哈尔滨	哈尔滨国家级文化和科技融合示范基地	1		0	1
南京	南京国家级文化和科技融合示范基地	1		0	1
杭州	杭州国家级文化和科技融合示范基地	1	浙报传媒控股集团有限公司国家文化和科技融合示范基地、咪咕数字传媒有限公司国家文化和科技融合示范基地	2	3
宁波	宁波国家级文化和科技融合示范基地	1		0	1
厦门	厦门国家级文化和科技融合示范基地	1		0	1
济南		0		0	0
青岛	青岛国家级文化和科技融合示范基地	1		0	1
武汉	武汉东湖国家级文化和科技融合示范基地	1	武汉理工数字传播工程有限公司国家文化和科技融合示范基地、语联网（武汉）信息技术有限公司国家文化和科技融合示范基地	2	3
广州	广州国家级文化和科技融合示范基地	1	广州励丰文化科技股份有限公司国家文化和科技融合示范基地	1	2
深圳	深圳国家级文化和科技融合示范基地、深圳南山国家文化和科技融合示范基地	2	华强方特文化科技集团股份有限公司国家文化和科技融合示范基地	1	3
成都	成都国家级文化和科技融合示范基地	1	成都索贝数码科技股份有限公司国家文化和科技融合示范基地	1	2
西安	西安国家级文化和科技融合示范基地、西安文化科技创业城产业园国家文化和科技融合示范基地	2		0	2
总计	16		8		24

从表10-2中可以看出，按照国家文化和科技融合示范基地数量分类，全

国副省级城市可分为 5 个层次。其中,第一层次包括杭州、武汉、深圳,这一层次的副省级城市兼有集聚类基地和单体类基地,且某一类基地数量不唯一;第二层次包括大连、广州、成都,这一层次的副省级城市兼有集聚类基地和单体类基地,且各类基地数量只有一家;第三层次包括西安,这一层次的副省级城市只有集聚类基地,且基地数量不唯一;第四层次包括沈阳、长春、哈尔滨、南京、宁波、厦门、青岛,这一层次的副省级城市只有集聚类基地,且基地数量只有一家;第五层次包括济南,这一层次的副省级城市没有国家文化和科技融合示范基地。

(三)长春市文化及相关产业企业的发展现状

基于《中国文化及相关产业统计年鉴2018》的统计数据,我们计算并比较了全国15个副省级城市文化及相关产业企业情况。具体情况如表10-3所示。

表10-3 副省级城市文化及相关产业企业情况比较

城市	企业平均资产规模(万元)	排序	企业平均利润(万元)	排序	营业税金及附加(万元)	排序
沈阳	16709	10	295	14	70	11
大连	13582	14	782	10	74	10
长春	15421	12	387	13	41	15
哈尔滨	14488	13	293	15	49	14
南京	36034	4	1086	8	82	9
杭州	51436	2	10267	1	203	3
宁波	12955	15	558	12	68	12
厦门	15464	11	843	9	64	13
济南	20915	8	1194	7	90	8
青岛	26566	6	1399	6	212	2
武汉	34668	5	1603	4	279	1
广州	17911	9	1478	5	100	7
深圳	61828	1	3597	2	165	4
成都	40857	3	3222	3	155	5
西安	21575	7	663	11	125	6

从表10-3中可以看出,在企业平均资产规模方面,长春排在第12位,仅高于哈尔滨、大连、宁波;在企业平均利润方面,长春排在第13位,仅高于沈阳、哈尔滨;在营业税金及附加方面,长春排在末位。综合来看,长春市文化及相关产业企业在全国副省级城市当中处于弱势地位。

(四)推进长春市国家文化和科技融合示范基地建设的建议

综上,长春市国家文化和科技融合示范基地建设方面存在以下问题。一是类型单一,数量较少,总体发展处于弱势地位。吉林省只有长春国家级文化和科技融合示范基地1个,且为集聚类基地,没有单体类基地。二是文化及相关

161

产业企业总体实力较弱，不能形成竞争单体类基地的优势。三是可扶持的科技类文化企业较少，在全国5个批次200多个国家文化产业示范基地中，长春市仅有吉林省宇平工艺品制造有限公司、吉林禹硕动漫游戏科技股份有限公司、吉林省林田远达形象集团有限公司、长春知和动漫产业股份有限公司4家。

要推进长春市国家文化和科技融合示范基地建设，我们建议：一要找准定位，以申报单体类基地为突破口和增长点，久久为功，持续发力，既可以弥补长春市在国家文化和科技融合示范基地类型上的缺失，又可以补充长春市在国家文化和科技融合示范基地数量上的不足。二要抓住重点，以长春市现有的国家文化产业示范基地为基础，引导、帮扶相关企业主动进行科技融合，发挥带头示范作用，完善内涵，积极申报国家文化和科技融合示范基地。三要吃透标准，参考《国家级文化和科技融合示范基地评价指标体系》，重点研究2018年度、2019年度《国家文化和科技融合示范基地申报表》（单体类），由面到点，逐个攻关，确保申报资质充分、真实。

二、关于吉林省申报及保护利用国家工业遗产的建议

工业遗产的研究起源于英国，从二战后至今半个多世纪的时间里，西方国家对工业遗产从保存到保护、管理、再利用的探索和研究从未间断。我国工业遗产的研究始于2006在无锡召开的"中国工业遗产保护论坛"，2006年5月，国家文物局下发《关于加强工业遗产保护的通知》，标志我国的工业遗产保护工作正式开始，并引起全国各地政府相关部门、学术界以及民间文物保护组织对工业遗产的高度关注，进行不同形式的摸排和清查，获得大量丰富的资料。2016年工业和信息化部联合财政部印发的《关于推进工业文化发展的指导意见》明确提出要推动工业遗产保护和利用。2017年至2019年工业和信息化部连续三年公布了三批次国家工业遗产名录共计92处（吉林省没有申报），使我国的工业遗产保护工作迈入实质性阶段。

（一）工业遗产简述

联合国教科文组织将工业遗产定义为：由工业生产所带来的物质与精神的实物载体，"包括建构筑物和机械设备、生产车间、磨坊、厂房、矿山以及相关的加工提炼场地、仓库和店铺、生产、传输和使用能源的场所、配套交通设施；以及与工业生产活动相关的其他社会活动场所，如住房供给、宗教崇拜或者教育。"

当前，社会各界对工业遗产保护利用已经形成广泛共识。工业遗产是工业文化的重要载体，是文化遗产的重要组成部分，记录了我国工业化进程不同阶段的重要信息，承载了行业和城市的历史记忆和文化积淀，标志着我国工业化和现代化进程中一系列重要历史节点。保护利用工业遗产，就是对城市建设、工业发展取得成就的最好纪念，是城市文化和历史文脉延续的动力，是建设生态友好型和资源节约型社会的重要体现。

（二）全国工业遗产申报概况

全国总量（2017—2019年）：为贯彻落实《关于推进工业文化发展的指导意见》（工信部联产业〔2016〕446号），做好工业遗产认定试点工作，2017年5月10日，工业和信息化部产业政策司在江西南昌组织召开工业遗产认定工作座谈会。于年底公布了第一批国家工业遗产名录，包括7个省市的11处工业遗产（13个地址），此后2018年、2019年连续公布了第二批、第三批工业遗产名录(见附录)。三批次工业遗产共涵盖23省市的92处工业遗产,没有吉林省。具体情况见表10-4。2020年4月10日，工业和信息化部发布了《关于开展第四批国家工业遗产认定和申报工作的通知》（工信厅政法函〔2020〕68号），相关工作已经开始进行。

表10-4　2017—2019年国家工业遗产名录（一二三批）

序号	省份	一	二	三	各省总数
1	山东	1	3	2	6
2	辽宁	3	2	3	8
3	江西	2	1	4	7
4	陕西	1	2		3
5	浙江	2		1	3
6	重庆	1		2	3
7	湖北	1	1	2	4
8	北京		4	2	6
9	河北		6	1	7
10	山西		2	3	5
11	黑龙江		1	2	3
12	江苏		4	3	7
13	安徽		2	3	5
14	河南		2		2
15	湖南		1	1	2
16	四川		4	6	10
17	贵州		2		2
18	云南		2		2
19	甘肃		2		2
20	新疆		1		1
21	天津			1	1
22	上海			1	1
23	福建			2	2
总计	——	11	42	39	92

备注：第一批工业遗产个数为11个，处所涉及13处。

资料来源：工业和信息化部官网。

数据显示，三批次全部申报的省份有山东、辽宁、江西和湖北，合计获批25处工业遗产，占总数的27.2%；申报两个批次的省份有陕西、浙江、北京等11个省市，共获批54处工业遗产，占总数的58.7%；其余河南、贵州、云南等8省申请一批次，共获批13处，占总数的14.1%。

（三）吉林省工业遗产现状

吉林省作为我国东北老工业基地中重要的工业地区，在历史的演进和发展过程中，为我们留下了大量宝贵丰富的工业遗产。这些工业遗产资源不仅比较完整地反映了全省工业发展的脉络，记录了城市发展、社会变迁的步伐，也是吉林省为国家和民族发展做出重要贡献的光荣见证。

吉林省大部分的工业遗产由于产业技术升级等多种因素处于闲置状态，无实用功能，只有少部分工业遗产得到保护并进行再利用。

保存完好的工业遗产有长春第一汽车制造厂、吉林市机械厂、通化葡萄酒厂、通化石油化工机械厂、德惠火力发电厂等。2014年8月，吉林省人民政府核准了161处省级文物保护单位，其中16处涉及工业遗产资源，涵盖铁路、酿酒、冶金、制粉、电力、化工、机械等行业。详见表10-5。

表10-5 已列入吉林省省级重点文物保护单位的工业遗存

地点	名称	建造时间	现况	级别
长春	中国第一汽车集团公司	1953	现存使用	国家重点文物保护单位
吉林	吉海铁路总站	1928	现存完好	国家重点文物保护单位
辽源	西安煤矿（辽源旷工墓旧址）	1911左右	现存使用	国家重点文物保护单位
吉林	吉林机器局	1881	现存改造	省级文物保护单位
辽源	辽源矿务局	1947	现存使用	省级文物保护单位
长春	长春第一汽车制造厂奠基石、生产区、生活区、李岚清同志旧居、江泽民同志旧居	1953—1956	现存完好	省级文物保护单位
长春	长春电影制片厂（满映株式会社）	1937	现存完好	省级文物保护单位
长春	长春柴油机厂旧址	1952	现存一般	省级文物保护单位
吉林	夹皮沟金矿旧址	1820	现存一般	省级文物保护单位
吉林	吉林化工公司旧址（染料厂、氮肥厂、电石厂、专家楼）	1953—1957	现存完好	省级文物保护单位
吉林	吉林丰满发电厂旧址	1953—1958	现存完好	省级文物保护单位
通化	通化钢铁厂旧址	1915	现存一般	省级文物保护单位
通化	通化葡萄酒厂地下储酒窖	1937	现存完好	省级文物保护单位
四平	中东铁路—南满支线（四平段）机车修理库	1898	现存完好	省级文物保护单位
四平	万善石桥旧址	1921	现存完好	省级文物保护单位
白城	天恩地局旧址	光绪年间	现存完好	省级文物保护单位

除此以外，现有文献资料显示，一些研究人员以历史价值、社会文化价值、科技价值、艺术审美价值、再利用经济价值等为衡量指标，对省域内工业遗产

进行评估，列出其他不同保护级别的工业遗产名录。本课题组整理出文物类一级保护工业遗产名录，仅供参考。详见表10-6。

表10-6 吉林省文物类工业遗产各城市分布情况

地点	代表性工业遗产
长春	长春客车厂、长春机车厂、长春拖拉机厂、满洲烟草株式会社、满洲帝国印刷厂、满洲图书株式会社印刷厂、国营吉林柴油机厂
吉林	满洲大同洋灰水泥株式会社、丰满发电厂、国营江北机械厂、满洲特殊制纸株式会社吉林工厂、吉林市碳素厂、吉林市铁合金厂、吉林染料厂、吉化化肥厂、吉化电石厂、吉化联合化工厂、舒兰矿务局
通化	大泉源酒坊、通化市石油机械厂、通化钢铁厂、二道江发电厂
延边	天宝山锌铜矿、东洋巴尔布株式会社造纸厂、大东皮革株式会社、龙井制革厂、东润人绢纤厂、东洋巴尔布株式会社纤浆厂
四平	中东铁路南满支线四平机车修理库、满铁四平站北货场仓库
九台	火石岭煤窑
德惠	窑门站、富裕和烧锅
松原	扶余采油三厂、扶余老醋厂、雅达虹扶27井
公主岭	满铁公主岭农事实验总场旧址、公主岭站俄式工业建筑群

注：表10-6的评估对象不包含表10-5中已列入文保单位的工业遗产。

（四）吉林省保护利用工业遗产的相关建议

1.积极申报

第四批国家工业遗产的申报截止日期为2020年6月10日，根据我省实际情况，建议相关部门组织申报的工作即可开展。由于时间紧、任务重，建议我省申报的首批工业遗产选择目前保存完好、知名度美誉度高、经济效益社会效益高的工业遗产进行申报。

2.保护原则

（1）原真性。这是国际公认的文化遗产评估、保护和监控的基本原则，在吉林省工业遗产的保护和再利用过程中，首先应遵从原真性原则。

（2）整体性。对我省工业遗产的保护要根据其现状特点，建立在整体性原则基础上。即具体保护工作应包含对城市工业发展历史文脉的集成与延续，同时兼顾城市区域功能规划设计以及产业经济协调发展的整体性。

（3）共生性。新旧共生性原则适用于将历史建筑、新建建筑与周围环境协调统一高效融合的工业遗产改造项目。

3.加强宣传

我国的工业遗产保护工作较西方国家起步较晚，而我省的工业遗产相关工作较全国各省进行较缓，这就决定我省必须加快步伐，全力开展工业遗产的保护利用工作。根据西方国家的有益经验，高效的工业遗产保护工作需要公众的参与，除政府部门大力推动外，需借助民间组织、学会协会等公众力量，采取多方位全角度的宣传，提高公众对工业遗产价值的认知度，进而转移到对工业遗产保护和利用的实际行动中来。可以将工业遗产与中小学教育紧密衔接，让学生在现场观摩中尽早了解吉林的工业发展史；也可以在改造工业遗产方案制定过程中，采取问卷调查或听证的方式，广泛征集民众对工业遗产改造的创意，提高公众参与度的同时能有效强化民众对工业遗产的保护意识。

4. 法治保障

目前，对工业遗产保护的可参照的法律依据只有《中华人民共和国文物保护法》，关于工业遗产保护的专门法、指导性法律法规十分有限。工业遗产的保护利用工作必须有政府的积极配合，逐渐建立健全工业遗产保护和再利用的规章制度，完善配套机构组织，这也是我省加快工业遗产保护工作步伐的必经之路。

5. 改造模式

在科学评估吉林省工业遗产性质、特点基础上，可借鉴的改造模式有博物馆模式、文创产业园模式、生产工艺流程展示模式、综合购物中心模式、居住空间模式等，这些模式在国内外工业遗产改造过程中均有经典案例。值得一提的是，吉林机器局在2002年入选市级文物保护单位后，将原厂址加建并改造为吉林市艺术中心，有效保护了其重要的历史价值。而文创产业园模式因其更具有文化性、创意性和娱乐性成为近年来普遍采用的改造模式，一般表现为创意工作室、餐吧、社区活动中心等：由"台北酒厂"改造成的台北华山文化创意产业园，由破旧工业厂房改造的美国曼哈顿下城的SOHO区都是改造比较成功的案例。台北的蓝染展示中心、自来水博物馆改造后常年对外开放，吸引大量游客参观学习，对传统工艺流程的保护起到了积极的推动作用。我省的丰满发电厂可借鉴此种模式。

6. 再利用模式

工业遗产的再利用是建立在保护基础上的方法，一般表现为工业景观、使用功能置换、工业旅游等。工业景观也可以称为综合性城市开放空间，由于近年景观公园设计趋同性，导致城市景观失去特色，而工业景观公园则因其体现城市独特文化而广受欢迎。常用手法是在绿地公园上保留具有工业考古价值和工业雕塑感的工业设备，使其兼具美学、历史及实用价值。纽约曼哈顿的高线公园利用破旧铁路，运用独特的景观设计手法，以绿化复兴为主线，成为工业遗产改造及再利用的经典案例。使用功能置换适用于已经丧失原有使用功能的工业建筑物、有部分使用功能但运营效益不佳的工业遗产，通过改变或改造原有使用功能，使其配合产业结构调整和城市整体功能的运转。大力发展工业旅游，倡导绿色发展理念，利用工业博物馆、工业遗址、产业园区及现代工厂等资源，打造具有鲜明地域特色的工业旅游产品。同时加强与相关部门协同，促进工业旅游与传统观光旅游、工业科普教育相结合。

7. 支持工业文化新业态发展

利用数字技术、网络技术、虚拟现实技术等现代技术手段，推动工业文化创新发展。推动工业文化与数字媒体、可穿戴设备、机器人、智能汽车等新领域的融合发展，催生一批新技术、新工艺、新产品、新业态。结合区域优势和地方特色，打造一批工业创意园区和工业文化特色小镇。

综上所述，我们应对此项工作高度重视并积极行动起来，这不仅是吉林省在振兴路上的一张蕴含文化的城市名片，也是对吉林省工业发展历史的尊重，是对为工业发展做出贡献的全省人民的交代。

三、关于将"长春水文化生态园"打造为国家级文化产业示范园区的建议

（一）相关理论简述

1. 文化生态学与文化生态环境形成

"文化生态学"最早是美国人类学新进化学派朱利安·斯图尔德于1955年提出的，20世纪80年代之后，我国学者开始结合实际，开展了文化哲学、文化系统内文化要素之间的互生关系等方面的研究。"文化生态学"以研究人类文化与环境之间相互关系为目的，将生态学、人文地理学、区域经济学、城市社会学等相关学科有机融合，成为研究自然生态系统和人类文化系统的结构和功能的学科。"文化生态环境"则是指人类以文化为核心的及其在社会发展过程中依托的全部自然要素的总和，讲求人文、自然、经济、社会的和谐共生。

2. 工业遗产文化与城市共生发展

工业遗产文化是以工业建筑、生产流程、施工工艺以及人们记忆中的发展历史等为载体，形成的一种包含工业精神价值和工业生产方式的工业生态文明共同体。"共生"一词源于生物学，指不同生物之间相互依赖、彼此互利的关系。在城市规划层面引入共生理念，借以强调城市与工业遗产生态文化环境要素之间的相互协调、相互制约关系，通过一体化的设计，将城市可再生资源的利用与工业遗产景观协同开发、相互赋能。

3. 工业遗产旅游开发

工业遗产旅游研究始于20世纪50年代，以欧美国家为集中，英国最为典型，从最初的工业考古转为对工业遗产的保护与利用，工业遗产旅游应运而生。国内对工业遗产旅游的研究始于本世纪初，研究内容集中在基于对国外工业遗产旅游研究经验总结、对我国工业遗产的旅游价值评价、工业遗产旅游的开发模式及路径等方面。每一座城市在长期发展演化的历史进程中都会逐渐积淀，形成有别于其他城市的文化特性，城市工业遗产旅游资源的开发与城市文化产业建设是相互影响、相互促进、相互赋能的。工业遗产旅游开发使工业遗产资源有了经济意义，能够促进城市文化产业的可持续发展，城市文化产业发展又可以改善工业遗产旅游开发的环境，使工业遗产旅游更具有品牌特色。

4. 新文创与长春特色文化IP产业

"新文创"是2018年8月腾讯集团副总裁程武先生在中国国际数字娱乐产业大会上提出来的概念，是基于"科技"与"文化"之间的相互赋能，运用科技手段打造文化IP符号、推动文化IP产业发展的新文化生产方式。长春市成为国家级历史文化名城，并非由于城市历史的悠长、而是因为电影、汽车、航空航天、高铁、光电子等积淀了城市历史的厚度；长春又拥有优质的生态资源，在落实吉林省"一主、六双"产业空间布局中旅游"双线"规划中必将发挥"一主"的重要作用，进而确定重点发展的长春特色文化IP产业：长春历史建筑文化IP产业、名优产品IP产业、土特产品IP产业、老字号企业IP产业、著名企业IP产业、非物质文化遗产IP产业、旅游景区IP产业以及冰雪消夏休闲文化IP产业。

（二）长春水文化生态园发展现状及主要问题

1. 完成了从工业旧址到工业文化艺术社区的项目再生工程

长春水文化生态园是长春中心城区最后一块可知可感的"生态领地"，占地面积35万平方米，园内绿化率为80%，其中90%为原始林木。其前身是建于1932年长春市的第一座净水厂——南岭净水厂，当时的供水设备世界领先，2015年停止运营，2017年，南岭净水厂的改建工程正式启动，改造过程中以"最大程度保护生态绿化资源""最大程度尊重历史文化遗迹""最大程度塑造城市生态活力"为理念，以"修旧如旧"为原则，将建筑之美、生态之怡、细节之致融为一体，成为长春市民及海内外到访游客阅读长春工业文化的物质依托和情感记忆。

2. 园区规划设计受到业内人士的广泛认可

调研组成员分别对吉林省文化和旅游厅有关领导、吉林省城市规划设计院的专家、东北师范大学地理科学学院人文地理与城乡规划系、吉林建筑大学建筑与规划学院、白城师范学院旅游与地理科学学院的学者、长春大地风景旅游景观规划院的规划专家、考察过长春水文化生态园的田园东方投资集团有限公司的项目运营专家进行了云访谈，专家学者们普遍认为园区规划是成功的：从规划的视角来看，长春水文化生态园项目运用景观思维对南岭净水厂的建筑、景观、艺术装置等进行统筹规划与开发，形成了原址动植物生态系统、游客慢行系统、水生态自净化系统，水文化主题突出，工业遗产与当代生活相互融合，能够传承工业文化、进行科普教育，也具备进一步升级的空间，公园规划如图10-1所示。

图 10-1 长春水文化生态园平面图（园区提供）

3．形成了一定的知名度和美誉度

长春水文化生态园因其地理位置、成功规划设计、公益性文化休闲公园定位等优势，加之运用线上线下合力宣传推广、创意策划各类文化主题活动（见表10-1），自2018年10月开放以来，到访约100万人次，2019年"十一"黄金周期间，到访约20万人次。2019年1月，长春水文化生态园被中共长春市委宣传部授予"长春十大文化主题公园"称号；2019年3月14日，荣获MIPIMA wards2019"最佳城市再生入围奖"；2019年获ALSA"综合设计类荣誉奖"；2019年10月，获得"吉林省消夏避暑全民休闲季十大热搜风云评比（景区、度假区类）"第二名，长春市上榜公园中位列第一名。

表10-7 2019年长春水文生态园部分创意策划活动一览表

活动时间	活动名称	活动场地
1.10-1.25	长春：每天都在变化——全市经济社会发展成果展	5号楼
1.10-1.25	"水与城市"博物馆区基本展陈	博物馆

续表

活动时间	活动名称	活动场地
1.10—1.25	中国长春国际陶艺作品邀请展——当代龙泉青瓷大师作品展	17号楼
2.1—2.20	学派——迎新油画作品邀请展	5号花窖
5.15—5.26	问道长白——魏国强中国画作品展	5号花窖
6.8	2019年文化和自然遗产日	草坪艺术广场
6.26—7.5	"葵园向日"长春大学听障大学生艺术创作展	5号花窖
7.6—9.5	英雄杨靖宇百米长卷展	5号花窖
7.5—7.13	吉林非物质文化遗产节（非遗表演、传统手工艺展示）	草坪艺术广场、水文化博物馆、下沉式雨水花园
8.2	消夏音乐会·开幕式	草坪艺术广场
8.2—9.30	吉林省文旅扶贫超市	5号花窖
冬季活动	夜游打卡、沉浸体验展、语言类剧场演出	全园区内

（信息来源：调研组根据公园提供资料以及网络查询整理）

（三）长春水文化生态园发展中存在的主要问题

1.公园定位层次高度还不够

如果作为"市民休闲地"，长春水文化生态园是成功的。但作为一个高起点规划的长春市中心城区内最后一块生态绿地中的工业遗址型再生公园，仅仅作为长春市市民、周边社区市民的健身休闲地是远远不够的。公园的景观建筑的高品级设计、生态环境的高标准营造、彰显"水文化"的各类艺术化设施，加之长春多年来高度重视文化产业的培育、发展，形成了特色文化IP，因此，完全可以将公园打造为国家级文化产业示范基地。

2.公园内建筑楼房未得到充分利用

目前园内34栋改造建成楼房中，只有9栋楼被使用（其中：2栋办公楼、6栋博物馆、1栋蹦床主题乐园），其余功能楼房供观赏或待招商，公园内建成楼房使用情况见表10-8。

表10-8　长春水文化生态园内楼房利用情况一览表

楼号	楼名称	建筑蓝图面积	利用情况
1#	综合办公楼	3577.47	办公楼（优客工场）
2#	引松泵站	3872.52	果果蹦床主题乐园
3#	第六送水泵站	491.3	未使用
4#	第六净水车间	1155.79	拟招商
5#	花窖	2202.8	随机使用
6#	五净投药室	762.8	未使用
7#	五净絮凝沉淀池	1263.10	未使用
8#	第五净水车间	910.12	未使用

楼号	楼名称	建筑蓝图面积	利用情况
9#	煤库	809.90	未使用
10#	集中供热	2422.23	未使用
11#	第五送水泵站	531.63	未使用
12#	第三送水泵站	555.15	拟招商
13#	投氯井室	750.32	未使用
15#	第四送水泵站	997.82	未使用
16#	第七净水车间	701.88	未使用
17#	设备库	837.48	未使用
19#	集中投氯间	544.90	拟招商
20#	第三净水车库	1147.47	未使用
21#	三净投药室	470.46	未使用
22#	净水派出所	306.91	派出所
23#	水表厂北楼	4083.00	未使用
24#	水表厂南楼		未使用
25#	木装配式办公楼	2958.61	未使用
26#	一送	369.1	拟招商
27#	二送	747.57	拟招商
28#	四净	217.59	拟招商
29#	机电车间	3025.60	拟招商
44#	絮凝池—近第一净	342.09	博物馆
45#	一净投药室	143.27	博物馆
46#	絮凝池—近第二净	344.88	博物馆
47#	第一净水车间	1435.68	博物馆
48#	第二净水车间	596.4	博物馆
49#	大修	323.97	博物馆

（表格信息来源：调研组根据公园提供资料整理）

3. 公园的文化价值提炼、产业化均显不足

长春水文化生态园是长春城市工业历史发展的物质载体，见证了从伪满时期建成作为城市供水工厂到当代再生为工业文化艺术社区的历史，也将继续肩负长春工业历史文脉传承的使命。但目前长春水文化生态公园文化价值尚未被充分挖掘出来，仅仅以"水文化"作为公园工业文化内容而未能结合体现长春市特色文化产业的非物质文化遗产 IP、名优产品 IP、土特产品 IP、旅游景区 IP、历史人物 IP 等，公园内的工业文化景观也以参观为主，互动参与类的项目较少，未能以娱乐化、故事化对晦涩难懂的工业制水原理和过程加以活化，这些因素均导致公园的整体文化价值提炼不足；多数建筑未能加以利用、未能通过招商引资吸引更多企业入驻，更谈不上公园的产业化问题了。

4. 公园整体智慧化程度有待于提高

新基建战略表明，依托"互联网+""数字+""智能+"活化文化资源、推动文化产业高质量发展将是一项长期工程。在这样的大背景下，目前长春水文化生态园在园区导览、南岭净水厂前世今生的"讲述"、水文化博物馆展陈物的"解说"、公园全媒体营销等方面均未能充分利用 5G、3D、全息、VR、AR 以及现代光声电技术。截至 2020 年 5 月 23 日，"长春水文化生态园"拥有 2.9 万"粉丝"，但"作品"数只有 53 个，发布动态 54 个，且短视频内容缺乏创意，没能起到调动粉丝资源的作用。

（四）将长春水文化生态园打造为国家级文化产业示范园区的建议

1. 建议划分公园空间功能区

以将"长春水文化生态园"打造为国家级文化产业示范园区为目标，提升公园定位层次、整合长春水文化园资源和长春特色文化产业资源，调研组重新对公园的空间布局进行了功能区的划分，分为四个主要区域：长春特色新文创IP 创客集市、长春"影视音乐+"产业园区、"乐水"全季休闲体验区、"知水"科教体验区，公园功能分区见图 10-2。

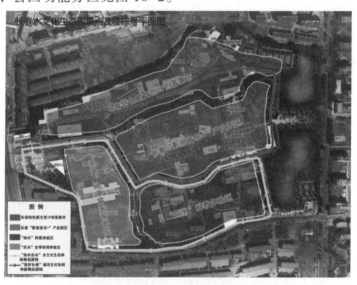

图 10-2　长春水文化生态园功能区（自绘）

2. 建议设计两条精品主题游线

如图 10-2 所示，在对长春水文化生态园空间功能划分基础上，设计两条精品主题游线。

游线 1：环"'乐水'全季休闲体验区"和"'知水'科教体验区"形成"知

水乐水"水文化生态体验精品游线，以"研学＋游憩"为主要内容，游览时长约一日。

游线 2：环"长春特色新文创 IP 创客集市"和"长春'影视音乐＋'产业园区"形成"美好长春"城市文化休闲体验精品游线，以"文化体验＋休闲购物"为主要内容，游览时长约一日。

3. 打造中部"影视音乐＋"产业园区的建议

长影 70 余年的发展历史中，汇聚了雷振邦、尹升山、刘毅、吕晓雷等一大批音乐家，创作的《花儿为什么这样红》《蝴蝶泉边》《辛亥颂》等一大批影视歌曲影视音乐成为植入灵魂深处的文化符号。电影下线、电视剧播完后，影视音乐成为影视经典内容、经典镜头"昨日重现"的原动力。

（1）建议在草坪艺术广场，与大中小学联动、与社区联动，每周末（星期五、星期六）举办惠民长春影视音乐主题活动，或露天长影老电影放映，平时不定期举行各类影视音乐主题活动，重大节日邀请长影乐团演奏。

（2）建议对目前尚未利用的 13 号～21 号楼（22 号楼目前为派出所，建议搬迁）与开设音乐相关专业的东北师范大学、吉林艺术学院、长春大学等高校共建长春影视音乐项目实训室，进行电影音乐产业精准招商，经营方向可以是"音乐＋演艺""音乐＋教育""音乐＋创新"，经营内容可以是室内音乐文化活动、音乐艺术职业培训、音乐文化沙龙、音乐文化夜生活、音乐创作、影视拍摄体验、长春电影文创商品开发等。

4. 打造北部"长春特色新文创 IP 创客集市"的建议

（1）建议利用 10 号楼，打造"长春非物质文化遗产馆"。截至 2019 年末，长春市拥有国家级"非遗"项目 3 项：榆树"东北大鼓"、农安黄龙戏、九台区中医传统制剂；省级非物质文化遗产名录项目 30 项；市级非物质文化遗产名录项目 46 项。引入冯氏绢人、徐氏中国结、白氏面塑、鼎丰真糕点等众多长春市优秀非遗项目衍生品，让到访该"集市"的游客感受好看、好玩、好吃、好喝以及好带的非遗，全过程体验长春市非遗文化。

（2）建议对长春水文化生态园北部 3 号楼～9 号楼进行统筹利用（见图 10-2），将现在的办公楼（6 号楼）迁至园区入口处的 1 号楼，与原部分办公区合并，将 1 号楼的"优客工场"迁至北部区域内适宜的楼馆，3 号～9 号楼招商引入一汽红旗汽车文化衍生品研发企业以及世一堂、鼎丰真、春发合茶庄等长春老字号企业。

（3）建议利用 11 号、12 号楼，与吉林大学、东北师范大学、吉林艺术学院、吉林工程技术师范学院等开设艺术设计类专业的大学合作，共建"长春特色新文创 IP 开发"工作室。工作室兼具学生实训场所及师生投资创业性质，长春水文化生态园与合作资方（教师、学生或众投）签订商业合同，经营业务主要围绕长影旧址博物馆、伪满皇宫博物院、长春市博物馆、农安博物馆等面向大众开发的具有"小、巧、俏、异"风格的博物馆文创商品；围绕黄大年、谭竹青、王大珩等为长春市发展做出杰出贡献的历史人物、人民大街的变迁、伪满遗迹、长春老工业企业等创作的相关文学作品、文艺作品、网络视频、网络游戏、影视动漫等新文创产品。

（4）建议借助 5G、3D、全息、VR、AR 以及现代光声电技术，使科技的力量和文化的力量形成"双引擎"、线上与线下合力形成"双动力"，用现代科技和创意让长春市特色文化 IP 资源焕发新活力，走进大众日常生活。打造"长春特色新文创 IP 创客集市"，使其成为长春特色文化创意产业示范街。

5. 东部"'乐水'全季休闲体验区"的打造建议

"'乐水'全季休闲体验区"主要由南、北两个露天沉淀池，23 号~25 号三栋楼以及周围生态环境、艺术小景构成，目前两个露天沉淀池主要用于观赏。

（1）建议围绕长春市"消夏"和"冰雪"两个品牌，激活露天水资源，将科技元素融入水景观打造，这样将更富有创意、更具有互动性。借鉴 Instinct Fabrication 本色营造设计事务所在北京龙湖 G-PARK 科技公园中的设计——游客每踩下一块方形的铺砖，就会带动一组雾喷或者跳跳泉，增强了景观的趣味性（如图 4）。

图 10-3　北京龙湖 G-PARK 科技公园中的客—水互动

（2）建议在两个露天沉淀池开发一些小型水上游乐项目，在环南露天沉淀池的东南西三面划定帐篷区。冬季利用两个露天沉淀池开发小型冰雪娱乐项目：北露天沉淀池离游客中心比较近，可以开发一块小型冰爬犁、抽冰猴、拉爬犁等的场地，南露天沉淀池可以用作滑冰场。

（3）利用闲置的 23 号、24 号、25 号楼招商餐饮娱乐企业，让到访长春水文化园游客在这个区域有吃头、有玩头、有享头、有看头、有买头以及最重要的"有回头"，就是提高游客重游率。

6. 打造南部"'知水'科教体验区"的建议

"'知水'科教体验区"由水文化博物馆建筑群、26 号~29 号楼、炮楼遗址及周围生态环境构成。水文化博物馆现有基本展陈主要以图片、视频短片诠释了制水过程，在场景搭建方面也引入了一些高科技元素，但总体智慧化程度还不够，尤其是缺乏体验式的装备。此外，水文化博物馆的文创商品还比较匮乏，目前少量博物馆展示的是与主题关联度不高的满族剪纸、瓷器。

（1）建议利用目前尚未使用的 26 号 ~29 号楼进一步拓展水文化内容，重点打造"长春水故事"工程。长春历史上最早的人类多择水而居、依附在山川河流打猎，农安县左家山遗址和榆树人遗址已经充分证明。长春河流主要有第二松花江及支流饮马河和松花江干流右侧拉林河三个水系，共 200 多条河流，其中伊通河是长春的母亲河。所以，还可以增加"水与生命""水与时尚""水与科技"等文化内容。

（2）建议引入高科技装备，利用 VR、AR 以及现代光声电技术，以"水"为核心，打造沉浸式体验项目，面向大众，实现易化、有效传播。

（3）建议向"云端"延伸，在 5G 技术的支撑下，利用三维建模、全景漫游、直播导览、深度参与以及线上互动，扩大粉丝量；建议启动全民参与长春水文化博物馆文创商品设计活动，举办设计大赛，在社会上形成影响力，并搭建商品孵化平台、运营平台。

四、关于进一步丰富长春世界雕塑园文化内涵的建议

长春世界雕塑园于 2003 年向市民开放，汇集来自五大洲 216 个国家和地区的上万件雕塑和艺术作品，是国家 5A 级旅游景区。现国内知名旅游网站显示，游客一般满意度比较高，特别是对园内"三馆"的评价普遍较好，认为"长春是个很有心的城市，一直在不断打造城市名片"。但是在长春当地市民中受欢迎程度却不尽人意。经不完全调查，在长高校接近一半学生没有去过，很多普通市民一次都没有去过。一般认为"雕塑高高在上，欣赏不了"。占地面积 92 公顷（1 公顷 = 0.01 平方千米）处于市区核心位置的公园只为部分小众人服务，这偏离了以人为本的初心。如何进一步加大雕塑公园的价值，创新游赏方式，使之成为公众生活的一部分，本团队认为可以从本土地域文化入手，开发全龄化旅游产品和衍生文化，丰富雕塑公园文化内涵，使其不仅令雕塑爱好者趋之若鹜，也成为大众休闲、寓教、提升之所。

（一）理论基础

1.地域文化

地域文化是一个区域内人们在长期生活过程中形成的具有地方特色的文化。学者普遍认为地域文化涵盖的类型包括自然、人文以及社会经济三要素。地域文化形成的基础是自然环境，人文要素与人们日常生活习惯和风俗民俗习惯表现等相关，社会经济要素包括当地的政治、经济、产业结构、行政管理等多方面。所以，地域文化是多种要素随时间推移不断沉淀融合而形成的。

长春市的本土地域文化即东北文化。东北文化是中华文化的重要组成部分，是汉族、满族、蒙古族、朝鲜族等多民族文化融合的产物，尤其是清朝以后随着流民、移民的进入，带来了不同地区的汉文化。多元文化互相交融，形成了

新型的多元的东北文化。

2. 雕塑公园

雕塑公园从"公园"基本内涵出发，可以定义为以雕塑为主要展示内容和景观特色，以向游人提供审美体验为目标，有一定游憩设施的文化艺术专类公园。具有成规模的雕塑或雕塑群、人文与生态的结合以及服务于民众的特点。

3. 地域文化对雕塑公园的影响

融入地域文化使雕塑公园更能吸引大众目光，使雕塑公园保持自身文化特色、自如应对冲击。把建成具有文化内涵的旅游产品作为一个发展目标，能更精准地满足消费者对旅游产品的需求。随着文化产业和旅游产业不断深入融合，雕塑公园可以更好地树立文化品牌新形象，从而进一步提升景区的知名度，更加准确定位未来的前进方向。

（二）长春世界雕塑园发展现状

1. 目前情况

长春世界雕塑园是举全市之力自上而下推动建设和发展的，向民众开放以来先后举办了四次世界雕塑大会，2017 年被评为国家 "5A" 级旅游景区，2022 年 8 月 15 日起开展免费入园。

2. 创新发展方面

近年来，长春世界雕塑园一直致力于扩大在市民心中的影响力。参与举办的夜跑、消夏节、冰雪节等系列活动，融入了冰雕雪雕等东北特色元素。同时在科技手段应用上也紧跟时代创新，雕塑园内 WiFi 网已经覆盖，在长春雕塑艺术馆内，3D 打印和激光内雕设备和技术已经开始使用，同时引进了手机扫描仪、人体采集系统等先进技术，方便了游客 3D 打印雕塑产品的购买。

3. 社会评价方面

通过在马蜂窝网站（是深受国内青年喜欢的旅行网站，目的地推荐的景点能够显示出民众喜爱程度）搜长春热门景点发现，长春世界雕塑园排在了伪满洲皇宫、净月潭国家森林公园、长影世纪城、南湖公园、长春电影制片厂后面。

综上可以发现，长春世界雕塑园承担起传播文化、持续发展做了积极的探索，但是还有很大的拓展空间。

（三）长春世界雕塑公园存在的问题

1. 室外雕塑与自然景观相脱离

长春世界雕塑园的定位是集自然山水与人文景观于一体的雕塑主题公园，

但纵观园内、室外雕塑多为大型单体雕塑，摆放多为沿途罗列。在细节处与地形的起伏、树木花草等自然因素结合不紧密，没有与植物、动物、园林等周边设计融为一体。

访谈者一（年轻母亲，孩子5岁）："孩子小，比较喜欢形象的具体的，我想走在林中栈道或是小径里，如果突然有一群玉石小兔子，或是树雕爷爷出现，会多有意思啊！"

2.雕塑文化与大众生活相脱离

长春世界雕塑园里的作品来自世界各地，以单品居多。抽象的设计、夸张的造型、陌生的面孔、简单的作品介绍，对于大部分参观者来说仅是走马观花，没有心灵的感悟，失去了雕塑作品传播寓意的作用。生硬移植来的没有群众基础的文化是没有生命力的，比如龙潭乡水乡特色小镇，没有根植地域文化，而引入"清明上河图""红楼梦"等不具有本地特色的文化，后期又没有继续投入，使小镇失去了文化内涵，成了空城。

访谈者二（母亲，孩子高二）："没去过这个雕塑园，觉得雕塑可能欣赏不来"，"自然景观说是很好，但是其他公园也不差，没必要特意去了"；访谈者三（中年人）："有时间走一段，主要是锻炼身体，生态环境比较好，雕塑啊，看一次也就行了。"

3.雕塑载体与地方特色相脱离

雕塑是传播本地文化的重要载体，被广泛运用到城市雕塑中。对于相对独立的雕塑园，也应该继续承担起传承传统文化、地域文化，丰富人文精神的责任。目前雕塑园内关于展示长春特色的雕像不多，比如汽车文化、电影文化、科技创新文化、高铁文化等注入较少。而对于雕塑而讲，发现雕塑背后的故事和领悟传达的思想，才是欣赏雕塑的意义所在。

访谈者四（父亲，孩子8岁）："我没去过雕塑公园，孩子小学一年级时学校组织去过。回来我让她讲讲体会，她想了半天说，天鹅是黑色的。之后我也没带她去了，感觉能讲给她的故事太少了。"

（四）具体建议

长春世界雕塑园目前侧重的是艺术效益，比如和高校合作，展出雕塑专业的学生作品，鼓励支持青年雕塑家作品展出，加强国际交流，开展中韩女性雕塑家作品展等。社会效益和经济效益是短板，普通群众的认可度不高。大众对雕塑艺术的认识欣赏需要循序渐进地培育。所以长春世界雕塑园应首先同普通群众拉近距离，探索雕塑文化与地域文化、大众需求的融合联动，发挥雕塑公园文化传播的使命。

177

1. 雕塑与自然的对话，增加雕塑小景

著名哲学家黑格尔对雕塑的艺术这样认为：雕塑不能做好后，考虑放到什么地方，应该在创作时就要联想到它的周围空间和外在因素。这也说明雕塑需要同周围的环境融合。每个雕塑都在向人倾诉着自己的故事，如何让它和自然对话、交流，展现给公众更丰富的信息，需要从细节入手。一片草地上7个小矮人在干活，那他们的动物朋友呢？小朋友穿梭在林中小径中，能惊奇地发现什么呢？又有谁在花海中躲猫猫呢？大树旁边谁在休息呢？长椅上是谁和小鸟说话呢？湖泊中天鹅在戏水，那么谁在栏杆处看热闹呢？这些富有情趣的小体雕塑的存在会使园区更富生活气息，吸引游客进一步去寻觅和发现。与自然相结合的创意雕像更能很好地吸引游客驻足，比如在高坡中有个要摔倒的雕像，比如在水边有个钓鱼的雕像。让游客感觉这个园区的生命力，而不是简单的冰冷的雕塑。每段时间的推陈出新，才能吸引大众一次又一次进入园区，探索新的发现。游客在公园中游览，除了对艺术作品的凝想，那走到某处的会心一笑，更能触动心灵。要达到"处处有风景，处处有不同"，做到雕塑与自然的天然合一。

2. 雕塑与历史的对话，补充教育主题

2020年初，国家开始全面复兴中华优秀传统文化，要求把中华优秀传统文化全方位融入教育各个环节，贯穿于整个教育体系。结合历史的雕塑也是传播中华传统文化的载体。可以在园区内规划主题园，利用多种材质，如可再生材料等，创作出反映不同时期优秀文化的作品。厦门园艺博览园中的"教育文化园"就做了很好的示范。既有圣贤雕像，也有历代教育家铜像，还有若干经典故事组成的雕塑群，栩栩如生、趣味盎然。园内表达的内容不再是简单枯燥的，而是调动一切艺术手段如雕塑、景墙、景石、地刻、多媒体等来展示，让人感受到强烈的历史感和文化感染力，感受到中华教育的厚重历史。

中华优秀传统文化博大精深，长春世界雕塑园可以选取精华设立主题园，再针对不同人群设计情景主题。比如针对学龄儿童，可以从《弟子规》《三字经》中吸取素材进行创作；针对小学生可以围绕唐诗、宋词、经典爱国故事进行创作，要求遵循形象逼真，童趣原则。（研究团队针对此园区进行了初步规划，见附表10-9。）；针对青年学生可以围绕展现团结、奋斗、创新精神的历史事件，侧重新时期传承传统文化的重大事件，如：文化起源、四大发明、古代科学家的故事、近代一系列革命志士故事和重要历史时刻；针对中青年人可以围绕新时代发生的重大历史事件，如"抗洪"、科技创新、奥运会、抗击新冠疫情等经典瞬间进行创作。展区设计应体现延续性，为将来不断补充新的场景做准备。

表10-9　儿童园区雕塑群

序号	主题	内容	意义
1	经典动画片主题	葫芦娃勇救爷爷	主要是引起"80后、90后"家长的共鸣，带着孩子一起回忆童年，同时给孩子讲解勇敢、孝心、才智的故事
2		黑猫警长智捉一只耳	
3		孙悟空大闹天宫	
4		大头儿子和小头爸爸	
5		哪吒闹海	
6		八仙过海	
7	成语故事	闻鸡起舞	这组成语故事多围绕动物发生，表现形式比较贴近孩子心理，不会让孩子感到太陌生，又有趣味性，寓意深刻，能启迪孩子的心灵，品味人生哲理
8		悬梁刺股	
9		指鹿为马	
10		自相矛盾	
11		瞎子摸象	
12		亡羊补牢	
13		三顾茅庐	
14		孟母三迁	
15		井底之蛙	
16		负荆请罪	
17		鹬蚌相争	
18		守株待兔	
19		鼠目寸光	
20		虎视眈眈	
21		狡兔三窟	
22		呆若木鸡	
23	成语故事	笨鸟先飞	这组成语故事多围绕动物发生，表现形式比较贴近孩子心理，不会让孩子感到太陌生，又有趣味性，寓意深刻，能启迪孩子的心灵，品味人生哲理
24		五谷丰登	
25		请君入瓮	
26		狐假虎威	
27		画龙点睛	
28		开天辟地	
29		狗尾续貂	
30		滥竽充数	
31		闭门造车	
32		望梅止渴	
33		杀鸡取卵	
34		郑人买履	

续表

序号	主题	内容	意义
35	古代经典故事（《三字经》、《千字文》）	盘古开天辟地	《三字经》和《千字文》如今已成为儿童必读书目，选取的这些耳熟能详的故事既能提高孩子对历史的学习兴趣，又能培养孩子的品格
36		神农氏勇尝百草	
37		孔融让梨	
38		徐霞客探险	
39		廉颇负荆请罪	
40		高山流水会知音	
41		文天祥舍生取义	
42		黄帝战蚩尤	
43		大禹治水，三过家门而不入	
44		司马迁写史记	
45		姜太公钓鱼	
46	古代传统小故事	司马光砸缸	选取古代神话、寓言、智谋、励志、爱国、民俗等经典传统故事，让孩子明辨是非、开阔眼界，打牢文化根基
47		岳母刺字，岳飞学艺	
48		清官杨震"天知、地知"	
49		曹冲称象	
50		王羲之吃墨，苦练书法	
51		匡衡凿壁偷光	
52		尊师重道立雪程门	
53		包公审石头	
54		写尽八缸水的柳公权	
55		纪昌学射	
56		两小儿辩日	
57		庖丁解牛	
58		孙武练兵	
59		东郭先生	
60		滥竽充数	
61		抱薪救火	
62		鲁班学艺	
63	古代传统小故事	沉香救母	选取古代神话、寓言、智谋、励志、爱国、民俗等经典传统故事，让孩子明辨是非、开阔眼界，打牢文化根基
64		年除夕的故事	
65		屈原与端午节	

3. 雕塑与群众的对话，我是长春人

鉴于目前大部分民众对雕塑艺术的欣赏和认识还停留在相对较低阶段，那么雕塑园应该围绕地域文化，探索雕塑与城市文化、群众生活相融合，发挥雕塑公园更大的艺术价值和文化使命。

雕塑艺术与地域文化融合的原则是"能融则融，宜融尽融"。这个原则首先是针对目标市场客户需求而提出来的。针对不同的游客融合的侧重点有所不同。比如老年游客，他们更多的有着怀旧情怀，雕塑园内就应该多设立一些与红色文化有关的内容，比如抗联文化、伪满生活场景等，或者是与长影、一汽、光机、老工业基地建设等有关展区，情景再现，引起当代人的共鸣。这些场景年轻人也会感兴趣，能从中汲取老一辈创业人留给后人的宝贵精神财富。雕塑体验馆要充分发挥其亲子活动、研学活动的功能。首先要打破时间的限制，提供给孩子自由发挥的场所。其次要配合学校和家庭制订适合不同需求的课程，引导孩子和学生通过雕塑了解历史、懂得文化、感悟生活，从而提升对雕塑艺术欣赏的认识。最后应进一步完善相关配套设施，保证孩子在安全、卫生、舒适的环境中完成雕塑艺术体验。旨在通过这些活动使长春国际雕塑公园成为假期家长首选的教育活动场所。

还可以与东北文化中的民俗文化相融合，即深挖文化内涵，凝练文化符号：遥远而神秘的高句丽文化、辽金文化、满清文化、人民生产生活的场景都可以用雕塑的形式展现出来。如在黑土地劳作奋斗的场面、庆祝丰收的场景、冬天捕鱼的场景、欢欢喜喜过大年的场景；朝鲜族、满族等少数民族的风俗景观；或者是饮食文化、休闲文化、民间艺术二人转、扭秧歌文化等；像冬天赶大集、冬泳、滑冰、抽冰壶、吃雪糕等东北特有冬趣场景一定会引起很多人童年的回忆；也可以结合特产展示工艺制作流程，如鹿茸和人参。

雕塑艺术也可以与新时代新生活相融合。长春被评为最有人情味的城市之一，也可以以这一主题设计雕塑群，围绕"长春好人""感动中国"中的长春人的先进事迹，围绕"没有什么事不是一顿烧烤解决不了的""东北都是活雷锋"等最能表现民众生活风貌的场景展开。让长春人感受长春的魅力，让外来人加深对长春的认识，进一步给这张宣传长春的名片赋予正值。（研究团队针对此园区进行了初步规划，见表10-10）

表10-10 东北俗语谚语篇

序号	主题	内容	意义
1	东北日常用语	东北都是活雷锋	这组语言为东北日常用语，带有浓厚的东北气息，发生在人们的日常生活中，有妈妈常说的话，聚会时常说的话，还有就是和南方人比较时常说的话。可以设计场景，提供游人参与的位置，情景再现，旁边设有标识，精准概括这些话语的产生的语境和含义
2		没有什么不是一顿烤串解决不了的，如果有，再来一顿	
3		给我来一箱，先"透透"	
4		咱哥俩谁跟谁呀！	
5		哥，你这不是怕嫂子，是不跟她一般见识！	
6		外面冷，快穿上	
7		不听老人言，吃亏在眼前	
8		吃人的嘴短，拿人的手短	
9		不见兔子不撒鹰	
10		妈妈我想要吃雪糕。要什么要，我看你像雪糕	
11		还哭，给我憋回去！	
12		下雨天打孩子，闲着也是闲着	
13		冬天吃雪糕，来一口啊	
14		打出溜儿滑	

续表

序号	主题	内容	意义
15	东北风俗语言	急头白脸、提溜算卦、鼻涕拉瞎、五脊六兽、破马张飞、五马长枪、虚头巴脑、乌眼青	这组为东北俗语方言,形象生动。可以设计语言发生的场景,引起游客好奇,一起猜谜,让游客感受到东北方言的独特魅力

同时,在提升雕塑文化内涵的基础上还不能忽视相关配套的设施。比如有游客反映园区内公共卫生间设施很好,但是开放的不多,给游客带来不便;如果增设主题雕塑,那么对于雕塑的解读建议不能像目前这样的简单,应该介绍背景,帮助游客欣赏;同时还应该持续推进文化衍生和消费,比如在雕塑体验馆周边、在主题雕塑区周边设置购物、休息、餐食、体验等设施,满足游客的综合需要。

总之,通过对雕塑园的考察和游客访谈,研究团队认为,雕塑园可以围绕雕塑向文化行业延伸,利用现有场馆资源引入创客空间,开展雕塑培训、文创设计、材料创新等配套活动。故宫博物院的淘宝网店也值得我们借鉴学习:推出系列带有地域特色的雕塑文创礼物,经常组织围绕雕塑文化的创意大赛,将获奖作品作为小礼物推送出去等。

长春世界雕塑园是我们共有的,希望它能将今天的精品留存并发扬光大,成为我们留给子孙宝贵的物质文化遗产。践行诺言"创造未来文化遗产"。

五、关于进一步挖掘长春红色文化内涵拓展红色文化领域的建议

(一)红色文化理论概述

红色文化是指在中国的革命战争期间与和平发展时代,由中国共产党领导人民所创造的关于精神文化与物质文化的总和。红色文化寓意深远、内涵丰富,主要呈现为坚贞不屈的理想信念、一心为民的政治立场、艰苦奋斗的政治本色等。红色文化渲染着耀眼的时代特征、革命特征、人民特征、民族特征等特性。对新时代树牢"四个自信"、发展文化事业、塑造价值取向,具有十分重要的意义和价值。从狭义视角分析,红色文化特指中国的革命文化,即在新民主主义革命期间由中国共产党和中国人民军队在战斗过程中所产生的遗产旧址及其蕴含的伟大精神,例如红船精神、延安精神、东北抗联精神等主要红色革命精神,红色文化正是这些革命文化的核心要义和价值归属。从广义视角分析,红色文化包括革命战争年代的革命精神,又包括和平发展时代先人后己的雷锋精神、开拓创新的北大荒精神、"两弹一星"的航天精神、大庆精神、抗震救灾精神、抗击新冠病毒的民族精神等。广义视角下的红色文化就是中华传统文化的延续,就是中国共产党伟大精神的呈现。红色文化的本源是中国五千年的伟大文明、伟大文化。红色文化是中华民族优秀传统文化在马克思主义旗帜引领下的完美

演变，传递和彰显中国历史上深厚的人文传统和一以贯之的价值追求，蕴藏着源远流长的历史气息和浩气长存的民族气节，孕育着民族复兴的精神力量，具有持久的感染力、生命力。红色文化的底色是革命文化。红色文化之所以冠之以"红"，正是源于其浓郁强烈的革命气息和构成其主体内容的革命文化。红色代表鲜血、烈火、正义、激情，富有革命意蕴，彰显进步追求。中国共产党领导的武装力量最初称为红军，党旗和军旗都选取红色作为醒目底色，是因为无数革命先烈舍生忘死、前仆后继，为夺取革命胜利而献出了宝贵生命，红色是革命文化的鲜明旗帜和革命精神的永恒基调。红色文化的表征是中国特色社会主义的先进文化。在时代潮流和实践创新的推动下，红色文化势必要不断丰富精神内涵，体现发展的社会生活和鲜明的时代特征。在社会主义建设和改革时期，中国特色社会主义先进文化在多元文化交流、主流意识引领、核心价值塑造等方面担负主导作用，红色文化是中国特色社会主义先进文化的特有因素，二者相互呼应，具有一致性和连贯性。

（二）长春红色文化资源现状分析

1. 按红色资源地理位置划分

长春市位于吉林省中部，历史上贯穿中东铁路和南满铁路，集中了当时我省主要大城市。数量多，分布广。课题组查阅中共长春市委党史研究室资料，长春现有革命遗址、纪念场馆、标志物、工业遗产等红色资源数量190余处，约占全省10%左右；长春市现有文物保护单位22个，爱国主义教育基地34个，约占全省10%。

2. 按红色资源类别划分

分为革命机构活动场所遗址，如长春二道沟邮局通讯站；博物馆、校史馆等，如例如东北沦陷史陈列馆、吉林大学校史馆、长春光机研究所、空军航空大学航空馆等；党史事件及人物活动纪念，例如谭竹青、黄大年、郑德荣事迹展等；烈士陵园及纪念设施，如长春解放纪念碑、人民广场纪念塔等；日伪机构活动场所遗址，伪满时期的建筑遗产如伪满皇宫、八大部遗址等。还有大批工业遗产，如长春电影制片厂、中国第一汽车制造厂、长春拖拉机厂等。

3. 按红色资源年代划分

党组织发展早期，长春市是党在吉林建立组织较早地区，如中国共产党在吉林设立的第一个通讯站；抗日战争时期长春市作为满洲国的"首都"，长期受到日本的统治，留下了大量遗址和遗迹，如伪满皇宫、八大部等，长春市是解放战争时期党开展活动的主要地区；新中国成立后长春作为共和国工业先行发展地区，留下了一批像"一汽"这样的企业。

4.按红色资源价值划分

具有宝贵的史料价值、爱国主义教育价值和红色旅游文化发展价值。吉林的第一个通讯站、第一个支部都建立在长春市，记录了中国共产党早期在长春市的革命活动；长春是伪满时期的"首都"，留下了大量的遗址和遗迹，揭示了日本殖民侵略的丑恶罪行；地理位置的特殊性，长春为解放战争和抗美援朝做出了重要的贡献；长春是共和国"工业长子"，建立了大批工业企业，为我国工业初期发展做出了不可磨灭的贡献。

5.按红色资源开发利用划分

长春红色旅游资源类型丰富、红色旅游发展潜力大较大，《中国红色旅游报告》评选"2018中国十大红色旅游城市"长春位列第9。为加强对红色资源的保护和开发，近年来，有关部门不断利用红色资源开展党性教育和爱国主义教育；以红色资源为背景创作出一批红色文化艺术品；依托革命遗址遗迹的红色旅游的氛围也日渐浓厚，如伪满皇宫博物院（东北沦陷史陈列馆）、长影旧址博物馆（长春电影制片厂）等单位积极参加"首届全国红色旅游故事大赛"，促进了长春市红色经典事迹的梳理和传播。

（三）长春红色文化资源保护、开发利用中存在的不足

红色文化是文化自信的重要内容。长春是一片红色的热土，有着光荣的革命历史和社会主义建设历史，在红色文化资源保护、挖掘、开发利用方面取得了一定的成效，但仍然存在着许多不足之处。

1.红色文化资源保护、挖掘、开发利用整体性规划缺失

政府在红色文化资源保护、挖掘、开发利用中是决策者、牵头者，应高站位、大格局、目标远。目前，长春没有红色文化资源保护、挖掘、开发利用的整体性规划，很长时间内，组织部、宣传部、党史办、地方志、文化、旅游、文物保护等各部门各单位都是各干各的，缺乏整体联动，力量分散。建议由政府牵头，各有关部门共同研究制定长春市红色文化资源保护、挖掘、开发利用（2020—2030）长远规划，以此为总纲领、总抓手，对红色文化资源全面保护、开发利用，保持产业开发可持续性，从而将长春打造成为国内红色文化传统创新强市。

2.部分红色文化资源存在保护、挖掘不够，管理不善

长春红色文化资源不可谓不丰富，但存在着保护、挖掘不够，管理不善的问题，值得引起重视。抗日战争，长春人民与日寇进行了艰苦卓绝的斗争，留下了很多警示文化资源和抗联战斗史文化资源；解放战争，长春作为辽沈战役中的重要战场和后方基地，有很多革命前辈在这里战斗、生活过，留下了丰富的革命文化资源；1949年新中国成立后，长春成为汽车工业"长子"和新中国

电影的摇篮；改革开放后的长春发展日新月异，"红旗"飘扬，客车飞奔，长春国际影都建设落子，汽车文化、电影文化等资源独特而富有魅力。近年来，由于城市大拆迁大建设，一些红色文化资源正在消失或者损毁严重，亟待引起重视。

3. 红色文化开发理念落后，功能应用滞后

应该看到，多年来，对于长春红色文化资源的内涵、价值等研究不够，开发理念落后于时代，很多遗址文物的功能应用单一，需要与时俱进。应该大胆应用互联网、物联网、大数据、5G等技术，增添"时尚"元素，让红色文化真正的"动起来""活起来""火起来"。

4. 专业人才缺乏

红色文化保护力量有待加强，人才是兴业之本。长春在红色文化资源保护、开发利用方面存在着专业人才不足、队伍不强等问题。据不完全统计，目前全市专兼职从事红色文化资源保护、开发利用的人员不足千人。政府应出台相应政策，鼓励人才引进，加强红色文化、旅游、文创管理人才的培养。

5. 宣传力度不够，公众红色文化意识欠缺

在红色文化宣传教育方面，宣传部门、媒体、学校、社区等做得还不够，公众红色文化意识有待提高。对外宣传上形式单一，层次不够高，范围不够广，长春红色文化资源在外知名度不高，难以发挥品牌效应。要创新传播方式，充分利用各类媒介平台开展宣传，提升长春红色文化资源的影响力和吸引力。积极组织创作红色文化文艺作品，提升大众的红色文化意识。

6. 经费投入不足，融资渠道不宽

长春红色文化资源的保护、挖掘、开发利用，尤其是推进产业化，需要大量的资金。政府近年加大了投入，但仍显不足，需要加大资金投入，形成资源合力。红色文化产业、交通设施等配套建设有待加强。要不断拓宽融资渠道，充分用市场化、产业化思路发展壮大红色文化产业。

7. 受地理环境限制，跨区域交流合作少

东北是一家，在红色文化资源方面有关联性、共性、合作性。长春地处东北中间，要张开怀抱，突破地理限制，与沈阳、哈尔滨、大连等城市积极进行东北抗联遗址、东北老工业基地工业游等合作；要与吉林省内的白山、通化、辽源、四平、延边等地进行合作，编制策划精品文化旅游线路，增强吸引力。

（四）对策建议

红色资源不仅是宝贵的历史资源，更是反映中国共产党理想信念、价值追

求、精神境界的政党资源。为进一步挖掘长春红色文化内涵，拓展红色文化领域，建议构建具有针对性、指向性的红色文化资源应用体系，具体如下。

1. 摸清红色文化资源家底，绘制红色文化资源图谱，保护、利用、开发好红色文化资源，既是政治责任也是历史使命

建议对长春红色文化资源进行全面梳理，深入调查、准确登记、逐级认定、分类管理，绘制长春红色文化资源图谱。一是按地域：按照红色资源的地域分布与地理环境绘制图谱；二是按年代：按照党组织发展早期、抗日战争、解放战争、新中国成立后四个历史时期绘制图谱；三是按类别：按照遗址遗迹、建筑与设施、革命历史文物、重要文物作品等资源类别绘制图谱。在全面摸清长春红色文化资源家底绘制图谱的基础上，形成详细的资源清单和专业数据库。

2. 构建"政府主导、多元投入、社会共同参与"的红色文化资源应用体系

（1）"红色文化+教育品牌"　打造思想政治教育品牌

以实物、实例、实事为载体，开发建设主题鲜明、特色突出、感染力强的党性教育基地，打造具有长春特色的党性教育红色品牌。一是打造"爱国主义警示教育"品牌。长春作为近代东北亚政治军事要地，具有重要警示性意义和爱国主义教育价值。建议整合伪满建筑群等日本侵略罪证，开展大型党史国史教育和学术交流活动。二是打造"老工业基地"教育品牌。长春是"一五"期间国家重点建设地区功能环境延续良好的工业遗产聚集地，长影、一汽、长客等多处工业遗产保存良好，见证了新中国工业化的历史进程，传承了社会主义建设初期的红色记忆，具有独特的教育意义，建议可开设专门的展览展示。

（2）"红色文化+旅游品牌"　加强经典景区建设

党性教育和红色旅游在开发利用红色文化资源上虽然有所区别，但在政治、精神和文化的内涵上是一致的。长春有革命遗址遗迹、纪念馆、烈士陵园、烈士墓以及党的成就和名人展示场所190余处。红色旅游是对党的革命精神内涵更集中、具体、直观地反映，能使党的革命历史传播范围更广。随着红色旅游日益深入人心，年轻旅游者的逐年上升，对于红色文化的挖掘必须不断更新换代。因此，要不断加强红色经典景区建设，开发具有鲜明地域特色、时代特色、具备丰富内涵的红色旅游产品，打造以红色旅游项目为龙头，形成生态旅游项目、度假休闲项目、康体养生项目等文化体验项目以及研学体验项目等融为一体的综合文旅项目。

（3）"红色文化+宣传品牌"　整合媒体传播平台

长春拥有保护比较完整的红色纪念场馆、国家和省级爱国主义教育基地，如何进一步创新宣传形式和载体，统筹运用传统媒体和新媒体，全方位、多角度、立体化地把这些资源宣传推广出去，成为我们面临的重要问题。建议加强红色文化全媒体传播，建设红色文化资源网站、自媒体公众号、网络直播平台等，并且结合"数字吉林"建设，推动红色遗产数字化保护工程；运用互联网、大数据、人工智能、VR/AR全息影像等数字技术，改造和建设一批红色体验馆和网上展示馆，借助新媒体技术加大红色文化资源应用力度；依托"长春国际电影节"等载体平台，展播长春红色文艺作品，为教育、旅游产品提供广泛的信息宣传平台。

（4）"红色文化＋文创品牌"　丰富文创产品内涵

积极将红色文化元素运用到红色文创产品中，打造红色图书出版、红色会展、红色动漫等"红色＋系列产业"融合发展的产业链条。邀请报社、文联、作家协会等组织到长春红色景点采风，鼓励文艺工作者创作更多融合红色文化精髓和地方特色的文学、影视、歌曲等文艺作品，打造一批鲜活生动、制作精良的红色文艺经典作品。加强文创产品设计，通过红色文学作品、影视作品、教育资源、旅游纪念品等创作，提高红色文化创新能力，提升红色文创产品品位。

六、中韩长春（国际）合作示范区影视动漫产业发展建议

中国和韩国地缘接近，文化合作交流频繁。2014年7月，《中韩电影合拍协议》正式签署，中韩合拍片将在中国市场享受国产片待遇；同年11月，两国政府积极促进建立共2000亿韩元的国际合作基金，以推动中韩影视动漫产业合作发展。2020年，国务院批复同意中韩（长春）国际合作示范区，中韩影视动漫产业合作发展更被寄予厚望。

（一）中韩影视动漫产业合作发展的优势分析

1. 长春有深厚的影视动漫文化底蕴和丰富资源

长春历史悠久，文化底蕴深厚，是新中国电影事业的摇篮，拥有丰富的影视动漫资源。长春电影制片厂是新中国第一个电影基地，为长春电影文化积聚了宝贵的财富；长春国际电影节每两年在长春举办一次，其影响越来越大；长春拥有东北地区唯一的以播放电影作品为主的电影频道；吉林动画学院是全国唯一以动漫游为特色的本科院校；长影世纪城向人们展示世界先进的影视文化和影视特技效果，同时提供娱乐服务，长春电影产业发展空间和潜力巨大。长春是长吉图区域发展、东北老工业基地振兴、东北亚区域性文化产业中心城市，区位条件优越，是经济的重要增长极。影视动漫产业是长春发展文化产业的优先项目。随着与韩国商贸、产业、科技等领域合作的不断深化，长春与韩国的影视动漫产业合作发展也将加快步伐，长春有意愿、有条件，也有能力与韩国开展更加广泛的合作。

2. 影视动漫产业合作发展是中韩两国的共同需求

韩国通过与美国、日本等国合作，影视动漫产业发展相当成熟。无论是影

视动漫产业上游的故事创作，还是后期制作、营销策划等诸多环节值得我们借鉴。韩国影视动漫产业成功主要有以下原因：优秀的企划能力和质量管理能力；不限范围，与国外开展灵活协作；不停留在制作层面，广泛开拓衍生品市场，注重市场营销。由于韩国内容市场竞争异常激烈，制作成本较高，播放渠道总量、有限等因素，韩国影视动漫企业期待从中国寻找机遇。中国的大市场有很大的优势，中国的 IP 加上韩国的技术是很好的模式。韩国有技术，中国有故事，有市场，中韩（长春）国际合作示范区建设必将推动中韩影视动漫产业的深度合作，成为中韩影视动漫产业合作的新高地。

（二）中韩影视动漫产业合作发展的总体目标

中韩影视动漫产业合作发展总体目标就是将长春建设成为"长春国际影都"，并发展成为"一带一路"沿线国家影视动漫文化传播中心、东北亚区域影视动漫中心；将长春打造成国内著名的影视动漫产业基地、著名影视动漫人才培养基地、著名影视动漫研究基地、著名影视动漫人才集散地；使长春成为名副其实的电影城，使影视动漫产业成为长春主要支柱产业之一。

（三）中韩影视动漫产业合作发展的路径分析

1. 坚持内容为王，打造影视动漫创意服务平台

（1）鼓励支持影视动漫创作

原创故事内容层面的合作正是中韩影视动漫产业合作的重要一环。在影视动漫创作上坚持内容为王，注重提升创作质量、鼓励原创，倡导影视动漫编剧坚持贴近实际、贴近生活、贴近群众的创作原则，创作出有温度、接地气、动人心的好故事，从起点强化长春影视动漫创作的专业化水准，彰显长春影视动漫品牌效应。

（2）扶持一批影视动漫精品力作

实施影视动漫精品工程，推出有较高思想、艺术水准和市场价值的优秀作品，促进长春影视动漫产业繁荣发展。加强对具有长春特色、东北区域特色影视动漫选题孵化、影视动漫创作和拍摄制作的扶持，对思想精深、艺术精湛、制作精良、观赏性强相统一的精品力作给予重奖和经费支持，实现社会效益与经济效益相统一。

2. 瞄准前沿技术，创建影视动漫科技研发中心

（1）创新发展影视动漫后期制作技术

韩国影视动漫产业已经高度工业化，在工业化生产、分工细致的影视动漫生产环节中，调色、试音、剪辑公司都有自己的一席之地。中韩双方在影视动漫后期制作技术方面开展合作，拓展声画处理、胶转数、数字修复、数字存储、数字调色、音效设计、配音、拟音、混录、特效、剪辑、合成等影视动漫后期

制作全流程业务，支持影视动漫作品在长春取景、摄制和后期制作。

（2）共建影视动漫科技研发中心

以影视动漫产业发展的实际需求为导向，提升影视动漫科技研发和自主创新能力，中韩共建影视动漫科技研发中心。影视动漫科技研发中心研发影视动漫行业急需的高端技术装备与解决方案，突破制约影视动漫发展的科技瓶颈，为实现影视动漫产业全面振兴提供强有力的科技支撑。

3. 成立中韩合资影视动漫企业，培育支持影视动漫企业创新发展

（1）成立中韩合资影视动漫企业，探索中韩影视动漫合作新模式

为促进中韩影视动漫共同制作与发行，中韩企业共同出资成立中韩合资影视动漫公司，主要开展影视剧制作，影视剧发行，动漫制作、设计，游戏研发、制作等业务。中韩双方以合资法人的形式，共同完成影视动漫作品，进军中国市场及全球市场。双方通过影视动漫创意、制作技术投资、发行等全产业链合作，在共同制片的合作中双方可以取长补短，在充分发挥协同效应的基础上使得双方利益最大化。

（2）培育壮大中韩影视动漫龙头企业

重点培育一批综合实力雄厚、核心竞争力强的影视动漫龙头企业。鼓励影视动漫企业开展与韩国一流影视动漫企业的合作。充分发挥体制机制和政策环境的优势，吸引韩国影视动漫企业落户长春，使长春成为影视动漫产业的集聚地。

（3）支持影视动漫中小企业创新发展

支持有实力的企业、团体依法发起组建各类影视动漫投资公司，引进、培育影视动漫领域的战略投资者，扶持长春影视动漫中小企业迅速发展，积极培育成长型影视动漫企业，引导和发展一批特效设计、动画制作、配光校色、录音合成、宣传发行、衍生产品开发、大数据研发等领域的特色影视动漫中小企业。

4. 搭建中韩影视动漫产业融资平台，为影视动漫企业发展提供资金原动力

（1）设立中韩影视动漫产业发展基金

中韩影视动漫产业发展基金主要用于支持影视动漫创作、产业载体建设，加快市场主体培育，鼓励影视动漫项目立项，扶持奖励精品力作，鼓励交流创新，支持行业平台建设，大力吸引影视动漫人才，打造行业人才高地等方面。

（2）创建中韩影视动漫产业众投融资平台

政府协调金融机构及投资机构，充分调动社会资金，鼓励众投、众融、众筹、众创等形式进行中韩影视动漫产业开发。同时主导设立中韩影视动漫产业投融资平台，对各种形式的投融资进行管理与扶持，解决影视动漫产业发展资金瓶颈。

（3）组建中韩影视动漫产业合作发展基金

建立中韩影视动漫产业合作发展基金，重点扶持特色影视动漫项目，加大对关键领域、薄弱环节、重点区域的支持力度。充分发挥中韩影视动漫产业合

作发展基金的引导作用，对实现影视动漫科技融合关键技术突破的示范项目，影视动漫与旅游、体育、教育等业态融合项目，给予相应重点支持。

5. 创建长春（国际）影视动漫学院，占领人才培养高地

整合长春文化教育资源，吸引和集聚中韩高端影视动漫精英，创建长春（国际）影视动漫学院，与韩国合作大学共同培养影视动漫专业技术人才，实现"国际化"办学。长春（国际）影视动漫学院学校办学性质是民办本科院校；主办单位为政府参股或控股的股份有限公司；管理体制采用混合所有制，引进的高端人才采用事业编制，这部分高端人才和公办高校同等待遇；在办学土地征集、基础设施建设、教学仪器设备采购、图书资料购买等方面由政府投入；运营模式采用董事会领导下的校长负责制。

6. 实施人才培育计划，吸引影视动漫高端人才

（1）加大高层次人才支持力度

加大培养和引进优秀人才、领军人物的力度。积极引进国内外优秀影视编剧、导演和动漫制作及影视动漫管理人才，提高影视动漫人才队伍的综合素质。依托中韩两国的教育资源优势，针对影视动漫行业特点，开设分类别、多形式、重实效的培训，特别是要注重培养适合影视动漫产业发展的实用、创新、复合型人才，为中韩影视动漫产业合作发展提供人才保障。

（2）启动影视动漫创客培育计划

充分发挥吉林大学、东北师范大学、吉林艺术学院和长影集团的人才资源优势，启动影视动漫创客培育计划、青年电影导演培育计划、青年电影作家培育计划、青年电影企业家培育计划、动漫制作等各类人才培育计划，为中韩影视动漫产业合作发展提供人才保障。

7. 建设影视动漫众创空间，搭建中韩影视动漫创客孵化平台

（1）依托长春高校，建设影视动漫众创空间

充分利用高校实验实训场地、设备、专业教师的优势，整合校内外相关资源，以影视动漫文化研究—影视动漫剧本创作—影视动漫作品拍摄—影视动漫后期制作—影视动漫衍生品开发—影视动漫产品营销等内容，建设可持续发展的"创客孵化型"众创空间，为影视动漫产品的创意交流、专业咨询、市场开拓等提供服务。

（2）依托影视动漫公司，建设影视动漫众创空间

在科技、互联网、金融、网红、旅游等领域，与知名影视动漫公司在剧本征集、影视动漫制作、艺人培训、项目宣发、衍生品研发等影视动漫全产业链条开展项目孵化、投融资、路演、拍摄制作、演艺经纪、品牌植入、品牌发布、影视动漫科技等方面的深度合作。

8. 依托影视动漫资源，创建长春影视动漫产业园区

（1）影视动漫产业园区规划设计

影视动漫产业园区包括影视动漫众创空间、影视动漫企业孵化器、影视动漫产学研示范基地、影视动漫媒体艺术制作研究中心、影视动漫文化研究院、世界影视动漫博览馆、中韩影视动漫文化体验馆、电影拍摄外景地、摄影棚等诸多区域。

影视动漫产业园区拟孵化 200 名左右影视动漫创客，30~50 家影视动漫类相关企业，形成影视动漫产业集群。

影视动漫产业园区建设成影视动漫文化创意成果转化、影视动漫企业孵化和创新创业人才培养于一体的产业园，并努力建成国家级影视动漫产学研一体化示范基地。

（2）影视动漫产业园区生态链构建

创办长春影视动漫文化研究院。利用有关扶持政策，计划投资 1000 万元，建成长春影视动漫文化研究院。旨在使长春影视动漫文化研究院成为省内一流的影视动漫文化研究中心、影视动漫咨询服务中心、影视动漫文献资料中心和影视动漫人才培训中心。

建设影视剧作家创作基地。与吉林省作家协会、吉林省文联、吉林省社联、吉林省艺术研究院在产业园共建"影视剧作家创作基地"，邀请省内著名影视剧作家及一大批中青年影视剧作家进入基地，从事影视剧创作，为影视剧制作提供剧本。

成立长春电影产业协会。长春电影产业协会分为四大板块：文学剧本创作委员会、影视制作经营委员会、电影发行放映委员会、行业配套服务委员会。长春电影产业协会服务广大电影行业相关企业，在政府与各企业之间搭建一个沟通和交流的平台，准确把握电影新政策的趋势与走向，加强各企业在发展过程中的交流合作，发挥桥梁和纽带作用，共同推动长春电影行业健康、有序、快速发展。

9. 大力发展"影视动漫＋其他产业"，促进影视动漫产业与其他产业融合发展

（1）影视动漫＋汽车产业

与一汽集团合作，围绕传承中国汽车文化，汽车智能制造，汽车研发创新、创造、创业的艰辛历程拍摄汽车主题影视作品和动漫作品。

（2）影视动漫＋高铁产业

与中国北车长春轨道客车股份有限公司合作，深挖高铁文化内涵，创作被誉为"工人院士""高铁焊接大师"李万君"大国工匠"的剧本，拍摄这类题材的电影；创作拍摄东北老工业基地文化、老工业基地精神题材的影视作品等。

（3）影视动漫＋教育

围绕长春科学家黄大年、红色党史理论家郑德荣的感人事迹，拍摄主题影视作品和动漫作品，塑造长春科学家、教育家英雄形象。

（4）影视动漫＋旅游

围绕长春特色IP，拍摄主题影视作品和动漫作品，实现长春特色IP和长春旅游景区的融合发展。

10. 扩大中韩影视动漫产业交流合作，构建互利共赢国际合作新格局

落实文化"走出去"的有关优惠政策，通过合作的方式全面打开国内外市场，与韩国影视动漫制作团队合作，吸收韩国优秀影视动漫作品的创作经验和市场运营模式，扩大与韩国影视动漫产业交流合作，加大对影视动漫产品和服务出口的支持力度。成立联合制作工作室，构建高效的制作基础设施，吸引两国优秀项目，发挥各自的优势，合作制作影视动漫作品，拓宽文化影响力。采用合资合作等方式开展国际合作，构建互利共赢的影视动漫产业国际交流合作新格局。

七、中韩（长春）国际合作示范区
——中韩体育产业合作发展建议

（一）中韩（长春）国际合作示范区方案中有关体育合作的表述

2020年5月5日，按照《国务院关于中韩（长春）国际合作示范区总体方案的批复》（国函〔2020〕45号）精神，国家发改委发布了《国家发展改革委关于印发〈中韩（长春）国际合作示范区总体方案〉的通知》（发改振兴〔2020〕711号）。在《中韩（长春）国际合作示范区总体方案》（下简称《方案》）中，对中韩加强旅游与体育合作进行了如下阐述："加强中韩两国地方政府、旅游协会、企业等多层次的旅游合作。支持韩国旅游机构在示范区内设立分支机构，推动组建旅游企业联盟，积极发展跨境旅游。依托生态冰雪、汽车工业、电影文化等特色自然文化旅游资源，支持示范区旅游企业与韩国等国际知名旅游企业合作，合作设计开发旅游产品，推动打造中韩国际旅游集散中心，吸引国际游客来吉林省旅游度假。支持韩国休闲运动机构在示范区设立区域总部，开展体育健身等方面交流合作。"

（二）休闲运动的含义和分类

休闲运动（LEISURE SPORTS）在百度百科中被定义为是一种以休闲为目的的体育活动。它是在现代社会快节奏的工作和生活环境下，人们利用闲暇时间，主动地随意地体验各种以身体活动为基础的一种娱乐、健身的过程，是身体放松必不可少的一种运动。休闲运动不仅能缓解压力，松弛过分紧张的情绪，更能张扬个性，追求品位与情趣，达到健身、娱乐、交往、自我实现等目的，进而满足个人身心发展需要。

按照运动类别，休闲运动被划分为以下几类。

1. 健身健美类

包括跑步、健身、健美操、普拉提、体育舞蹈、街舞、瑜伽、太极拳、传统武术等，用于体型训练、减肥纤体、调节机能，是带有表演性、艺术性、技巧性的有氧运动。

2. 民俗游戏类

跳绳、钓鱼、马术、风筝、踢毽子、陀螺、轮滑、飞镖、射箭等，这些活动源于古代的民间游戏，历史悠久，在漫长的实践和传承过程中经过人们不断修改、创新，发展成为现代颇具特色的体育项目。

3. 运动竞技类

包括足球、篮球、排球、乒乓球、羽毛球等各种球类项目以及游泳、搏击、射击等项目，具有技艺性、竞争性和规则性的特点。

4. 探险拓展类

包括野外拓展、登山、野营、攀岩、蹦极、定向越野、漂流、溯溪、徒步穿越、驾车、自行车等项目。

5. 冰雪运动类

包括冰上运动，如速度滑冰、花样滑冰、冰球、冰壶等；雪上运动，如速降、雪橇、雪车、单板等项目。

6. 棋牌游戏类

包括中国象棋、围棋、国际象棋、蒙古象棋、五子棋、跳棋、国际跳棋（已列入首届世界智力运动会项目）、军棋、桥牌、扑克、麻将，等等诸多传统或新兴娱乐项目。

7. 电子竞技类

2003 年 11 月 18 日，国家体育总局正式批准，将电子竞技列为第 99 个正式体育竞赛项。2008 年，国家体育总局将电子竞技改批为第 78 号正式体育竞赛项。2018 年雅加达第 18 届亚运会将电子竞技纳为表演项目。中国电竞代表团在《王者荣耀国际版（AOV）》《英雄联盟》《皇室战争》项目上夺得 2 金 1 银。2019 年 1 月 29 日，中国人力资源和社会保障部发布公示通告，拟发布 15 个新职业，其中包括电子竞技员、电子竞技运营师两项电竞相关的职业。

（三）关于中韩体育产业合作发展建议

1. 联合成立中韩（长春）体育产业培训学院

整合吉林省与长春市体育教育资源，依托吉林大学、东北师范大学、长春师范大学、吉林师范大学、北华大学、延边大学等高等院校，充分利用长春与韩国竞技体育方面的各自优势，共同拟定专业设置、人才培养方案、教学大纲等教学文件，面向东北招收学员开展系统培训，并颁发中韩两国共同认可的职业资格证书，促进东北三省场馆建设水平、赛事组织水平、体育管理水平、运动竞技水平、体育产业水平全面提高，民众体育素质全面提升。

2. 创建中韩（长春）体育产业园区

以中韩（长春）体育产业培训学院为核心，围绕健身健美、民俗游戏、运动竞技、探险拓展、冰雪运动、棋牌游戏、电子竞技等方面共同引进"一带一路"A线沿线国家的相关体育产业公司进驻，打造东北亚地区体育产业中心。

3. 兴建长春冰壶运动馆

迄今为止，长春已经拥有专业级的冰上运动场馆3所，包括吉林滑冰馆、长春速滑馆、长春富奥冰球馆，但专业的、具备赛事组织能力的冰壶运动馆尚属空白。要想举办综合性国际级冰雪运动赛事，长春冰壶运动馆的兴建迫在眉睫。在中韩（长春）国际合作示范区建设冰壶运动馆，有利于两国交流，也有利于大型赛事的举办。

4. 举办"一带一路"A线沿线国家及东北亚地区各级各类体育赛事

依托新建的长春奥林匹克公园、九台农商银行体育中心、莲花山体育馆、莲花山滑雪场、庙香山滑雪场等运动场馆，联合日本、韩国、朝鲜、蒙古、俄罗斯以及北美、东欧各国，举办国家级、省级、市级、职业俱乐部级、业余俱乐部级和大、中、小学生级的杯赛、联赛、锦标赛、邀请赛、公开赛等各类赛事，重点开展具备长春与韩国优势的项目，包括冰雪、乒乓球、围棋、跆拳道、武术、足球、篮球、电子竞技等。

5. 全面推动汽车赛事开展

依托以长春一汽为引领的"汽车城"产业优势，吉林大学汽车学院、长春汽车高等专科学校等人才优势，联合九台区在建的汽车文化主题公园，面向东北亚地区与"一带一路"A线沿线国家，开展各级各类环卡伦湖竞速公路赛、场地赛、模型赛等各类汽车赛事。

6. 全面推动航空赛事开展

依托长春航空航天科技优势，空军航空大学、长春航空职业技术学院的人才优势，德惠市航空经济区产业优势，"空港新城"的地域优势，莲花山、庙香山的地理资源，开展各级各类飞行器、航空模型、航天模型、机器人、模拟飞行等航空赛事。

德惠市航空经济区产业项目由瞻望世纪航空集团投资建设，总投资约62亿元，总占地面积约5500亩（1亩＝666.66平方米）。该项目以建设机场为基础，计划占地2000亩；同时，建设航空产业园，计划占地1600亩；配套建设航空商务园、航空博览园和航空生活区等附属设施。俄罗斯银色之翼航空、俄罗斯雷姆斯航空、福仕达公司、中配集团、安徽蜂鸟通用航空有限公司等将成为德惠市航空经济区首批入驻企业。

7. 建设长春电子竞技馆，扶持发展电子竞技产业

韩国是世界上电子竞技发展最好的国家之一，而长春电竞产业刚刚起步，建议借鉴韩国模式进行融资，在中韩（长春）国际合作示范区内建设一处长春电子竞技馆，可以和汽车模型比赛、模拟飞行比赛、动漫博览会等共用，与长春奥林匹克公园、长春冰壶馆、莲花山滑雪场、庙香山滑雪场构成运动场馆集群。

在电竞赛事方面，由韩国举办的世界电子竞技大赛WCG（World Cyber Games），参赛的国家和地区已经多达近百个，WCG还被人们赞誉为电子竞技赛事中的"奥运会"。在经济方面，电子竞技给韩国带来了巨大的经济利润，这些利润已超越汽车产业，它在自身迅速发展的同时还带动了网络设备、数据网络基础设施、IT设备等许多个领域的发展。

长春电竞虽然距离产业化有一定差距，但是群众基础相对良好，现已组建了长春亚泰电竞战队，并且已经在比赛中取得了一定成绩。随着2018年吉林省电竞产业总部基地的落地，长春电竞运动的产业化发展已经起步。在中韩（长春）国际合作示范区开展电竞运动，吸引韩国电竞企业与团队进驻，将有力推动长春乃至吉林省电竞产业的飞速发展，为长春体育文化事业的发展锦上添花。

八、关于深入挖掘鹿文化内涵 打造双阳鹿乡百亿级乡村振兴示范小镇的建议

2017年10月18日习近平总书记在党的十九大报告中提出了乡村振兴战略，并提出了"产业兴旺、生态宜居、乡风文明、治理有效、生活富裕"的20字乡村振兴战略方针，体现了对于乡村经济、政治、文化、社会、生态全面覆盖的发展理念。2018年1月2日，由中共中央、国务院发布《中共中央国务院关于实施乡村振兴战略的意见》。

2018年2月14日，为深入贯彻习近平新时代中国特色社会主义思想和党

的十九大精神，落实《中共中央国务院关于实施乡村振兴战略的意见》，中共吉林省委吉林省人民政府发布了《吉林省委省政府关于实施乡村振兴战略的意见》。长春市近百个乡镇，每个乡镇各有特色，除种植业外，畜牧业资源也十分丰富，还有优美的自然景观，悠久的农耕历史文化，丰富的非物质文化遗产，独具特色的乡村原生态旅游资源。本课题组对长春周边典型乡镇开展了系统调研，发现虽然我市相关乡镇农业资源禀赋得天独厚，但对乡村振兴发展没有完整的想法，没有系统的思考，没有整体的规划，他们迫切需要一个乡村振兴示范小镇模板，学习借鉴并以此构建本乡镇的整形发展规划。在我们已经走访的几十个乡镇中，我们认为双阳鹿乡特有的资源禀赋，便利的交通条件，优美的自然环境和已经初步形成的鹿产业非常适合打造成长春乡村振兴的示范小镇。

（一）双阳鹿乡作为乡村振兴示范小镇的优势

1.区位优势明显

双阳区位于吉林省中部、长春市区东南部，辖区面积 1677.42 平方千米，占长春市区总面积的 46.8%；总人口 37.7 万人，占长春市区总人口的 13.7%。双阳距长春市中心区 37 千米，处于长春半小时经济圈内，是长春市城市规划空间格局中一个十分重要的战略功能区。区域内交通环境非常便利，长清（长春—东清）、双蒋（双阳—蒋家）公路连接长春市主城区，龙双（龙家堡—双阳）公路连通龙嘉机场，长双烟铁路贯穿双阳南北、连接沈吉和京哈铁路，长春至双阳城市高速公路和城市轻轨即将开工建设，初步构建了辐射全区、纵横全境、方便快捷的道路交通网络。

双阳区是国家级生态示范区，水网密集、山川秀美、空气清新、环境幽雅。全区森林覆盖率达到 24.7%；境内共有中小河流 17 条，中小型水库和湖泊 41 座；城区绿化覆盖率达到 41.5%，人均绿地面积 11.5 平方米，全区大气质量常年保持在国家一级标准，有"天然氧吧"的美誉。双阳旅游资源得天独厚，境内有长春第一峰及东北海拔最高、落差最大、面积最广的岩溶景观和世界罕见的冰瀑布，生态旅游、休闲康体等现代服务业发展空间十分广阔。双阳区投资环境优越，拥有双阳经济开发区和长春文化印刷产业开发区两个省级开发区。

2.历史文化悠久

据《双阳县志》记载：清道光年间在双阳区鹿乡镇盘古屯（满语：养鹿的地方）就有人饲养梅花鹿。从盘古屯出土的石碑也记载了这一点。2000 年长春市自来水公司双阳区梨树屯修建污水处理厂，挖土至 10 米深左右，发现了许多古生物化石，其中有一块长有枝杈犄角的头骨化石。据考证，这块化石就是梅花鹿化石。由此推断，双阳在 5000 年前的原始社会就已经有梅花鹿生存。公元 1725 年清朝雍正年间，双阳区鹿乡镇盘古屯就有人捕获野生梅花鹿，围起栅栏，进行人工驯养。

双阳鹿产业发展包括如下四个历史阶段。

（1）自发散养阶段（1725—1949）

这个阶段是清雍正年间至新中国成立前，养殖形式是部分家庭自发散养。这个时期，人们逐渐认识到鹿茸的药用功效，并成为东北三宝之一。

（2）规模养殖阶段（1949—1978）

1949 年双阳县在长岭陈家屯建起第一家国营鹿场，这标志着梅花鹿的养殖由散养向规模养殖方向发展，同年底全县梅花鹿存栏达 556 只；1958 年，双阳县国营鹿场的两架优质鹿茸选入北京农业展览馆展出；1959 年建立国营第二鹿场；1962 年建立国营第三鹿场，全县梅花鹿存栏达 2717 只；1969 年以后陆续建起了国营第四鹿场和国营第五鹿场；到 1978 年十一届三中全会之前，全区建成国营鹿场 5 家，鹿只存栏总量和品质大幅度提高。

（3）计划与市场并存养殖阶段（1978—1998）

党的十一届三中全会后，农业实行家庭联产承包制，全县掀起养鹿高潮，使得个体养殖模式得到了快速发展，初步形成了国有、集体、个体同步发展的格局。1988 年，双阳县被列为吉林省养鹿基地县，1990 年双阳县被国家农牧渔业部确定为国家种鹿基地。1995 年双阳撤县设区后，全区拥有国营鹿场 5 家、集体鹿场 38 家、全体养鹿户 3600 户，全区梅花鹿存栏 43830 只，占全国的 17.5%，占全省的 33.75%，年产鹿茸 23160 公斤，占全国鹿茸产量的 12.9%。同年 4 月，中国特产之乡命名暨宣传活动组委会命名双阳县为全国首批唯一的"中国梅花鹿之乡"。1989—1998 年，双阳鹿只存栏、鹿茸总产、鹿茸单产、鹿茸优质品率及鹿副产品出口创汇 5 项指标连续 10 年均居全国同行业之首。

（4）现代养殖阶段（1999—现在）

随着国企改革的不断深入，1999—2000 年，按照国家有关政策，双阳区国营鹿场种鹿已全部出售，职工全员买断，国有资产划拨国家，国营鹿场全部改制为个体民营鹿场。此后，随着民营企业的不断壮大和发展，梅花鹿产品已由原来的原材料和初级产品加工向高附加值精深产品方向转变，形成了科、工、贸一体化的现代化产业发展模式。一大批实力强的企业，如吉林省长双鹿业特产开发集团有限公司、吉林省尊鹿生物科技有限公司、吉林省双阳鹿业良种繁育有限公司、长春市虹桥鹿业有限公司、长春市双阳区博文鹿业良种繁育有限公司、长春市双阳区蜂顶山鹿业有限公司、吉林鹤年堂参茸制品有限责任公司、吉林盘古梅花鹿生物科技有限公司、长春世鹿鹿业有限公司等现代化企业不断涌现，全区梅花鹿产业再上一个新台阶。

3. 特色产业鲜明

双阳养鹿历史悠久，是全国最大的鹿产品集散地，鹿产业发展主要经济指标连续十年居全国各县（区）首位。未来一个时期，双阳计划建成全国最大的梅花鹿繁育中心、鹿产业科研开发中心、鹿系列产品加工中心和鹿文化交流中心，将成为鹿及鹿产品加工产业发展的最佳区域。双阳鹿产业具体有以下六大优势。

（1）规模优势

2017 年，双阳区梅花鹿存栏数量 20 万只，占全国总量的 30%，梅花鹿养殖户近万户，其中百只以上养殖户 400 户，超千只规模养殖户 8 户。双阳鹿存栏、鹿茸总产、单产、鹿茸优质品质率和创汇率始终稳居全国各县市之首。

（2）品种优势

"双阳梅花鹿育种"科研项目始于 20 世纪 60 年代。经过二十多年的不懈努力，1986 年由双阳县高级畜牧师韩坤同志带领的科研团队成功培育出了我国乃至世界首例人工繁育定型的优良品种—"双阳梅花鹿"，并通过农业部的鉴定。1987 年列入国家"农业科技星火计划"，因双阳梅花鹿较其他梅花鹿具有鹿茸优质高产、遗传性稳定、耐粗饲、适应性强、繁殖成活率高等特点，1990 年获国家"科技进步一等奖"。2011 年第二次中国鹿业大会上，双阳鹿业良种繁育有限公司 19 号公鹿获得"鹿王"称号。双阳梅花鹿体形中等、毛色较深、梅花斑点大而清晰、背线较浅、头长额宽、胸部宽深、腹围较大，在形态结构、生理机能、生长发育等方面，均具有较强优势，且具有较高的鹿茸高产性能，而且鹿茸质量也位居全国同行业之首，其特点是鹿茸枝头肥大、质地松嫩、茸型完美、色泽鲜艳、含血量足、有效成分含量高等。

（3）产品优势

全区拥有资产超千万元以上的高端鹿产品研发和生产企业 7 家，产品覆盖 6 大类 130 多个品种。修正药业、长双鹿业、世鹿鹿业、中汇鹿业、盘古鹿业等企业自主研发的梅花鹿基因营养液、鹿胎精华素等多种产品拥有自主知识产权，吉林生物鹿业制品有限公司取得中国首家鹿产品、保健品的 GMP 认证。"尊鹿"牌"生物菌介蛋白"成功推向省外市场；"世鹿""长双""鹤年堂""盘古"等 10 多个品牌的产品远销韩国、新加坡、日本、阿富汗、阿联酋、西欧、香港等国家和地区。

（4）地理标志产品优势

2008 年 4 月，"双阳梅花鹿"地理标志证明商标被国家工商总局商标局正式核准注册。"双阳梅花鹿"地理标志证明商标的获得，结束了双阳乃至长春市没有地理标志证明商标的历史，对打造"中国梅花鹿之乡"品牌，实现富区裕民，加速梅花鹿产业与国际市场接轨具有十分重要的意义。地理标志证明商标带动了双阳鹿业的发展，鹿业产业园区已初具规模。修正药业、长双鹿业、锦鹿科技等重点加工企业相继落户园区，所生产的多种保健产品已远销东南沿海城市，一部分鹿产品在港、澳、台地区和韩国、日本以及东南亚等国家占有一定的市场份额。

（5）人才优势

双阳拥有韩坤等一批国家、省市级科研人员，产品研发团队聚集各类专业人才 3420 人，以长双鹿业为基地，成立了优质梅花鹿产业化开发关键技术专项课题科技攻关组，6 个课题由吉林大学、吉林农业大学、解放军农牧大学、吉林特产研究所等省内知名院校专家领军，分别就良种繁育、专用饲料、疫病诊治、鹿茸护肤品、养生饮品、基因资源进行深度研发。市场营销团队拥有2000多名持证经纪人，培养了宋先宗、柴玉娟等一批鹿产品销售人才，销售网络已经延伸到国际领域。养殖服务团队拥有鹿业诊疗服务人员430余人，鹿业养殖熟练工38000万人。

（6）市场优势

目前，双阳共有各类鹿产品经销企业近300家，鹿副产品年吞吐量达到3000吨，已经形成了鹿乡镇和双阳城区两大鹿产品交易中心，年实现总产值18亿元，利润近2亿元。每年仅鹿乡镇的客流量就近百万人次，鹿副产品吞吐量达到1800余吨，鲜鹿茸吞吐量达到150吨，该镇鹿产品专业市场的鹿产品价格始终影响全国，成为全国鹿业市场走向的"晴雨表"。

4. 鹿品牌（IP）知名度高

（1）1988年，双阳县被列为吉林省养鹿基地县。

（2）1990年双阳县被国家农牧渔业部确定为国家种鹿基地。

（3）1995年，双阳区被中国首批百家特产之乡大会组委会命名为"中国梅花鹿之乡"。

（4）2003年双阳区被省、市政府确定为"吉林省特种经济动物振兴工程"的鹿产业基地。

（5）2006年双阳区作为全国唯一的中国梅花鹿标准化示范区顺利通过了国家验收。

（6）2008年"双阳梅花鹿"地理标志证明商标经国家工商总局商标局核准予以注册，结束了双阳乃至长春市没有地理标志证明商标的历史。

（7）2009年双阳区梅花鹿产业被吉林省政府列入长吉图战略规划。

（8）2010年双阳区因特有的梅花鹿产业，与天津滨海新区、河南郑州、湖南张家界等国内20多个省份的60个市镇被《香港大公报》评选为"2010中国最具海外影响力市（县、区）、镇（乡、村）"，双阳及双阳梅花鹿再次名扬海内外。

（9）2011年双阳区被吉林省政府确定为全省梅花鹿产业发展"双核驱动"的重要"核心区之一"。

（10）同年，被中国野生动物保护协会确定为"中国梅花鹿种源养殖示范区"。

（二）双阳鹿乡乡村振兴示范小镇建设存在的问题和建议

双阳有300多年的养鹿历史，被国务院确定为全国唯一的"中国梅花鹿之乡"，是中国庭院饲养梅花鹿的发祥地，双阳梅花鹿资源总量占全国1/8。虽然开发鹿茸、鹿血、鹿肉等副产品历史悠久，但深加工产品太少，加工层次太低，开发远远不够。

1. 将双阳梅花鹿作为单独的"吉字号"品牌建设

在吉林省农业农村厅的规划中，将吉林大米、长白山人参、吉林杂粮杂豆、吉林长白山食用菌、吉林玉米和吉林优质畜产品列为六大"吉字号"品牌进行建设。但是作为一种药用价值和食用价值并重的经济动物，本课题组认为把梅花鹿仅列为优质畜产品不准确。

建议：吉林省农业农村厅将梅花鹿列为单独的"吉字号"品牌进行建设。

2. 争取国家级鹿业农业现代产业园区

双阳区鹿业省级现代农业产业园主要以鹿乡镇和双阳经开区鹿产品深加工园区（医药健康产业园）为规划控制范围，总面积约 150 平方千米，计划总投资约 55.7 亿元，实施鹿业养殖、鹿产品加工、鹿产品交易与物流、鹿文化和旅游、鹿产品科技研发服务、鹿产业市场监管服务、鹿产品品牌化营销服务、鹿产业大数据综合服务、重点基础设施项目、园区管理服务等十大类重点工程 72 项重点项目。

建议：省、市继续加大扶持力度，按国家级现代农业产业园区标准进行建设，并尽快使之成为国家级现代农业产业园区。

3. 助推一二三产业融合，"兴村强镇"示范区建设

8 月 6 日，农业农村部办公厅、财政部办公厅公布了 2018 年农业产业强镇示范建设名单，全国共有 254 个镇（乡）批准开展农业产业强镇示范建设，双阳区鹿乡镇名列其中，并配以扶持资金 1150 万。

建议一：市政府加大扶持力度，连续扶持三年，按照国家比例进行资金配套，设立梅花鹿产业发展专项基金，用于进行农产品补助、购买保险、疫病防治、标准化鹿舍建设、种源保护等工作。

建议二：因双阳区设施农用地不够，建议将周边其他用地尽可能划拨给鹿乡镇，进行统一规划与开发，促进"兴村强镇"示范区建设。

4. 缺乏龙头企业

调研中发现鹿业初加工企业（切片、烘干、膏剂、泡酒等），占到整个鹿乡企业的 90% 以上，约 5% 左右的企业具有片剂、铝膜包装和易拉罐化的加工能力。更是只有屈指可数的企业邀请专业团队采用文创的标准进行深度包装和市场推广。据调研，目前最大规模的加工企业投资额大约在 3.5 亿元左右，但是也存在着生产线生产能力大于原料供应的状况。以上种种原因导致鹿乡龙头企业缺乏的状况，并形成整体产业链无法提升和原材料供应难以跟上的双向恶性循环。

建议：政府协助解决缺乏龙头企业问题。

5. 缺乏科技支撑

在调研中发现企业科研实力普遍薄弱，仅有屈指可数的企业具有研发中心。与韩国建国大学合作的东鳌鹿业，由于有国际化的眼光和经验，生产出来的产品无论是品质和精细度都远远超过国内同类产品，这凸显了科研的重要性。

建议：政府协调各方资源，解决鹿业缺乏科技支撑问题。

6. 文化挖掘不够

鹿乡目前只注重鹿产业生产加工，并没有将鹿文化融入到产业中来。说起鹿乡，就必然要谈起鹿文化：从鹿的神话到鹿的图腾文化，从现代生活中与鹿有关的美食文化、文学艺术、影视剧创作，再到与鹿有关的社会生活，这其中体现了多少民族的勤劳与智慧。所以有关部门要以鹿文化为内涵重塑鹿乡乡村振兴示范小镇。

（1）将鹿文化向文化深处挖掘，编辑整理与鹿文化有关的资料，形成资料汇编

经本课题组调研整理发现，目前在我国与鹿有关的地名、河名、山名有近百处，与鹿有关的成语、俗语、谚语、歇后语300余个，有关鹿的神话故事和民间故事有百余个，可见鹿文化在中华民族的文化宝典中具有非比寻常的意义。经过系统提炼升华，可出一部有关鹿的神话故事集。

（2）建一处鹿苑（养殖基地、旅游景点）

距离鹿乡不到40公里的阿木巴克围场（苇子沟）是清朝时期著名的皇家围场，地处长白山余脉，适合设立梅花鹿养殖基地。既可以保护当地的自然生态资源，又可以将现代化的鹿苑与原始的围场充分整合，既可以开发鹿的自身价值，又可以对围场及相关的狩猎文化进行立体式的旅游开发。

（3）开发鹿的食用价值和药用价值，拍摄有关鹿的科普片

鹿浑身都是宝，鹿头、鹿脑、鹿茸、鹿肉、鹿茸血、鹿胎、鹿角、鹿骨、鹿髓、鹿肝、鹿心、鹿肾、鹿鞭、鹿脂、鹿筋、鹿肚、鹿油、鹿尾等，都是中药典籍上有记载的可供药用的名贵中药。在鹿苑中可设立鹿研究基地加大鹿产品研发力度，增加鹿产品的科技含量，努力增加鹿产品的附加值。长春市已经成规模的鹿药产品，如前列回春胶囊、利心丸、鹿茸精口服液、鹿茸精注射液、鹿心精口服液，都是以鹿入药。可以充分利用鹿的药用价值，在此基础上再研发更多更好的鹿药产品。同时鹿也是美食佳品，可以充分利用鹿的食用文化开发创造多种鹿食品、饮品、菜肴，丰富广大人民群众的生活，在享受美食、美味的同时，自然而然地、轻松而愉快地养身健身，可谓乐在其中，养在其中，妙不可言。

拍一部有关鹿食文化的科普片，从烹饪到餐饮周边都渗透鹿文化：鹿肉馆、全鹿宴、鹿茸酒、鹿血酒鹿鞭酒、鹿肉深加工、鹿骨雕刻品、鹿皮制品，等等。

（4）拍摄以鹿文化为背景的影视剧

满族在长白山脉繁衍生息近千年，清朝276年的历史，离不开鹿和鹿文化的滋养。以鹿神传说为蓝本，以部落鹿图腾文化为脉络，创作并拍摄影视剧作品，进一步挖掘鹿文化内涵，宣传推介鹿文化小镇，弘扬东北地域文化，推动鹿文化产业发展。

（5）进一步开发鹿文化产业，打造一个精致的鹿文化小镇

鹿文化小镇位于鹿产业开发区内。在鹿产品开发的基础上进一步开发鹿文化产业。

开发建设鹿文化图书馆、鹿文化博物馆、鹿文化主题广场、鹿文化主题宾馆。

围绕《狼和鹿的故事》动画片，鹿的影视作品，选择合适的外景地，建设鹿文化主题公园。

① 世界鹿园是包头市最大的以鹿文化为主题的公园，位于九原区新都市区布日陶亥路以东，210国道以西，建设路以南，沙河西街以北。它是集养殖、品种收集、鹿产品深加工、鹿产品展示、鹿文化美食以及旅游、休闲、购物等为一体的鹿文化主题公园。具体包括世界鹿园观赏区、鹿文化博物馆、鹿雕塑群、旅游商业服务设施及辅助配套设施。占地面积约为570亩（1亩＝666.666平方米），计划总投资2.5亿元。

项目整体规划为"鹿文化展示区、鹿观赏区、户外活动区、植物观赏区和水景观赏区"五个功能区，设计理念突显包头"多元并存、多元融合"的独特地域文化特色，力求建成生态化、园林化、现代化的城市主题公园。已建成鹿鸣湖、风雨亭、鹿鸣亭、半山亭、半山石径、美洲木凉亭、敖包山、观景平台、滨水栈道、澳洲鹿观赏区、美洲鹿观赏区、北欧鹿观赏区、木栈道、水榭、亲水平台、园内景观石、园区管理楼、休息平台、公厕等公共设施，种植油松、樟子松、云杉、国槐、香花槐、五角枫、山桃、红花槐、火炬各类树木近万株。

在设计上，借鉴古典园林的造园手法，创造背山面水的城市风水格局，同时融合了对包头具有重要意义的神山敖包，形成制高点。大中小三个层次的水面形成鹿鸣泉景区、鹿的放养区、水上活动及水景塑造区。届时，游人将感受到人与自然的和谐相处。

② 鹿世界科普主题园，该园设在北京市怀柔区。主题园的规划设计以"注重自然、突出鹿文化、引导参与、科普教育、养鹿富民"为理念。主题园目前占地面积69600平方米，本着节约原则，结合原有的鹿场布局，将整个园区分为科技研发区、产业发展区、农户带动区三大功能区域。

科技研发区占地20亩，主要以养殖、繁育技术研发、良种繁育为目标，承担怀柔区茸鹿繁育技术研究推广与示范中心的工作。研发区设有繁育圈舍、繁育研究室、化验室，设备齐全，基地现有良种鹿群1200只。

产业发展区以鹿文化展示、鹿产品展示、科普培训和鹿特色餐饮为主要功能，分为养殖观赏区、鹿文化产品认知展示区（600平方米）、鹿茸采摘表演区、游客与鹿互动观光区、科普培训区等，占地30亩。鹿血酒厂生产能力300

吨/年鹿肉加工厂正在建设当中。将观光和产业开发有机结合，实现多元化发展。农户带动区是以技术示范推广和农户带动为主，占地50余亩，现一期工程已结束。以公司为龙头成立的北京绿神茸鹿养殖专业合作社，带动全区14个乡镇147户农民社员进行茸鹿养殖。通过人工授精、杂交改良、控光增茸等技术的示范推广，使农户平均增收30000元以上。

科普园的建设，使公众更能了解鹿文化，了解鹿产品的保健作用，促进鹿产品的消费，从而促进整个养鹿行业经济的复苏。同时，利用现有的和将来开发研制的新技术来武装茸鹿饲养业，带动更多的养鹿户应用新技术新成果共同致富。

建设鹿文化雕塑园，将有关鹿文化的神话故事、民间故事、成语故事、熟语故事等以雕塑的形式展现出来，形成鹿文化特色雕塑园。

围绕鹿药文化鹿食文化，开设鹿肉馆、全鹿宴、药膳坊等各色餐饮，形成鹿文化美食一条街。

乡村振兴，产业先行。鹿乡乡村振兴示范小镇应该是一个包含集鹿养殖、鹿饲料开发、鹿产品初加工、鹿产品深加工、鹿产品营销、鹿文化主题旅游、鹿文化产业开发于一体的文旅小镇。小镇建成后将形成数十亿级的产业集群，这正契合了党的十九大提出的乡村振兴战略。"产业兴旺、生态宜居、乡风文明、治理有效、生活富裕"的双阳鹿乡乡村振兴示范小镇，应该成为长春市百余个乡镇制定乡村振兴发展规划的蓝本和示范。

（三）建设双阳鹿乡百亿级乡村振兴示范小镇的六大构想

我们通过深入走访获取大量一手资料后进行了思考，并针对调研问题、小镇建设目标和愿景给出六大产业构想。

1.鹿养殖产业

调研中发现，制约着鹿乡鹿产业发展的最大问题就是来自鹿养殖上不去的问题，目前小而散的养殖模式直接导致了鹿乡的鹿养殖量始终只能保持在一个恒定量上，且增长速度较慢。这与养殖户的资金和各方面资源短缺有关。

没有标准化就没有规模化，所以鹿养殖产业的首要工作就是制定鹿养殖的三个标准化，分别是标准化饲料、标准化环境和标准化殖保。同时，在小镇规划开发时，配套建设标准化养殖场，然后出租给有意向大规模养殖梅花鹿的养鹿大户。

· 集约化养殖方案

目前鹿乡一头鹿饲养面积在20m²左右，但是目前很多农户进行集约化养殖，面积在8m²左右，未来如果实现立体养殖，很可能把饲养每只鹿的用地面积缩为4平方米。届时，鹿乡在不增加土地消耗的前提下，也可将鹿的数量翻上几番。

· 工厂化养殖方案

建设标准化养殖场，租给养殖大户。

·家庭式养殖创新方案

解决脏乱差问题，才能成为特色小镇。创新家庭式养殖区，把散户整合起来，把土地整出来，建鹿舍，把饲料、养殖、粪便处理标准化。

·生态散养模式方案

需要注意两点问题，一是散养鹿啃树的问题，二是草场轮换的问题。

建立健全以技术标准为核心，管理标准和工作标准相配套的梅花鹿养殖标准体系，实现梅花鹿养殖全过程的标准化、规范化管理。同时通过扩大示范效应，辐射带动周边农户进行标准化养殖，改良生态环境，促进农民增收、农业增效。

此外，鹿养殖产业还有饲养管理的科学技术水平问题。养殖业的效益主要体现在规模单元和投入产出比上面。科学的饲养管理是降低养殖成本、提高经济效益的关键环节。目前鹿乡养鹿还是以家庭作坊式的饲养模式为主，普遍还存在恶性市场竞争，养殖户科技意识相对差，信息获取不灵活的现象。

一个产业的良好发展靠的是建立完善的产业链，如产品销售、技术培训、技术咨询、信息交流、产品售后服务等方面的配套服务，养鹿业只有遵循上述规律，才能使其在市场经济大潮中破浪前进。而调研发现，目前鹿业销售渠道鱼龙混杂，欺行霸市现象时有发生，且专业养鹿科学研究人员缺乏且经费匮乏，阻碍养鹿技术向纵深发展。向农民普及养鹿技术知识力度不够，使其养鹿仍然处于自行摸索阶段。所以，必须加强科研投入、技术推广，使养鹿业科学化、正规化。

疫病防控不力也是一个最主要的制约鹿养殖量的因素。据不完全统计，驯养鹿传染病大多是畜禽共患病，如炭疽、结核、布鲁氏菌病、梭菌性疾病、大肠杆菌病、沙门氏菌病、巴氏杆菌病、坏死杆菌病、钩端螺旋体病、诺卡氏菌病、狂犬病、口蹄病、蓝舌病、日本乙型脑炎、水疱性口炎、黏膜病和皮肤真菌病等，也有一些如鹿流行出血热和鹿流产加德纳氏菌病等烈性传染病；普通病约有30种，以营养性疾病、消化道病、外科病和产科病较多见；寄生虫病大约有20多种。但目前个体养殖户普遍缺乏兽医知识，对于科学饲料配比及常见疾病的防治与治疗了解不够，使鹿的死亡率居高不下，直接带来饲养成本的提高。只有坚持执行严密的检疫、防疫、卫生消毒和免疫预防等有效措施，给鹿一个良好的养殖环境，才能将鹿的传染病问题控制住。

2. 鹿产品产业

（1）鹿乡鹿产品加工存在问题

调研过程中，发现目前鹿乡小镇的鹿产品加工还是存在着一定的问题，主要有以下两大问题：① 鹿产品多以原材料形式出售。我国是世界上梅花鹿养殖数量最多的国家，但是产品多以粗加工形式为主。例如：整枝茸和鹿茸片、鹿肉等粗加工产品。② 鹿产品没有统一标准，产品质量良莠不齐。

（2）鹿乡鹿产品加工开发特点

在此次调研中我们欣喜地发现，鹿乡和周边的鹿产品的加工与开发取得了长足的进展，呈现出如下几个特点。

一是由原来的主要以加工鹿茸为主，逐渐加大了对鹿血、鹿胎、鹿鞭、鹿骨、鹿筋等副产品的加工力度，使"鹿的全身都是宝"得到名副其实的利用，大大提高了鹿养殖的经济效益。

二是加大了技术开发力度和生产规模，增加了科技含量，提高了附加值，满足了市场多元化需求。

三是一些高科技的鹿产品企业开始出现，例如东鳌鹿业在与韩国建国大学的联合合作下，研制出诸如：鹿胎素化妆品、超微冻干粉、口服液等。出现了不少科技含量高、质量优良、口味及营养俱佳并且食用和携带都很方便的产品。

（3）鹿产品深加工技术发展

发达国家鹿产品深加工技术大多采用低温超声裂解提取优质鹿茸素、鹿胎盘生理活性多肽制备、生物发酵法制酒、超微粉碎技术、低温冷冻干燥技术、超临界萃取技术、鲜鹿茸粉活性胶囊技术、保留活性物的鹿茸粉胶囊技术、鲜鹿茸提取胰岛素样生长因子技术等。以上的鹿产品深加工技术未来也需要在鹿乡小镇中大量导入，替代目前的粗加工格局，同时还需要拥有自主知识产权，才能奠定鹿乡鹿产品深加工的基础。

（4）关于鹿乡小镇近远期鹿产品产业发展的思考

近期，主打食品加工和保健品领域，专攻以下三大类别的鹿产品：鹿茸制品和酒制品、鹿胎膏等膏剂类的产品、鹿阿胶和鹿肉制品；远期，则主打将鹿原材料药品化，专攻鹿茸片、鹿血片、针剂（鹿脑提取物、鹿茸生长因子、鹿茸胎素等）等产品。

（5）鹿产品科研与发展趋势

在鹿产品产业的问题上还需要加大对鹿业科研的投入，大力进行鹿与鹿产品的开发研究，采取基础科学、应用科学、技术开发全面协同发展的方针，以科技升级推动鹿业升级。多年来，我国在驯养梅花鹿和马鹿的选育种与遗传性状上的研究取得了丰富成果，培育出了种质优、产茸量高与产品质量好的梅花鹿品种，也受到了国际重视，出口潜力很大。但目前中国的养鹿业现状与家庭作坊式传统饲养模式使其推广普及面临重重困难，一方面呼吁呐喊品种改良，一方面在无意识地造成品种退化。此外，由于对全球化经济与市场经济的认识不足，加上政府对特种动物养殖业缺乏规范与立项的系统研究，导致良种鹿出口不畅、药用鹿产品的药理作用不清、鹿副产品的保健功能不明与开发利用滞后以及鹿茸产品制作技术落后与深加工不够，等等，因而在国际市场上缺乏竞争力。其主要原因是目前在鹿业科研方面表现急功近利，重视应用而忽略了理论研究，致使一些鹿产品药理作用不清，很难在高端产业中占有一定的市场空间，结果每年的相关科研立项难、经费少，最终导致研究条件跟不上，形成恶性循环。所以，应尽快建立鹿业中心实验室和中心实验基地，除生产中急需的一般性技术外，大力开展高新科技研究。研究重点是现代繁育技术、生物工程技术、鹿茸及其副产品的深加工技术，深入开展鹿主副产品药理作用研究，加快研制开发鹿产品的保健品、保健食品和深加工系列产品；加强马鹿品种、品系和茸肉兼用型鹿的选育，这些是今后一段时间内必须重点发展的方向。

鹿产品研发的发展趋势：

第一代：天然活性物质与混合成分的粗制剂；

第二代：应用生化分离、纯化技术，制取具有针对性治疗作用的生化成分；

第三代：应用生物工程技术生产的天然生物活性物质；

第四代：个体定制个性化产品的精准研发服务。

（5）发展特色鹿产品

关于鹿产品产业的一些构想：

鹿产品美容化妆品用：我国古籍中多有鹿产品用于美容化妆品的记载。如"永和公主澡豆方"（《太平圣惠方》）中有鹿角霜、鹿角胶，"崔氏蜡脂方"（《外台秘要》）中有鹿髓，"麋角涂法"（《食疗本草》）有麋角、麋骨，"刘仲方"（《对台秘要》）中有鹿角，"小地黄煎丸"（《圣济总录》）中有鹿角胶。现在市场也不断有鹿产品为原料的高档美容化妆品上市：鹿胎素系列化妆品，康鹿鹿茸养颜宝，鹿脂蛋白乳，等等，满足了消费者对高档天然美容化妆品的需求。这将是未来鹿乡小镇鹿产品产业的一个重要突破方向。

鹿酒工艺：茅台酒作为贡品开始向宋朝廷供奉，至元代中期定型之后因战争而荒废，到明清又发展到鼎盛。真正的"回沙茅台"是浓香型而非现在的酱香型，制曲、发酵、蒸馏的温度也不像现在这样高，也没有现在这样的勾兑技术，但工艺要比现在复杂的多。其工艺特点是在每一个"回沙"流程中加入鹿血、不同品种的中药材。"回沙工艺"产出的酒成分复杂而口感不纯，必须进行储藏，储藏期至少3年。到清朝中叶，因"回沙茅台"工艺复杂产量低，再加上朝廷的大量索取，酒师们为应付差使和避免获罪，而被迫将"回沙工艺"进行简化，以此提高产量。于是"回沙流程"中的鹿血和中药材被取消，代之勾入不同的酒，而后进行储藏。未来，鹿乡小镇可深度挖掘这一运用鹿血酿酒的工艺，以提高酒的品质，恢复茅台酒的本来面目，同时为鹿乡带来大量收益。

（6）鹿金融产业构想

可通过提供保险、贷款、鹿产品拍卖、鹿产品期货、金融互助、理财等手段，构筑鹿乡小镇特有的金融体系，为鹿农提供保障，提高他们的养鹿积极性，同时整合鹿产品整体销售，提高产品溢价能力，用金融手段打通一二产业，创造现金流，帮农民增加收入。

打造鹿产品拍卖中心和期货交易中心，和当地农民组建鹿业产业公司，共同参与到与全国乃至全世界贸易商的交易，由公司运作，既能使当地养殖户获利，又能使政府获得相应税收。

3. 鹿旅游产业

双阳鹿乡特色小镇文旅将依托现有的鹿产业开展文化旅游。文旅布局主要包含两个层面，第一是产业文化层面，第二是旅游体验层面，我们可以通过这两个层面来布局小镇文旅。

（1）鹿主题动物园

鹿主题动物园——展示全世界鹿文化，将世界现有的所有鹿种都引入到园内，每种鹿都采用活鹿展示方式供旅游者欣赏，让更多人了解鹿，接受鹿，喜爱鹿。

（2）世界鹿文化博览馆

世界鹿文化博览馆：赋予逝去的生命——将历史长河中已经消失的鹿，如爱尔兰巨型鹿等绝迹的鹿，利用VR等技术情景再现；石头会说话；展示全球鹿化石，并提供各类型鹿纪念品。双阳鹿特展：展示双阳本地的鹿文化，再现双阳300年鹿乡养鹿历史、鹿殖祖源。

（3）双阳鹿文化小镇

将依托现有的鹿产业开展文化旅游。文旅布局主要包含两个层面，第一是产业文化层面，第二是旅游体验层面。

文化层面：鹿之传奇游览体验主线——结合当地遗存的女真文化，打造情景体验式古村落揭秘一个民族的传奇：5000人左右的部落，是如何两次入主中原的。

旅游体验层面：建设鹿王争霸、鹿宫奇缘、亲子鹿苑、冰上轰趴等各类型体验设施，以及鹿文化为主的餐饮体验。此外还有交通接驳体验，如驯鹿拉雪橇，接驳游客，体验鹿在雪地拉雪橇快速奔跑的感觉。

4. 鹿康养产业

以鹿为核催生出鹿乡特色小镇专业级康养中心，配备最先进的远程医学诊疗设备和基因检测设备，同时融合温泉资源康阳地产打造鹿乡康养特色板块。依托鹿产品的食用、药用、保健等诸多功效，将人群分开，分成男性人群和女性人群，按照中国太极阴、阳两极的模式打造康养中心。

5. 鹿生态产业

（1）精品有机蔬菜采摘中心

鹿粪是最高档的有机肥之一，可以用来种植一些经济价值较高的蔬菜，配合城市菜篮子工程，采摘有机蔬菜，让鹿粪能产生极大的经济效益。

（2）精品有机水果采摘中心

同样是利用鹿粪的高效有机肥效能，种植各类水果，配合设施农业，繁育世界各地适合本地生长且具有高经济价值的水果。

（四）鹿文化资料集萃

1. 有关鹿的地名

鹿泉区位于河北省中南部，处于东经114°18′，北纬38°05′，总面积603平方千米;东距河北省省会石家庄市15千米,并与正定县、栾城县接壤,北与灵寿县、平山县为界,南接元氏县,西临井陉县。

束鹿县今河北省辛集市。位于石家庄以东65千米处的石德铁路线上。北与深泽县、安平县接壤,南与冀县、宁晋县相连,东与深州市为邻,西与晋县交界,面积951平方千米。束鹿县原名鹿城,唐天宝十五年(公元756年)改称束鹿县。

鹿林山归属黑龙江省鹤岗市南山区,是鹤岗市著名的佛教山,山上共有大小寺庙数十所,每年都会有数万人来此参观拜佛。

鹿回头公园因一个美丽动人的传说而得名:很久很久以前,有一个残暴的峒主,想取一副名贵的鹿茸,强迫黎族青年阿黑上山打鹿。有一次阿黑上山打猎时,看见了一只美丽的花鹿,正被一只斑豹紧追,阿黑用箭射死了斑豹,然后对花鹿穷追不舍。一直追了九天九夜,翻过了九十九座山,追到三亚湾南边的珊瑚崖上,花鹿面对烟波浩翰的南海,前无去路。此时,青年猎手正欲搭箭射猎,花鹿突然回头含情凝望,变成一位美丽的少女向他走来,于是他们结为夫妻。鹿姑娘请来了一帮鹿兄弟,打败了峒主,他们便在石崖上定居,男耕女织,子孙繁衍,便把这座珊瑚崖建成了美丽的庄园。"鹿回头"也因此名扬于世。现在,鹿回头山顶已被建设成一座美丽的山顶公园,并根据美丽的传说在山上雕塑了一座高12米、长9米、宽4.9米的巨石雕像。三亚市也因此被人们称为"鹿城"。这里山岬角与海浪辉映,站在山上可俯瞰浩翰的大海,远眺起伏的山峦,三亚市全景尽收眼底,景色极为壮观。

张家港市鹿苑古镇,鹿苑古时北濒长江,地势平坦,河道纵横,雨水丰沛,春初战国时为吴王养鹿之地,故得名鹿苑。取其谐音又称绿园。元明以前属南沙乡修仁里,仅是一小村落。明初钱氏先祖从奚浦迁徙到此定居,集鱼、盐、布米之利,大辟商市始成大镇。境内古迹众多,人文荟萃,明代就有"钱氏一门九进士"之誉,是张家港市境内的著名文化古镇。

2. 鹿的形态特征

鹿科(Cervidae)是哺乳纲偶蹄目的一科动物。体型大小不等,为有角的反刍类,分布于欧亚大陆、日本、菲律宾、印度尼西亚、北美洲、南美洲的南纬40°以北地区及西南非洲,全世界约有34种,共16属约52种。鹿科动物其特征是生有实心的分叉的角,一般仅雄性有1对角,雌性无角,典型的草食性动物,吃草、树皮、嫩枝和幼树苗。善游泳,体长0.75~2.90米,体重9~800千克。

角是雄鹿的第二特征(仅驯鹿雌雄皆有角),同时是争偶的武器,其生长与脱落受脑下垂体和睾丸激素的影响。北方的鹿过了繁殖季节,角便自下面毛口处脱落,第二年又从额骨上面的1对梗节上面的毛口处生出,初长出的角叫茸,外面包着皮肤,有毛,有血管大量供血,分权;随着角的长大,供血即逐渐减少,外皮遂干枯脱落。1~2岁生出的初角几乎是直的,以后角的分权逐年增多,到成年后定型。有角种类的雌鹿如无角亦不具獠牙状上犬齿。雄鹿大于雌鹿。毛色冬深夏浅，多数幼鹿有白色斑点，有的种类成体也有斑。足四趾，第三和第四趾发达，支撑身体重量，第二和第五趾退化变小。雌鹿有两对乳头。热带鹿没有固定的繁殖季节，一年发情多次，角不脱落；温带鹿晚秋至冬季交配，多数一雄多雌，每胎产 1 ~ 2 仔，多达 3 ~ 4 仔。

3. 有关鹿的姓氏名人

鹿姓一个多民族、多源流的古老姓氏群体。鹿姓起源众说纷纭，但主要来源有：

（1）源于姬姓，出自周文王之子康叔后裔，属于以封邑名称为氏。据史籍《风俗通》记载：西周初期，周文王之子康叔建立了卫国。在周公旦平定了商纣王之子武庚叛乱之后，封其同母少弟姬封于"卫"。实际上，康叔最初的封地在康邑（今河南禹县），金文中常见的康侯、卫康叔、康公，都是指叔封及其子嗣。

卫康叔的支系子孙世代为卫国大夫，后来有人被封于五鹿（今河南濮阳），其后裔子孙遂以先祖封邑名称为姓氏，称五鹿氏，后省文简改为单姓鹿氏、五氏等，世代相传至今，其鹿氏史称正宗。鹿氏族人大多尊封卫康叔为得姓始祖。

（2）源于鲜卑族，出自鲜卑族拓跋部阿鹿桓氏，属于以氏族名称汉化为氏。据史籍《魏书·官氏志》记载：南北朝时期，北魏政权的鲜卑族中有代北鲜卑族三字姓阿鹿桓氏，后在北魏孝文帝拓拔·宏（元宏）于太和十七 ~ 二十年（公元 493 ~ 496 年）迁都洛阳入主中原后大力推行的汉化改革政策实施过程中，改为汉姓鹿氏，后逐渐融入汉族，世代相传至今。

（3）源于蒙古族，出自蒙古族犬鹿氏，属于以氏族名称为氏。蒙古族历来有"犬鹿成族"的历史传说，其后裔子孙中有以其为姓氏者，汉化单姓为鹿氏。

（4）源于蒙古族、满族，属于汉化改姓为氏。

据史籍《清朝通志·氏族略·蒙古八旗姓》记载：

蒙古族博尔苏特氏，源于元朝时期的别速惕氏族，著名将领哲别、迭该、古出古儿阔阔出皆出此族，世居锡喇木椤。后有满族引以为姓氏，冠汉姓为鹿氏。

蒙古族博古罗特氏，源于元朝时期旧姓，是阿兰豁阿五子之一不古纳台的后裔，世居扬什木。后有满族引以为姓氏，冠汉姓为鹿氏。

蒙古族博和罗克氏，亦称博古罗克氏，世居科尔沁。后有满族引以为姓氏，冠汉姓为鹿氏。

满族布希氏，源于金国时期女真族蒲鲜氏部落，以姓为氏，是东真国国主蒲鲜·万奴的后裔，，世居叶赫（今吉林梨树叶赫乡南部），是满族最古老的姓氏之一。后多冠汉姓为鹿氏、步氏、布氏等。

九、关于创新文化消费模式
建设东北亚区域文化消费之都的若干建议

　　文化是城市建设的灵魂和根基，是提升城市吸引力、竞争力、影响力和软实力的核心要素。党的十九大报告对文化的重要性认识是前所未有的，文化是一个国家、一个民族的灵魂。文化兴国运兴，文化强民族强。国家"十三五"规划明确，2020年文化产业将成为国民经济支柱性产业，文化产业作为朝阳产业、绿色产业，是高成长服务业的核心产业，对于优化经济结构、提升发展质量、坚持可持续发展具有独特优势。文化产业的重要性已上升到国家战略层面。

　　文化消费是文化产业链上的终端环节，它既是文化产业发展的现实基础和动力，也是文化产业发展的最终目的。作为文化产业发展的内生动力，文化消费对于文化及相关产业的贡献日益凸显，文化消费占GDP的比重也在逐年增加。随着中国经济不断增长，文化消费呈现个性化、多元化的发展趋势，成为拉动经济增长的新亮点。2017中国文化消费指数显示，中国文化消费综合指数持续增长，由2013年的73.7增至2017年的81.6，年平均增长率为2.6%。文化消费环境有了很大改善，文化产品种类不断丰富，质量逐步提升，消费渠道也越来越多样化、便捷化，为居民进行文化消费营造了良好的氛围。

（一）文化消费内涵

　　文化消费指的是对符号性商品和信息的消费，如音乐唱片、电影、电视、文艺演出、体育赛事、自然山水、名胜古迹、文字、声音、图像（包括真实景观）等。它们是情感、理性认知的符号性载体，人们通过这种消费，满足情感体验以及提升认知能力、知识水准的精神需求，是人们根据自己的主观意愿，选择文化产品和服务来满足精神需要的消费活动。它的基本特征体现在两个方面：一方面它所满足的是消费主体的精神需要，使主体感到愉悦、满足；另一方面是满足主体需要的对象主要是精神文化产品或精神文化活动。文化消费作为日常消费的重要组成部分，反映了人们对精神文化产品及服务的欣赏、享受和使用情况。文化消费与一般消费不同，消费对象主要是文化产品和服务中的无形精神文化价值。同时，文化消费是现代文化产业链的最终环节，对文化产业的发展起着至关重要的作用。文化消费受制于社会生产力发展和人们生活水平的高低，比一般物质性消费，有一定延时性和可替代性。文化消费的历史在西方可以追溯到20世纪50年代末与60年代初，欧洲与美国首度出现相对来说足够富裕的劳动大众，电视、冰箱、汽车、吸尘器、出国度假，都逐渐成为常见的消费品，正是在这个时期，"文化消费"开始成为一个重要的文化课题。随着我国经济的发展，人们生活水平的提高，作为发展与享受型消费的文化消费也不断增加。

（二）文化消费特点

一是文化消费具有不同于物质需求的"黏性"特点。一般认为物质需求是刚性的，而精神文化需求则是弹性的。然而，文化需求一旦产生，就会形成持续性的"黏性"的习惯效应，如人们常说的戏迷、粉丝、追星族等。这表明文化消费需求作为人的更高层次的精神需要，与教育和艺术熏陶息息相关，需要进行培育和引导。

二是文化消费具有多层次、多样化的"偏好消费"的特点。由于教育程度、经济社会条件、家庭背景和职业的差异，文化消费因人而异，精英文化、大众文化、娱乐文化既相互联系，又有所区别。京派文化粗犷，海派文化细腻，城市文化时尚，农村文化古朴，文化风格和消费偏好明显不同，形成不同群体、不同地区、不同职业的各自特征。为此，推动文化消费需求的政策设计必须充分考虑到这种差异性特征，制定有针对性的政策措施。

三是文化消费具有供给创造需求的特点。作为人的精神文化需求，文化消费不同于物质需求对象的即时性、明确性，而是往往处于无意识的潜在的模糊状态，需要通过创意、生产而形成的新产品供给来激活人们的需求欲望。例如在互联网产生之前，人们只是感觉到传统的写信、打电话的通信方式和纸质内容保存方式不方便，并不明确需要一种什么样的文化产品来解决这个问题，新技术的发明和互联网的出现，几乎在瞬间就激活了人们在这方面的潜在需求，成为引领文化消费的主流产品，并在短短几年间创造了一个巨大的市场。

四是文化消费的情感体验、内容传播和价值指向特点，使之具有明显的溢出效应和外部性特征。健康的文化产品和服务，通过消费者的体验和传播，能够为社会提供正能量，是一种低碳和绿色消费。而低俗、媚俗和趋利性的文化产品和服务，则往往通过消费者行为污染社会文化环境。这说明，无论是文化生产还是文化消费，都不能任凭市场自由调节，而是需要政府和社会进行适度的干预和引导。

在经济高速发展的当下，面对复杂的社会文化生态，民众需要化解压力，增强信心，文化产业提供的丰富多彩的文化产品和服务，是人们放松心情的减压阀。人民群众的文化物质需求日益旺盛，为文化产业的发展提供了广阔的空间，城乡居民的收入水平大幅上升，在物质生活满足的同时，人们对精神、文化生活有了更高的要求。城乡居民文化消费的稳步增长，为推动文化产业发展，调整需求结构，拉动内需提供了新的动力。

（三）我国文化消费发展趋势

国家和各地都非常重视文化消费的发展，出台了多项举措推动文化消费发展。为贯彻落实党中央、国务院关于促进文化消费的重要部署，2016年4月，原文化部联合财政部印发了《关于开展引导城乡居民扩大文化消费试点工作的通知》，并先后确定了45个国家文化消费试点城市，在全国范围内开展引导城乡居民扩大文化消费试点工作。数据显示，截至 2017 年底，共有超过 3 亿人次参与试点工作享受到了相应优惠，累计拉动文化消费超过 700 亿元，有效发挥了典型示范和辐射作用，推动所在区域文化消费总体规模持续增长。

我国文化消费异军突起，成为颇具特色的个性化消费热点。虽然我国的文化消费起步晚，但需求增长很快，让人们看到了这块市场的潜力。文化消费发展速度之快，超出了很多人的估计。在今天的中国（2019 年以前），每年文艺演出 40 余万场、电影 400 多万场。文化消费还直接影响到了人们的观念，以前过年过节往往只是大吃大喝，现在很多家庭则选择了在除夕夜去听新年音乐会，在丝竹管弦中迎接新年。巨大的消费潜力、互联网的迅猛发展、国内外市场需求等都将文化消费推向新高度。

我国文化消费发展主要呈现以下五个方面的趋势。

一是文化消费市场的总量将呈现持续增长的趋势。根据发达国家的经验，"十三五"时期我国文化消费将出现"井喷式"爆发的局面。在沿海和大中城市的人均 GDP 超过 20000 美元以后，将日益呈现出像当今少数发达国家一样的文化消费"脱物化"的倾向，对进一步推动经济结构调整、拉动内需发挥越来越大的作用。

二是体验式、娱乐化的大众文化消费将成为市场的主流，而高雅文化、精英文化的地位也将在人们教育和知识水平逐步提高过程中不断提高，对全社会文化消费的价值取向起到积极的影响和引导作用。

三是在目前全国性文化市场与区域性文化市场并存的基础上，区域性的特色文化市场将日益凸显，形成不同地区既相互关联而又各具特色的多层次、多样化文化市场的格局。

四是文化市场消费在结构调整的转型过程中，随着社会公众对净化文化市场的呼唤，政府调控和监管力度逐步强化，文化消费市场将会日益进入科学化、规范化的可持续发展轨道。

五是随着全球化进程的不断深化，我国文化市场日益国际化，国内外文化市场将会逐步接轨，国内文化市场国际化、国际文化市场国内化将成为未来的必然发展趋势。

（四）我国典型城市文化消费现状

1. 北京市文化消费现状

从文化消费数量来看，北京文化产业增加值从 2008 年至 2016 年 8 年间增长了 317.38%，但是文化消费 8 年间却只上升了 232.62%，说明北京市居民的文化消费增长落后于文化产业增加值，需要加大力度刺激文化消费。从文化消费结构来看，2016 年文化娱乐服务消费在文化消费中的比重达到 68.31%，较 2004 年比重 18.83% 提高了 49.48%，文化娱乐用品的比重则在不断减少，说明居民的消费方式正在由文化消费用品向文化娱乐服务转变。2001 年以后，图书馆、博物馆、艺术场馆演出，图书馆参观数量总体上处于下降态势，有时还处于负增长的状态。博物馆、艺术演出市场年度数据一直处于正负增长的锯齿状波动起伏状态。但是新媒体数据一直处于上升趋势，而且占居民支出的比例也较大。电视电影的消费表现强劲，传统纸媒的消费虽然在上升，但是涨幅较小。2015 年 2 月 5 日，北京市人民政府正式印发《北京市人民政府关于促进文化消费的意见》（下简称《意见》），作为全国首部专门针对文化消费的省级地方政策，《意见》分为四个部分，共计 17 条。围绕"市场主导，政府推动""需求引领，创新驱动""融合发展，产业联动""资源共享，辐射带动"四项原则，提出了加强文化消费供给、培育文化消费理念、引导文化消费行为、丰富文化消费业态、拓展文化消费空间五个方面的重点任务，并通过一系列有力的扶持政策和保障措施加以支撑。2016 年 6 月北京入选国家首批文化消费试点城市。

2. 上海市文化消费现状

上海市也是国家首批文化消费试点城市。上海市民支出较多的文化消费项目比重排在前三位的依次是外出旅游、上网和看电视，居民的文化消费种类偏少，发展空间巨大。目前，市民文化消费结构正悄然改变，新兴时尚文化消费正在快速发展，但居民在文化消费方面的支出比重仍较小，居民文化消费支出意愿增长不是很大。经济收入水平是决定文化消费的主要因素，因此亟须提高居民收入，以扩大文化消费支出。市民对免费的公共文化设施的利用率也不高。对上海五项公共文化服务设施的调研显示，82.6% 选择"公园或绿地"，42.7% 的被访者利用"社区文化活动中心"，38.3% 被访者利用"文化展览场馆"，25.8% 被访者利用"公共图书馆"，26% 被访者利用"公共体育场馆"，且大多居民只选择自己方便的场所进行文化消费。因此，应在公共文化设施利用上加大宣传，提高公共文化设施的利用率。市民参与文化消费的主要目的排在前三位的依次是娱乐消遣、增加人际交往和提高文化知识。且市民的文化消费需求与文化消费市场的供给存在不平衡现象，居民在选择电视电影、文化演出、博物馆、图书馆和艺术馆、旅游观光等文化消费的时候，主要是对票价合适、自己感兴趣的、当代社会流行的进行消费，对主流文化供给产品不太感兴趣。在获取文化消费信息的渠道中，电视、报纸、杂志、互联网是主要渠道，且对政府实施文化消费惠民政策的期望度较高。

3. 天津市文化消费现状

天津市也是国家首批文化消费试点城市，文化消费主要有以下几个特点：居民文化消费主要以文教娱乐消费为主；居民文化消费的需求种类较传统，文化消费结构有极大的提升空间；文化消费基础设施设备还有待改善；城镇与农村的文化消费支出占个人支出的比重均较小。天津文化消费市场总体上平稳发展，天津城镇居民人均文教娱乐服务支出与天津农村居民人均文教娱乐服务支出之间的差额由 2008 年的 1284.5 元提高到 2016 年的 2275 元，依然表现出较明显的城乡人均文化消费支出差距。但值得一提的是，2008—2016 年间天津居民人均文化消费的城乡差距总体来说有明显改善，文化消费的城乡比从 2008 年的 4.96% 下降到 2016 年的 2.12%，反映出天津在城镇化发展的同时，农村现代化建设紧跟城镇化发展的步伐，尤其是文化消费领域农村也得到同步提高。

4. 西安市文化消费现状

西安市文化消费水平总体上处于增长的趋势，个人在文化消费方面的支出占个人支出的比重逐年增加，特别是在教育文化娱乐服务方面的增幅比较大。西安依据独特地域环境和历史文化名城的优势，旅游文化消费水平逐年增加，促进了本地区经济 GDP 的快速发展。但是由于文化产业梯度结构不尽合理，高层次的文化消费较少、个性化、精品化的文化产品和服务供给不足，也导致整体文化消费不景气现象。从陕西省省域来看，最为突出的是城乡居民的文化消费差距较大，出现较严重的城乡文化消费二元化特点。陕西省居民文化消费 2012—2016 年呈上升的趋势，城镇居民文化消费 4 年间增加了 512.38 元，农村居民文化消费增加了 231.43 元。尽管农村居民文化消费增幅较大，但是农村居民文化消费基数较小，总量增加仍然有限，绝对文化消费数量差距仍较大。因此应促进城乡一体化发展，减小城乡文化消费的差距。

5. 成都市文化消费现状

近年来，成都城乡居民文化消费稳步增长、文化消费能力总体提升。统计数据显示，2012 年到 2016 年，居民文化消费总量和人均值在绝对值上都保持了持续的增长。城镇居民人均文化教育娱乐消费支出由 2351.64 元增加到 3472.97 元；农村居民人均文化教育娱乐消费支出由 621.36 元增加到 1752.87 元，文化消费能力总体上逐步提高。无论是城镇还是农村文教娱乐用品及服务支出占消费性支出的比重均在增加，表明成都市民文化消费支出在人均收入中的比重有明显的增加，但是农村居民文化消费基数较小，急需进一步促进农村文化消费的发展。成都文化消费存在总量增长较慢，文化消费层次有待改善，公共文化供给结构性短缺，城乡居民文化消费两极分化等问题。由于文化产业发展缺少文化消费市场支撑，因此文化发展与消费政策之间的系统性、协同性不强，多元化公共文化服务供给体系尚未有效形成。从文化消费结构来看，居民的文化消费观念正逐渐提升，有助于促进高品质文化产品需求不断增长；网络文化消费快速扩张，旅游消费成为城乡居民文化消费热点，且居民愿意增加在外出旅游方面的支出。居民文化消费观的转变和文化产业供给结构的不断完善，为文化消费水平的提高奠定了坚实基础。成都市也是国家首批文化消费试点城市。

（五）长春市文化消费现状

文化繁荣是长春市第十三次党代会确定的推进东北亚区域性中心城市建设

的"六个目标"之一。吉林省委常委、长春市委书记王君正在全会报告中深刻指出：要着力实施"文化兴市"战略，不忘本来、吸收外来、面向未来，让文化精髓贯穿于城市化进程，不断提升城市文化软实力。2016年6月，长春市成为吉林省唯一一个入选国家首批文化消费试点城市的地级市。对此，长春市委、市政府高度重视。长春市政府特别印发了《长春市引导城乡居民扩大文化消费试点工作方案》，成立了由市长牵头任组长的领导小组，形成了由领导小组办公室为主导的日常运行协调机制。拟制的《长春市关于加快发展文化产业促进文化消费的实施意见》《长春市促进文化消费专项资金管理办法》《长春市文化消费市场活动后补助管理办法》等多个促进文化消费的文件，全方位形成促进文化消费发展的政策体系。

长春市抓住这一城市创新发展的重大机遇，从文化供给端和需求端同时发力，因地制宜，探索创新，建立文化消费、文化繁荣、文化惠民新机制。将文化消费工作列入《长春市"十三五"文化发展规划纲要》，实施五大创新举措，深度拉动文化消费，培育文化消费成为新的经济增长点。截止到2017年底，长春市共安排专项资金1200万元，用于支持和引导城乡居民扩大文化消费试点工作，先后开展300多项、570余场次惠民文化消费活动，吸引230家文化商户、百万市民广泛参与，引导资金直接拉动文化消费比例高达1∶6.7，形成了领域分类引导、区域广泛覆盖、全民深度参与的文化消费创新格局，文化消费潜力得到有效释放，并且有效带动了旅游、住宿、餐饮、交通、电子商务等相关领域的消费，在"探索具有长春特色的促进文化消费模式，引领示范带动区域发展"等方面取得显著成效。2017年，长春市应邀在国家首届文化消费研讨交流会上发言，成为全国18家文化消费联盟城市之一；2018年6月25日，国家文化和旅游部《文化和旅游部文化产业司关于公布国家文化消费试点城市奖励计划奖励城市名单并拨付奖励资金的通知》中，长春市被评为文化消费试点城市第一档，奖金20万元。

1. 长春市文化消费引导五大措施

一是实施"文化艺术进店堂"，探索文化产业新业态。其创新之处是将以往只能在艺术殿堂中欣赏到的精品文艺节目搬进"店堂"，通过采取政府购买服务、消费补贴等多种激励措施，形成档期化的文艺表演、展演模式，将优质文化资源向商贸综合体、旅游定点单位等倾斜，实现优势互补。供给侧方面，确定由长春演艺集团牵头，汇聚吉林艺术学院、和平大戏院、德云社、东北风等省市优秀文艺资源；需求侧方面，确定了欧亚卖场、万达广场、香格里拉大饭店等11家企业为进"店堂"试点单位。迄今共推出了300余场专业文艺节目，采取巡演的方式将节目送进"店堂"，在全市形成有声有色、成效显著、亮点频现的优秀文化艺术传承、促进文化消费发展的良好局面。受惠群众达百万人次，试点单位客流量同比增长10%以上。

二是发行"惠民文化消费电子券"。长春发挥财政资金杠杆作用，由直接补贴文化经营单位向补贴居民文化消费转变。在"惠民文化消费季"期间，政府共滚动发放了400万元的惠民文化消费电子券，消费者在指定的125家合作单位消费，可得到30%的优惠，受惠参与群众近20万人次，引导文化消费资金1500余万元，受到社会广泛好评。

三是实施"惠民文化消费会员卡"，以直补的形式吸引鼓励更多的观众走进剧场，享受高雅艺术，推动适度竞争，激发院团活力，促进文化消费，助推企业发展，培育市场繁荣。"惠民文化消费季"期间，政府共计发放"惠民文化消费会员卡"5700余张，金额达200万元。消费者存入会员费150元后就可获得政府补贴350元，在指定的11家长春市驻场演出单位门店消费（其中8家为民营院团），还可享受门店的会员待遇。这项活动开展以来，在社会上引起热烈反响，文惠卡项目受到了广大市民的热捧，也极大调动了驻场演出单位的创作和演出激情，同比上座率有了明显上升。

四是举办文化艺术培训活动。长春确定以基层文化队伍和群众文化团体为服务对象，以市直群众艺术馆为中心、以县级文化馆和培训基地为依托、以综合文化站和基层综合文化服务中心为阵地，针对不同时节、不同人群的需求，提供丰富多彩的公益文化服务，开展舞蹈、绘画、声乐、摄影等文化艺术类培训班3000场次，培训人次达25万，真正实现便民、利民、惠民的培训宗旨，使越来越多的群众从文艺活动的"看客"变成"主角"。

五是开展文化消费活动项目的事后补贴。长春为进一步调动文化消费合作单位参与文化消费试点工作的积极性、创新性和主动性，对在文化消费项目名录内、由各类文化企事业单位自筹自办的免费或低价票市场活动，经评估确认能够直接促进文化消费的，以事后补助的方式给予一定的资金补助，发放的总补助金额达300万元。

2. 长春市文化消费现存不足

一是文化产品缺乏内涵。目前，长春市的文化产品还停留在初级产品阶段，对于产品背后的内容挖掘较少，缺少历史文化内涵，本地特色文化内涵更少。

二是文化产品消费形式不丰富。文化消费形式还停留在"你卖我买""你演我看"的简单阶段，缺乏互动交流与和消费体验。

三是文化产品消费营销手段较传统。目前，长春文化产品消费活动大多通过报纸、电视、媒体广告等形式传播活动时间和地点，很多市民不知道、不清楚，进而不参与。此外，由于活动推广手段较传统，导致年轻人参与度低。

四是现有文化商圈定位不清晰。目前，长春市多数商圈定位不清晰，文化特色不突出，商业氛围浓厚，不能有效助力文化消费。

（六）创新长春文化消费模式建议

文化消费的内容十分广泛，这里仅对其中演艺文化产品和实体书店消费模式给出建议。

1.注重本地演艺产品内涵和外延建设，挖掘演艺文化产品供给侧消费潜力

（1）长春市文化广电新闻出版局与拟组建的长春电影学院联合成立长春特色文化演艺产品研究院，对东北二人转、吉剧、黄龙戏、萨满说唱、榆树大鼓等长春特色演艺文化产品进行历史文化底蕴深度挖掘，结合时代特色进行新产品创作设计编排，提升传统演艺产品的内涵品质。研究院实行差额拨款的方式，创作作品的演出收入分成是其补充收入来源，以激发研究人员创作热情。

（2）依托拟组建的长春电影学院开设演艺产品创作、演艺产品表演专业。培养和选拔文化底蕴好、专业素养高的演艺作品创作和表演人员，为演艺作品创作和表演提供人力源泉。同时，开办演艺人员继续教育学院，对演艺行业人员进行持续教育，通过规定演艺行业人员每年参加培训学习的时间不得少于一周的方式，规范化管理演艺行业从业人员，提高演艺人员人文政治素养，加强演艺产品外延建设。

2.注册"印象长春"文化品牌，构建演艺文化产品创新发展平台

（1）长春市文化广电新闻出版局进行"印象长春"文化品牌注册，同时，市文广局指导现有业内文化演出单位、艺术团体、拟成立的长春电影学院成立长春文化演艺行业联盟或协会，成立业内专家委员会，规范化管理业内单位，合力推进长春文化演艺行业发展。

（2）吉林省歌舞剧团与拟组建的长春电影学院等单位联合成立"印象长春"非物质文化遗产表演艺术团，由长春特色文化演艺产品研究院为其量身创作东北二人转、榆树大鼓、吉剧、黄龙戏、萨满说唱等"印象长春"系列长春特色文化演艺产品。艺术团采用股份制形式组建，市场化形式运营。

（3）借鉴现阶段已经成型的各类众创空间建设模式，市文广局规划主导，多种渠道、多种方式探索成立3~5家长春表演艺术众创空间/孵化器/产业园，为演艺行业人员提供创意交流、专业咨询、市场开发等全方位服务，使之成为长春演艺市场创新发展的重要平台，全民调动、全民参与，为演艺产品持续创新提供源泉。

3.推动"印象长春"文化品牌建设，升级演艺文化产品营销体系

（1）设立"印象长春"网站、微信公众号，专注长春文化产品的网络宣传推广，公布文化产品演出资讯，增加在线订票、订座位功能，不定期赠票，吸引流量。

（2）以"印象长春"特色文化演艺产品实景演出宣传推广"印象长春"文化演艺产品品牌，充分调动吉林卫视、长春电视台、广播电台以及网络"大V"、抖音等短视频等各种新媒体资源，全方位进行长春非遗表演艺术品牌的市场化建设。

217

（3）在全国范围内开展招募形象代言人、寻找文化传承人、推出演艺机器人等系列线上线下活动，推出一系列"印象长春"文化品牌建设推广活动，让"印象长春"文化品牌走出长春。

（4）"印象长春"非物质文化遗产表演艺术团成立相应的市场组织机构，负责上述"印象长春"文化品牌建设推广活动。

4. 规划"印象长春"特色文化主题书店，建设长春新名片

近年来，实体书店受到互联网及电子阅读的冲击，客流量逐渐下降，传统的经营模式受到冲击。长春市内的新华书店、联合书城、外文书店等老牌实体书店都在经营中尝试改变，转型发展。同时，乐读书社、书嗜24小时城市阅读空间等"小而美"、独立的新兴书店则从无到有，日渐兴起，并面向年轻消费群体，为读者提供精致、文艺的阅读环境。此外，西西弗等国内知名书店品牌也入驻了长春。书店，作为文创产业必不可少的组成部分，其发展水平一定程度上反映了文创产业的发展水平。纵观国内外，书店如今已成为一种复合式文化生活空间，满足的是体验和社交需要。

长春市现有大型书店多位于传统特色文化商圈内，如重庆路、桂林路、红旗街等，而这些老牌商圈受到互联网经济的影响如今在形式、规模、内容、特色上均趋于同质化，经营状况不甚理想，逐步丧失原本文化特色。文化是城市建设的灵魂和根基，书店则是灵魂和根基的载体，难以想象，一个没有书店的城市如何称为文化名城。网络时代、数字媒介下艰难经营的实体书店与逐渐丧失文化特色的商圈迫切需要找到新的转型出口。

建议通过统筹规划构建布局合理、结构优化、业态多元、各具特色的主题文化实体书店，为传统老牌特色文化商圈找回其原来的文化特色，实现实体书店与文化商圈的共同转型发展，具体建议方案如下。

（1）由市文广局组织成立由各方面专家组成的工作组织机构，详尽调查，一地一议、一店一议，一地一案，一店一案、制定长春特色文化主题书店规划方案（如大经路华联：印象长春——古玩文化主题书店，圈楼：印象长春——书画文化主题书店，青怡坊：印象长春——花鸟鱼文化主题书店，同志街：印象长春——时尚文化主题书店，红旗街长影：印象长春——影视文化主题书店）。

（2）协调规划局及相关管理部门，对特色文化商圈内主业不符合文化特色的商户业态进行调整。

（3）在拟成立的文创产业发展基金下设立特色文化主题书店专项基金，用于项目的启动建设投入。

（4）制定特色文化主题实体书店专项扶持发展政策，从税收、房租补贴等方面给予转型发展扶持。

（5）对特色文化主题实体书店建设（设计、实施、运营）采用招标形式，充分调动社会智力资源。

（6）建设资金来源：专项基金出一部分、银行贷一部分、参与企业拿一部

分的形式多方共建。

（7）以下为主题文化实体书店的运营管理方案。

① 管理模式：企业为主，政府为辅，股份制。

② 盈利模式预测：搭建新型交流平台，强化服务社交功能，创造多个收入点。

增加线下服务功能：阅读＋休闲＋体验＋交流＋展示。

增加线上社交功能：在线阅读＋在线交流＋在线分享。

收入构成：餐饮消费收入（20%）。

日常 DIY 体验收入（20%）。

定期活动收入（20%）。

售书收入（20%）。

特色产品销售收入（10%）。

其他收入（10%）。

③ 主题文化实体书店成立专业市场营销团队，依托承办政府出资的主题文化活动，引流获客，逐步拓展书店自身的活动，做实内容，积累稳定客群，特别加强与学校的合作，培养青少年客群。

④ 增加书店的数字化功能，使主题文化实体书店成为数字长春的一部分。

⑤ 并入"印象长春"网站、微信公众号，开设"印象长春"特色主题文化书店专栏，宣传推广与演艺产品同步进行。

（8）增加新功能：创业孵化。成立相关文创项目孵化器，进行与特色书店主题相关的该类项目人才培养、项目孵化，获取政府补助。

（9）对"印象长春"特色主题文化书店采用集团化运营管理模式，三年后可考虑整合上市。

文化是城市建设的灵魂和根基，是提升城市吸引力、竞争力、影响力和软实力的核心要素。创新长春文化消费模式，强化对文化消费的经济调控，合理进行文化消费的行政管理，对推动长春创新驱动发展、经济转型升级必将起到积极的促进作用，为东北亚区域文化消费之都建设做出贡献。

十、关于创建东北亚区域"设计之都"的若干建议

创意就是好点子，创意设计主要包含两层含义，一是指产品的艺术造型设计，一般包括工业设计、包装设计、平面设计、艺术品设计等，二是指一座城市、一个园区规划的艺术设计，包括城市设计、园区设计、建筑设计等内容。

长春是国家首批十四个城市设计试点城市之一，在城市设计当中处于全国领先水平，可以称之为"全国城市设计之都"。2004 年联合国教科文组织建立了"全球创意城市网络"，并在创意城市中设立了"国际城市设计之都"等称号。截至 2017 年，中国已经有 4 个城市被命名为"国际城市设计之都"：深圳、上海、北京和武汉。东北亚区域城市中，设计之都还有名古屋（日本）、神户（日本）、首尔（韩国）。

（一）"国际设计之都"的基本内涵

自 20 世纪 90 年代后期欧美等发达国家及地区开始重视现代创意产业以来，该产业在短期内得到了迅速提升，发展速度远远超过这些国家和地区整体经济的发展速度，为 GDP 增长和就业做出了很大的贡献。一些发展中国家和地区近年来也凭借自身对设计、艺术的重视，和所拥有的文化遗产等发展创意产业，取得了良好的成绩。

随着生活需求层次的提升，消费市场进入体验及美学经济时代，区域文化的独特性、创意知识的建构等，成为国家与地区竞争力的核心元素。每一个国家自身的传统文化与生活形态，具有独特的识别性，在全球化的市场竞争中，建立在文化特色之上的设计，可以提升产品独特性与增加消费体验。而随着产业结构的转型与调整，通过设计来提升产品价值正是全球各个国家与地区当前实施产业转型和实现经济发展目标的一种有效途径。联合国教科文组织的全球创意城市网络"设计之都"即是在这样一种全球背景之下发出的。

本书所说的"国际设计之都"包含两层含义，一是国际城市设计之都，二是国际产品设计之都。本书所说的创建东北亚区域"设计之都"也包含两层含义，一是指把长春打造成联合国教科文组织定义的"创意城市网络"中的"国际设计之都"，二是指把长春的主要产品设计打造成东北亚区域领先的产品"设计之都"，为实现东北老工业基地振兴、引领长吉图区域发展、建设东北亚区域性中心城市三大历史使命提供重要文化支撑。

（二）设计之都的主要特点及模式

1. 联合国教科文组织全球创意城市网络及设计之都的主要特点

全球创意城市网络是联合国教科文组织于 2004 年创立的项目，该项目对应的是联合国《保护和促进文化表现形式多样性公约》，旨在把以创意和文化作为经济发展最主要元素的各个城市联结起来形成网络。在这个网络的平台上，成员城市互相交流经验、互相支持，帮助网络内各城市的政府和企业面向国内和国际市场进行多元文化产品的推广。目前已经有 69 个城市加入了该网络，被分别授予 7 种称号。其中有 1/3 以上归属于"设计之都"称号之下。目前已经被授予"设计之都"称号的城市有布宜诺斯艾利斯、柏林、蒙特利尔、名古屋、神户、深圳、上海、首尔、圣埃蒂安、格拉茨和北京等。

作为创意城市网络中的主体，设计之都需符合如下几个特征：拥有相当规模的设计业；拥有以设计和现代建筑为主要元素的文化景观；拥有典型的城市设计；拥有前卫的设计流派；拥有设计人员和设计者团体；拥有各类专门的设计博览会、活动和设计展；为本土设计者和城市规划人员提供机会，使之能够利用当地的材料和各种城市自然条件的优势从事创作活动；拥有为设计领域的收藏家开办的市场；拥有根据详细的城市设计和发展规划建立起来的城市；拥有以设计作为主要推动力的创意型产业，如珠宝、家具、服装、室内装饰等。

2. 设计之都形成与发展的主要模式

在联合国教科文组织提出全球创意城市网络"设计之都"项目之前，已经有许多城市把设计之都和创意城市作为发展方向。像伦敦、纽约、东京、巴黎、米兰这样国际公认的著名创意城市和设计大都会，不仅在创意设计领域具有重要的影响力，在其成为设计之都的发展中也积累了丰富的经验，形成了自己独特的模式与理念。随着柏林、首尔、深圳、上海和北京等城市被授予联合国"设计之都"的称号，越来越多的国际大都市开始进入设计之都网络，进一步促进了国际和地域设计创意活动的互动与发展。

设计之都就其形成过程看，已呈现出原发型和催发型两种主要发展模式。

（1）原发型设计之都

创意设计始终保持着与其他产业之间密切互动的关联性，从为实现生产制造而进行的以生产为导向的设计，为形成市场竞争优势而进行的以市场为导向的设计，到面向人性价值实现的以用户为导向的设计，现代设计所经历的几个重要发展阶段，都是在与产业的互动中自然完成的。在这一过程中，作为城市和区域发展自然选择的结果，许多城市自然转型成为设计大都会，这样的发展模式即为原发型。伦敦、纽约、东京、巴黎、米兰，以及某种程度上包括深圳这类设计资源与设计能力伴随着城市的经济文化发展而发展的城市，都是原发型的代表。原发型设计之都的发展路径也大都是自下而上的，政府是在设计产业或创意经济已经发展到一定阶段以后，才主动发挥主导、引导和支持的作用，积极推动创意城市建设。在这些城市中，伦敦、深圳属于政府介入较多的城市，政府在设计产业发展与推进上推行了许多政策，而纽约几乎没有政府推动，在原有设计资源基础上和经济、文化与技术的互动中自然转型成为设计大都会。

（2）催发型设计之都

有些城市是在意识到创意城市建设的巨大经济和社会效益或创意设计对于城市再造的重要意义之后，便将创意城市建设作为手段，通过对设计创意资源的建设实现城市改造的目的，这类城市的发展模式属于催发型。加入联合国教科文组织创意城市网络"设计之都"的布宜诺斯艾利斯、蒙特利尔、名古屋、神户、首尔和上海都属于这种类型。催发型设计之都通过得到国际认可，提高城市的知名度，并努力通过创意城市建设这样一种手段，获得更大的经济、社会效益。催发型设计之都的发展路径大都是自上而下的，政府在建设过程中发挥着强有力的主导作用，通过实施多层面的政策，积极推动设计之都建设，韩国首尔是政府主导设计之都建设的典型代表。

（三）设计之都建设的主要经验

对伦敦、纽约、巴黎、米兰等国际设计大都会的形成，以及联合国教科文组织创意城市网络中的布宜诺斯艾利斯、蒙特利尔、柏林、名古屋、神户、首尔、上海、深圳、北京等设计之都建设与发展过程的观察发现，世界设计之都创新发展的主要经验可以概括为以下几方面。

1. 注重优秀创意设计人力资源要素的建设

推动创意设计产业发展的关键资源是人力资源。设计之都对创意设计人才的培育与吸引不遗余力，都将人才资源建设作为不可或缺的措施。设计之都在人才资源建设方面主要的途径为人才的教育培养和引进，而教育培训是可持续的创意设计人才获取的重要途径。

（1）重视基础教育阶段的艺术教育

人类的一些思维品质如想象力、直觉和自发的好奇心是创意能力的关键。如今教育界已经深刻认识到培养和发展创意人才，需要借助更多跨学科的、非认知及沟通的途径。如将学习者带入到艺术过程中，以及在教育中引入学习者自身的文化元素，都有助于培育个体的创意与原动力、丰富的想象力、情商和道义取向、批判性反思能力、自主性和自由思考与行动的感觉。

欧洲等国家已经将对创意设计人才的培育提前至儿童时代，并延续到中学、大学以及职业教育阶段，以形成长期的熏陶和指引。此外，他们还尤为注重通过跨部门、跨地区的交流与合作进行创意人才的系统性培养。如英国2000年9月开始实施新的国家课程标准，强调了美术与设计的价值，认为美术与设计课程的学习不仅能促进学生精神、道德、交际和文化方面的发展，而且也能够推进其他方面能力的发展。英国国家课程清晰地表述了美术与设计的性质和价值。

（2）重视创意设计高等人才的专业能力及跨学科合作能力的培养

设计之都大多拥有多所设计学院，与城市的创意设计产业保持着良好的产学研合作关系，带动了设计教育与设计实践的共同进步，是支撑城市及地区创意设计能力建构的重要因素。美国《商业周刊》2007年全球60所最佳设计学院排名中所列出的多数设计学院分布在纽约、伦敦、巴黎、东京、首尔、上海、北京等创意城市及其周边，不仅为所在城市创意设计产业提供知识服务，同时辐射周边地区，带动城市带创意产业的可持续发展。

国际设计教育经历了从以造型为主要教育内容，到将设计作为产品价值增值手段而带来的教育内容的变化。近年来，全球各大设计学院开始在设计教育中结合技术、商业和社会因素，以跨学科方式培养更能应对新经济时代创意创新挑战的设计师。典型的例子是，赫尔辛基于2009年将赫尔辛基理工大学、赫尔辛基经济学院和赫尔辛基艺术设计大学合并为阿尔托大学，以应对新经济时代创意设计面临的挑战，为创意设计产业提供知识与人才资源。另外，2006年英国设计理事会（Design Council）还联合多方机构建立了多学科设计网络以促进设计与技术、商业和社会文化之间的互动合作。

（3）重视对优质创意设计人才凝聚力的建设

设计之都无不集聚了大量设计人才。有些城市优越的地理位置，对多元文化的认同、接受，巨大的设计消费市场，以及拥有在知识产权制度保障下的自由、开放的氛围，吸引并留住了创意设计人才，如纽约、伦敦、东京、柏林；有些城市则通过鼓励创新创意，创造宽松开放的氛围，充分利用学校、培训机构实施创意人才培育措施，吸引和培育了大批创意人才，如布宜诺斯艾利斯、蒙特利尔、神户、名古屋、上海和深圳。

伦敦拥有英国超过46%的广告创意设计人员，80%以上的时装设计师，1/3以上的设计机构集中在伦敦；全美约8.3%的创意产业部门员工集中在纽约；上海近年来吸引了将近30万专业人士，聚集了来自全球30多个国家和地区的6110家设计企业，提供了114700个就业机会，拥有数量众多的设计大师工作室和75个创意产业园区。

2. 注重开放与多样性的城市文化要素建设

多样性和思想交流是重要的创新来源，并在建构强大与富有活力的城市方面发挥着重要作用。创意只能在开放与多样性文化为特点的氛围之下才能得以繁荣。一些设计之都由于其地理位置、发展历史、学习传统、开放政策、对外来文化的包容等原因，形成了多种族、多民族以及多元文化共存、交流、融合的文化氛围。多元文化的交流、融合特别有利于引发创新、产生各种各样的创意设计。

以纽约为例，纽约是美国少数民族最为集中的地区，拥有来自全球180多个国家和地区的大量移民。全市人口中有36%为外国移民，他们带来了世界各地、各种族和各民族的文化，这些文化融汇交融，形成了城市极富创新、创意的土壤和开放、自由的氛围。

3. 注重丰富的创意文化环境要素建设

文化环境，包括美术馆、设计博物馆、音乐会场所、书店等，对创意设计发展繁荣尤为重要，它们是展开思想碰撞的热点，是交流讨论、概念发展和个体跨领域交流网络形成的场所。学生参观美术馆有助于为他们的设计找到灵感，而这些灵感在其他地方难以发现。有研究表明文化参与有助于人们发现创意天赋与直觉、灵巧及美学判断。许多研究都表明博物馆和美术馆是创意生发与繁荣之所在，因为这些地方鼓励人们进行差异化思考、表述和传递概念，并在已有的创意之上产生新的创意成果。

文化、教育设施以及文化活动的数量，是最能体现一个城市文化环境和氛围的要素之一。在国家博物馆和文化节质量与数量方面，设计之都表现得非同寻常。以柏林为例，除拥有高度国际化的设计合作网络外，还拥有优秀的设计文化遗产，包括包豪斯藏品博物馆在内的许多著名设计博物馆收藏了无数的设计与手工艺产品，成为学习设计、理解设计的重要公共文化场所。

4. 注重设计与技术的密切融合

数字技术的快速发展改变了全球文化从内容到形式的方方面面。通过与艺术、文化和创意设计产业结合，数字技术释放了个体的创意设计潜质，创建了一个超域的设计创新文化共同体。设计体验也更多地转向共同创造，设计消费者变成设计参与者和创造者。数字技术引发了设计产业的变革，设计产业的发展得益于信息技术等高科技的支撑，每一项革命性创意设计产品，凭借的不仅仅是无形的、独特的创意灵感，更重要的是需要有形而先进技术支持才能得以实现。

高科技促使以人为中心的、多样化的价值创新得以实现；高科技改变了设计创新的流程与方法，产品设计、制造与消费可以在多个地点发生，创意设计资源的可及性及高效性达到了前所未有的高度；设计与信息技术等高科技的融合，催生了新的创意模式，既为社会带来巨大的创意资源，也成为设计创新的主要推动力。

韩国将信息技术与创意设计相结合发展创意产业，在内容产业方面获得了很大的成功。深圳的设计产业建立在高技术基础上，创意设计与高新技术的密切融合进一步促进了城市创意设计产业发展。

5. 注重多元的政策要素建设

各级政府在推动创意设计产业发展的进程中发挥了重要作用，这一点已经被许多城市所证实，但各个设计之都的推动方式有所不同。相比来说，欧洲和亚洲的新兴国家更强调政府在创意经济中的作用，比如英国专门成立了创意产业特别工作组，和文化传媒体育部等机构一起积极参与到创意产业发展的各个环节中去；北欧国家的联合创新中心则站在地区的层面上，对相关国家的创意产业发展制定统筹规划。而美国更强调自由的市场导向，政府主要为创意经济发展搭建良好的市场成长环境。前者的模式更适合我国这类催发型创意城市与设计之都的实际情况。

所有制造业在国际上具有较强竞争力的国家和地方政府都非常重视设计，都拥有发达的创意设计行业。英国政府的推进措施主要集中在以下几方面：加强创意产业的基础研究，培养公民创意生活与创意环境，重视数字化对创意产业的影响，积极探索国际合作与交流，以及为创意企业多方面筹措资金。

韩国在亚洲金融危机之后，开始推动成为创意强国的进程。1998年提出"设计韩国"战略，推进措施包括：提供设备支持技术，投入硬件基础的架设，提供资金，提供创新文化企业贷款，使得中小企业也能贷到资金，立法保障文化产业的发展，以及设立一系列的产业振兴院，协调各种产业之间的互动关联。

6. 注重创意设计产业集群化和品牌化建设

设计与产业集群具有密切的关联性，韩国首尔的数字内容创意设计、英国伦敦的时尚设计业、意大利米兰的建筑与家具创意设计业等，都与地域产业结构及优势资源的构成与分布密切关联。欧美国家创意设计业对优质产业资源的粘着与互动形成了典型的马太效应，并在相应的产业界和创意设计界形成共同的地域品牌效应。这些城市具有品牌效应的创意设计节、时尚设计周等文化创意设计活动又更进一步提升和强化了这些城市创意设计的向心力、凝聚力和影响力。

原发型设计之都创意产业集群的形成，来自设计产业与相关联产业之间长久的互动，以及政府适时的推动与引导。催发型设计之都则需要在初期由政府对于相关产业进行基础设施等方面的投入，随后集群不断成长，市场外向化，开放程度变高。当设计产业集聚达到较为成熟的阶段，就能成为影响和带动周边地区发展的重要因素，其产业规模和效益将逐渐成为所在地区经济增长的重要支撑力量。此外，成熟的设计产业市场将带来城市创意设计品牌化，并与周边区域乃至国家进行交流与融合，逐步影响并改变城市的创意空间结构。

（四）关于建设东北亚区域"创意设计之都"的几点建议

1. 加强设计服务体系建设，完善城市设计体系

建设设计之都的意义在于，通过对城市设计体系建设的探索与完善带动区域设计创新能力的提升，从而实现我市建设创新型社会的转型战略。设计之都的建设，承担着长春设计创新体系建设的责任，需要透过全市的视角进行规划与实施。同时，设计创新体系的建设需要长春各方面资源的支持。我市设计系统的两个主要问题：我国的国家设计体系在推动设计产业发展的过程中，仍存在政府层面的主体缺失，以及社会中介服务机构的能力缺陷；在促进设计产业发展的各项活动中，仍存在设计产业的教育体系尚不能满足设计产业对人才的需求，设计支持对设计服务企业的资助相对缺乏等政策缺陷。

2. 加强设计创新研究与知识转化

原发型设计之都的设计创新能力建设与产业发展，始终保持着与关联产业的密切互动，因此，在当代设计从面向制造的设计，到面向市场的设计及以人为中心的设计发展过程中，完成了从理论到实践的自然过渡与转型。各阶段在设计创新理论、方法及工具上具有明显不同。我市的设计活动直至改革开放才开始接触市场，同时又由于技术发展滞后，导致设计创新无法实现其为产品增值的功能，无法推动创新向更高层次发展。

具体的建议包括：鼓励立足国际视野，反映政府需求，推进设计领域的学术研究，加速设计知识的生产与整合；实施建立在先进设计理念基础上的产学研合作，加速以用户为中心的设计理念在设计产业中的渗透与深入；建设面向设计研究与教育的质量评价系统，促进设计研究机构提升品质；推进设计创新领域的跨学科协同研究，加强设计学术高地的建设，加快认知科学、心理学等人文社会科学与设计研究的融合，推进设计与工程技术的深度融合。

3. 加强设计教育与整合性设计创新人才培养

2010年中国工程院"创新人才"项目组的研究报告中，首次提出了未来

10 年对产品设计创新人才的迫切需要，这成为在基础教育阶段加强创意设计教育、将设计创新理念融入基础教育的理由。从培养创新型人才的目标出发，必须加大对中小学生进行科学、艺术、工程、设计理念与文化的熏陶，加强对中小学生创新理念、创新方法与创新文化的教育。高等教育层面设计学科的建设，应根据"促进工业设计从外观设计向高端综合设计服务转变"的要求，更好地培养交叉学科的创意设计人才。

具体的建议包括：在中小学设立设计相关乡土课程，并通过设计课程建立设计创新与科学、技术、工程及数学之间的知识关联；提高中小学教师设计课程教学的能力，切实加强学校对设计创新重要性的认识；在高中教育阶段延伸设计教育课程，并嵌入创业能力训练内容；支持地方高校学生修读设计管理课程；鼓励设计专业学生与其他专业学生之间的项目合作；为设计专业学生提供企业和设计咨询机构的实习机会并以课程的形式进行管理；鼓励设计专业学生进行游学和海外学习；培养学生终身学习、持久发展专业能力的意识。

4. 加强设计之都展开多样性、包容性文化建设和设计创新生态建设

（1）进行设计之都的多样性和包容性创意文化建设

具体的建议包括：以社会文化活动、经济活动等多种形式，加强与不同国家地区及发达省份的不同文化形态的交流与互动，通过跨文化合作，从文化差异中发现设计创新的机会与启发；通过丰富的人才政策，吸纳多层次的创意设计人才、工程技术人才和创新管理人才；建设适合创意阶层生活方式的社会文化设施与环境，鼓励创意设计思想的交流与互动。

（2）进行设计创新生态系统建设

在进行设计创新能力建构的同时，进行设计消费市场的建设与培育，使得创意产出与消费、分解得以平衡并持续均衡发展，有助于一个可持续的设计创新环境的形成。

具体的建议包括：大力促进设计意识的普及，实施有针对性的促进活动，提高公众的设计认知和对创意设计价值的认同；培育创意产品消费市场；鼓励民众参与设计创意活动；展开设计品收藏推进工作；建设完善知识产权保护体系。

5. 加强设计创新文化资源要素建设

（1）加强设计之都的设计中心、设计行业协会、设计网络和设计集群建设

支持设计师加入商业协会、设计网络和设计集群；展开设计机构和小型公司的需求分析，确保设计中心、行业协会、设计网络和集群的活动能够对应他们的需求；鼓励设计协会和网络采集会员的年度数据；为设计领域内的分支领域建立专业设计标准，鼓励设计师将专业实践向一些新的领域如服务设计转移；通过多种途径提高设计师的商业及创业能力；鼓励设计师不断提升专业能力，提高接触大型客户、承接大型项目的能力。

（2）加强设计环境资源建设

展开有利于提升设计创新意识、设计创新知识推介与服务的资源建设，如现代设计博物馆、艺术与科学展示馆、新材料新技术展示馆等资源型展馆的建设；鼓励相关机构加强新型设计工具的开发；召开设计创新领域各种主题的论坛、研讨会和工作坊，促进设计知识交流，促进设计、商业、科技、人文与社会的互动与合作；展开设计创新网络社区建设，通过线上线下互动，鼓励设计资源的流动与分布式合作。

6. 加强设计创新与科学技术的紧密融合

以互联网、物联网和桌面制造为代表的数字技术的发展，不仅推动设计创新活动的对象由物质向非物质发展，同时也带来了设计过程、运作方式和创新活动者构成的变化。如以伦敦、柏林、纽约为代表的北美和欧洲许多国家，基于开源的开放式共同创造活动发展日趋蓬勃。一些国家和地区的设计创新领域甚至提出在此基础之上的新工业化理念，即利用开源软件、硬件、设计和桌面制造系统，将制造从生产型企业带入到社区甚至是用户桌面，激发和释放数以百万计的创想者们所积聚而成的创意阶层的集体智慧与潜能，驱动区域的制造业复苏。而这一新的创造性活动，将与现有的商业模型和社会文化模型形成强烈互动，带来未来都市生活形态的改变。加强设计创新活动在知识、方法、工具、形式方面与新兴技术的融合，是提升我国在当前国际竞争中获得优势的当务之急。

具体的建议包括：加快设计计算，包括信息技术与工业设计的融合等思想、方法与工具在设计创新中的应用推广，如参数化设计、生成式设计、人工智能设计等在设计创新活动中的应用；展开对引发社会生活方式巨大变化的技术变革与设计的整合，如基于大数据的设计创新、基于物联网和环境智能技术的设计创新等；加强战略性新兴产业中设计创新与技术创新的协同与合作。

7. 加强设计产业引导和城市设计品牌建设

（1）设计之都建设应服务于长春创意设计产业的总体布局

我市大部分企业还在从事"中低端"加工制造，要将真正有条件的地区的创意潜力解放出来进行产业升级。发展创意产业，一是要考虑区位优势、资源优势、产业基础和环境优势，特别是人才的准备和积累；二是要根据地区或城市的实际发展需要，围绕建设创新型城市的要求，来规划创意产业的发展蓝图，并使之与提升城市形象、增加吸引力和凝聚力以及建设和谐社会结合起来。

（2）设计之都应确立创意设计产业的切入点和重点发展领域，集合资源加强城市和园区的设计品牌建设。

创意产业要有独特的产业定位，需要具备差异化发展的思维理念。如有的地区适合发展以内容为中心的设计产业，有的地区适合发展以 ICT（information and communications technology 信息与通信技术）为基础的设计产业，通过比较优势的原则选择创意设计产业的切入点。

8. 加快文化产业与实体经济融合步伐

积极拓宽文化创意产业人才培养途径，为实现文化产业与实体经济融合发展提供人才保障。尽快建设一支高素质创意设计人才队伍。组织专家，结合长春经济科技文化发展实际，深入研究长春创意设计人才需求实际，研究设计"创意设计课程模块、课程体系"，与各相关高校联合设计："创意设计+汽车""创意设计+高铁""创意设计+机器人""创意设计+农机""创意设计+建筑""创意设计+环境""创意设计+家居建材""创意设计+农业""创意设计+食品""创意设计+餐饮""创意设计+会展""创意设计+服装""创意设计+艺术品""创意设计+电影""创意设计+动漫游"等"创意设计+……课程模块、课程体系"，并在相关高校相关专业开设这类课程模块，在相关教育培训机构面向社会开设这类课程模块的培训，培养一批社会急需的"创意设计+"人才。

9. 创建长春"创意设计+"交流平台

与北京成立的首家中国设计交易市场对接。及时将各大创新设计产业园的成果发布在网络交易平台上，同时，也加大与其他地区的创新设计交流。

（1）每年举办长春市"创意设计+"大赛，举办"创意设计+"高峰论坛

（2）开通长春"创意设计+"交易市场，实现与全国发达地区"创意设计+"市场无缝对接。

（3）创设长春"创意设计+"众创空间、孵化器，为"创意设计+"创客提供成长、成才的园地。

（4）创建创意设计产业园区。完善创意设计产业空间布局，围绕功能定位集聚文化人才、技术、资本等创新要素资源，培育创意设计产业竞争新优势。

（5）创办"创意设计+"动态孵化平台，为"创意设计+"创客提供全方位服务。

10. 构建"创意设计+"产业发展的保障机制

（1）制定长春市"创意设计+"产业发展战略

在全面学习、深入理解国家、省相关"创意设计+"产业政策的基础上，梳理我市相关"创意设计+"产业文件，并在此基础上制定长春市"创意设计+"产业发展战略，为长春市"创意设计+"产业发展确立明确的发展定位、目标及愿景，并确立具体的实施步骤和路线图，为长春"创意设计+"产业专项规划研制提供政策依据。

（2）研制长春市"创意设计+"产业专项发展规划

在制定长春市"创意设计+"产业发展战略，确立长春市"创意设计+"产业发展定位、目标及愿景的基础上，组织专家研制长春市"创意设计+"产业专项发展规划，并就"创意设计+"产业十三大门类编制详细的实施计划，明确政府支持什么，发展什么，从而为长春市创意设计企业制定自身的发展战

略、发展规划提供最有效的抓手。

（3）编制长春市"创意设计+"产业发展条例

在制定长春市"创意设计+"产业发展战略、研制长春市"创意设计+"产业专项发展规划后，编制出台长春市"创意设计+"产业发展条例，明确市委宣传部、文广新局、文化产业办公室、"创意设计+"产业发展促进中心、"创意设计+"产业发展促进会等各机构的职责范围、协调机制、运营模式，规范长春"创意设计+"产业管理体制机制，系统阐述长春市人民政府有关"创意设计+"产业发展财政、税收、人才、公共服务等各方面政策，为长春"创意设计+"产业战略及专项发展规划的实施提供政策保障。

（4）建设长春市"创意设计+"产业发展智库

推动长春"创意设计+"产业智库建设，发挥高等学校、科研院所和龙头企业资源优势，促进"创意设计+"产业智库发展，为长春"创意设计+"产业发展提供智力支撑。

长春市"创意设计+"产业智库要以探索长春市"创意设计+"产业发展规律为重点，为市委市政府决策出主意、出好主意、出管用的主意，提供具有重要参考价值的对策建议。着力研究和把握好长春市"创意设计+"产业发展的规律和特点，着重回答好长春人民群众普遍关心的有关"创意设计+"产业发展的重大理论问题和实际问题。

长春"创意设计+"产业智库通过举办学术交流活动等多种模式，大力加强与国内外知名"创意设计+"产业智库的合作交流，加强与各个领域著名专家、学者的联系交流，相互学习，相互借鉴，共同提高。

（5）建立长春市"创意设计+"产业发展基金

建立长春市"创意设计+"产业发展基金，重点扶持特色"创意设计+"产业项目。规范各级各类"创意设计+"产业发展专项资金的使用管理，加大对关键领域、薄弱环节、重点区域的支持力度。充分发挥"创意设计+"产业发展基金的引导作用，对实现文化科技融合关键技术突破的示范项目，"创意设计+旅游""创意设计+体育""创意设计+教育""创意设计+农业"等业态融合项目，给予相应奖励支持。

（6）建立长春市"创意设计+"产业投融资平台

政府协调金融机构及投资机构，充分调动社会资金，鼓励众投、众融、众筹、众创等形式进行"创意设计+"产业开发。同时主导设立"创意设计+"产业投融资平台，对各种形式的投融资进行管理与扶持，解决"创意设计+"产业发展资金瓶颈。

总而言之，长春"创意设计+"产业的快速发展必将进一步提升长春文化软实力，为长春社会发展提供新的经济增长点，为实现东北老工业基地振兴、引领长吉图区域发展、建设东北亚区域性中心城市三大历史使命提供坚实基础。

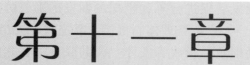

吉林省文化产业资源库建设

一、吉林省旅游景区资源库

（一）A级旅游景区分布情况

表11-1　A级旅游景区分布情况

区划	5A	4A	3A	2A	1A	小计
长春	4	12	10	12	4	42
吉林	0	9	7	12	1	29
四平	0	5	5	4	0	14
辽源	0	4	10	1	0	15
通化	0	8	29	2	1	40
白山	0	3	11	8	0	22
松原	0	2	8	0	6	16
白城	0	4	4	5	0	13
延边	1	11	22	10	0	44
长白山	1	2	0	0	0	3
梅河口	0	1	2	0	0	3
公主岭	0	0	0	1	0	1
总计	6	61	108	54	12	241

（二）吉林省3A级以上旅游景区表

表11-2　吉林省3A级以上旅游景区表

序号	地区	级别	景区名称
1	长春	5A	长春市世界雕塑公园旅游景区
2	延边	5A	敦化市六鼎山文化旅游区
3	长春	5A	长春市长影世纪城旅游区
4	长春	5A	吉林长春净月潭景区
5	长白山	5A	长白山景区
6	长春	5A	长春市伪满皇宫博物院
1	长春	4A	御龙温泉度假村
2	长春	4A	孔子文化园
3	长春	4A	关东文化园
4	长春	4A	北湖国家湿地公园
5	长春	4A	庙香山休闲旅游度假区
6	长春	4A	农业博览园
7	长春	4A	酒文化博物馆
8	长春	4A	东北民族民俗馆
9	长春	4A	动植物公园
10	长春	4A	天怡温泉度假山庄
11	长春	4A	长影旧址博物馆
12	长春	4A	长春凯撒森林温泉旅游度假区
13	吉林	4A	松花湖风景名胜区
14	吉林	4A	北大壶滑雪场
15	吉林	4A	拉法山国家森林公园
16	吉林	4A	圣鑫葡萄酒庄园
17	吉林	4A	吉林市博物馆
18	吉林	4A	万科松花湖度假区
19	吉林	4A	北山风景区
20	吉林	4A	圣德泉亲水度假花园
21	吉林	4A	神农庄园
22	四平	4A	伊通满族博物馆
23	四平	4A	叶赫那拉城
24	四平	4A	一马树森林公园
25	四平	4A	北方巴厘岛
26	四平	4A	四平战役纪念馆
27	辽源	4A	鴜鹭湖旅游度假区
28	辽源	4A	青少年平安教育馆
29	辽源	4A	道路交通安全体验公园
30	辽源	4A	东北沦陷时期辽源矿工墓陈列馆
31	通化	4A	高句丽文物古迹景区

续表

序号	地区	级别	景区名称
32	通化	4A	龙湾群国家森林公园
33	通化	4A	杨靖宇烈士陵园
34	通化	4A	白鸡峰国家森林公园
35	通化	4A	五女峰国家森林公园
36	通化	4A	振国壹号庄园
37	通化	4A	山葡萄酒文化产业园
38	通化	4A	大泉源酒业历史文化景区
39	白山	4A	露水河国家森林公园
40	白山	4A	松江河国家森林公园
41	白山	4A	望天鹅风景区
42	松原	4A	查干湖旅游度假区
43	松原	4A	松原市规划展览馆
44	白城	4A	向海国家级自然保护区
45	白城	4A	莫莫格国家级自然保护区
46	白城	4A	查干浩特旅游度假区
47	白城	4A	嫩江湾国家湿地公园
48	延边	4A	长白山峡谷浮石林景区
49	延边	4A	龙顺雪山飞湖景区
50	延边	4A	防川景区
51	延边	4A	大戏台河景区
52	延边	4A	延边博物馆
53	延边	4A	梦都美民俗旅游度假村
54	延边	4A	长白山雁鸣湖温泉度假村
55	延边	4A	创兴长白山原始萨满部落风景区
56	延边	4A	大关东文化园
57	延边	4A	魔界风景区
58	延边	4A	安图长白山历史文化园
59	长白山	4A	长白山野山参生态园
60	长白山	4A	长白山讷殷古城部落
61	梅河口	4A	梅河口市鸡冠山风景区
1	长春	3A	吊水壶国家森林公园
2	长春	3A	农安辽塔游园景区
3	长春	3A	石头口门水库国家水利风景区
4	长春	3A	八台岭古驿村落景区
5	长春	3A	缘山湖生态园
6	长春	3A	天下一家生态养生村
7	长春	3A	金穗山庄
8	长春	3A	剑鹏马城
9	长春	3A	吉林长发兴业休闲农业旅游度假区
10	长春	3A	榆树钱酒文化庄园

续表

序号	地区	级别	景区名称
11	长春	3A	辽金时代观光园
12	吉林	3A	铭山绿洲滑雪场
13	吉林	3A	韩屯雾凇岛旅游景区
14	吉林	3A	北纬44°·金珠花海休闲农业旅游景区
15	吉林	3A	南楼山景区
16	吉林	3A	红石国家森林公园
17	吉林	3A	水师营博物馆
18	吉林	3A	星星哨风景区
19	四平	3A	南山风景区
20	四平	3A	大孤山风景区
21	四平	3A	二郎山庄
22	四平	3A	叶赫馨苑文化城
23	四平	3A	山门风景区
24	辽源	3A	日军高级战俘营旧址展览馆
25	辽源	3A	龙首山（魁星楼）
26	辽源	3A	龙泉湖山庄
27	辽源	3A	全民消防科普教育馆
28	辽源	3A	聚龙潭生态旅游度假区
29	辽源	3A	扎兰芬围民俗文化园
30	辽源	3A	恩泉原生态农业旅游文化产业园
31	辽源	3A	东丰农民画馆
32	辽源	3A	江城森林植物园
33	辽源	3A	南照山鹿乡文化旅游产业园
34	通化	3A	集安市云峰湖旅游度假区
35	通化	3A	集安市鸭绿江羊鱼石第一漂景区
36	通化	3A	集安市万亩油菜花景区
37	通化	3A	集安市热闹河漂流景区
38	通化	3A	集安市鸭绿江国境铁路大桥景区
39	通化	3A	五七干校景区
40	通化	3A	罗通山风景旅游区
41	通化	3A	云岭野山参风景旅游区
42	通化	3A	朝阳镇北山公园
43	通化	3A	金江花海观光区
44	通化	3A	三仙夹国家森林公园
45	通化	3A	集安市国东大穴旅游景区
46	通化	3A	千叶湖景区
47	通化	3A	通葡股份地下酒窖
48	通化	3A	集安市鸭江谷酒庄
49	通化	3A	集安市雅罗酒庄
50	通化	3A	集安市天安公共休闲浴场

续表

序号	地区	级别	景区名称
51	通化	3A	集安市老鳖炕湿地景区
52	通化	3A	集安市花溪湿地公园
53	通化	3A	通化市永欣欢乐谷
54	通化	3A	通化市玉皇山公园
55	通化	3A	东昌区上龙头雪村
56	通化	3A	辉南龙堡森林旅游度假村
57	通化	3A	五道江玫瑰谷景区
58	通化	3A	柳河汇源龙韵酒庄
59	通化	3A	柳河开心庄园
60	通化	3A	通化县梦里水乡·贡米小镇景区
61	通化	3A	通化县康养谷旅游度假区
62	通化	3A	通化县曲柳川生态园
63	白山	3A	长白朝鲜族民俗村
64	白山	3A	金银峡风景区
65	白山	3A	四保临江纪念馆
66	白山	3A	杨靖宇将军殉国地
67	白山	3A	白山湖景区
68	白山	3A	干饭盆景区
69	白山	3A	奇石文化城
70	白山	3A	龙山湖景区
71	白山	3A	长白山迷宫
72	白山	3A	人参博物馆
73	白山	3A	北山生态森林植物园
74	松原	3A	孝庄祖陵旅游区
75	松原	3A	龙华寺景区
76	松原	3A	赛罕塔拉蒙古部落
77	松原	3A	龙凤山旅游风景区
78	松原	3A	乾安泥林国家地质公园
79	松原	3A	大金碑旅游区
80	松原	3A	松花江度假村
81	松原	3A	哈达山生态旅游度假区
82	白城	3A	嫩水韵白国家水利风景区
83	白城	3A	墨宝园景区
84	白城	3A	月亮泡水利风景区
85	白城	3A	牛心套堡国家湿地公园
86	延边	3A	满天星景区
87	延边	3A	兰家大峡谷国家森林公园景区
88	延边	3A	屏风山公园
89	延边	3A	图们江口岸景区
90	延边	3A	图们日光山森林公园

序号	地区	级别	景区名称
91	延边	3A	明东尹东柱故居
92	延边	3A	马蹄山旅游度假区
93	延边	3A	仙景台风景名胜区
94	延边	3A	仙峰国家森林公园景区
95	延边	3A	金达莱朝鲜族民俗村
96	延边	3A	老白山原始生态风景区
97	延边	3A	寒葱岭枫叶红色旅游观光休闲区
98	延边	3A	大石头亚光湖国家湿地公园
99	延边	3A	雁鸣湖丹江湿地公园
100	延边	3A	布库哩度假山庄
101	延边	3A	红旗朝鲜族民俗村
102	延边	3A	中国长白山宝石小镇旅游度假区
103	延边	3A	长白山火山遗址风景区
104	延边	3A	龙井市裕龙湾旅游风景区
105	延边	3A	琵岩山一松亭旅游景区
106	延边	3A	珲春东北亚国际文化产业园
107	延边	3A	森林康养基地——珲春大荒沟生态景区
108	梅河口	3A	城市湿地观光带
109	梅河口	3A	五奎山风景名胜区

（三）乡村旅游重点村、旅游民宿一览表

表11-3 吉林省全国乡村旅游重点村

序号	重点村名称	备注
1	松原市前郭尔罗斯蒙古族自治县查干湖渔场查干湖屯	
2	延边朝鲜族自治州和龙市东城镇光东村	
3	延边朝鲜族自治州和龙市西城镇金达莱村	
4	吉林市龙潭区乌拉街满族镇韩屯村	
5	吉林市舒兰市上营镇马鞍岭村	
6	长白山保护开发区管理委员会池南区漫江村	
7	长春市净月高新技术产业开发区玉潭镇友好村	
8	辽源市东辽县安石镇朝阳村	
9	延边朝鲜族自治州珲春市敬信镇防川村	
10	长春市莲花山生态旅游度假区泉眼镇泉眼村	
11	吉林市丰满区江南乡孟家村	
12	长春市九台区土门岭街道马鞍山村	
13	通化市柳河县安口镇青沟子村	
14	通化市集安市太王镇钱湾村	
15	延边朝鲜族自治州安图县万宝镇红旗村	
16	延边朝鲜族自治州汪清县大兴沟镇红日村	

续表

序号	重点村名称	备注
17	长春市农安县华家镇战家村	
18	四平市伊通满族自治县河源镇保南村	
19	延边朝鲜族自治州敦化市雁鸣湖镇大山村	
20	延边朝鲜族自治州敦化市雁鸣湖镇小山村	
21	通化市辉南县金川镇金川村	
22	延边朝鲜族自治州图们市石岘镇水南村	
23	吉林市蛟河市漂河镇富江村	
24	通化市通化县西江镇岔信村	
25	白山市临江市四道沟镇坡口村	
26	吉林市永吉县北大湖镇草庙子村	
27	通化市东昌区金厂镇上龙头村	
28	长春市双阳区太平镇小石村	
29	吉林市桦甸市桦郊乡晓光村	
30	延边州龙井市智新镇明东村	
31	白山市长白县马鹿沟镇果园民俗村	
32	通化市东昌区金厂镇夹皮沟村	
33	白城市通榆县向海蒙古族乡向海村	

表11-4 吉林省丙级旅游民宿名单

序号	名称	批次
1	吉林省如美乡村旅游开发有限公司（如美乡村民宿）	2020年第一批
2	伊通满族自治县伊通镇桃花源休闲中心	2020年第一批
3	通化县大安镇自在堂度假基地（大安自在堂）	2020年第一批
4	通化市大明牧场休闲农业有限公司（大明牧场民宿）	2020年第一批
5	集安市正阳晓苑民宿	2020年第一批
6	松原市渔猎部落旅游开发有限公司（新庙渔猎部落特色民宿）	2020年第一批
7	安图县松花村旅游发展有限公司（松花民俗宫旅游客栈）	2020年第一批
8	金达莱民俗村2天1夜农家大院	2020年第一批
9	梅河口市农胜粮食种植专业合作社（炉香庄园）	2020年第一批
10	和龙光东村归心民宿	2021年第二批
11	舒兰市小城镇普希金庄园	2021年第二批
12	梅河口市徐家小墅	2021年第二批
13	舒兰市上营镇二合村孙家大院饭店	2021年第二批
14	舒兰市小城镇门捷列夫庄园	2021年第二批
15	舒兰市小城镇喀秋莎民宿屋	2021年第二批
16	长白县果园村旅游民宿	2021年第二批

二、吉林省重点文物资源库

表11-5 吉林省全国重点文物保护单位一览表

序号	类别	文物保护单位名称	年代	地址	批次
1	古墓葬	洞沟古墓群	高句丽	通化市集安市	一
2	古墓葬	六顶山古墓群	渤海	延边州敦化市	
3	古遗址	丸都山城与国内城	高句丽	通化市集安市	二
4	古建筑	长白灵光塔	渤海	白山市长白县	三
5	石刻	大金得胜陀颂碑	金	松原市扶余县	
6	古墓葬	龙头山古墓群	渤海	延边州和龙市	
7	古遗址	渤海中京遗址	渤海	延边州和龙市	四
8	古墓葬	帽儿山墓地	汉	吉林市丰满区	
9	古遗址	汉书遗址	青铜	白城市大安市	
10	古遗址	西团山遗址	青铜	吉林市船营区	五
11	古遗址	万发拨子遗址	战国—晋	通化市东昌区	
12	古遗址	二龙湖战国古城	战国	四平市铁东区	
13	古遗址	罗通山城	汉—魏晋	通化市柳河县	
14	古遗址	八连城遗址	唐—五代	延边州珲春市	
15	古遗址	宝山—六道沟冶铜遗址	唐—五代	白山市临江市	
16	古遗址	塔虎城	辽、金	松原市前郭县	
17	古墓葬	干沟子墓群	战国—两汉	白山市长白县	
18	古墓葬	完颜希尹家族墓地	金	吉林市舒兰市	
19	古建筑	长城	汉、唐、金	通化市、长春市、四平市	
20	古遗址	百草沟遗址	战国—晋	延边州汪清县	六
21	古遗址	自安山城	南北朝	通化市东昌区	
22	古遗址	城山子山城	唐	延边州敦化市	
23	古遗址	苏密城	唐	吉林市桦甸市	
24	古遗址	磨盘村山城	唐—金	延边州图们市	
25	古遗址	偏脸城城址	辽—金	四平市梨树县	
26	古遗址	秦家屯古城	辽—金	四平市公主岭市	
27	古遗址	城四家子城址	辽—元	白城市洮北区	
28	古遗址	辉发城址	明	通化市辉南县	
29	古遗址	叶赫部城址	明	四平市铁东区	
30	古墓葬	辉发河上游石棚墓群	春秋战国	通化市柳河县、梅河口市	六
31	古建筑	吉林文庙	清	吉林市昌邑区	
32	石刻	阿什哈达摩崖	明	吉林市丰满区	
33	近现代	四保临江指挥部旧址	1945年	白山市临江市	
34	古遗址	龙潭山城	晋	吉林市龙潭区	
35	近现代	中东铁路扩展项目历史建筑	清—民国	松原市、长春市、四平市	
36	近现代	伪满皇宫及日伪军政机构旧址	1932年—1945年	长春市宽城区、朝阳区	七

续表

序号	类别	文物保护单位名称	年代	地址	批次
37	近现代	伪满洲国中央银行旧址	1938 年	长春市朝阳区	
38	近现代	长春电影制片厂早期建筑	1939 年	长春市朝阳区	
39	近现代	长春第一汽车制造厂早期建筑	1956 年	长春市绿园区	
40	近现代	吉长道尹公署旧址	1909 年	长春市南关区	
41	近现代	吉海铁路总站旧址	1929 年	吉林市船营区	
42	近现代	吉林大学教学楼旧址	1929 年	吉林市船营区	
43	近现代	吉林天主教堂	1926 年	吉林市船营区	
44	近现代	宝泉涌酒坊	清	通化市通化县	
45	近现代	通化葡萄酒厂地下贮酒窖	1937 年—1983 年	通化市东昌区	
46	近现代	辽源矿工墓	1931 年	辽源市西安区	
47	古建筑	农安辽塔	辽	长春市农安县	
48	古建筑	延吉边务督办公署旧址	清	延边州延吉市	
49	古建筑	乌拉街清代建筑群	清	吉林市龙潭区	
50	石窟寺及石刻	庆云摩崖石刻	金	通化市梅河口市	
51	石窟寺及石刻	清追封和硕忠亲王碑	清	松原市前郭尔罗斯蒙古族自治县（下简称前郭县）	
52	古遗址	石人沟遗址	旧石器时代	延边州和龙市	
53	古遗址	新屯子西山遗址	旧石器时代	白山市抚松县	七
54	古遗址	寿山仙人洞遗址	旧石器时代	吉林市桦甸市	
55	古遗址	向阳南岗遗址	新石器时代—战国	白城市镇赉县	
56	古遗址	双塔遗址	新石器时代、战国	白城市洮北区	
57	古遗址	后太平遗址群	新石器时代、商—战国	四平市双辽市	
58	古遗址	五家子遗址	东周	长春市双阳区	
59	古遗址	大青山遗址	东周	四平市公主岭市	
60	古遗址	余富遗址	周—汉	吉林市磐石市	
61	古遗址	揽头窝堡遗址	金	长春市德惠市	
62	古遗址	龙岗遗址群	战国—汉	通化市通化县	
63	古遗址	春捺钵遗址群	辽	松原市乾安县	
64	古遗址	温特赫部城址与裴优城址	唐、金	延边州珲春市	
65	古遗址	萨其城址	唐	延边州珲春市	
66	古遗址	石头城子古城址	辽、金	松原市扶余县	
67	古遗址	嘎呀河城址	辽、金	吉林市舒兰市	
68	古遗址	赤柏松古城址	西汉	通化市通化县	
69	古遗址	前进古城址	金	吉林市蛟河市	
70	古遗址	五家子城址	金	四平市公主岭市	
71	古遗址	乌拉街沿江古城址	金、明、清	吉林市龙潭区	
72	古遗址	乌拉部故城	明—清	吉林市龙潭区	

序号	类别	文物保护单位名称	年代	地址	批次
73	古墓葬	小西山石棺墓群	商—周	吉林市磐石市	
74	古墓葬	鸭绿江上游积石墓群	汉—唐	白山市八道江区、江源区、临江市、长白县	
75	古墓葬	江沿墓群	汉—唐	通化市东昌区、通化县	
76	古墓葬	友谊村墓群	金	四平市梨树县	

三、吉林省非物质文化遗产资源库

（一）吉林省国家级非物质文化遗产一览表

表11-6　吉林省国家级非物质文化遗产一览表

序号	级别	批次	类别	编号	项目	申报地区
1	国家级	1	民间文学	Ⅰ-12	满族说部	吉林省
2	国家级	1	传统舞蹈	Ⅲ-24	朝鲜族农乐舞（象帽舞）	吉林省延边朝鲜族自治州
3	国家级	1	曲艺	Ⅴ-35	东北二人转	吉林省
4	国家级	1	曲艺	Ⅴ-40	乌力格尔	吉林省前郭尔罗斯蒙古族自治县
5	国家级	1	传统体育、游艺与杂技	Ⅵ-14	朝鲜族跳板、秋千	吉林省延边朝鲜族自治州
6	国家级	2	传统音乐	Ⅱ-35	蒙古族马头琴音乐	吉林省前郭尔罗斯蒙古族自治县
7	国家级	2	传统音乐	Ⅱ-36	蒙古族四胡音乐	吉林省前郭尔罗斯蒙古族自治县
8	国家级	2	传统音乐	Ⅱ-100	长白山森林号子	吉林省文学艺术界联合会民间文艺家协会
9	国家级	2	传统音乐	Ⅱ-105	郭尔罗斯蒙古族民歌	吉林省前郭尔罗斯蒙古族自治县
10	国家级	2	传统音乐	Ⅱ-124	朝鲜族洞箫音乐	吉林省延吉市、珲春市
11	国家级	2	传统舞蹈	Ⅲ-58	朝鲜族鹤舞	吉林省延边朝鲜族自治州
12	国家级	2	传统舞蹈	Ⅲ-59	朝鲜族长鼓舞	吉林省图们市
13	国家级	2	传统戏剧	Ⅳ-101	黄龙戏	吉林省农安县
14	国家级	2	曲艺	Ⅴ-6	东北大鼓	吉林省榆树市
15	国家级	2	曲艺	Ⅴ-80	朝鲜族三老人	吉林省和龙市
16	国家级	2	杂技与竞技	Ⅵ-38	满族珍珠球	吉林省吉林市
17	国家级	2	传统美术	Ⅶ-16	长白山满族剪纸	吉林省通化市
18	国家级	2	传统美术	Ⅶ-80	长白山满族枕头顶刺绣	吉林省通化市
19	国家级	2	传统技艺	Ⅷ-124	朝鲜族民族乐器制作技艺	吉林省延边朝鲜族自治州

续表

序号	级别	批次	类别	编号	项目	申报地区
20	国家级	2	传统技艺	Ⅷ-144	大泉源酒传统酿造技艺	吉林省通化县
21	国家级	2	民俗	Ⅹ-55	蒙古族婚俗	吉林省前郭尔罗斯蒙古族自治县
22	国家级	2	民俗	Ⅹ-89	朝鲜族花甲礼	吉林省延边朝鲜族自治州
23	国家级	2	民俗	Ⅹ-93	长白山采参习俗	吉林省抚松县
24	国家级	2	民俗	Ⅹ-94	查干淖尔冬捕习俗	吉林省前郭尔罗斯蒙古族自治县
25	国家级	2	民俗	Ⅹ-99	朝鲜族传统婚礼	吉林省延边朝鲜族自治州
26	国家级	2	民俗	Ⅹ-109	朝鲜族服饰	吉林省延边朝鲜族自治州
27	国家级	3	民间文学		陶克陶胡	吉林省前郭尔罗斯蒙古族自治县
28	国家级	3	传统音乐		阿里郎	吉林省延边朝鲜族自治州
29	国家级	3	传统音乐		伽倻琴艺术	吉林省延吉市
30	国家级	3	传统舞蹈		乌拉陈汉军旗单鼓舞	吉林省吉林市
31	国家级	3	曲艺		盘索里	吉林省延边朝鲜族自治州
32	国家级	3	杂技与竞技		朝鲜族摔跤	吉林省延吉市
33	国家级	3	传统技艺		马头琴制作技艺	吉林省前郭尔罗斯蒙古族自治县
34	国家级	3	民俗		朝鲜族回婚礼	吉林省延边朝鲜族自治州
35	国家级	3	民俗		查干萨日（春节）	吉林省前郭尔罗斯蒙古族自治县
36	国家级	3	民俗		秋夕（中秋节）	吉林省延边朝鲜族自治州
37	国家级	3	民俗		北山庙会	吉林省吉林市
38	国家级	4	传统舞蹈	Ⅲ-114	博舞	吉林省前郭尔罗斯蒙古族自治县
39	国家级	4	传统技艺	Ⅷ-228	泡菜制作技艺（朝鲜族泡菜制作技艺）	吉林省延吉市
40	国家级	4	曲艺	Ⅴ-35	二人转	辽宁省辽阳市，吉林省梨树县
41	国家级	4	传统医药	Ⅸ-3	中药炮制技艺（人参炮制技艺）	吉林省通化市
42	国家级	4	传统医药	Ⅸ-4	中医传统制剂方法（平氏浸膏制作技艺）	吉林省长春市九台区

（二）吉林省省级非物质文化遗产一览表

表11-7 吉林省省级非物质文化遗产一览表

批次	类别	序号	项目名称	项目申报地（市）或单位
1	民间文学	1	满族说部	省文化厅
1	民间文学	2	九台满族石氏家族萨满传说	长春师范学院
1	民间文学	3	牛子厚故事	吉林市
1	民间文学	4	黄龟渊的故事	延边州
1	民间美术	1	关云德满族剪纸	九台区
1	民间美术	2	马氏布偶	吉林市
1	民间美术	3	潘氏剪纸	吉林市
1	民间美术	4	王氏布贴画	吉林市、长春师范学院
1	民间美术	5	满族剪纸	珲春市、东辽县
1	民间美术	6	长白山满族剪纸	通化师范学院
1	民间美术	7	长白山满族枕头顶刺绣	通化师范学院
1	民间音乐	1	长白山森林号子	省民间文艺家协会、白山市
1	民间音乐	2	赵家传统古筝技艺	长春市
1	民间音乐	3	乌拉陈汉军旗香音乐	吉林市
1	民间音乐	4	舒兰鼓吹乐	舒兰市
1	民间音乐	5	朝鲜族洞箫音乐	珲春市、延吉市
1	民间音乐	6	蒙古族四胡音乐	前郭县
1	民间音乐	7	蒙古族民歌	前郭县
1	民间音乐	8	蒙古族马头琴音乐	前郭县
1	民间音乐	9	吉林乌拉满族民间音乐	吉林市、长春师范学院
1	民间舞蹈	1	乌拉满族秧歌	吉林市
1	民间舞蹈	2	乌拉陈汉军旗单鼓舞	吉林市
1	民间舞蹈	3	朝鲜族牙拍舞	安图县
1	民间舞蹈	4	朝鲜族扇子舞	延边州
1	民间舞蹈	5	朝鲜族刀舞	图们市
1	民间舞蹈	6	朝鲜族圆鼓舞	图们市
1	民间舞蹈	7	朝鲜族鹤舞	安图县
1	民间舞蹈	8	朝鲜族碟子舞	珲春市
1	民间舞蹈	9	朝鲜族长鼓舞	图们市
1	民间舞蹈	10	朝鲜族手鼓舞	图们市
1	民间舞蹈	11	朝鲜族棒槌舞	图们市
1	民间舞蹈	12	朝鲜族农乐舞（象帽舞）	汪清县
1	民间舞蹈	13	双辽太平鼓	双辽市
1	民间舞蹈	14	蒙古族安代舞	前郭县
1	曲艺	1	东北二人转	省艺术研究院
1	曲艺	2	东北大鼓	榆树市
1	曲艺	3	朝鲜族三老人	和龙市

续表

批次	类别	序号	项目名称	项目申报地（市）或单位
1	曲艺	4	乌力格尔	前郭县
1	体游杂	1	满族珍珠球	伊通满族自治县、吉林市
1	体游杂	2	满族欻嘎拉哈	吉林市
1	体游杂	3	朝鲜族秋千、跳板	延边州
1	传统戏剧	1	黄龙戏	农安县
1	传统戏剧	2	舒兰皮影	舒兰市
1	传统技艺	1	杨麻子大饼制作技艺	长春市、白城市
1	传统技艺	2	德惠大曲酿造技艺	德惠市
1	传统技艺	3	福源馆糕点加工技艺	吉林市
1	传统技艺	4	吉林缸窑烧造技艺	吉林市
1	传统技艺	5	乌拉满族民居建造技艺	吉林市
1	传统技艺	6	满族旗袍传统工艺	吉林市、吉林师范大学
1	传统技艺	7	太盛园白肉血肠	吉林市
1	传统技艺	8	漂河烟栽种技术	蛟河市
1	传统技艺	9	延边朝鲜族冷面制作技艺	延边州
1	传统技艺	10	朝鲜族传统乐器制作技艺	延吉市
1	传统技艺	11	松花砚雕刻技艺	通化市
1	传统技艺	12	集安新开河边条人参栽培技艺	集安市
1	传统技艺	13	大泉源酒传统酿造技艺	通化县
1	传统技艺	14	马记鹿茸制作技艺	东丰县
1	传统技艺	15	扶余老醋酿造工艺	松原市
1	民俗	1	北山庙会	吉林市
1	民俗	2	乌拉满族瓜尔佳氏家祭	吉林市
1	民俗	3	松花江河灯	吉林市
1	民俗	4	乌拉陈汉军续谱习俗	吉林市
1	民俗	5	长白上采参习俗	抚松县、桦甸市、敦化市
1	民俗	6	乌拉满族鹰猎习俗	吉林市
1	民俗	7	朝鲜族抓周	延边州
1	民俗	8	长白山采伐开山习俗	敦化市
1	民俗	9	朝鲜族花甲礼	延边州
1	民俗	10	朝鲜族传统婚礼	延边州
1	民俗	11	朝鲜族回婚礼	延边州
1	民俗	12	朝鲜族服饰	延吉市
1	民俗	13	查干淖尔冬捕习俗	前郭县
1	民俗	14	蒙古族婚俗	前郭县
1	民俗	15	蒙古族萨满祭天仪式	前郭县
1	民俗	16	九台满族石氏家族祭祖习俗	长春师范学院
1	民俗	17	伊通满族萨满文化遗存	伊通县、辰龙生态开发公司
2	民间文学	1	蒙古族长篇英雄史诗《阿勇干·散迪尔》	前郭县

批次	类别	序号	项目名称	项目申报地（市）或单位
2	民间文学	2	陶克陶胡	前郭县
2	民间文学	3	长白山老把头传说	通化市
2	民间文学	4	火烧船厂的传说	吉林市
2	民间文学	5	白花点将的传说	吉林市
2	民间文学	6	完颜希尹石雕的传说	舒兰市
2	民间文学	7	打渔楼的传说	吉林市
2	民间文学	8	乌拉陈汉军坛续传说故事	吉林市
2	传统美术	1	东辽葫芦画	东辽县
2	传统美术	2	沙氏石木雕	辽源市
2	传统美术	3	乌拉满族赫舍里氏刻纸与剪纸	吉林市
2	传统美术	4	吉林宋氏民俗剪纸	吉林市
2	传统美术	5	乌拉陈氏刻纸	吉林市
2	传统美术	6	乌拉黄氏满族民俗剪纸	吉林市
2	传统美术	7	通榆李锐士剪纸	通榆县
2	传统美术	8	通榆闯关东年画	通榆县
2	传统美术	9	通榆王岩剪纸	通榆县
2	传统美术	10	通榆费景富硬笔画	通榆县
2	传统美术	11	东丰农民画	东丰县
2	传统美术	12	艺发刻纸技艺	集安市
2	传统音乐	1	蒙古族长调、短调	前郭县
2	传统音乐	2	阿里郎	延边州
2	传统音乐	3	伽倻琴艺术	延边州
2	传统音乐	4	朝鲜族奚琴艺术	延吉市
2	传统音乐	5	显顺琵琶演奏	辽源市
2	传统音乐	6	刘学仁高粱秆儿哨	公主岭市
2	传统舞蹈	1	图们朝鲜族假面舞	图们市
2	传统舞蹈	2	朝鲜族刀舞	延边州
2	传统舞蹈	3	朝鲜族打糕舞	图们市
2	传统舞蹈	4	郭尔罗斯查玛舞	前郭县
2	传统舞蹈	5	郭尔罗斯秧歌	前郭县
2	传统舞蹈	6	吉林汉族大秧歌	吉林市
2	曲艺	1	好来宝	前郭县
2	曲艺	2	盘索里	延边州
2	曲艺	3	东辽二人转	东辽县
2	曲艺	4	梨树二人转	梨树县
2	传统戏剧	1	满族新城戏	松原市
2	体游杂	1	朝鲜族摔跤	延吉市
2	体游杂	2	朝鲜族拔草龙	安图县
2	体游杂	3	朝鲜族象棋	延吉市
2	体游杂	4	朝鲜族"柶戏"	图们市

续表

批次	类别	序号	项目名称	项目申报地（市）或单位
2	体游杂	5	蒙古族射箭	前郭县
2	体游杂	6	蒙古族那达慕	前郭县
2	体游杂	7	朝鲜族尤茨	汪清县
2	体游杂	8	永吉民间弈棋	吉林市
2	体游杂	9	朝鲜族花图游戏	汪清县
2	传统技艺	1	马头琴制作技艺	前郭县
2	传统技艺	2	查干湖全鱼宴	前郭县
2	传统技艺	3	朝鲜族狗肉制作技艺	图们市
2	传统技艺	4	安图松花砚制作工艺	安图县
2	传统技艺	5	朝鲜族米肠制作技艺	图们市
2	传统技艺	6	老白山张氏皮匠	安图县
2	传统技艺	7	朝鲜族大酱	延边州
2	传统技艺	8	朝鲜族打糕制作技艺	汪清县
2	传统技艺	9	蒙古族荞面食品加工技艺	前郭县
2	传统技艺	10	蒙古族馅饼制作技艺	前郭县
2	传统技艺	11	蒙古族枕头顶刺绣	前郭县
2	传统技艺	12	朝鲜族石锅制作技艺	和龙市
2	传统技艺	13	朝鲜族稻草编制	和龙市
2	传统技艺	14	长白山满族木屋建造技艺	通化市、白山市
2	传统技艺	15	长白山满族豆瓣酱酿造技艺	通化市
2	传统技艺	16	长白山山核桃拼贴工艺	通化市
2	传统技艺	17	梅河"大高粱"酒酿造技艺	梅河口市
2	传统技艺	18	通化松花砚雕刻技艺	通化市
2	传统技艺	19	朝鲜族咸菜制作技艺	前郭县
2	传统技艺	20	安氏雕刻技艺	白山市
2	传统技艺	21	白山松花石雕刻技艺	白山市
2	传统技艺	22	皇封参加工技艺	靖宇县
2	传统技艺	23	乌拉满族凤吉园贾家锅子	吉林市
2	传统技艺	24	爬犁	吉林市
2	传统技艺	25	郭丽传统手工艺布鞋	长春市
2	传统技艺	26	东生泥人	长春市
2	传统技艺	27	积德泉烧锅酿造技艺	长春市
2	传统技艺	28	贾春红编织	长春市
2	传统技艺	29	瓜王沟甜瓜栽培技艺	长春市
2	传统技艺	30	鼎丰真糕点制作技艺	长春市
2	传统技艺	31	榆树钱酒酿造技艺	榆树市
2	传统技艺	32	辽源孙氏数算	辽源市
2	传统技艺	33	通榆李国祥石雕	通榆县
2	传统技艺	34	朝鲜族泡菜制作技艺	图们市
2	传统技艺	35	还阳参酒酿造技艺	临江市

批次	类别	序号	项目名称	项目申报地（市）或单位
2	传统技艺	36	临江村姑煎饼	临江市
2	传统技艺	37	临江彪哥煎饼	临江市
2	传统技艺	38	李连贵熏肉大饼制作技艺	四平市
2	传统技艺	39	满族服饰手工技艺	长春市
2	民俗	1	朝鲜族农夫节	龙井市
2	民俗	2	山泉祭	敦化市
2	民俗	3	蒙古族查干萨日（春节）	前郭县
2	民俗	4	蒙古族服饰	前郭县
2	民俗	5	蒙古族祭敖包	前郭县
2	民俗	6	朝鲜族丧葬习俗	延边州
2	民俗	7	吉林满族松花江祭	吉林市
2	民俗	8	吉林回族婚俗	吉林市
2	民俗	9	满语文	长春市
2	民俗	10	满族关氏家族祭祖习俗	长春市
2	民俗	11	满族杨氏家族祭祖习俗	长春市
2	传统医药	1	雷氏正骨	前郭县
2	传统医药	2	朝鲜族医药	延边州
2	传统医药	3	长白山满族传统医药	通化市
2	传统医药	4	石氏正骨	吉林市
2	传统医药	5	爱新觉罗·恒绍家传满药	吉林市
2	传统医药	6	吉林宋氏中医儿科	吉林市
2	传统医药	7	魏氏外科祖传秘方	九台区
2	传统医药	8	长春孟氏整骨	长春市
2	传统医药	9	平氏浸膏	九台区
2	民间舞蹈	1	蒙古族盅碗舞筷子舞	前郭县
2	民俗	1	秋夕（中秋节）	延吉市
2	传统医药	1	朝鲜族崔氏正骨疗法	延吉市
2	传统医药	2	梅花针综合疗法	延吉市
2	传统医药	3	延吉市王麻子传世秘方	延吉市
2	体游杂	1	龙头游戏	延吉市
2	体游杂	2	蒙古族鹿棋	前郭县
2	曲艺	1	"漫谈"和"才谈"	延吉市
2	传统技艺	1	朝鲜族传统礼桌名点	延吉市
2	传统技艺	2	增盛永白酒酿造技艺	松原市
2	体游杂	1	朝鲜族尤茨	吉林市
2	传统技艺	1	朝鲜族泡菜制作技艺	延吉市
3	民间文学	1	满族说部	吉林省艺术研究院（吉林省非物质文化遗产保护中心）
3	民间文学	2	满族说部	吉林省艺术研究院（吉林省非物质文化遗产保护中心）

续表

批次	类别	序号	项目名称	项目申报地（市）或单位
3	民间文学	3	长白山人参故事	抚松县
3	民间文学	4	祝赞词	前郭县
3	民间文学	5	阿阑豁阿的故事	前郭县
3	民间文学	6	巴拉根仓的故事	前郭县
3	传统音乐	1	呼麦	前郭县
3	传统音乐	2	朝鲜族短箫音乐	延边州
3	传统音乐	3	朝鲜族笒艺术	延吉市
3	传统舞蹈	1	博舞	前郭县
3	传统舞蹈	2	博舞	前郭县
3	传统舞蹈	3	朝鲜族响钹舞	延边州
3	传统舞蹈	4	朝鲜族鹤舞	安图县
3	传统舞蹈	5	朝鲜族牙拍舞	安图县
3	传统舞蹈	6	朝鲜族假面舞（图们）	图们市
3	传统戏剧	1	吉剧	吉林省戏曲剧院
3	传统戏剧	2	吉剧	吉林省戏曲剧院
3	曲艺	1	磐石奉尾大鼓	磐石市
3	曲艺	2	乌力格尔（通榆）	通榆县
3	体游杂	1	满族珍珠球（伊通）	伊通县
3	体游杂	2	朝鲜族拔草龙	安图县
3	体游杂	3	龙头游戏	安图县
3	传统美术	1	满族剪纸（东辽）	东辽县
3	传统美术	2	布贴画（通榆）	通榆县
3	传统技艺	1	李连贵熏肉大饼制作技艺	四平市
3	传统技艺	2	前郭尔罗斯蒙古族牛肉干制作技艺	前郭县
3	传统技艺	3	大安老窖酒酿造技艺	白城市
3	传统技艺	4	民族乐器制作技艺（朝鲜族民族乐器制作技艺）	延吉市
3	传统技艺	5	朝鲜族臭酱制作技艺	延吉市
3	传统技艺	6	锉草鸡传统养殖技艺	敦化市
3	民俗	1	满语文	长春市
3	民俗	2	朝鲜族服饰	延边州
3	民俗	3	山泉祭	敦化市
3	民俗	4	朝鲜族农夫节	龙井市
4	传统音乐	1	郭尔罗斯蒙古族民歌	前郭县
4	传统音乐	2	蒙古族马头琴音乐	前郭县
4	传统舞蹈	3	长白山满族高跷大秧歌	通化市
4	传统舞蹈	4	长白山回族龙灯	柳河县
4	传统舞蹈	5	朝鲜族农乐舞（象帽舞）	延吉市
4	传统戏剧	6	关东吕剧	柳河县

批次	类别	序号	项目名称	项目申报地（市）或单位
4	传统戏剧	7	朝鲜族唱剧	延边州
4	曲艺	8	东北二人转	吉林省戏曲剧院
4	曲艺	9	二人转	梨树县
4	曲艺	10	朝鲜族说唱歌舞"乞丐谣"	辉南县
4	曲艺	11	盘索里	延边州
4	体游杂	12	五行通背拳	东北师范大学
4	体游杂	13	梅花螳螂拳	四平市
4	体游杂	14	太极五行通背拳	松原市宁江区
4	传统美术	15	吉林面人胡	吉林市
4	传统美术	16	韩氏泥塑	辽源市西安区
4	传统美术	17	长白山满族剪纸	通化市
4	传统美术	18	长白山满族风情剪纸	白山市
4	传统美术	19	伯都纳满族扎彩	松原市宁江区
4	传统美术	20	姜氏布贴画	白城市洮北区
4	传统美术	21	芦苇画	大安市
4	传统美术	22	桃核微雕	图们市
4	传统美术	23	秋梨沟柳编	敦化市
4	传统美术	24	安图松花砚雕刻	安图县
4	传统美术	25	卢氏葫芦雕刻	梅河口市
4	传统美术	26	任氏微刻	梅河口市
4	传统技艺	27	吉林缸窑烧造技艺	吉林市
4	传统技艺	28	东辽弓箭制作技艺	东辽县
4	传统技艺	29	长白山冰雪爬犁制作技艺	通化市
4	传统技艺	30	鹿肉食品制作技艺	辉南县
4	传统技艺	31	扶余老醋酿造工艺	松原市宁江区
4	传统技艺	32	酸汤子制作技艺	白城市洮北区
4	传统技艺	33	朝鲜族泡菜制作技艺	延吉市
4	传统技艺	34	百年恒记饺子制作技艺	敦化市
4	传统技艺	35	安图隋氏铁制品制作技艺	安图县
4	民俗	36	查干淖尔冬捕习俗	前郭县
5	民间文学	1	长白山老把头传说	通化市
5	民间文学	2	博唱词	前郭县
5	传统音乐	3	古琴艺术	吉林艺术学院
5	传统音乐	4	长白山民歌	通化市
5	传统音乐	5	蒙古族长调短调（长调）	前郭县
5	传统音乐	6	伽倻琴艺术	延边州
5	传统音乐	7	伽倻琴艺术	延边州
5	传统音乐	8	阿里郎	延边州
5	传统音乐	9	朝鲜族洞箫音乐	延吉市
5	传统音乐	10	朝鲜族洞箫音乐	珲春市

续表

批次	类别	序号	项目名称	项目申报地（市）或单位
5	传统舞蹈	11	乌拉陈汉军旗单鼓舞	吉林市
5	传统舞蹈	12	吉林汉族大秧歌	吉林市
5	传统戏剧	13	吉剧	吉林省戏曲剧院
5	传统戏剧	14	吉剧	吉林省戏曲剧院
5	传统戏剧	15	满族新城戏	松原市
5	曲艺	16	东北二人转	吉林省艺术研究院
5	曲艺	17	吉林东路二人转	吉林市
5	曲艺	18	二人转	梨树县
5	体游杂	19	朝鲜族尤茨	吉林市
5	传统美术	20	乌拉满族赫舍里氏刻纸与剪纸	吉林市龙潭区
5	传统美术	21	东霖草编	辽源市龙山区
5	传统美术	22	龙山泥人	辽源市龙山区
5	传统美术	23	长白山满族枕头顶刺绣	通化市
5	传统美术	24	木板烙画	通化市
5	传统美术	25	乌拉草编	通化市
5	传统美术	26	孙氏勺匙书画	柳河县
5	传统美术	27	长白山木瓢画	长白县
5	传统美术	28	长白山核雕	白山市
5	传统美术	29	乌力吉将嘎（绳编）	前郭县
5	传统美术	30	郭尔罗斯剪纸	前郭县
5	传统美术	31	刘氏黄榆根雕	通榆县
5	传统美术	32	刘氏蛋雕	通榆县
5	传统美术	33	通榆王氏剪纸	通榆县
5	传统美术	34	丛氏缝绣画	洮南市
5	传统美术	35	朝鲜族稻草编	和龙市
5	传统美术	36	关东内画	梅河口市
5	传统美术	37	老怀德满族剪纸	公主岭市
5	传统技艺	38	满族大豆酱传统酿造技艺	吉林省田野泉酿造有限公司
5	传统技艺	39	通化松花石砚制作技艺	通化市
5	传统技艺	40	长白山野山蜂养殖技艺	通化市
5	传统技艺	41	金斗笠酱酿造技艺	长白县
5	传统技艺	42	长白山山野菜加工技艺	靖宇县
5	传统技艺	43	查干湖鱼皮制作技艺	松原市
5	传统技艺	44	郭尔罗斯传统民居建造技艺	前郭县
5	传统技艺	45	郭尔罗斯全羊席烹饪技艺	前郭县
5	传统技艺	46	查干湖风干鱼制作技艺	前郭县
5	传统技艺	47	前郭尔罗斯传统酿酒技艺	前郭县
5	传统技艺	48	朝鲜族民族乐器制作技艺	延吉市
5	传统技艺	49	朝鲜族民族乐器制作技艺	延吉市
5	传统技艺	50	甩湾子豆瓣酱制作技艺	敦化市

批次	类别	序号	项目名称	项目申报地（市）或单位
5	传统技艺	51	小万庄酱菜腌制技艺	敦化市
5	传统医药	52	应氏奇穴埋线疗法	吉林省应世堂健康文化产业发展有限公司
5	传统医药	53	岳氏万全堂胃病诊疗法	长春岳氏万全堂中医院
5	传统医药	54	单氏中医诊疗方法	吉林中医肝胆医院
5	传统医药	55	皇封参炮制技艺	靖宇县
5	民俗	56	乌拉陈汉军续谱习俗	吉林市
5	民俗	57	查干淖尔冬捕习俗	前郭县
5	民俗	58	查干淖尔冬捕习俗	前郭县
5	民俗	59	朝鲜族踩地神	龙井市
5	民俗		烧月亮房	龙井市
5	民俗	60	朝鲜族服饰	延边州

四、吉林省老字号资源库

（一）吉林省中华老字号一览表

表11-8　吉林省中华老字号一览表

序号	企业名称	注册商标	认定批次
1	吉林福源馆食品集团有限公司	福源馆	第一批
2	吉林省杨麻子大饼餐饮管理有限责任公司	杨麻子	第一批
3	长春市鼎丰真食品有限公司	鼎丰真	第一批
4	四平市李连贵风味大酒楼	李连贵	第一批
5	长春积德泉酿酒厂	积德泉	第一批
6	长白山酒业集团公司	长白山	第一批
7	松原市松江老醋酿造有限公司	松江	第一批
8	吉林省大泉源酒业有限公司	大泉源	第二批
9	通化葡萄酒股份有限公司	通化	第二批
10	吉林市春发实业有限责任公司新兴园饺子馆	新兴园	第二批
11	吉林省洮儿河酒业有限公司	洮儿河牌	第二批
12	辽源龙泉酒业股份有限公司	龙泉春牌	第二批
13	吉林省梅河酒业有限公司	梅河	第二批
14	吉林省百乐酿造有限公司	百乐	第二批
15	长春榆树大曲集团股份有限公司	榆树钱	第二批
16	吉林酿业集团有限公司	江城牌	第二批
17	吉林市春发实业有限责任公司西春发饭店	西春发	第二批
18	长春孟氏整骨孟晓东骨伤门诊部	孟氏整骨	第二批
19	吉林省抚松制药股份有限公司	林海牌	第二批
20	吉林省皇封参集团股份有限公司	皇封	第二批

（二）吉林省第三批与第四批老字号一览表

表11-9　吉林省第三批与第四批老字号一览表

批次	企业名称	品牌
第四批	长春长百集团有限公司	
第四批	长春市真不同餐饮有限责任公司	
第四批	长春人民药业集团有限公司	
第四批	辽源市百年红星医药连锁有限公司	
第四批	辽源市联贸大厦有限公司	
第四批	修正药业集团股份有限公司	
第四批	吉林梅河大米有限公司	
第三批	长春市东发合茶叶有限责任公司	东发合
第三批	长春市南关区春发合饭庄	春發合
第三批	榆树市世昌永药店	世昌永
第三批	长春饭店有限责任公司	长春饭店报春
第三批	赵小孩中医儿科门诊	赵小孩
第三批	吉林省世聚福酒业股份有限公司	世聚福
第三批	吉林省东北堂食品有限公司	东北堂
第三批	吉林省昌广商贸有限公司	昌廣
第三批	吉林市宋氏中医儿童医院	宋世
第三批	吉林高新区史忠川中医内科诊所	
第三批	吉林市船营区秀古斋书画店	秀古斋
第三批	吉林市林氏皮肤病医院	
第三批	吉林市长白山乌拉草制品厂	塔头
第三批	四平百货大楼股份有限公司	四平百货大楼有限公司
第三批	吉林省东丰药业股份有限公司	马记
第三批	辽源市徐派梅花鹿茸有限公司	徐派
第三批	辽源市龙泉米醋饮品有限公司	龙泉牌
第三批	长白朝鲜族自治县饮食服务有限责任公司	
第三批	吉林省参乡酿酒有限公司	东烧锅
第三批	白山市龙卧春生物科技有限公司	龙卧春
第三批	大安市谷家诊所	
第三批	白城市赵氏德恩堂膏药铺	赵氏德恩堂
第三批	白城市小明珠手绣礼品行	丽玮手工纳绣
第三批	吉林省大任中医药研究院	任氏
第三批	吉林省梦思特酒业有限公司	老龙岗
第三批	通化市实习饭店	
第三批	吉林省满术堂推拿养生馆	满术堂
第三批	延边东北仁儿食品有限公司	东北仁儿
第三批	吉林省新怀德酒业有限公司	新怀德
第三批	吉林省沪松酒业有限公司	增盛谦
第三批	靖宇县八旗参茸有限责任公司	八旗

五、吉林省文博馆资源库

（一）吉林省博物馆一览表

表11-10 吉林省博物馆一览表

序号	博物馆名称	备注
1	通化县博物馆	
2	辽源矿工墓陈列馆	
3	辽源市侵华日军辽源高级战俘营旧址展览馆	
4	东丰县民俗博物馆	
5	扶余市辽金历史文物陈列馆	
6	松原市博物馆	
7	前郭县郭尔罗斯博物馆	
8	乾安县博物馆	
9	延边朝鲜族自治州博物馆	
10	延吉市博物馆	
11	长白山民俗博物馆	
12	农安博物馆	
13	汪清县博物馆	
14	梅河口市博物馆	
15	镇赉县博物馆	
16	松原市金原博物馆	
17	长白山自然博物馆	
18	和龙市博物馆	
19	榆树市博物馆	
20	永吉县博物馆	
21	图们市博物馆	
22	通榆县博物馆	
23	白城市洮北区博物馆	
24	舒兰市博物馆	
25	磐石市博物馆	
26	抚松人参博物馆	
27	长春市文庙博物馆	
28	长春市双阳区博物馆	
29	小四平镇解方将军纪念馆	
30	石人血泪山罹难矿工纪念馆	
31	溥仪宣诏退位纪念馆	
32	辽源市博物馆	
33	东北沦陷时期辽源矿工墓陈列馆	
34	梨树县博物馆	

续表

序号	博物馆名称	备注
35	靖宇火山矿泉群地质博物馆	
36	蛟河市博物馆	
37	集安博物馆	
38	吉林市文庙博物馆	
39	吉林水师营博物馆	
40	吉林市陨石博物馆	
41	吉林市明清造船厂遗址博物馆	
42	吉林市满族博物馆	
43	吉林市劳工纪念馆	
44	吉林市博物馆	
45	吉林省中医药博物馆	
46	吉林省长白山人参博物馆	
47	吉林省自然博物馆暨东北师范大学自然博物馆	
48	吉林省东北二人转博物馆	
49	吉林省博物院	
50	吉林省宝凤艺术博物馆	
51	吉林国际动漫博物馆	
52	吉林大学地质博物馆	
53	辉南县博物馆	
54	辉南县兵工博物馆	
55	珲春市博物馆	
56	桦甸市博物馆	
57	公主岭市博物馆	
58	抚松人参博物馆	
59	扶余市博物馆	
60	敦化市博物馆	
61	东北民族民俗馆	
62	东辽县民俗博物馆	
63	东北抗日联军纪念馆	
64	大安市博物馆	
65	陈云旧居纪念馆	
66	查干湖渔猎文化博物馆	
67	长白山松花石博物馆	
68	吉林白山板石国家矿山公园博物馆	
69	白城市老关东石雕博物馆	
70	白城市博物馆	
71	安图县博物馆	
72	丰满水电博物馆	
73	四平市博物馆	
74	伊通满族民俗博物馆	

续表

序号	博物馆名称	备注
75	郑家屯博物馆	
76	柳河县博物馆	
77	长白山满族文化博物馆	
78	伪满皇宫博物院	
79	吉林市革命烈士纪念馆	
80	靖宇县杨靖宇将军殉国地管理处	
81	七道江会议纪念馆	
82	四保临江战役指挥部旧址	
83	四平战役纪念馆	
84	通化市高志航纪念馆	

（二）吉林省演出场馆一览表

表11-11　吉林省演出场馆一览表

序号	场馆名称	备注
1	长白山演艺会馆	
2	梅河口市文化体育活动中心多功能剧场	
3	吉林省文化活动中心	
4	长春演艺集团有限公司人民艺术剧场	
5	舒兰市文化体育活动中心	
6	吉林市人民大剧院	
7	吉林省抚松山里红剧院	
8	白城市大众剧场	
9	东方大剧院	
10	长春人民艺术剧场	
11	长春京剧院大戏楼	
12	梅河口市文化活动中心	
13	延吉市朝鲜族文化艺术中心演艺剧场	
14	安图县文化中心	
15	大安市文化活动中心	
16	蛟河市工人文化宫	
17	汪清县影剧院	
18	永吉县文体中心	

（三）吉林省文化馆一览表

表11-12　吉林省文化馆一览表

序号	文化馆名称	备注
1	通化县文化馆	

续表

序号	文化馆名称	备注
2	长岭县文化馆	
3	松原市群众艺术馆	
4	松原市宁江区文化馆	
5	前郭县草原文化馆	
6	前郭县文化馆	
7	延边朝鲜族自治州群众艺术馆	
8	长春市群众艺术馆	
9	长春市双阳区文化馆	
10	长春市朝鲜族群众艺术馆	
11	长春市宽城区文化馆	
12	长春市九台区文化馆	
13	抚松县文化馆	
14	德惠市文化馆	
15	大安市文化馆	
16	吉林市群众艺术馆	
17	磐石市文化馆	
18	吉林市龙潭区文化馆	
19	蛟河市文化馆	
20	吉林省文化馆	
21	桦甸市文化馆	
22	吉林市丰满区文化馆	
23	吉林市船营区文化馆	
24	吉林市朝鲜族群众艺术馆	
25	吉林市昌邑区文化馆	
26	延吉市文化馆	
27	汪清县文化馆	
28	永吉县文化馆	
29	伊通满族自治县文化馆	
30	舒兰市文化馆	
31	双辽市文化馆	
32	宁江区文化馆	
33	梅河口市文化馆	
34	辽源市西安区文化馆	
35	梨树县文化馆	
36	通化市科技文化中心	
37	集安市朝鲜族文化馆	
38	和龙市文化馆	
39	敦化市群众文化馆	
40	长白朝鲜族自治县文化馆	
41	榆树市文化馆	

序号	文化馆名称	备注
42	白城市洮北区文化馆	
43	长春市绿园区文化馆	
44	珲春市文化馆	
45	长春市二道区文化馆	
46	白城市群众艺术馆	
47	农安县文化馆	
48	临江市文化馆	
49	靖宇县文化馆	
50	东丰县文化馆	
51	长白山管委会池西区文化体育站	
52	长白山管委会池南区文化体育站	
53	长白山管委会池北区文化站	
54	白山市浑江区文化馆	
55	吉林省群众艺术馆	
56	长春市群众艺术馆	
57	长春市宽城区文化馆	
58	长春市朝阳区文化馆	
59	图们市文化馆	
60	集安市文化馆	
61	辉南县少数民族文化馆	
62	辉南县文化馆	
63	公主岭市文化馆	
64	东辽县文化馆	
65	大安市安广文化馆	
66	白山市江源区文化馆	
67	白山市群众艺术馆	
68	安图县文化馆	
69	镇赉县文化馆	
70	乾安县文化馆	

（四）吉林省美术馆一览表

表11-13 吉林省美术馆一览表

序号	美术馆名称	备注
1	延边美术馆（延边画院）	
2	东丰县农民画馆	
3	吉林书画城	
4	吉林省民间工艺美术馆	
5	吉林省美术馆	
6	吉林市美术馆	

续表

序号	美术馆名称	备注
7	通化市美术馆	
8	白城市美术馆	
9	舒兰市美术馆	

六、吉林省文化企业资源库

截止到 2021 年 8 月 29 日，省文化和旅游厅文化产业研究基地数据库显示全省共有文化企业 4285 家，其中，文化产业企业 1872 家。因涉及商业机密，在此略去。

表11-14　文化厅系统全省共有文化企业统计表

类别	白城市	白山市	吉林市	九台区	辽源市	梅河口市	四平市	松原市	通化市	延边朝鲜族自治州	长白山保护开发区	长春市	总计
演艺业	8	12	40	0	9	15	16	11	19	52	1	74	257
娱乐业	65	85	242	12	38	27	92	72	67	133	4	397	1234
动漫业	0	0	0	0	0	0	0	0	2	2	0	9	13
创意设计业	0	1	2	0	3	1	0	3	1	2	0	11	24
艺术品业	0	2	2	0	0	1	1	2	0	4	0	11	23
工艺美术业	0	0	2	0	0	0	0	0	0	0	0	0	4
文化会展业	0	0	0	0	0	1	1	0	1	1	0	1	5
文化装备制造业	0	0	0	0	0	0	1	0	0	0	0	1	2
数字文化产业	12	7	4	0	2	2	2	4	1	19	0	12	65
文旅整合产业	12	24	34	1	12	2	17	11	20	37	5	31	206
文化产业园区	1	0	0	0	0	0	0	1	0	0	0	2	4
温泉酒店	0	5	2	0	0	0	3	0	1	9	9	2	31
自驾车露营地	0	2	0	0	0	0	0	0	1	0	0	1	4
总计	98	138	328	13	64	49	133	105	114	259	19	552	1872

七、吉林省重点文化产业链"五清单"

（一）产业链重点生产企业清单

表11-14　产业链重点生产企业清单

序号	地区	企业名称	主营业务
1	长春	吉林省歌舞团有限责任公司	歌舞创作、演出

续表

序号	地区	企业名称	主营业务
2	长春	吉林省东北亚文化创意科技园有限公司	聚集和推动动漫游戏、新闻出版、网络文化、数字娱乐、影视传媒、教育培训、非遗文化保护传承等企业发展，形成以服务于城市文化和区域经济的集研发、设计、生产、销售、交易、公共服务等体系完备、环节完善为目标的产业园区
3	长春	长春吉广传媒集团有限公司（吉林国家广告产业园区）	整合文化传播、品牌管理、公关活动代理和广告信息发布；广告策划、创意设计、公关活动执行、媒介传播、商务精品印刷、高清喷画制作、工程展览展示等
4	长春	吉林省林田远达形象集团有限公司	广告设计、制作、代理、发布，汽车标识标牌、公共标识标牌的设计；工艺品、旅游纪念品、文化体育用品的开发与销售；组织文化艺术交流活动；会议及展览服务；演出经纪代理服务；教学仿真软件、教学课件、仪器、设备、科普、普教的开发及销售；品牌设计及咨询；企业形象设计、策划及咨询；人工智能软件研发、智慧标识引导系统研发、销售；虚拟现实、增强现实、全息技术、物联网技术开发；大数据技术服务；数字化展厅软硬件的设计、开发、销售、安装及技术服务等
5	长春	吉林吉动禹硕影视传媒股份有限公司	制作、发行广播电视节目；电影发行；动漫设计、动漫艺术展览、动漫产品营销及策划；动漫游戏技术服务；进出口贸易；经营演出及经纪业务；文化用品设备出租；录音制作；文艺创作与表演；文化活动服务；文化娱乐经纪代理；票务代理服务；会议、展览及相关服务；广告服务；文化艺术咨询服务；知识产权代理服务；演出经纪代理服务；市场营销策划等
6	长春	吉林省八吉工艺美术有限责任公司	松花石产业投资、松花石线上交易、旅游及松花石高端珠宝用品开发、松花石题材影视制作、松花石系列珍品鉴赏及销售等
7	长春	长春知和动漫产业股份有限公司	动漫研发、设计，动漫咨询服务；动漫衍生产品的研发、设计；房地产开发，广播电视节目制作等
8	长春	长春国际会展中心	承办大型国际博览会和全国性贸易洽谈会，提供展览、会议、商贸、旅游、餐饮、客房、体育赛事、娱乐休闲服务
9	长春	长春市和平大戏院有限公司	民间艺术研发、文化产品开发及推广、演出经纪、文化交流、组织大型商务促销活动、展台设计、会展服务等
10	长春	吉林省东北风文化传播有限公司	二人转演艺、二人转创作、二人转明星打造
11	长春	吉林省凯帝动画科技有限公司	动画产业与教育融合打造
12	长春	吉林省紫晶科技开发有限公司	三维动画制作、游戏动画、广告制作、影视广告制作、网络营销等
13	长春	众方集团有限公司	企业营销全案策划、综合传媒网络运营、影视制作、游戏动画开发、城市亮化工程等
14	长春	吉林吉动文化艺术集团股份有限公司	动画电影制作、漫画 IP 开发、文创动漫游戏产业园建设
15	长春	吉林铭诺文化传播有限公司	金国酒文化创建御酒生产销售基地
16	长春	吉林动漫集团股份有限公司	动漫游戏集聚区
17	长春	吉林省凝羽动画有限公司	电脑动画设计、制作；动漫衍生品的制作、销售及相关业务，动画电视片制作、业务咨询，工艺美术品制作；影视动画培训，游戏制作、培训等

续表

序号	地区	企业名称	主营业务
18	长春	长春华联古玩城	艺术、收藏品的鉴定、咨询、销售、租赁；文化艺术古玩交流策划、展览展示等管理服务等。
19	长春	吉林省宇平工艺品制造有限公司	绢人制作、古船模型、浪木根雕、松花石砚等工艺品研发、制作；艺术展览、讲座、教育、文旅休闲活动等
20	长春	吉林省领域创意产业有限公司	项目策划、形象设计、室内设计、建筑设计、后期配饰、环境设计和摄影等
21	长春	吉林纪元时空动漫游戏科技股份有限公司	原创动漫影视制作与发行
22	长春	吉林省吉福茶业有限责任公司	经营茶具、根雕、工艺美术品、紫砂销售；设计、制作、发布国内各类广告业务；网站建设、软件开发等
23	长春	李艳梅明星艺术培训学校	艺术教育、艺术培训、承办艺术考级等
24	长春	吉林省中筝文化传媒有限公司	文化艺术活动策划、文化艺术交流活动策划、展览展示服务、图文设计、广告设计、制作、代理、发布、演出器材乐器经销；教育信息咨询；商业演出服务；婚庆服务；文化传媒咨询；音乐版权信息咨询等
25	长春	吉林省青年创业服务有限公司	吉林省青年创业园的经营管理、为园内企业提供政策、管理的信息咨询服务、会务服务等
26	长春	长春市古尘艺术器设计有限公司	产品设计、工艺品美术品设计、销售、展厅布置与设计；广告设计、制作、代理、发布等
27	长春	长春东北亚艺术中心股份有限公司	工艺品、艺术品、字画（不含文物）销售
28	长春	长春市紫玉木兰有限公司	生产和销售工艺品、鞋帽、服装；场地租赁等
29	长春	长春市宝凤剪纸艺术有限公司	剪纸产品与服务
30	长春	长春关东文化园休闲度假有限公司	温泉度假、餐饮娱乐、文化博览、会议接待等
31	长春	长春市车域文化传播有限公司	广告设计、制作、发布、代理；企业形象设计、电脑图文设计、企业营销策划、展览展示服务，会议会展服务等
32	长春	吉林省茶密精舍生命健康有限公司	餐饮服务、出版物零售、体育场地设施经营、住宿服务、广播电视节目制作经营；品牌管理、组织文化艺术交流活动、会议及展览服务、电影摄制服务；项目策划与公关服务；文艺创作、工艺美术品及礼品用品制作及销售
33	长春	长春莲花岛影视文化有限公司	文化交流活动策划、影视文化项目开发、影视拍摄、文化活动承办；影视发行、文艺活动演出、演出经纪；会议接待、餐饮服务、住宿服务；工艺品批发零售；旅游项目开发、旅游观光服务；居家养老服务等
34	长春	长春市太极禅健康文化交流有限公司	太极和茶文化交流服务、会议及展览服务、餐饮服务，健身及美容服务；工艺品、服装及日用杂品销售；文化艺术交流活动策划、营业性演出、演出经纪；设计、制作、代理广告；企业管理咨询、企业营销策划等
35	长春	长春城投建设投资（集团）有限公司（水文化生态园）	投融资、开发建设、经营管理、服务城市

序号	地区	企业名称	主营业务
36	长春	长春市诺睿德创新产业投资管理有限公司（"巴蜀映巷"文化街）	投资管理、投资咨询；企业管理服务，企业形象策划；设计、制作、发布国内各类广告业务；社会经济咨询，创业投资咨询；酒店管理、住宿、餐饮服务、会议及展览服务；工艺美术品、文化用品销售等
37	长春	吉林省喜堂文化传播有限公司（吉林省婚博文化产业园）	婚博文化产业示范园、婚礼堂酒店、餐饮娱乐、文化传媒等
38	长春	长春市如影随行文化传媒有限公司	影视创意制作、活动策划、品牌策划、整合营销、频道整体包装、栏目制作、平面设计等
39	长春	吉林动漫游戏原创产业园	动漫游戏开发、制作、发行以及动画研究院、动画博物馆、展览馆、国际动画教育交流中心、公共技术服务平台等
40	长春	长春康中集团有限公司	教育培训、教育投资、教育管理；计算机软、硬件设备销售及其技术咨询和维护，对外贸易经营等
41	长春	吉林省辽金时代旅游开发有限公司	旅游景区开发、建设及经营，旅游资源开发和经营管理，旅游景区宣传策划及文化教育宣传；农业观光旅游、餐饮、住宿及会议服务；旅游景区园林规划、绿化、设计及施工，旅游商品开发销售，农作物种植、销售；农产品加工；组织策划企业拓展活动；研学旅行，研学实践活动等
42	长春	吉林省明石科技有限公司	计算机软硬件研发、销售、技术咨询、技术转让、技术服务；电子产品、通讯产品销售，网页设计，影视项目策划，摄影摄像服务，广播电视节目制作，电影摄制发行，广告设计、制作、代理、发布，企业形象设计，电脑图文设计、制作，动漫设计，动漫衍生品制作，视频制作，网站建设，文化艺术交流活动策划，教育软件研发，教学设备、文化用品销售，会议及展览服务，企业营销策划等
43	长春	长春三昧动漫设计有限公司	广告设计、制作、代理、发布；视频制作；摄影摄像服务；服装、日用品、家用电器、文化用品、体育用品、电子产品、工艺品销售等
44	长春	吉林吉动盘古网络科技有限公司；	设计、制作、代理国内各类广告业务；计算机软件、硬件设计、技术开发、销售；动漫及衍生产品设计服务；网络游戏出版运营；利用信息网络经营游戏产品等
45	吉林	泓雨轩北部陶瓷文化有限公司	工艺美术品设计与销售
46	吉林	吉林市新基业数码科技有限责任公司	经营场地、柜台出租；物业管理；电子出版物零售；计算机及辅助设备、通信器材、计算机软件、五金、交电、文具体育用品经销；广告设计、制作、代理及发布；工艺美术品批发兼零售等
47	吉林	吉林睿网科技股份有限公司	计算机网络系统集成、计算机软硬件开发；计算机及网络产品销售、通信产品销售、计算机技术咨询与服务；广告策划、广告设计及发布；信息服务业务等
48	吉林	吉林市歌舞团文化传媒股份有限公司	歌舞演出表演；大型活动组织策划；演出经纪、国内各类广告制作发布；影视制作；以自有资产投资文化产业等
49	吉林	吉林圣鑫农业发展有限公司	中餐、住宿、会议服务；农业技术开发；电子商务；文化艺术交流活动、策划创意服务；水果种植，葡萄酒、果酒、饮料生产及批发、销售；农副产品收购、批发、零售等

续表

序号	地区	企业名称	主营业务
50	吉林	吉林松花湖风景名胜区管理有限公司	景区管理、公园管理；停车服务；松花湖普通客船运输；景区观光服务；拓展训练等
51	吉林	吉林省广盛工艺品有限公司	工艺美术品制造；文化创意设计、研发、文化企业服务；旅游产品设计、研发、制造、销售；进出口贸易；农副产品加工、销售；木材加工等
52	吉林	吉林万圣文化传播有限公司	综合文艺表演；企业管理、企业策划；会议及展览服务；设计、制作、代理、发布国内各类广告；电脑图文设计、制作；摄影服务；广播电视节目制作、发行；演出场地租赁等
53	吉林	吉林市一力乌拉草制品有限公司	乌拉草种植、研发、加工、销售；乌拉草制品研制、生产、销售；乌拉草工艺香、蚊香生产、销售；乌拉草复原液、乌拉草精油产品生产、销售；观光旅游服务；土特产品、酒类销售；工艺品加工、销售；餐饮、住宿服务；儿童室内游戏娱乐服务；房车露营地服务；乌拉草编制技术服务；会议服务；物品租赁；化妆品、日用品、洗涤用品、消杀用品、床上用品、草制品、服装、鞋帽、日用百货、日用杂品、汽车装饰用品、皮草艺术制品销售；以自有资产对乌拉草博物馆项目进行建设等
54	吉林	吉林省蚁神动漫文化传播有限责任公司	以自有资产对影视文化项目投资影视制作、广播电视节目制作、动画设计制作、漫画设计、宣传片制作；影视经纪代理、演出经纪代理服务；企业管理咨询、企业文化策划、品牌形象策划、市场营销推广；知识产权代理服务、财税代理服务；科技中介、科技信息咨询；科技项目招标代理、评估服务、成果鉴定；会议及展览服务；舞台灯光音响服务；物业服务；计算机软件技术开发、咨询、转让服务；广告设计、制作、代理、发布；展馆工程、园林绿化工程、装饰装潢工程；办公用品、办公家具、办公设备、电子产品、计算机及辅助设备批发零售等
55	吉林	吉林市亿邦众创空间	企业管理服务、企业形象策划；市场营销策划、礼仪庆典服务；会展服务、网页设计、制作、广告业务；文化用品、体育用品批发兼零售
56	吉林	缸窑陶瓷	陶瓷制品、建筑材料、日用百货、五金交电、机电设备、化工产品、电子产品等批发兼零售。
57	吉林	筑石文化产业园区	文化艺术交流及策划服务、文化创意产品研发、会议及展览服务、自有房屋租赁；商品买卖信息咨询；广告设计、制作、代理及发布；影视策划；企业形象策划；摄影服务、婚庆礼仪策划服务等。
58	吉林	吉林安华置业有限公司	广告设计、制作、代理、发布；境内旅游；入境旅游业务；旅游服务业务；歌舞娱乐服务；球馆服务；滑雪场服务；儿童游乐园服务；会议及展览服务；文化艺术资讯服务；创意策划服务、创意投资服务；企业管理咨询、企业形象策划；电影放映服务、影视基地投资；生态农业投资；艺术品拍卖等
59	吉林	吉林医养特色小镇发展有限公司	特色小镇示范园区开发、建设与运营；房地产开发与经营；生态旅游；文化产业投资开发；农业开发；养老服务；大型活动策划；旅游景区规划设计、开发与管理；服务；娱乐及体育设备、道具出租；体育活动组织策划；露天游乐场所游乐设施零售、投资咨询服务；会议及展览服务等
60	四平	四平百隆工艺品有限公司	生产木制工艺品、家居装饰品、木制玩具
61	四平	吉林省博古艺人文化产业发展有限公司	金属工艺品制作及产业化应用推广；木艺根雕、园艺雕塑制品设计制作及艺术场景策划布置；各类民间工艺品产业化推广及创业培训

序号	地区	企业名称	主营业务
62	四平	四平青年文化传媒有限公司	影视剧制作；广告制作、发布、代理，文化交流服务；文艺演出；经营演出及经纪业务
63	四平	梨树二人转剧团	二人转演艺、二人转创作、二人转人才孵化
64	四平	叶赫影视城	游览服务、影视拍摄服务等
65	四平	双辽一马树白沙温泉旅游有限公司	旅游管理服务、旅游项目开发、经营及相关产业、产品；住宿服务、餐饮服务、健身娱乐服务、青少年文化服务；农业服务业、农业观光、采摘等
66	辽源	辽源市显顺琵琶学校	琵琶教育教学、培养琵琶专业人才、琵琶演出、举办大型琵琶文化活动、拓展开设二胡、竹笛、扬琴、中阮、唢呐、葫芦丝等专业
67	辽源	辽源同创动漫文化产业有限公司	游览景区管理；旅行社服务网点旅游招徕、咨询服务；动漫设计；文化咨询、文化学术及交流服务；企业形象设计、企业品牌推广及策划；会议和展览服务；卡通玩具模型开发设计与营销；软件开发、动漫技术服务；动漫平台产品研发、推广；动漫游戏开发及运营；动漫产品销售
68	辽源	辽源关东盛京文化产业有限公司	游览景区管理服务；影视策划；城镇基础设施建设；为园区企业生产经营提供服务；广播电视节目制作等
69	辽源	东丰县刘丹农民画培训学校	农民画培训
70	辽源	吉林省东霖草编文化产业有限公司	文化艺术交流策划服务；会展服务；企业形象策划服务；草编制品、草藤制品加工、生产、销售；房屋租赁；旅游景点开发服务等
71	辽源	东辽县泓瑞文化产业有限公司	剪纸、鱼骨画、葫芦画、木雕制造、其他工艺美术品制造、设计、制作、代理发布国内各类广告业务、影视项目、大型会展、体育商务及公众活动策划、文化用品、办公用品、影视项目投资策划、组织大型展览会
72	通化	通化市工艺美术厂	雕刻、刺绣工艺品、玩具、商标设计、锦旗加工、美术镜画、纸盒、收购柳木、树皮、边角料、进出口贸易等
73	通化	通化关东文化产品交易市场有限公司	松花石、松花石砚、旅游纪念品、文化用品、图书及音像制品、古玩字画、花鸟鱼、工艺品销售；餐饮服务、住宿、会议接待服务
74	通化	通化市万合华园喜事文化有限公司	摄影摄像、数码冲印；婚庆服务；影像制作、动漫设计制作；礼服设计、广告设计；软件开发；中、西餐类制售等
75	通化	通化毓赢松花石开发有限公司	松花石、松花石相关工艺品加工与销售；钢材、建材、五金交电、钢渣、耐火材料、铁精粉、生铁销售；旅游开发、餐饮服务、住宿服务、游乐园服务等
76	通化	通化市佟江文化创意产业园有限公司	广告设计制作、展览展示服务、文化艺术交流及策划、企业形象策划、室内装潢设计、服装设计、摄影服务等
77	通化	柳河县同源关东吕剧有限公司	吕剧文化交流、传承；文艺创作与表演；音像录制；广告制作、发布服务；婚庆礼仪服务
78	通化	通化市民俗博物馆	长白山文化展览服务、民俗会议服务
79	通化	关东文化市场	封闭间出租、柜台出租；物业服务；松花石、松花石砚、旅游纪念品、文化用品、图书及音像制品、古玩字画、花鸟（不含野生鸟）鱼、工艺品销售；餐饮服务、住宿、会议接待服务
80	通化	通化市文化创意产业园	搭建文化企业服务平台，招引龙头文化企业、带动中小微企业，打造文化产业集群

续表

序号	地区	企业名称	主营业务
81	白山	白山市聚源文化传播有限公司	松花石制作、加工、展览
82	白山	白山市浑江黑陶艺术品有限公司	黑陶工艺品加工销售；奇石、松花砚、玉石、金属工艺品、旅游纪念品销售
83	白山	白山市江源区长白山奇石文化城有限公司	东北最大的奇石集散地
84	白山	白山市潜龙松花石文化产业有限公司	松花石、松花砚加工销售；与松花石相关活动的组织、策划、宣传；家具制作、销售；木盒、砚盒、奇石底座制作、博古架制作销售
85	白山	吉林七彩长白石文化有限公司	长白石、高岭石、地开石的雕刻与销售；长白石艺文化创作；工艺美术品、土特产品销售；旅游、住宿、餐饮服务
86	白山	抚松县怡然琥珀木艺术研发有限公司	根艺、奇石、琥珀木加工与销售
87	白山	白山市维珍满族文化传媒有限公司	满族文化艺术品研究、开发；长白山满族剪纸、绘画、刺绣及工艺品加工、设计、销售；书画装裱与销售；对外文化交流；剪纸艺术培训、展览
88	白山	长白山文化创意园	长白山景区文化体验、娱乐体验、特色餐饮、主题酒店（含休闲养生）、会议会展的功能
89	白山	江源区松花石产业园	搭建松花石文化企业服务平台，招商松花石文化企业和配套企业，打造松花石文化产业集群
90	白山	江源区八里坡文化园	美术写生、书画创作、文化创意、观光旅游；住宿、餐饮服务；预包装食品、文化用品、农副产品、土特产品销售；山野菜加工
91	白山	长白朝鲜族自治县四海为家露营地管理有限公司	露营地服务、民宿服务、住宿服务、餐饮服务；户外装备租赁服务；户外装备、土特产品的销售
92	白山	吉林省伟峰旅游发展有限公司	旅游景区开发、建设及经营；园林绿化工程服务；旅游景区园林规划、设计及施工；旅游资源开发和经营管理；旅游商品开发销售；预包装食品销售；花卉种植；瓜果蔬菜农作物种植及销售；生物技术研发；农业科技开发推广应用；苗木销售；文化传播；园林绿化
93	松原	松原市创艺文化实业有限责任公司	广告设计、制作、发布；会议会展策划服务、住宿、餐饮服务；会议室出租、网站建设服务；影视制作、摄影摄像、大数据应用与服务；健康相关技术产业开发与应用、健康养生咨询；中药材、农作物种植及购销；创意农业及休闲农业开发；音响乐器销售
94	松原	松原市乡村创新产业园发展有限责任公司	农产品销售，手工艺品制作、销售；水产品零售；农业种植；利用互联网销售食品、饮料；水产养殖技术推广服务；营养和保健品零售；会议及展览服务等
95	松原	松原市辽金文化传播发展有限公司	文化艺术品、办公用品、家具、建筑装潢材料、服装百货的销售；辽金文化的推广、传播；展览、展示；广告设计代理发布；旅游文化产品研发、推广、销售；文化艺术表演、舞台策划；企业形象及市场营销策划
96	松原	松原市鼎润文化青年创业园有限公司	马头琴及模型系列产品、鱼皮画及其他制品等系列产品、民族服饰、民族乐器、民族文化产品、手工艺品开发、生产、销售；非遗培训咨询及展示展览、非遗衍生品的开发、生产、销售；录制编辑视频、影像制作及衍生品开发；公共关系服务、广告业；文艺创作；企业形象设计、品牌策划、市场推广、调研；产品包装设计；企业管理咨询；会议服务，商品展览展示，组织文化艺术交流活动、民族文化推广、城市文化创意、道路景观规划设计及安装；雕塑设计及手工制作、销售

序号	地区	企业名称	主营业务
97	松原	松原市夫余国文化传媒有限公司	文化艺术经纪代理、企业营销策划、广告设计制作代理及发布、建筑装饰设计、工艺美术品、标牌制作、多媒体设计及制作；动漫设计及制作、喷绘及亮化工程、室内装饰装潢服务；文化艺术咨询服务、商务信息咨询服务、文化信息咨询服务、互联网和移动互联网开发设计制作、会展布置策划、娱乐赛事、活动策划；影视制作、文化用品、办公用品、工艺品销售
98	白城	大安市苇艺阁	芦苇工艺画、木雕、草编制品加工制作及销售；芦苇工艺画、木雕、草编技能培训
99	白城	白城市文化产业园（鹤城文化旅游一条街）	文化企业集聚、文化商品销售；举办文化娱乐活动
100	白城	洮南市根雕根艺馆	根雕艺术品制作与销售
101	白城	洮南市十方文化公司（丛翠莲缝绣画）	传承丛氏刺绣文化、制作绣画
102	白城	吉林风雷网络科技有限责任公司	计算机网络系统及软件硬件开发与技术服务及培训；设计、制作、发布国内网络广告；电子商务、网络广告、网络游戏、有偿商业信息；利用信息网络经营游戏产品
103	白城	通榆墨宝园文化产业发展有限公司	文化产品开发与销售，旅游服务，文化艺术教育与培训，国际文化交流与合作，展览展示服务，场地出租；计算机软硬件开发；广告设计、制作、代理、发布
104	白城	白城市嫩水润白旅游有限公司	旅游景区服务、开发、建设、导游服务、住宿
105	白城	吉林燕园文化传播有限公司	组织文化艺术交流；承办展览展示、会议服务；投资顾问、教育咨询；市场调查；影视策划；企业形象策划；设计、制作、代理、发布广告等
106	延边	吉林六鼎山实业有限公司	工艺品经销、旅游服务、室内外娱乐服务、餐饮服务、文化传媒、食品及土特产品加工、朝鲜族服装、少数民族舞台戏曲服装开发制作、客车出租客运服务等
107	延边	敦化市渤海部落柳编工艺品专业合作社	柳编、草编、工艺品及技术培训；农副产品加工销售、观光、农家乐、餐饮服务
108	延边	中国朝鲜族民俗园	朝鲜族民俗文化展览服务、朝鲜族民俗风情体验
109	延边	延吉恐龙博物馆	延吉龙展览及配套服务、金豆游乐园运营
110	延边	朝鲜族民族乐器厂	民族乐器制造
111	延边	锦星动漫有限公司	二维、三维动画制作技术、漫画制作、美术美工；游戏动画制作技术培训，国内外技术交流
112	延边	敦化市工艺美术文化产业街区（常德物流工艺美术协会）	搭建工艺美术企业服务平台，招商工艺美术企业和配套企业，打造工艺美术企业集聚区
113	延边	延边石木轩有限责任公司	工艺美术品的创作、销售、交流、培训；广告设计、制作、发布；广告宣传印刷品、发光标志、发光铭牌、旗帜、条幅印刷、销售；木制品家具制造、销售；批发、零售文化体育用品等
114	延边	大德创客园木艺	提供经营场所、开展创业培训、提供融资担保、提供创业交流平台、项目路演

263

续表

序号	地区	企业名称	主营业务
115	延边	翰璠影视文化股份有限公司	影视、电视节目、动画的制作、发行；演出及经纪代理服务；组织文化艺术交流服务；承办展览展示服务、会务服务、礼仪服务；影视策划咨询；文化活动服务；影视传媒技术的开发应用；舞台艺术造型策划；舞台灯光音响设计；摄像服务；影视拍摄基地建设及其旅游观光服务、旅游景点管理服务、餐饮服务、住宿服务等
116	延边	龙井市海兰江足球文化产业投资有限公司	文化、体育、旅游项目投资；文化体育用品销售；酒店管理；组织文化体育活动；会议及展览服务、住宿服务、餐饮服务；体育场地及设施租赁服务；体育赛事策划与执行服务；展会和演艺活动场地租赁；广告发布和营销推广服务等
117	延边	吉林省鸿昇文化旅游投资有限公司	旅游开发项目的投资、旅游项目开发；农业开发、旅游饭店住宿服务、旅游产品展览服务；境内旅游业务、入境旅游业务、出境旅游业务、边境旅游业务；铁路旅游列车客运服务、旅游客运、旅游纪念品销售
118	延边	吉林省中佰文化旅游投资有限公司	文化旅游项目投资、开发、建设、经营和管理，文化产业投资和开发；餐饮服务；住宿服务；养生养老保健、观光农业；旅游相关产品的生产及销售；农产品加工及销售；文化旅游项目的咨询策划、经济信息咨询、道路客运服务；广告设计、制作、发布；文体票务代理、会议服务；文化传播、园林绿化、市政工程、基础设施的管理与投资；食品及农林特产品生产、批发、销售；研学旅行教育营地规划及建设、研学旅行教育服务及管理、研学旅行教育品牌及课程输出；大型活动策划及执行等
119	延边	敦化市利华柳编专业合作社	柳编工艺品制作、设计与销售
120	长白山池南区	长白山讷殷古城文化旅游有限公司	旅游开发管理、文化传播、旅游文化产业经营、酒店经营管理、住宿服务、餐饮服务、会议服务

（二）核心配套企业清单

表11-15　核心配套企业清单

序号	企业名称	联系人	联系电话	配套企业名称
1	吉林省歌舞团有限责任公司	王明华	13944083408	剧院（国家大剧院、吉林大剧院、辽宁大剧院、哈尔滨大剧院、保利剧院等）、票务公司（大麦票务、永乐票务等）、演出设备租赁公司（彩熠灯光设备、明道灯光设备、云中殿舞美公司、美雅声音响）、演出服装设计制作公司（宁波海曙舞鸿服饰设计工作室、崔晓东设计师）、政府购买演出服务（社区、学校、部队、养老院、村屯、工厂等）、商业演出（企业、行业协会、机关单位）、设备租赁（演出公司、庆典公司、剧场、演出团体）、艺术培训（舞蹈、声乐、表演类学生、社会团体）
2	吉林省东北亚文化创意科技园有限公司	牛楚涵	18686404011	吉林省领域创意产业有限公司、吉林省中电数通智慧城市安防科技有限公司

序号	企业名称	联系人	联系电话	配套企业名称
3	吉林省国家广告产业园	李琪	13944092272	品牌策划企业、创意设计企业、公关执行企业、影视制造企业、网红直播企业、广告制作企业、汽车企业、农产品企业、文旅企业、地产企业、金融企业、政府部门
4	吉林省林田远达形象集团	李琳	17390006336	一汽汽车文化传播有限公司、深圳市途马文化科技有限公司、杭州一树文化创意有限公司、广州汽车集团股份有限公司
5	吉林吉动禹硕影视传媒股份有限公司	周婷	13196001803	
6	吉林省八吉工艺美术集团有限公司	齐伟	18943600610	吉林省八吉艺术品公司、吉林省八吉文化传播有限公司、兰舍硅藻新材料有限公司、深圳市磐石珠宝有限公司、白山市江源区纪军红木雕坊有限公司、中国石油化工集团有限公司、中国第一汽车集团有限公司、长春圣缘商贸有限公司、中铁国投江苏共享汽车有限公司、深圳文化产权交易所文版通、深圳万汇天下科技有限公司
7	吉林省知合动画集团	孙文康	18743008008	海外动漫企业、海外软件企业、海外汽车企业、幼儿园、小学、企事业单位
8	长春国际会展中心	王文利	13331768686	中国会展杂志社、吉林省中外文化交流中心、吉林省文化活动中心、长春市文广新局、长春百瑞国际会展集团有限公司、吉林省文化活动中心、长春市教育局、长春市直机关工委、吉林省枫蓝文化传播有限公司、长春路途文化传播有限公司、朝阳区梦田婚礼策划工作室；吉林民博会展服务有限公司、长春市艺联文化艺术发展有限责任公司、吉林省大唐博亚会议展览有限公司、吉林省大唐博亚会议展览有限公司、深圳市华巨臣实业有限公司、吉林省赢众文化传播有限公司、沈阳天橙艺品文化传媒有限公司、吉林省晨曦文化传媒有限公司、长春市文学艺术界联合会、一汽集团、哈尔滨同顺康圆文化传媒有限公司、吉林省鹰之传媒有限公司
9	吉林省和平大戏院集团有限公司	韦芳	15004314555	吉林省博艺影视传媒公司、北京快手科技有限公司
10	吉林省东北风文化传播有限公司	李云杰	13596158999	演出设备租赁公司（彩熠灯光设备、明道灯光设备、云中殿舞美公司、美雅声音响）、演出服装设计制作公司（宁波海曙舞鸿服饰设计工作室、崔晓东设计师）；商业演出（企业、行业协会、机关单位）、设备租赁（演出公司、庆典公司、剧场、演出团体）、艺术培训（舞蹈、声乐、表演类学生、社会团体）
11	吉林泓雨轩北部陶瓷文化有限公司	刘秀利	13704312260	景德镇陶瓷艺术有限公司
12	吉林省广盛工艺品有限公司	耿海燕	13943240099	
13	吉林市一力乌拉草制品有限公司	刘淑范	13689883999	哈森鞋业（深圳）有限公司，浙江梦神家居股份有限公司，意尔康鞋业集团有限公司，浙江奥康鞋业股份有限公司

265

续表

序号	企业名称	联系人	联系电话	配套企业名称
14	吉林省百隆工艺品有限公司	宋喜军	18843402111	
15	梨树二人转剧团	赵丹丹	15943059377	
16	辽源市显顺琵琶学校	周显顺	18604376996	
17	通化市佟江文化创意产业园有限公司	姜赢鑫	13944536616	农产品加工企业、医药大健康企业、葡萄酒企业、乡村旅游企业、乡村振兴相关企业；创意设计企业、新媒体企业、电商运营、旅游运营、创业服务公司
18	通化市工艺美术厂	张璇	15714354977	白山市江源区志臣开发公司、通化市二道江御砚坊、通化县石之缘工艺品有限公司；中国第一汽车集团有限公司、通化万通药业、通化石油装备公司、延吉市小猫木工工作室
19	白山市聚源文化传播有限公司	邵昶友	18243965888	
20	吉林风雷网络科技有限责任公司	孙玉奇	0436-3679966	
21	延吉锦星文化	韩成浩	15904336556	央视动漫集团公司 深圳太阳卡通设计有限公司 丹东市诚皓多媒体制作有限公司
22	敦化市利华柳编专业合作社	安保民	13844300546	吉林篮艺贸易有限公司、长春金润工艺品有限公司、延吉市古松香工艺品店、敦化市古韵凝香琥珀木传承工作室、敦化市春阁奇石文化传承有限公司、敦化市吉品玉泉蔬菜种植专业合作社、敦化市利华职业培训学校、敦化市柳编文化博物馆、吉林利华工艺品有限公司、安图县利华柳编工艺品有限公司、敦化市十杰文化传承有限公司、
23	松原市鼎润文化青年创业园有限公司	齐欣	18843800978	机关各部门、旅游景区、外来游客、大中型企业团建、中小学研学旅行

（三）断链断供风险清单

表11-16 断链断供风险清单

序号	风险名称	风险行业	风险级别	风险情况简介
1	政策风险	各行业	较高	政策不到位、不连续
2	创意风险	动漫、演艺、创意设计	较高	创意能力不足
3	知识产权风险	动漫、演艺、艺术品、工艺品、创意设计	较高	国家知识产权保护力度加大，企业认识不足
4	人才流失风险	各行业	较高	四五线以下文化创意人才严重不足；文创产品和科技产品高度依赖人才，人才流失降低产能和产出风险；受景区、待遇及发展前景等因素影响，人才不愿意到东北尚处于创业之初的三线以下城市文旅企业中来

序号	风险名称	风险行业	风险级别	风险情况简介
5	企业流失风险	各行业	中	龙头文化企业实力不强，竞争力不强，流失严重
6	社会风险	各行业	较高	新冠疫情影响各行业发展、人口（人才）流失、老龄化严重
7	经济风险	各行业	中	经济总体下行、经济大环境疲软、产品投资大、回收慢；招商引资、项目融资极难，政策性资金也难争取
8	技术风险	各行业	较低	软件知识产权问题
9	原材料风险	工艺美术品、文化装备制造	较低	木材来源问题

（四）重点项目清单

表11-17 重点项目清单

地市州	序号	项目名称	总投资（亿元）	主要建设内容及规模	投资主体	建设地点	项目实施责任主体	行业类别
长春	1	莲花岛影视休闲文化园	8	东北抗联红色教育基地、老长春民国街、红色演艺实景剧场、莲花宴会厅、生态餐厅、莲花驿站；项目占地面积32万平方米	莲花岛影视文化有限公司	长春市朝阳区永春镇柳家村文化路1777号	莲花岛影视文化有限公司	文化旅游
长春	2	莲花岛红色演艺实景剧场	0.1	用地面积12000平方米，1200个观众席、表演区布景若干	莲花岛影视文化有限公司	长春市朝阳区永春镇柳家村文化路1777号	莲花岛影视文化有限公司	旅游演艺
长春	3	动漫游戏集聚区	10	用地面积100万平方米	吉林动画学院	长春市双阳区双阳水库旁	吉林动画学院	产教融合
长春	4	影视文创产业园	3	用地面积2万平方米，建筑面积3万平方米	长春光华学院	长春市经开区武汉路3555号	长春光华学院	产教融合
长春	5	非遗产教融合产业园	0.2	用地面积2万平方米，建筑面积3万平方米	长春光华学院	长春市经开区武汉路3555号	长春光华学院	产教融合

续表

地市州	序号	项目名称	总投资（亿元）	主要建设内容及规模	投资主体	建设地点	项目实施责任主体	行业类别
长春	6	全景吉林虚拟现实项目	0.5	"全景吉林"线上云体验平台、线下实体 AR/VR 体验馆。云体验平台主要功能有：省内各景区实地录播和直播、政府重要的会议、新闻发布会等功能，该平台利用先进的视觉技术，汇集超优质 8K 景区全景图片、全景视频与虚拟景区等产品（如在频道模块中可以实时观赏风景名胜、风土人情、街道建筑、冰雪世界、大型文体活动等 VR/AR 场景）	长春明石科技有限公司	长春市朝阳区西安大路 398 号	长春明石科技有限公司	沉浸式体验
长春	7	东北亚非遗文化产业园	0.5	占地面积 10 万平方米，包括非遗孵化基地（非遗传承基地、大师工作室、文创产品交易平台、非遗文化研学）、非遗博物馆、非遗文化体验	吉林省大唐博亚会议展览有限公司	长春市莲花山开发区	吉林省大唐博亚会议展览有限公司	非遗产业化
长春	8	喜堂婚礼堂综合园区（面前共计两期）	1.3	占地面积 1.8 万平方米，建筑面积 2.5 万平方米	个人	高新区光谷大街 1391 号院内 3 号厂房（一期）/ 吉林省长春市高新区蔚山路 4955 号（2 期）	吉林省喜堂文化传播有限公司	文化创意服务
长春	9	动画电影《青蛙王国之冰雪大作战》	0.3	建设规模：整体投入 3000 万元人民币，投入人力 300 人共同完成。预计播映时间：2022 年 2 月。建设内容：整个创作、拍摄的流程包括：剧本编写、三维全产业链条的制作、后期音乐、音效、混音、主题曲演唱等	吉林吉动文化艺术集团股份有限公司	吉林吉动文创动漫游戏产业园 12 与 15 楼	吉林吉动禹硕影视传媒股份有限公司	动漫行业

地市州	序号	项目名称	总投资（亿元）	主要建设内容及规模	投资主体	建设地点	项目实施责任主体	行业类别
长春	10	动画电影《电脑都市传奇》	0.5	建设规模：项目整体投入5000万元人民币，投入人力300余人共同完成策划、制作。预计播出时间：2021年10月。建设内容：整个创作、拍摄的流程包括：剧本编写、三维全产业链条的制作、后期音乐、音效、混音、主题曲演唱等	吉林吉动文化艺术集团股份有限公司、吉林吉动禹硕影视传媒股份有限公司	吉林吉动文创动漫游戏产业园12与15楼	吉林吉动禹硕影视传媒股份有限公司	动漫行业
长春	11	动画电影《新卖火柴的小女孩之芙蕾雅》	0.5	建设规模：项目整体投入5000万元人民币，投入人力300余人共同完成策划、制作。预计播出时间：2022年2月。建设内容：整个创作、拍摄的流程包括：剧本编写、三维全产业链条的制作、后期音乐、音效、混音、主题曲演唱等	吉林吉动文化艺术集团股份有限公司、吉林吉动禹硕影视传媒股份有限公司	吉林吉动文创动漫游戏产业园12与15楼	吉林吉动禹硕影视传媒股份有限公司	动漫行业
长春	12	动画电影《山海经之精卫崛起》	0.5	建设规模：项目整体投入5000万元人民币，投入人力300余人共同完成策划、制作。预计播出时间：2023年7月。建设内容：整个创作、拍摄的流程包括：剧本编写、三维全产业链条的制作、后期音乐、音效、混音、主题曲演唱等	吉林吉动文化艺术集团股份有限公司、吉林吉动禹硕影视传媒股份有限公司	吉林吉动文创动漫游戏产业园12与15楼	吉林吉动禹硕影视传媒股份有限公司	动漫行业

续表

地市州	序号	项目名称	总投资（亿元）	主要建设内容及规模	投资主体	建设地点	项目实施责任主体	行业类别
长春	13	动画电影《雷阵子》	0.5	设规模:项目整体投入5000万元人民币,投入人力300余人共同完成策划、制作。预计播出时间:2023年12月。建设内容:整个创作、拍摄的流程包括:剧本编写、三维全产业链条的制作、后期音乐、音效、混音、主题曲演唱等	吉林吉动文化艺术集团股份有限公司、吉林吉动禹硕影视传媒股份有限公司	吉林吉动文创动漫游戏产业园12与15楼	吉林吉动禹硕影视传媒股份有限公司	动漫行业
长春	14	长篇漫画IP《习总书记系列讲话漫画解读》	0.015	建设规模:本项目长篇红色漫画IP《习总书记系列漫画解读》的整个制作完成,以及后续的动态漫画作制作为本项目建设规模。建设内容:剧本的创作编写、人物设定、分镜设计、动作设计、颜色设计,画面勾线,画面上色,内容校对,项目剪辑,配音,制片出片,最终计划完成1000页,动态漫画30分钟	吉林吉动文化艺术集团、长春三昧动漫设计有限公司	吉林吉动文创动漫游戏产业园12楼	长春三昧动漫设计有限公司	动漫行业
长春	15	长篇国风少年漫画《阴阳判》	0.01	建设规模:本项目长篇国风少年漫画《阴阳判》的整个制作完成为本项目建设规模。建设内容:剧本的创作编写、人物设定、分镜设计、动作设计、颜色设计,画面勾线,画面上色,内容校对,最终计划完成200话,共计10000个	吉林吉动文化艺术集团、长春三昧动漫设计有限公司	吉林吉动文创动漫游戏产业园12楼	长春三昧动漫设计有限公司	动漫行业

地市州	序号	项目名称	总投资（亿元）	主要建设内容及规模	投资主体	建设地点	项目实施责任主体	行业类别
长春	16	长篇国产武侠漫画《神龙客栈》	0.01	建设规模：本项目长篇国产少年漫画《神龙客栈》的整个制作完成为本项目建设规模。建设内容：剧本的创作编写、人物设定、分镜设计、动作设计、颜色设计，画面勾线，画面上色，内容校对，最终计划完成200话，共计10000格	吉林吉动文化艺术集团、长春三昧动漫设计有限公司	吉林吉动文创动漫游戏产业园12楼	长春三昧动漫设计有限公司	动漫行业
长春	17	大型塔防类游戏项目《勇者起源》	0.0344	建设规模：本项目塔防类游戏项目《勇者起源》的整个制作完成为本项目建设规模。建设内容：项目市场调研、游戏策划案、原画设计、美术制作（包括人物模型、场景模型、道具模型、动作、特效）、UI制作、程序编写和调优、字幕制作、音乐音效制作、配音、整体打包输出。整个游戏项目1.0版本共有功能性开发115个，策划案130个，美术需求文档343个，配置文件65个，角色模型185个，场景模型共393个，场景地编53张，UI设计183个，角色动作587套，特效643个，原画159个，CG短片1个，游戏时长1个月	吉林吉动文化艺术集团、吉林吉动盘古网络科技有限公司	吉林吉动文创动漫游戏产业园11楼	吉林吉动盘古网络科技有限公司	游戏行业

续表

地市州	序号	项目名称	总投资（亿元）	主要建设内容及规模	投资主体	建设地点	项目实施责任主体	行业类别
长春	18	互创世界大学生文化创新创业公共服务平台	0.059	建设规模：本项目"互创世界大学生文化创新创业公共服务平台"的线上平台搭建和线上线下运营为本项目建设规模。其中建设容纳30~50个创业团队的孵化基地。基地面积1500平方米，提供基础创业办公条件。线上建设千个创业导师库和百万体量的素材库，并面向企业和高校，搭建千家企业、万个岗位的招聘版块。建设内容：项目市场调研、线上产品设计及开发，包括招聘版块、云孵化版块、云展厅版块、素材库版块、创业说资讯版块等5大主要版块，以及线下1500平方米的创业孵化基地	吉林吉动炫通网络科技股份有限公司	吉林吉动文创动漫游戏产业园11楼		文化平台
长春	19	《子夜枪声》	0.025		长春话剧院有限责任公司	长春话剧院有限责任公司	长春话剧院有限责任公司	演艺
长春	20	《阿凡提·智斗葡萄城》	0.003	话剧	长春话剧院有限责任公司	长春话剧院有限责任公司	长春话剧院有限责任公司	演艺
长春	21	《遗忘的信仰》	0.003	话剧	长春话剧院有限责任公司	长春话剧院有限责任公司	长春话剧院有限责任公司	演艺
长春	22	《魔域西来》	0.005	话剧	长春话剧院有限责任公司	长春话剧院有限责任公司	长春话剧院有限责任公司	演艺
长春	23	《阿凡提·真假阿凡提》	0.003	话剧	长春话剧院有限责任公司	长春话剧院有限责任公司	长春话剧院有限责任公司	演艺
长春	24	《守护》	0.025	话剧	长春话剧院有限责任公司	长春话剧院有限责任公司	长春话剧院有限责任公司	演艺

地市州	序号	项目名称	总投资（亿元）	主要建设内容及规模	投资主体	建设地点	项目实施责任主体	行业类别
长春	25	长春关东文化园；二期扩建项目	30	关东文化园产业升级。规划建设用地12.5万平方米。旅居、康养、温泉升级改造、基础设施升级等。关东文化博物馆，关东大剧院，国际会议会展中心，高端酒店集群	长春关东文化园休闲度假有限公司	长春市绿园区城西镇跃进村	长春关东文化园休闲度假有限公司	文旅融合
长春	26	金国御酒酿造基地泰昇合酒庄	0.3	还原金国时期御酒酿造真实场景，结合金国酒文化创建御酒生产销售基地，配套泰昇合酒庄供游客参观品酒	吉林省辽金时代旅游开发有限公司	农安县前岗乡辽金时代文化园	吉林省辽金时代旅游开发有限公司	文旅融合
长春	27	辽金大叔粗粮食品厂	0.4	在辽金时代文化园农业产业区建设粗粮食品加工厂、包装厂及储存库	吉林省辽金时代旅游开发有限公司	农安县前岗乡辽金时代文化园	吉林省辽金时代旅游开发有限公司	文旅融合
长春	28	辽金古城康养中心	0.5	辽金古城康养中心占地70000平方米，内设综合服务楼、养生养老文化中心	吉林省辽金时代旅游开发有限公司	农安县前岗乡辽金时代文化园	吉林省辽金时代旅游开发有限公司	文旅融合
长春	29	大辽行营	2	项目占地40000平方米，内设大辽故事馆、穹庐民宿、辽金大戏楼、茶馆、酒馆、文创商业街、祈福广场、大辽练兵场	吉林省辽金时代旅游开发有限公司	农安县前岗乡辽金时代文化园	吉林省辽金时代旅游开发有限公司	文旅融合
长春	30	辽金综合教育体验区	0.3	项目占地8000平方米，区域内包含红色教育展览区、研学活动区两部分。展览区的基本陈列为"抗联英魂——东北抗日联军史实陈列展"，专题陈列"革命时期军服警服陈列展"，向公众展示农安地方的历史文化。研学活动区内设置了研学教室五座，活动教室三座，以此配合研学活动的开展	吉林省辽金时代旅游开发有限公司	农安县前岗乡辽金时代文化园	吉林省辽金时代旅游开发有限公司	文旅融合

续表

地市州	序号	项目名称	总投资（亿元）	主要建设内容及规模	投资主体	建设地点	项目实施责任主体	行业类别
长春	31	人民公社体验区	0.05	人民公社占地6000平方米，内容为生产队、人民公社展厅、生产体验场	吉林省辽金时代旅游开发有限公司	农安县前岗乡辽金时代文化园	吉林省辽金时代旅游开发有限公司	文旅融合
长春	32	X现代里时尚文化区项目（婚礼堂3期等综合经济圈建设）	2	占地面积5万平方米，建筑面积15万	个人＋融资机构		吉林省喜堂文化传播有限公司	文化会展
长春	33	长春国际汽车文化产教融合示范园	1	占地2万平方米，包括长春国际汽车文化产教融合示范园；汽车标识博物馆、汽车文化衍生品博物馆、林田远达集团4S店数字体验厅	吉林省林田远达形象集团有限公司	长春市高新区普天路111号	吉林省林田远达形象集团有限公司	文化体验
长春	34	松花石文化产业园	2	松花石文化全产业链开发	吉林省八吉工艺美术有限责任公司	长春市绿园区普阳街3388号	吉林省八吉工艺美术有限责任公司	工艺美术
吉林市	35	窑文化主题公园	1	购买林地70万平方米，建设定窑、官窑、钧窑、汝窑等100座古窑，开发系列窑文化产品	吉林鸿雨轩北部陶瓷有限公司	吉林市	吉林鸿雨轩北部陶瓷有限公司	文化主题公园
吉林市	36	乌拉草制品工艺非物质文化遗产保护与传承	0.03	450平方米非遗传承保护馆	吉林市一力乌拉草制品有限公司	吉林市昌邑区东滩街永昌二区	吉林市一力乌拉草制品有限公司	文化旅游
吉林市	37	医养健康产业创新服务大厦	0.5	联合办公空间、企业定制办公空间、共享会议室、多功能培训教室、产品展示交易大厅、新媒体信息发布中心以及相关公共服务配套	吉林安华置业有限公司	吉林市丰满区	吉林安华置业有限公司	产业园
吉林市	38	健康文化休闲旅游度假区	20	小白山文化休闲旅游综合体、小白山旅居康养基地、健康文化创意体验街区、现代农业观光体验园、健康运动文化主体公园以及相关产业配套等	吉林医养特色小镇发展有限公司	吉林市丰满区	吉林医养特色小镇发展有限公司	文旅融合

续表

地市州	序号	项目名称	总投资（亿元）	主要建设内容及规模	投资主体	建设地点	项目实施责任主体	行业类别
吉林市	39	《红旗》	0.1	大型原创舞剧	吉林市歌舞团文化传媒股份有限公司	吉林市	吉林市歌舞团文化传媒股份有限公司	演艺
吉林市	40	大型舞台原创话剧《吉林·1948》	0.025	话剧	吉林市话剧团有限责任公司	吉林市话剧团有限责任公司	吉林市话剧团有限责任公司	演艺
吉林市	41	大型舞台原创话剧《民族的脊梁》	0.025	话剧	吉林市话剧团有限责任公司	吉林市话剧团有限责任公司	吉林市话剧团有限责任公司	演艺
四平	42	梨树二人转文化产业园	1	二人转演艺、二人转创作、二人转人才孵化	吉林省梨树县地方戏曲剧团有限责任公司	四平市梨树县	吉林省梨树县地方戏曲剧团有限责任公司	产业园
四平	43	景区文创系列产品开发	0.1	文创产品开发	吉林省百隆工艺品有限公司	四平市红嘴开发区太平沟路6号	吉林省百隆工艺品有限公司	工艺美术
四平	44	双辽白沙温泉建设项目	6.2	项目总占地面积1551000平方米，其中规划建设用地面积59601平方米，总建筑面积67592.22平方米，其中地上建筑面积53692.22平方米，地下建筑面积9500平方米。包括：温泉休闲广场建筑面积9650.22平方米，温泉酒店建筑面积20519平方米（地上建筑面积12519平方米，地下建筑面积8000平方米），接待中心建筑面积15423平方米（地上建筑面积13923平方米，地下建筑面积1500平方米），室内戏水乐园建筑面积22000平方米	双辽一马树白沙温泉旅游有限公司	吉林省双辽市一马树AAAA级国家森林公园以西，白沙坨为中心区域	双辽一马树白沙温泉旅游有限公司	文旅融合

275

续表

地市州	序号	项目名称	总投资（亿元）	主要建设内容及规模	投资主体	建设地点	项目实施责任主体	行业类别
四平	45	双辽市旅游综合度假区项目	2	一马树综合旅游区：一马树森林公园林海生态休闲区、温泉养生区、主题乡村度假区等；新立现代农业示范产业群：大金山遗址园、共享农庄、大地稻田摄影、双丰农创亲子园、温德河水上乐园等	双辽市市政府	四平市双辽市	双辽市文化广播电视和旅游局	文旅融合
通化	46	通化靖宇文化园	7	杨靖宇干部学院、历史文化风情街、靖宇博物馆	通化市	通化市	通化市	文旅融合
通化	47	佟江文化创意产业园	1	文化创意、产品开发、文化创客孵化	通化市佟江文化创意产业园有限公司	通化市	通化市佟江文化创意产业园有限公司	产业园
通化	48	衍庶街文化旅游开发项目	4.2	建设地点位于柳河镇导航区地段，占地面积29万平方米，建筑面积约11万平方米，主要建设湿地公园、衍庶文化街、综合商业体等	柳河县政府	柳河县柳河镇导航街道	柳河县政府	文旅融合
白山	49	白山市文化体育艺术中心	4.568	项目规划用地217667平方米，建筑面积46727.77平方米。包括新建5000座位体育馆一座，建筑面积为15600平方米。新建商业建筑3000平方米，连接体育馆与各改造建筑之间的连廊2000平方米，维修改造白山泵业等7个老建筑	白山市群众艺术馆	白山市；浑江区	白山市群众艺术馆	文化会展

地市州	序号	项目名称	总投资（亿元）	主要建设内容及规模	投资主体	建设地点	项目实施责任主体	行业类别
白山	50	松花石特色小镇续建项目	26	白山市江源区松花石特色产业小镇规划用地面积30万平方米，规划建设松花石产业项目、文化旅游项目、旅游度假项目、商务接待项目共22个，规划总投资26亿元	江源区政府、企业等	江源区江源街道	江源区政府	文化旅游、艺术品、工艺美术、文化会展
白山	51	长白县四海为家户外营地建设项目	1.134	吉林省四海为家户外有限公司长白县四海为家溪境雪庐露营地项目，总投资1.2万元，包括综合服务区、集装箱式酒店、活动营地、冬季冰场等建设	长白朝鲜族自治县四海为家露营地户外管理有限公司	长白县金华乡十七道沟村	长白朝鲜族自治县四海为家露营地户外管理有限公司	文体融合
白山	52	长白县千年崖城风景区建设项目	6.6	该项目总投资6.6亿元，包括悬崖主题乐园、高丽汤泉、朝鲜族民俗风情园、旅游地产项目等，项目建设期限5年，分三期建设	吉林省中景园林建设有限公司的子公司白山市中佰文化旅游有限公司	长白县长白镇	中佰文化旅游建设有限公司	文化旅游
白山	53	长白县十四道沟镇田园综合体项目	10	千亩特色种植、民宿建设改造、高山草原、水上乐园、康养综合体等旅游项目	吉林省伟峰旅游发展有限公司	长白县十四道沟镇鸡冠砬子村	吉林省伟峰旅游发展有限公司	文化旅游
白山	54	白山市大剧院建设项目	1.2	本项目建筑为拟定建设规模为中型乙等剧场，整体定位是综合性剧场，以综合性演出功能为主，兼具音乐厅、会议、演播的部分功能，观众座席800至1000个	白山市群众艺术馆	白山市浑江区	白山市群众艺术馆	演艺、文化会展

277

续表

地市州	序号	项目名称	总投资（亿元）	主要建设内容及规模	投资主体	建设地点	项目实施责任主体	行业类别
白山	55	长白朝鲜族自治县灵光塔公园景区升级建设及配套基础设施建设项目（一期工程）	0.5	项目总用地面积39万平方米，新建入口广场区（建筑面积702平方米）、生态停车场6423平方米、游客服务中心（建筑面积980平方米）、灵光塔区（建筑面积210平方米）以及相关配套设施设备。	长白县文化广播电视和旅游局	长白县长白镇	长白县文化广播电视和旅游局	文化旅游
白山	56	长白县十八道沟户外自驾车营地；	0.12	该项目占地2万平方米，建设内容包括露营帐篷、滑草、草场滑道，补给驿站、服务中心、生态停车场、公共厕所等配套基础设施	长白县文化广播电视和旅游局	长白县十八道沟岗顶	长白县文化广播电视和旅游局	文化旅游
白山	57	白山市湾沟影视文旅镇小镇	30	该项目以原有矿区小镇为基础，打造集影视基地、星级酒店、餐饮、购物、休闲等业态为一体的观光旅游、休闲康养、文化旅游综合体	江源区政府	江源区湾沟镇	江源区政府	文化旅游
白山	58	石人红色旅游小镇	10	围绕石人血泪山，打造红色爱国主义教育基地	江源区	江源区石人镇	江源区政府	文化旅游
白山	59	八里坡文化产业园	0.3	摄影、绘画、产教融合	江源区	江源区八里坡镇	八里坡文化产业有限公司	文化产业园
白城	60	军旅文化研学基地	15	军旅文化区：航空航天文化园、国防教育广场、青少年军旅乐园。耕读文化区：耕读文化展览馆、百花园、养乐园、传统文化培训中心	吉林燕园文化传播有限公司	三家子	军旅文化研学基地	文旅融合
白城	61	通榆墨宝园二期工程	0.3	书法培训、艺术文化交流、艺术品交易	通榆墨宝园文化产业发展有限公司	通榆墨宝园	通榆墨宝园文化产业发展有限公司	艺术品、文化会展

地市州	序号	项目名称	总投资（亿元）	主要建设内容及规模	投资主体	建设地点	项目实施责任主体	行业类别
白城	62	大安市新文化馆、新博物馆建设项目	0.74	本项目占地面积46893.45平方米，该项目新建大安市新图书馆、新文化馆、新博物馆，总建筑面积15600平方米。其中新文化馆1栋，建筑面积3500平方米，为小型文化馆；新图书馆1栋，建筑面积4800平方米（含"新三馆"共用设备用房900平方米），为小型图书馆；新博物馆1栋，建筑面积7300平方米（其中博物馆建筑面积4500平方米；渔猎馆建筑面积2800平方米），为综合类小型博物馆	大安市政府	大安市嫩江湾国家湿地公园南门南侧	大安市文化广播电视和旅游局	文化会展
白城	63	向海景区旅游综合开发项目	20	"香海大营"旅游服务综合体、东湖半岛生态休闲度假村、向海湿地温泉度假村、北国风创意农庄、黄榆国家沙地森林公园、西湖生境、窝铺渔乡、瀚海风车牧场、万鸟湿地	招商引资	向海乡	通榆县文化广播电视和旅游局	文旅融合

续表

地市州	序号	项目名称	总投资（亿元）	主要建设内容及规模	投资主体	建设地点	项目实施责任主体	行业类别
白城	64	嫩水润白水利风景区文化旅游提升工程	5	白沙滩旅游区修建旅游综合服务区、会议度假酒店区、泽白广场休闲区、嫩江风情区、猛犸象博物馆区、农业体验园、蒙古族风情区；洋沙湖旅游区修建综合服务区、水滨活动区、蒙古族风情园、度假休闲区、草原生态保护区、环境保护规划；五家子旅游区修建旅游综合服务区、滨水休闲区、宾馆娱乐区、园林休闲公园、服务设施及基础设施规划。拟建三个旅游区，年接待游客15.93万人次	招商引资	白城市镇赉县	白城市嫩水润白旅游有限公司	文旅融合
白城	65	大安机车文化博物馆	0.2	占地面积2.1万平方米，停放着390辆退役被封存的各式火车头；集中国铁路机车的发展历史、铁路机车文化、铁路机车展示三位一体的综合机车博物馆	招商引资	大安市	沈阳铁路局大安机车段	文化会展
延边	66	延吉恐龙文化园	10	延吉龙博物馆、金豆游乐园	金豆集团	延吉市	金豆集团	文化会展、娱乐
延边	67	珲春市大剧院及文化馆项目	2.77	项目占地面积35500平方米，总建筑面积31000平方米，主要建设主剧场、多功能小剧场、排练厅、录音棚、设备间、展示厅及道路硬化、给排水、供电、消防等附属设施	珲春市城市投资开发有限公司	项目位于公安局北侧，体育场东侧。	珲春市文广旅局	演艺

地市州	序号	项目名称	总投资（亿元）	主要建设内容及规模	投资主体	建设地点	项目实施责任主体	行业类别
延边	68	日光山跨境文化旅游风景区	5	项目分为旅游管理服务区、禅意康养度假区、禅修养生文化区、森林生态休闲区、农耕休闲观光区、原乡生活体验区，具体包括建设游客服务中心、日光小镇、山门、停车场等项目	吉林省鸿昇文化旅游投资有限公司	图们市	图们市文化广播电视和旅游局	文化旅游
延边	69	琵岩山文化旅游风景区	5	该项目规划总占地面积2248500平方米，主要建设内容包括花海、金达莱观赏区、木栈道、野餐区、森林拓展区、旱雪滑道、CS射击场、玻璃吊桥、高空滑索、悬崖秋千、百年集市、中心广场、远古部落、山寨古堡、电瓶车停车场、温泉康养中心、现代农业采摘园、国防教育实践基地、红色文化教育馆、儿童主题乐园项目及水上乐园等工程	吉林省中佰文化旅游投资有限公司	龙井市智新镇	龙井市文化广播和旅游局	文化旅游
延边	70	琵岩山森林温泉度假区	10	该项目规划总占地面积70万平方米，主要建设温泉酒店、无边界泳池、室内外温泉区、特色餐饮区、民宿、森林康养地产、精品超市、社区医院和会所、度假区基础配套设施等	吉林省中佰文化旅游投资有限公司	龙井市智新镇	龙井市文化广播和旅游局	文化旅游

续表

地市州	序号	项目名称	总投资（亿元）	主要建设内容及规模	投资主体	建设地点	项目实施责任主体	行业类别
延边	71	海兰江足球文化产业园	7.5	该项目规划总占地面积约70万平方米，主要建设海兰江足球青训基地、10个室外11人制足球场、2个室内11人制气膜结构人工草坪足球场、足球服务中心、足球酒店及其附属设施	龙井市海兰江足球文化产业投资有限公司	龙井市工业集中区	龙井市文化广播和旅游局	文化旅游
延边	72	翰瑭影视产业园区	3	项目主要内容包括影视拍摄制作和影视文化旅游。以影视拍摄基地为依托，以影视文化为内涵，以旅游观光为业态，以休闲娱乐为主题，将影视旅游作为一个汪清县新兴的产业发展。游客可深度体验影视拍摄过程，享受度假休闲时光。占地面积约12万平方米，建筑面积约2.6万平方米	翰瑭影视文化股份有限公司	吉林省汪清县工业集中区	翰瑭影视文化股份有限公司	产业园区

地市州	序号	项目名称	总投资（亿元）	主要建设内容及规模	投资主体	建设地点	项目实施责任主体	行业类别
延边	73	珲春市文旅体小镇项目	3.4	项目总用地面积大约392000平方米，项目总投资3.4亿元。其中一期用地面积大约141000平方米，主要建设洞箫非遗展示馆和青少年宫，其中民俗文化村项目包括（温泉酒店、俄罗斯风情街、中式商业街、韩式风情街、特色民宿、会议中心以及停车场等配套服务设施）。二期项目用地面积大约251000平方米，主要建设10个标准化11人制足球场、一个标准化公共体育场、滑冰场、教育实践活动中心、多功能健身中心、仿真冰馆、多功能运动场、笼式足球场，综合拓展区	珲春市文广旅局	珲春市603勘察队北侧	珲春市文广旅局	文化旅游
延边	74	大唐渤海文旅综合体	7.8	依托八连城遗址和古城渤海寺庙遗址，计划打造八连城龙原古都遗址复原、东北亚特色文化街、湿地公园、文旅康养、渤海国历史博物馆、渤海寺庙遗址公园等项目于一体的特色小镇	珲春市文广旅局	珲春市三家子乡八连城遗址	珲春市文广旅局	文化旅游

续表

地市州	序号	项目名称	总投资（亿元）	主要建设内容及规模	投资主体	建设地点	项目实施责任主体	行业类别
延边	75	图们市白龙村朝鲜族民俗传承保护项目	0.2	项目用地面积6800平方米，在现有基础上改造朝鲜族特色非遗文化街、非遗主题民宿；新建中国朝鲜族移居历史展览馆，占地面积2000平方米、农耕舞广场800平方米（配套非遗演出）、生态停车场4000平方米	图们市图们江文化旅游资源开发有限公司	图们市月晴镇	图们市文化广播电视和旅游局	产业园区
延边	76	图们江边境旅游带改造提升工程（1+7）项目体系	8.15	沿图们市境内国道331沿线区域，从月晴镇白龙村至图们江广场，建设沿线旅游服务驿站8个；依托国道331公路打造长24千米旅游绿道，新建步行骑行综合道24千米和旅游标识系统；做好百年部落修缮保护提升工作，升级改造马牌村特色朝鲜族民宿181栋；新建占地面积3万平方米的石建自驾车营地；建设占地面积30万平方米的日光山（南崴子）康养旅游度假区、升级改造图们江广场，使之成为中国最美边境旅游风景廊道	图们市图们江文化旅游资源开发有限公司	图们市	图们市文化广播电视和旅游局	文旅融合

地市州	序号	项目名称	总投资（亿元）	主要建设内容及规模	投资主体	建设地点	项目实施责任主体	行业类别
延边	77	图们市南崴子文化康养小镇项目	5	依托现有图们江背靠日光山的独特区位和优异的自然风光，打造集休闲娱乐、康养度假、旅游服务、购物、主题地产等多功能于一体的特色生态旅游康养小镇；项目用地面积1千万平方米，建设占地面积1万平方米的游客综合服务中心一座、木屋民宿30栋、高档别墅30栋及附属基础设施等	图们市图们江文化旅游资源开发有限公司	图们还月晴镇	图们市文化广播电视和旅游局	文旅融合
延边	78	龙家美苑民族艺术传承体验区改造提升项目	0.5	龙家美苑占地面积12万平方米，中心建有3万平方米的绿色生态岛，外围有7万平方米的湖面，总建筑面积0.5万平方米。1994年开工建设，现已投入人民币9000多万元。修缮现有美术馆、博物馆、剧场、游客服务中心、民俗餐厅、十二生肖民宿、木质吊桥，完善内部景观小品和交通体系。建设智能充电桩、停车配套服务设施	图们市图们江文化旅游资源开发有限公司	图们市长安镇	图们市文化广播电视和旅游局	文旅融合

续表

地市州	序号	项目名称	总投资（亿元）	主要建设内容及规模	投资主体	建设地点	项目实施责任主体	行业类别
延边	79	中朝图们—稳城跨境文化旅游合作区基础设施建设项目（1+3）体系	50	建设高速凉水出入口至稳城岛旅游公路和江堤，实现水电暖管网和网络覆盖。项目分为跨境文化体验区、田园生态观光区、健康疗养度假区、商贸文化物流区，具体将建设马术俱乐部、中朝健康文化疗养基地、历史文化主题观光园和王在山文化旅游区等	图们市图们江文化旅游资源开发有限公司	图们市凉水镇	图们市文化广播电视和旅游局	文化旅游
延边	80	国家级食品安全示范区一二三产融合产业园建设项目	2.1	按照"现代农业＋工业观光＋休闲文旅"模式，整合河西村有机果蔬采摘、图们江制药（图们江朝鲜族文博园）、食品安全示范区等现有资源，建设园区游客服务中心、标识标牌系统，打造农业、工业、文旅三产融合的产业园区	图们市图们江文化旅游资源开发有限公司	图们市凉水镇	图们市文化广播电视和旅游局	文化旅游
延边	81	图们市日光山森林公园朝鲜族民俗村（集中六队民俗集中区）项目	0.4	项目位于图们市月晴镇集中村集中六队及其周边，充分利用该区域位于日光山森林公园花海附近的区位优势，拟占地4万平方米左右，升级改造现有18栋民居，打造民宿体验区；建设占地0.9万平方米的康养酒店区；建设占地10000平方米民俗展示区及商业区	图们市图们江文化旅游资源开发有限公司	图们市月晴镇	图们市文化广播电视和旅游局	文化旅游

地市州	序号	项目名称	总投资（亿元）	主要建设内容及规模	投资主体	建设地点	项目实施责任主体	行业类别
延边	82	图们市文体活动中心建设项目	2.3859	本项目总占地面积21723.51平方米，总建筑面积42208平方米，地上二层，地下二层，地上建筑面积为17408平方米，地下建筑面积为24800平方米。	延边图们文化旅游投资控股集团有限公司	图们市	图们市文化广播电视和旅游局	文化会展
松原	83	鼎润文化创意产业园二期工程	1	文创产品研发、文化创客培训、文化产品展演	松原市鼎润文化青年创业园有限公司	松原市	松原市鼎润文化青年创业园有限公司	产业园
松原	84	松原市前郭县鼎润文化非遗活态传承体验中心	0.55	前郭县鼎润文化非遗活态传承体验中心总占地面积14211.5平方米，总建筑面积10000平方米，总投资0.55亿元人民币。该中心于2016年3月正式启动，2016年7月正式开工建设，2018年7月完成部分入驻，2019年完成内外配套设施建设，目前正在进行项目验收和专题布展及试运营工作。主体结构为"一中心带两翼"式结构，总高度为7层。具体规划建设游客集散中心、文旅商品销售中心、非遗工坊、非遗书院、非遗技能培训学校、民族民俗体验馆、众创空间等产学研项目	企业自筹	松原市前郭县成吉思汗文化园环路与源江路交会处	鼎润文化民族事业发展有限公司	工艺美术

287

续表

地市州	序号	项目名称	总投资（亿元）	主要建设内容及规模	投资主体	建设地点	项目实施责任主体	行业类别
松原	85	松原乌兰牧骑草原文化馆	0.167	项目占地面积 15000 平方米，建筑面积 2016.32 平方米，其中草原文化馆 1376.32 平方米、非遗展厅 500 平方米、查干花镇文化站 80 平方米、查干花镇赛罕塔拉社区管理用房 60 平方米。建成后将作为前郭县弘扬民族文化、传承非遗项目、活跃基层群众文化生活的重要阵地。其主要功能为：一是组织乌兰牧骑艺术团下乡演出，开展群众文化工作，活跃当地的业余文化生活；二是创作优秀文艺作品，举办民族节庆活动，促进与外省区的文化交流；三是挖掘整理蒙古族民间文化艺术遗产，申报非物质文化遗产保护项目；四是促进当地农村大文化建设，开展和完善文化信息资源共享工程；五是举办蒙古族各艺术门类的学习班，培养各类的艺术骨干	查干花镇政府	前郭县查干花镇	查干花镇政府	演艺、文化会展

地市州	序号	项目名称	总投资（亿元）	主要建设内容及规模	投资主体	建设地点	项目实施责任主体	行业类别
松原	86	前郭县蒙古族非遗（郭尔罗斯民歌）传习所	0.164	新建传习所总建筑面积5637.3平方米。地上6层5400平方米，地下消防水池和泵房237.3平方米。主体6层，院内2层，框架结构。项目旨在更好地传播前郭县丰富的民族歌舞文化特点和蒙古族深厚的民族文化底蕴，提升前郭县的城市综合实力、促进非物质文化交流传播、推动文化产业发展。项目将作为一个经济、社会、文化的综合体，对经济社会的方方面面都存在着难以量化的无形效益，提升区域吸引力。并衍生出大量超出传习所财务分析范围的经济效益，带动旅游、促进文化产业发展	前郭县政府	前郭县松江大街188号	前郭县文化广播电视和旅游局	演艺、文化会展

续表

地市州	序号	项目名称	总投资（亿元）	主要建设内容及规模	投资主体	建设地点	项目实施责任主体	行业类别
松原	87	前郭县民族文化中心	3.5	前郭县民族文化中心建设项目由文化馆、图书馆、博物馆、非遗展示馆、民族歌舞传习中心演出大厅、室外展音乐喷泉演艺广场六部分组成，室内场馆均设计为地上四层建筑（局部地下）。其中文化馆包含多功能教室（多媒体、专业、戏曲）、活动室、录音室、排练厅、小剧场等；图书馆有借阅、阅览（图书、报刊、电子）、报告厅等功能分区；博物馆包括文物展厅、研究中心、技术室、档案室、资料室（文物、影像）等；民族歌舞传习中心演出大厅建设内容包括排练厅、琴房、演出大厅等；非遗展示馆建设内容包含145项非遗项目5G数字化展示区、VR浸入式体验区、活态传承展示展演区；室外音乐喷泉演艺广场包含音乐喷泉一座、固定舞台底座、阶梯式观众席。预计项目占地75000平方米，总建筑面积52000平方米	前郭县政府	县城内县政府驻地镇	前郭县政府	演艺娱乐、文化会展

地市州	序号	项目名称	总投资（亿元）	主要建设内容及规模	投资主体	建设地点	项目实施责任主体	行业类别
松原	88	松原市滨江温泉养生度假酒店	3.5	温泉池集养生、养老、休闲于一体，建设养生汤池、温泉鱼疗、冷水泡池、碳酸浴池等；养老养生主题酒店结合温泉养生、医疗康养、禅修养心、旅居养老等养生主题，打造人居个性化、生活丰富化、健康常态化、投资稳健化于一体的多元化养老优居府；四星级酒店融休闲、运动、餐饮、娱乐、会议于一体，配套服务设施，内部设有高档宴会厅、豪华客房、酒吧茶室、室内游泳池、游泳教学、健身设施等	松原市滨江温泉养生度假酒店	松原哈达山生态农业旅游示范区境内	松原市滨江温泉养生度假酒店	娱乐；文化旅游
松原	89	天河谷温泉旅游度假小镇一期	3	一期工程：建设温泉接待中心，占地面积15640平方米，建筑面积33226.13平方米。主要建设内容：室内温泉会馆，中、西餐饮，客房，休闲娱乐以及相关配套设施等	天河谷温泉旅游有限公司	松原市宁江区新城乡联合村境内	天河谷温泉旅游有限公司	娱乐

续表

地市州	序号	项目名称	总投资（亿元）	主要建设内容及规模	投资主体	建设地点	项目实施责任主体	行业类别
松原	90	天河谷温泉旅游度假小镇二三期	77	项目占地358万平方米，项目分三期建设，其中泉旅游项目占地约126万平方米，生态农业观光占地约90万平方米，一、二期开发温泉入户养老社区用房占地约127万平方米，教育基地15万平方米。一期工程主要建设温泉养生中心和度假酒店、室内外温泉养生池等景区相关配套工程设施；二、三期工程主要建设休闲养老、养生度假公寓及景区生态农业、草坪婚礼、拓展基地、老年大学、医护院等项目	天河谷温泉旅游度假小镇项目	松原市宁江区新城乡联合村境内		温泉康养、文化教育生态农业
松原	91	辽金文化产业园	3	占地面积3万平方米，建筑面积1.9万平方米。主要建设以下内容：文博园、辽金风情展示馆、洪皓纪念馆、辽金纪念古城、魁星阁、体验馆、文昌塔、露天戏楼小广场、影视广场、创作交流中心、展会交易中心、接待服务中心	企业自筹	哈达山文化旅游康养带	松原哈达山生态农业旅游示范区管理委员会	产业园区
梅河口	92	世基啤酒生态文化小镇	100	啤酒梦工厂、生活美学馆、海洋乐园、轰趴馆、电影公元、主题商业艺术街、生态住宅、隐居酒店。总建筑占地面积为7759333.333333平方米。	山东世基集团	南环路与松江路交会处	山东世基集团	文旅融合

地市州	序号	项目名称	总投资（亿元）	主要建设内容及规模	投资主体	建设地点	项目实施责任主体	行业类别
梅河口	93	梅河口市文化创意产业园	3	改造1处企业仓库，建设集文艺创作、产业孵化、文化演艺、餐饮娱乐、体验观光为一体的文化创意产业园	社会资本	梅河口市	梅河口市旅游服务中心	产业园区
梅河口	94	梅河口市红色旅游资源保护开发利用和提升工程	2	对全市有保护开发价值的红色教育资源16处分期分批进行修复保护以及原址复建，打造全市精品红色文化展示和教育旅游路线。建设鸡冠山抗联文化体验基地、双兴镇日寇军事设施掩体群复原、四八石党支部异地新建复原以及其他遗迹遗址保护复原提升	市财政	梅河口市	梅河口市旅游服务中心	文旅融合
梅河口	95	梅河口市五奎山风景区项目	20	本项目占地4千万平方米，设计分为五大板块，分别为温泉康养区、冰雪运动区、山林生态区、民俗体验区、雪乡风情区的基础配套设施	社会资本	湾龙乡五奎山	梅河口市旅游服务中心	文旅融合
梅河口	96	鸡冠山景区休闲度假项目	55.8	建设滑雪乐园、体育小镇、山地运动公园、康养庄园、森林研学基地、度假村、度假酒店、度假社区	社会资本＋政府投资	吉乐乡鸡冠山	梅河口市旅游服务中心	文旅融合

（五）政策清单

1. 近五年关于文化产业发展相关政策清单

表11-18 近五年关于文化产业发展相关政策清单

序号	政策名	发布部门	发布时间	文号	备注
	国务院办公厅《关于进一步激发文化和旅游消费潜力的意见》	国务院办公厅	2019 年	国办发〔2019〕41 号	
	文化和旅游部办公厅《关于进一步用好地方政府专项债券推进文化和旅游领域重大项目建设的通知》	文化和旅游部	2021 年	文旅产业发〔2021〕23 号	
	文化和旅游部《关于推动数字文化产业高质量发展的意见》	文化和旅游部	2020 年	文旅产业发〔2020〕78 号	
	文化和旅游规划管理办法	文化和旅游部	2019 年	文旅政法发（2019）60 号	
	关于促进旅游演艺发展的指导意见	文化和旅游部	2019 年	文旅政法发〔2019〕29 号	
	游戏游艺设备管理办法	文化和旅游部	2019 年	文旅市场发〔2019〕129 号	
	关于调整相关文化市场经营许可证版式的通知	文化和旅游部	2018 年	办市场发〔2018〕123 号	
	关于在文化领域推广政府和社会资本合作模式的指导意见	文化和旅游部 财政部	2018 年	文旅产业发〔2018〕96 号	
	关于大力振兴贫困地区传统工艺助力精准扶贫的通知	文化和旅游部	2018 年	办非遗发〔2018〕40 号	
	关于印发《"中国民间文化艺术之乡"命名和管理办法》的通知	文化部	2018 年	部办公共函〔2018〕2 号	
	关于印发《国家级文化产业示范园区创建验收标准（试行）》的通知	文化部	2018 年	部办产函〔2018〕60 号	
	娱乐场所管理办法	文化部	2017 年	文化部令第 55 号	
	互联网文化管理暂行规定	文化部	2017 年	文化部令第 51 号	
	营业性演出管理条例实施细则	文化部	2017 年	文化部令第 47 号	
	文化部关于落实安全生产责任加强文化市场安全生产工作的通知	文化部	2017 年	文市发〔2017〕5 号	
	文化部关于规范营业性演出票务市场经营秩序的通知	文化部	2017 年	文市发〔2017〕15 号	
	文化部关于引导迷你歌咏亭市场健康发展的通知	文化部	2017 年	文市发〔2017〕20 号	
	文化部关于推动数字文化产业创新发展的指导意见	文化部	2017 年	文产发〔2017〕8 号	
	艺术品经营管理办法	文化部	2016 年	文化部令第 56 号	
	印发《关于开展质量标准提升行动推动高质量发展的实施方案（2020—2022 年）》的通知	吉林省委办公厅 省政府办公厅	2020 年	吉办发（2020）27 号	
	吉林省委省政府关于开展质量提升行动的实施意见	省委、省政府	2018 年	吉发〔2018〕18 号	

续表

序号	政策名	发布部门	发布时间	文号	备注
	关于做大做强冰雪产业的实施意见	吉林省委、省政府	2016 年	吉发〔2016〕29 号	
	吉林省省级文化发展专项资金管理实施细则	吉林省财政厅省委宣传部	2019 年	吉财教〔2019〕853 号	
	吉林省省级文化发展专项资金管理办法	吉林省财政厅省委宣传部	2017 年	吉财教〔2017〕603 号	
	印发《关于金融支持吉林省文旅产业发展的若干政策措施》的通知	金融监管局文旅厅	2020 年		
	关于有效应对疫情支持文旅企业发展的 13 条政策措施	文旅厅	2020 年	吉文旅发（2020）35 号	
	吉林文旅"春风计划"	文旅厅	2020 年	吉文旅发（2020）40 号	
	吉林省扶持涉旅企业发展奖补细则	文旅厅	2019 年		
	关于印发《全省旅游服务质量提升计划实施方案》的通知	文旅厅	2019 年	吉文旅发〔2019〕396 号	

2. 拟出台相关政策清单

表11-19 拟出台相关政策清单

序号	政策名称
1	吉林省文化产业促进条例（《文化产业促进法》即将出台）
2	吉林省促进数字文化产业创新发展行动纲要（2021—2025 年）（国家政策已经出台）
3	吉林省省级文化发展专项资金管理办法（省委宣传部正在修订）
4	吉林省省级文化产业发展专项资金实施细则（省委宣传部正在修订）
5	吉林省省级文化产业园区管理办法
6	吉林省省级文化产业基地管理办法
7	吉林省松花石文化产业发展促进条例
8	吉林省特色文化产业乡镇、乡村评定规范（拟申请制订文化产业标准）

九、长春文化创意城重点项目库

表11-20 长春文化创意城重点项目库清单

序号	项目名称	建设主体	建设地点	建设期限	总投资（亿元）	主要建设内容及建设规模	项目类别
1	东北亚博览城项目	长春城市发展集团	朝阳区	2023 年	450	文化娱乐休闲服务	重大项目
2	乐山温泉小镇项目	朝阳区乐山镇	朝阳区	2021—	100	用地面积约 2 万平方千米，拟建设集旅游观光，餐饮购物，养老，五星酒店、地产于一体的温泉度假区	谋划项目

续表

序号	项目名称	建设主体	建设地点	建设期限	总投资（亿元）	主要建设内容及建设规模	项目类别
3	莲花岛影视休闲文化园	莲花岛影视文化有限公司	朝阳区	2021—2025	8	莲花岛影视休闲文化园位于吉林省长春市朝阳区永春镇柳家村文化路，占地面积 32 万平方米。是一个以影视文化、东北抗联红色文化、东北民俗文化为主题，集旅游演艺、东北抗联红色教育、民国风情主题街区、研学旅行、亲子娱乐、农耕文化、餐饮住宿、拓展培训、文创产品展销、婚庆服务、商务会议、影视拍摄、剧本杀体验为一体的大型文旅综合度假景区	重点项目
4	长春钜城休闲综合体	吉林省钜城地产投资有限公司	南关区	2015—2022	39.8	总建筑面积约 128 万平方米，其中住宅建筑面积约为 36 万平方米，商业面积达到 92 万平方米，建设内容涵盖了大型商业广场、室内休闲街区、室外休闲商业步行街、五星级酒店、商务酒店	重大项目
5	长春数字化文化生产线及示范产品建设	长春出版传媒集团有限责任公司	南关区	2024 年	0.3	文化装备生产	一般项目
6	长春机车厂历史文化街区建设项目	中车科技园（长春）有限公司	宽城区	2021—2031	200	该项目占地面积约为 80 万平方米，建筑面积 157 万平方米。主要建设商业综合体，打造长春中车历史文化创意产业园，以文化产业为链条，重点打造历史文化街区、工业遗址和机车文化产业，发展文化创意、观光旅游、艺术零售、工业历史和商业零售等业态，全力打造以"长春源"为主题的世界级人文住宅及艺术街区文化创意园	重大项目
7	华润国际健康小镇项目	华润置地（长春）有限公司	宽城区	—	100	该项目占地面积 3 万平方千米，主要建设商业综合体，办公楼，文体设施，住宅及其他配套设施	谋划项目
8	北京大街西地块历史文化街区改造项目	长春市长发置业有限公司	宽城区	2019—2022	7.94	该项目新建 9 栋建筑，总建筑面积 5.16 万平方米（其中地上 1.61 万平方米，地下 3.55 万平方米。），将街巷格局与建筑历史文化要素挖掘、运用、功能代换、产业升级，将建筑功能于建筑格局完美结合，使街区与周边历史街区级景点融合、串联，共同构成完整的历史画卷	重点项目

续表

序号	项目名称	建设主体	建设地点	建设期限	总投资（亿元）	主要建设内容及建设规模	项目类别
9	北京大街西地块历史文化街区修缮工程	长春市长发旧城改造工程有限公司	宽城区	2016—2022	3.08	该项目主要是对项目区域内的保留建筑进行外立面改造、内部加固和修整、架空线路整治，同时对该区域进行街道空间环境的治理及规划	重点项目
10	北京大街东地块、南京大街三角地历史文化街区改造项目	长春城开万家房地产开发有限公司	宽城区	2022—2023	22.98	该项目用地面积3.6万平方米，总建筑面积7.6466万平方米（其中地上4.971万平方米，地下2.67561万平方米）。北京大街修缮面积8764平方米，新建面积地上2.9335万平方米，地下1.8138万平方米；南京大街修缮面积2568平方米，新建地上面积9041平方米，地下新建面积8618平方米，以传承长春地域文化为特色，促进历史街区的复兴和城市新文化的繁荣，恢复老长春传统风貌	谋划项目
11	人民大街历史文化街区改造项目	长发集团	宽城区	2019—2024	11.7	该项目建筑面积4.9万平方米，修缮文保单位24个，结合站前区位优势，建议打造高端宾馆、特色民宿，服饰、图书、旅游商品以及高科技、高品质体验店，切实提高车站区域消费品质	重大项目
12	胜利大街AB地块历史文化街区改造项目	长发集团	宽城区	2019—2025	1	该项目占地面积1.87万平方米，改造房屋面积1.9万平方米。营造地域特色空间，打造创新驱动文化休闲场所，塑造公共空间增加城市绿肺，建立以人为本的立体交通体系，完善城市基础设施	谋划项目
13	伪满皇宫历史文化街区东八条地块改造项目	长发集团	宽城区	2022—2027	4.2	该项目依托伪满皇宫资源，打造集商贸、餐饮、休闲、旅游为一体的综合文旅项目	谋划项目
14	吉林省占林农业观光园	吉林省占林绿色农业科技有限公司	宽城区	2000—2025	2	该项目打造集农业采摘、观光旅游、休闲娱乐为一体的农业观光园	一般项目
15	南广场历史文化街区黄河路地块项目	润德集团	宽城区	2022—2027	1	该项目占地面积6.9万平方米，涉及文保单位18处，依据黄河路区位优势，打造文化、旅游、商业特色街区	谋划项目
16	长江路百年步行街改造项目	宽城经济开发区	宽城区	2022—2025	3	该项目以满足市民对"微旅游"的消费需求为前提，依托夜间经济的发展，规划六个主题分区，打造具有时代意义的文旅融合的特色主题街区	谋划项目

续表

序号	项目名称	建设主体	建设地点	建设期限	总投资（亿元）	主要建设内容及建设规模	项目类别
17	长春宽城君兰文化体育公园项目	长春市北兴建设发展有限责任公司	宽城区	2021—2024	4.6	该项目分三期建设，一、二期为体育主体公园，三期为全民健身和文化中心，总占地面积为26.2万平方米，建筑面积为3.1万平方米。打造宽城宜居舒适的文化体育休闲娱乐主题公园，项目的建成将极大改善宽城区内缺乏文化体育健身综合场所的现状，大幅提高群众幸福指数	重点项目
18	南航老机场开发改造	—	二道区	2022—2025	100	占地面积67万平方米，计划布局以航空文化元素为主的商务服务，智慧文创，品质居住	谋划项目
19	长拖地块旧城区改造及文化创意园建设项目	长春市长发万泽房地产开发有限公司	二道区	2021—2025	100	项目总体占地42万平方米，一期主要对核心厂区进行修缮和改造。项目打造以文化、科技体验为主的展演、展示、研发、办公平台，结合长春市的区位、经济、气候、环境等，建设集文化创意、科技研发、商务办公、休闲旅游、休闲购物为一体的复合型园区	重大项目
20	长春光华学院乡村电商文化产业园	长春光华学院	二道区	2021—2025	10	项目建设地点位于长春市二道区，长吉南线以南、雾开河大街以东、英俊镇胡家村西刘屯范围内。此项目占地78938平方米，总建筑面积共115229.64平方米，共6栋，其中图书馆综合楼6519.56平方米、文化体育馆综合44846.38平方米、乡村电商培训大楼15089.16平方米、乡村文化综合体28997.06平方米、乡村电商培训宿舍9928.09平方米、乡村电商实训平台9849.39平方米	重大项目
21	龙腾·时代大厦项目	长春顺风房地产开发建设有限公司	二道区	2021—2022	5.6	占地1.94万平方米，建筑总面积为6.75万平方米，主要建设以酒店、餐饮、商务办公为一体的综合性服务楼宇	谋划项目
22	昊源商业酒店项目	长春昊源房地产开发有限公司	二道区	2020—2022	4	占地面积0.8万平方米，建筑面积3万平方米，主要建设20层的高档酒店及附属设施	重点项目
23	卡戳App——游园伴侣项目	吉林省卡戳文创艺品科技有限公司	二道区	2022—2025	1.6	项目以游客为中心，通过整合景区及周边商家满足旅客游园时吃住行、游娱购的物质需求，提供快速入园、景区门票、智能导航和位置共享、美食、酒店、导游、文化视频、艺术品交易、艺术品防伪、原创内容创作等众多服务，已和国内多家5A级景区达成战略性合作，全面打造数字时代的智慧景区，深度挖掘景区核心文化，为景区实现文化赋能，为游客提供一站式旅游体验，致力于让旅行变得更便捷、更有趣	谋划项目

续表

序号	项目名称	建设主体	建设地点	建设期限	总投资（亿元）	主要建设内容及建设规模	项目类别
24	雪驰山旅游度假村	吉林省雪驰葡萄酒文化有限公司	二道区	2022—2025	1.2	项目位于吉林省长春市二道区英俊镇胡家村，占地面积12万平方米，由吉林省雪驰葡萄酒文化有限公司计划投资1.2亿元开发建设，该项目是集休闲宴会、特色餐饮、会议安排于一体的旅游度假山庄。拟开发建设空中吊索等内容	谋划项目
25	长春轨道客车文化产业园	中车长春轨道客车股份有限公司	绿园区	2025	5	打造集高铁研发创新、整车生产、人才培养、高铁工业旅游为一体的长春轨道客车文化产业园。打造轨道客车博物馆、轨道交通科技体验馆、轨道交通主题文化特色街区等，建设长春市爱国主义教育基地	谋划项目
26	长春市花"君子兰"文化园	合心镇政府	绿园区	2022—2025	5	主要建设君子兰文化产品交易中心、花卉展示中心、沉浸式体验中心，组织开展长春市君子兰节庆活动，召开专家论坛、君子兰文学作品创编、君子兰文创衍生品开发、君子兰与长春城市故事动漫作品开发等。开展线上线下培训及销售推广活动	谋划项目
27	青怡坊世界植物风情体验园	吉林森帝房地产开发有限公司	绿园区	2019—2024	33	占地面积15.7万平方米，建筑面积53万平方米，主要建设：亚洲最大室内植物园、文化演艺中心、文化创意中心、城市礼品展示交易中心、花卉交易中心、国际商品交易中心、沉浸式体验型商业、游客集散及服务中心等	重大项目
28	长春关东文化园二期扩建项目	长春关东文化园休闲度假有限公司	绿园区	2021—2025	10.6	建设关东文化园民俗博物馆、关东文化大剧院，打造演艺中心、国际会展中心，包含展览中心和会议中心、关东大集，包含艺术文化长廊、关东文化商业小镇，文化产业一条街、婚庆休闲产业区	谋划项目
29	裴家村现代都市农业旅游观光园	裴家村委员会	绿园区	2022	2	项目占地面积200万平方米	一般项目
30	绿园区文化活动中心	绿园区政府	绿园区	2024年	5	公益服务、文化娱乐、特色图书、技能培训、休闲体验	谋划项目

续表

序号	项目名称	建设主体	建设地点	建设期限	总投资（亿元）	主要建设内容及建设规模	项目类别
31	梦吉林大型文化旅游城（二期）海洋馆项目	长春红星美凯龙房地产开发有限公司	双阳区	2020—2023	10	建设内容：规划建筑面积4.7万平方米，一期主要建设海洋主题科普场馆	重大项目
						功能：海洋馆规划地下一层，地上三层，分为发现港、浅海湾、海洋宫殿3个部分，同时包含多种业态，如：海底隧道、国内最先进的5D环幕影院、海洋动物表演、鲸鲨池、海洋咖啡屋等	
32	神鹿峰旅游度假区项目	吉林中庆神鹿文化旅游投资有限公司	双阳区	2020—2024	8	以生态田园为环境底色，以山地运动为核心功能，集山地观光、农业体验、民俗旅游、山地运动、康体养生等功能于一体。策划为一心四园：一心即五丰屯原乡文化小镇，四园即花果园亲子农业公园、鹿鸣谷户外运动公园、稻花香温泉养生公园、神鹿峰国家森林公园	重点项目
33	国信奢岭乡村都市项目	长春国信都市建设开发有限公司	双阳区	2011—2022	101	规划用地2.26平方千米，项目主要有三个具体内容：一是乡村都市，占地2.26平方千米，建筑面积168万平方米，建有温泉酒店、地产开发、国信大厦、养生休闲会馆等设施，投资97亿元。二是现代农业，承租新兴村土地10平方千米，进行设施农业、现代农业开发，投资1亿元。三是土地整理增减挂钩，一期拆新兴村5个屯，恢复0.87平方千米土地，获得0.5平方千米建设用地指标，净征耕地0.37平方千米，投入3亿	重大项目
34	五家子遗址公园建设项目	双阳区人民政府	双阳区山河街道		4.5	项目位于双阳区山河街道，拟建设五家子遗址公园	谋划项目
35	卧龙湖公园建设项目	双阳区人民政府	双阳区		2	结合文旅产业资源，开发占地0.4平方千米的卧龙湖公园项目。建设文化馆、图书馆、博物馆、体育场馆、大型文体休闲广场等，推动文旅产业快速发展	谋划项目
36	双阳湖建设项目	双阳区人民政府	双阳区		0.198	把双阳湖纳入双阳城区整体规划范围，高标准高层次设计双阳湖开发项目。建设环湖旅游开发带、环湖马拉松步道、湖上休闲娱乐项目等	谋划项目
37	吉林数字动漫影视产业园建设项目	长春市双阳区人民政府平湖街道办事处	双阳区		83.53878	项目总占地面积152242.10平方米，总建筑面积251628.74平方米，其中地上建筑面积200328.74平方米，地下建筑面积51300平方米	谋划项目

序号	项目名称	建设主体	建设地点	建设期限	总投资（亿元）	主要建设内容及建设规模	项目类别
38	创建省级非遗文化生态保护区	长春市九台区文化广播电视和旅游局	九台区	2022—2025	2.5	项目以我区东部松花江沿岸打牲乌拉文化圈为核心，深入挖掘贡米、贡蜜等贡品文化，以文促农，以旅富农，以非遗文化推动非遗产业。推动非物质文化遗产和乡村旅游融合发展	谋划项目
39	九台区新图书馆、博物馆（美术馆）	长春市九台区文化广播电视和旅游局	九台区	2022—2025	2.35	该项目主要建设新图书馆、博物馆、美术馆	谋划项目
40	北部全民健身中心	长春市九台区文化广播电视和旅游局	九台区	2021—2025	0.5	项目占地面积：28871平方米，项目规划建设冰上运动中心、农民体育健身培训中心、非物质文化遗产传承和体验中心，是吉林省首家体育文化展示馆	一般项目
41	庙香山温泉滑雪度假区项目	吉林庙香山冰雪体育旅游集团有限公司	九台区波泥河街道大顶子村	2016—2022	30	项目规划面积70平方公里，核心面积7平方千米，规划建设冰雪运动度假区、雪村民俗文化园、山地体育运动公园、溪游季主题灯光秀、水上体育运动公园、温泉度假小镇、现代生态植物园、佛教文化园八大板块的布局	重大项目
42	马鞍山田园综合体项目	吉林省亚汶生态农业发展有限公司	九台区土们岭街道马鞍山村	2019—2024	12	项目占地约5平方千米，规划围绕马鞍山及小南河打造一轴六区的功能布局：一轴：对流经项目区域内的小南河进行河道治理及沿岸景观打造，同时与马鞍山徒步路线相连，形成一条衔接项目各功能区的观光漫养路线。六区：围绕马鞍山北、西、南三面建设原乡文化区、综合服务区、现代农业创意产业区、生态加工区、沈遇快乐农场区及田园生活区	重大项目
43	吉林省云源八台岭民俗体验区项目	吉林省云源八台岭旅游服务有限公司	九台区沐石河街道桦树村八台岭风景区	2021—2026	1.5	项目以"关东民俗文化"为主题，依托当地优越的自然资源，发展山林温泉养生、农事体验、露营体验和观光拍摄等旅游项目，同时挖掘当地的民俗文化，开发美食体验、特色民宿、文化体验、手工艺制作等旅游产品，全方位体现关东传统文化，将文化体验、健康养生、休闲度假、亲子娱乐、农业观光聚集融为一体，满足消费者各方面多种多样的需求	一般项目
44	蓝城春风小镇	长春市九蓝城邦房地产开发有限公司	九台区东湖街道	2022—2032	100	项目涵盖中式小镇住宅、现代农业产业园、温泉酒店、古镇风情商业街、水上娱乐项目、健康颐养中心、山体运动公园等多种业态	重大项目

301

续表

序号	项目名称	建设主体	建设地点	建设期限	总投资（亿元）	主要建设内容及建设规模	项目类别
45	五一村合悦农旅创客新空间项目	长春合悦听湖农园休闲旅游有限公司	九台区东湖街道五一村	2021—2023	2.35	主要建设农创孵化器、非遗艺术空间、新农人培训基地、田园小剧场、亲子农耕研学中心、乡村影视基地、新乡村大集等	一般项目
46	饮马河全流域产业融合开发项目	兴隆街道	九台区兴隆街道	2022年5—2025年12月	1.6	项目建设地点拟建于九台区兴隆街道前岗子村，占地600万平方米。前期已初步探索，已投资建成花海、稻田画13万平方米，花卉种植品种达13种，玻璃观光栈道130米，有美食街、水上乐园、沙滩浴场等，现制定全域开发规划，需进一步完善基础设施：主街沥青路建设、沿河景观大道、水上游乐设施、渡口、八大坊、农家乐、民宿、停车场、健康活动中心，2000米索道，迷你小火车，村史馆，新时代文化广场，观光车站等，以及重点开发1平方千米品牌观光稻田合作项目。	一般项目
47	龙嘉田园综合体项目	九台区龙嘉街道办事处	九台区龙嘉街道饮马河村	2021—2024	2	项目以一个中心村为轴，幅员建设打造面积8平方千米。主要以饮马河水资源为铺垫建设湿地公园，打造水生态文明展示中心；依托11.15平方千米高标准农田示范区建设农耕园，以创意农业为根，开展农校联合的研学、科研和一分田市民认领项目；打造特色民俗村、建设东北"十八坊"等	一般项目
48	碧水庄园度假村项目	吉林省隆达集团	九台区波泥河街道张家店水库	2000—2023	1.5	该项目占地120万平方米，水域面积约5万平方米，主要建设休闲农业观光区、水上娱乐区、种植养殖观光区等	一般项目
49	北方寒冷地区大樱桃产业园项目	吉林圣德集团长春林氏现代农业有限公司	九台区	2021—2023	14	项目位于九台区土们岭街道山嘴村，项目占地面积2千万平方米。由吉林圣德集团长春林氏现代农业有限公司计划投资14亿元开发建设，计划建设智能温室500栋，种植以大樱桃树为主的各类果树30000株，通过智能控制，错季出果，常年采摘，集种植、休闲、观光于一体的乡村旅游综合体	重大项目
50	吉林省如美乡村旅游开发项目	吉林省如美文化旅游发展有限公司	九台区	2021—2023	0.02	项目现已建成民宿2号院、3号院、5号院，如美一分田，望山餐厅，鲜花小院餐厅，村委会土产超市等	一般项目

序号	项目名称	建设主体	建设地点	建设期限	总投资（亿元）	主要建设内容及建设规模	项目类别
51	坤圣园农业民俗文化休闲体验园	吉林省坤圣园生态农业科技有限责任公司	公主岭（永发乡）	2021—2025	1.7	项目位于公主岭市永发乡新发村，项目总占地4万平方米，建设观光研学生产休闲基地、研学中心、科研综合中心、科研教育中心、农家乐休闲中心、研发楼1栋~16栋、农产品生产中心、农产品加工中心	一般项目
52	公主岭市大龙山文化园二期工程建设	吉林省广善龙山景区旅游服务有限公司	公主岭（龙山乡）	2021—2025	7.8	总占地870万平方米，森林覆盖率80%。一期建设：现代农业样板区、旅游观光体验区、旅客居住区、老年康养区、中药花海区和满族民宿展示区。打造具有市场竞争力的森林康养品牌。其中萨满风情园，占地5000平方米、高标准温室30栋、观景台、木屋、玻璃栈道、仙人洞观景梯，旅游接待中心1处、停车场2个。二期拟改造仙山村、翻身村近70户农户为乡村民宿。"十四五"时期，引进并启动冰雪项目，建设索道、雪场、智能化停车场等	重点项目
53	公主岭中东铁路历史文化街区	公主岭市岭富集团	公主岭	2021—2025	2.1	占地3.9万平方米，建筑面积1.8万平方米，拟建设铁路文化主题公园廊道、中东铁路文化展示廊道、中东铁路历史文化博物馆等设施	一般项目
54	公主岭市文体综合服务中心建设	公主岭市人民政府	公主岭	2021—2025	13.7	项目占地21万平方米，建设1个体育场、1个游泳馆、1个篮球馆、1个综合馆及配套附属设施	重大项目
55	响铃公主文化园	公主岭市人民政府	公主岭	2021—2025	1	主要包括响铃公主文学作品创编、主题演艺开发、微电影拍摄、响铃公主文创衍生品开发，其中响铃公主文物修复项目占地面积1.7万平方米，修复公主陵寝陵2座，新建飨殿1座，园区基础设施和公共服务设施等；马占山纪念馆项目占地面积6000平方米，馆内面积600平方米，建设展馆、广场雕塑及相关附属设施，将展出实物展品和抗战历史文物；杜重远公园项目总占地面积约1万平方米，水域面积32000平方米。包括土方工程8.38万立方米，绿化工程：种植樟子松等乔木、灌木3566株；绿篱7504平方米；地被花卉6.7万平方米，草坪6.23万平方米，铺装工程2.28万平方米、卫生间1座、景桥3座、休闲广场、生态停车场、喷泉水景、休闲廊架、亲水平台、运动场、拦河闸3座、杜重远纪念馆等景观小品工程	一般项目

续表

序号	项目名称	建设主体	建设地点	建设期限	总投资（亿元）	主要建设内容及建设规模	项目类别
56	公主岭吉商文化园	公主岭市人民政府	公主岭（南崴子街道）	2021—2025	1.9	项目占地43708.00平方米，总建筑面积30619平方米，主要建设吉商文化展示体验中心15687平方米，吉商文化教育推广中心8100平方米，吉商文化开放交流中心5332平方米，地下设备用房1500平方米，购置公用工程设备83台（套），排水、绿化、道路、等配套设施	谋划项目
57	榆树市图书馆	榆树市文化广播电视和旅游局	榆树市	2021—2025	0.6	图书馆拟建设占地面积15000平方米，建筑面积7200平方米。其中主体结构地下一层、地上四层，地下面积400平方米，地上面积6800平方米。服务人口130万。主要规划10个功能区域：藏书区、借阅区、自修区、公共活动与辅助服务区等	谋划项目
58	富越滑雪场项目	榆树市富越农业观光有限公司	榆树市	2021—2025	0.86	项目位于环城乡福安村1组，占地面积10万平方米，建筑面积6万平方米，现已投资800万元，建成垂钓园7000平方米、阳光温室1536平方米（春、夏、秋三季可采摘，冬季作为滑雪大厅）、戏雪乐园10000平方米、滑冰场地3000平方米、滑雪雪道35000平方米，建设戏雪游乐设施和安全防护设施	一般项目
59	天德康养项目	长春光华学院	榆树市	2021—2025	2	主要建设康养小镇、休闲娱乐及相关生态旅游景区建设	谋划项目
60	老干江生态湿地风景区	招商中	榆树市	2021—2025	30	依托老干江生态湿地打造吉林省著名的湿地生态文化旅游度假区	谋划项目
61	五棵树沿江文旅康养小镇项目	万润集团	榆树市	2021—2025	3.5	依托松花江沿岸自然风光，主要建设地标建筑，文旅小镇，康养休闲集散地。	谋划项目
62	中国北方酒业基地酒文化博物馆建设项目	吉林省榆树钱酒业有限公司	榆树市	2021—2025	0.06	主要项目内容包括新建博物馆前台接待大厅、中央球形巨幕、长白天池仿景、皇帝巡游狩猎、天下第一粮仓、酒海工艺展示区、非遗酿酒工艺展示区、老街故事展区、珍宝馆、红色记忆——抗联故事、名人书画馆、酒艺戏台、品牌馆、多功能餐厅等	谋划项目
63	榆树非遗说唱产教园	榆树市文化广播电视和旅游局	榆树市	2021—2025	1	主要项目内容包括东北大鼓、榆树二人转、榆树草编、榆树农民画、徐家窑古建筑材料烧雕技艺等	谋划项目
64	榆树豆腐文化休闲体验园	榆树市榆乡豆制品有限公司	榆树市	2021—2025	2	主要项目内容包括豆腐生产工艺、豆腐与养生科普、豆腐制作体验、豆腐文化博物馆、省级工业旅游示范点创建等	一般项目

序号	项目名称	建设主体	建设地点	建设期限	总投资（亿元）	主要建设内容及建设规模	项目类别
65	卧虎山庄休闲度假庄园二期	德惠市卧虎山庄休闲度假有限公司	德惠市边岗乡	2022年—2027年	0.7	休闲娱乐、观光采摘、绿色食品、特色餐饮	谋划项目
66	德惠俄式风情街	中东铁路南满支线附属建筑群德惠段俄侨中学旧址	德惠市沐德街	2021年—2025年	2	中东铁路南满支线附属建筑群德惠段俄侨中学旧址，德惠市博物馆采用局部重建、修整加固、局部翻新相结合方法对俄侨中学旧址进行维护改造，维修改造建筑面积为2970平方米	谋划项目
67	辽塔游园	农安县政府	农安县农安镇	2015建	2	农安辽塔为国家级保护单位，是农安的标志性建筑。辽塔游园现已建成包括一个3万平方米休闲广场、一座社区中心暨展览馆、百米休闲长廊等为内容的市民公园，警世钟、御碑亭等景观小品点缀其中，古色古香美不胜收	一般项目
68	辽金时代文化园	辽金时代旅游开发有限公司	农安县前岗乡新开村	2014年建	12	占地面积3000万平方米。辽金时代作为农安县旅游产业的一张名片，将农安的旅游项目与繁盛的辽金时期文化融为一体，从吃、住、行、玩全面还原辽金时期民俗特色，使众多游客在梦回千年般的游玩体验中流连忘返	重大项目
69	剑鹏国际马城	吉林省剑鹏马城旅游产业开发有限公司	农安县华家镇战家村	2015年建	2.5	占地面积520万平方米，是一座集种马繁育、马文化展示、马术比赛、休闲度假、观光旅游为一体的综合性旅游开发项目。目前建有五星级综合楼暨马博物馆、游泳休闲区、马厩、室内外赛场、马主之家、西部木屋别墅等多功能区，全部采用欧式风格，典雅气派。建筑模式及驯马技术全部采用德国的先进技术，在国内外属较大建设规模的马术会所。马城现有汗血、温血马一百余匹，有标准的马术比赛室内馆，室外训练场	一般项目
70	山泉湖旅游度假村	农安县顺民心农牧专业合作社联合社	农安县小城子乡西王家村	2011年建	0.25	园区占地面积500万平方米，以真实景观为载体，是集餐饮、旅游、休闲娱乐、特色婚礼及会议培训、文化交流、影视拍摄等具有关东特色的文化庄园、旅游庄园、休闲庄园为一体的多功能综合性园区，可为社会提供150个工作岗位	一般项目

续表

序号	项目名称	建设主体	建设地点	建设期限	总投资（亿元）	主要建设内容及建设规模	项目类别
71	陈家店新农村建设示范村	陈家店村	农安县合隆镇陈家店村	2009年建	0.2	近年来，陈家店村以打造"东北小华西"为奋斗目标，先后投资十几亿元进行土地流转及基础设施建设。现建有供市民游客休憩的葫芦岛公园及幸福广场、采摘园区、接待中心、高光农业园等。还发展农家乐、采摘园等十余家，成为长春市民周末自驾休闲游览的"后花园"	一般项目
72	农安古城遗址	农安县文化广播电视和旅游局	农安镇城东	—	—	复建部分古城西古城墙，用科学手段，宣传辽金文化，湿地观光等旅游项目	谋划项目
73	太平池旅游开发项目	太平池水库管理局	太平池水库	—	—	冰雪、戏水、赛事等旅游项目	谋划项目
74	波罗湖旅游开发项目	波罗湖管理局	波罗湖	—	—	生态观光、康养、休闲度假等旅游项目	谋划项目
75	农安县小城子乡西王家新型农业生态园	小城子乡西王家村有限公司	农安	2021—2025	0.1	休闲娱乐、观光采摘、特色餐饮	谋划项目
76	林田文化科技创意产业园项目	林田远达集团	新区	—	1	该项目位于长春高新区，占地面积5万平方米，建设星级酒店、写字楼、影院、展览中心为一体的文化旅游教育建筑群	一般项目
77	吉林省东北亚文化创意科技园区	吉林省东北亚文化创意科技园有限公司	新区	2021—2023	3.2	规划打造青年创客之家、生命健康体验馆、文化科技交流馆、创客公园、小时代美食广场、千米文创市集以及AD体育俱乐部等十个重点项目建设	重点项目
78	长春光华学院电影产业基地项目	长春光华学院	经开区	2021—2025	3.5	该项目建设地点位于长春经济技术开发区合肥路以南丙六街以东（JK—GD3—KD2—D26—04），计划占地面积19297平方米，建筑面积53700平方米（其中地上面积46700平方米，地下面积7000平方米），该项目是长春第一个集产、学、研为一体的电影产业基地	重点项目
79	长春际华园	际华集团	长春兴隆综合保税区机场大路10588号A区（经开区）	2021年10月	20	建设新型运动健康娱乐综合体	重大项目

序号	项目名称	建设主体	建设地点	建设期限	总投资（亿元）	主要建设内容及建设规模	项目类别
80	长春国际会展中心	长春国际会议中心	经开区会展大街100号	2024年10月	2	综合展会及文化演艺基地	一般项目
81	吉林省新三馆（吉林省文化活动中心、美术馆、近现代史展览馆）	吉林省文化和旅游厅	净月区	2021—2025	21.2	主要建设文化中心、近现代史展览馆、美术馆	谋划项目
82	净月中东港	吉林省中东集团有限公司	净月区	2021—2024	40	购物中心，艺术精品酒店，总部办公楼，商业街区，运动公园，儿童小镇，美食天地，创新工场	重大项目
83	亚泰温泉酒店综合开发	长春亚泰金安房地产开发有限公司	净月区	2022—2025	20	温泉酒店，特色商业街及生态住宅	重大项目
84	长春市动物园搬迁一期建设项目	长春净月高新技术产业开发区园林绿化处	净月区	2020—2022	5.27	占地面积90.55万平方米，建筑面积7.81万平方米，主要建设动物展区建筑，动物保障设施，管理建筑，服务、游憩建筑等设施	重点项目
85	长春净月潭国家级风景名胜区生态景区提升改造二期工程	长春净月潭旅游发展集团有限公司	净月区	2021—2022	2.12	本工程为长春净月潭国家级风景名胜区生态景区提升改造二期工程。项目主要以现有园区景观和基础设施为依托，在此基础上进行提升改造。共包含22个子项目，已开工的为木栈道五期和围栏七期工程	一般项目
86	长春市影视文创孵化园区建设项目	长春净月影视文旅产业集团有限公司	净月区	2021—2023	19	项目新建影视文创孵化园区总占地面积115242平方米，总建筑面积233597.85平方米，地上建筑面积182766.83平方米，地下建筑面积50831.02平方米。项目建设内容：主要建设影视文创产业中心、创新创业中心、创意企业孵化中心等	重大项目
87	影视产业园区基础设施建设项目	长春净月影视文旅产业集团有限公司	净月区	2021—2023	11.7	本项目总规划用地面积1000000平方米。本项目为一期工程，规划用地面积66683平方米，建筑面积156900平方米，其中：地上建筑面积133365平方米，地下建筑面积23535平方米。主要包括影片译制产业孵化中心、数字电影发行产业孵化中心、影视创作产业孵化中心、数字版权及数字修复产业孵化中心，并配套建设相应的公共辅助设施	重大项目

续表

序号	项目名称	建设主体	建设地点	建设期限	总投资（亿元）	主要建设内容及建设规模	项目类别
88	文化产业综合体	吉林省知合动画集团	净月区	2017—2022	10	主要建设动漫文旅风情街，以动漫衍生品为主题，餐饮、影视、手工艺品为辅，形成动漫体验馆、动漫工作室、动漫主题餐厅、动漫表演、动漫摄影等全文化体验和物质消费需求的集聚区	重大项目
89	长春国际影都数字影视基地	东北亚数字科技有限公司	净月区	2022—2024	79.8	占地面积46万平方米，建筑面积148.14万平方米，主要建设双创基地、数字经济基地、研发中心、电子信息类高层厂房、数据中心、变电所、换热站和柴油发电机房，同时建设配套的公用工程及场区工程等	重大项目
90	长春国际影都万达项目	长春北方影都投资有限公司	净月区	2020—2023	200	主要建设影视拍摄基地、酒店群、文旅综合体三部分	重大项目
91	白桦林国际度假区	吉林省中东集团有限公司	净月区	2022—2028	160	占地面积179万平方米，建筑面积145平方米。主要建设酒店、温泉中心、会议会展中心、室内植物园、房车营地、主体乐园、商业及住宅等	谋划项目
92	伟峰·麓泉温泉度假酒店	吉林省伟峰实业有限公司	净月区	2022—2023	1	占地面积0.93万平方米，建筑面积0.5万平方米，其中建设温泉酒店1座，商业建筑1座，并配套建设相应的公共辅助设施	谋划项目
93	张伯驹与潘素艺术博物馆	吉林省水音文化产业有限公司	净月区	2022—2024	6	总占地面积5万平方米，总建筑面积7万平方米，主要建设张伯驹与潘素艺术博物馆及相关商业配套	重点项目
94	亲子运动中心	长春万豪房地产开发有限公司	净月区	2020—2022	1	占地面积0.64万平方米，建筑面积1万平方米，主要建设主要建设科技馆、文化馆、体验馆、运动馆、办公等康体文化娱乐内容及车库亲子运动馆及亲子运动设施等	一般项目
95	《铁血少年》项目	长春新曦雨文化产业有限公司	净月区	2021年	0.16	内容创作生产	一般项目
96	长影世纪城二期改扩建项目	长影集团有限责任公司	净月区	2021—2022	0.72	主要建设过山车、灵异空间及其附属用房、公厕	一般项目
97	东北区域中心文化大数据服务平台项目	吉视传媒股份有限公司	净月区	2023年	0.6	文化传播渠道	一般项目

序号	项目名称	建设主体	建设地点	建设期限	总投资（亿元）	主要建设内容及建设规模	项目类别
98	明宇广场	四川明宇集团	净月区	2013—2021	30	占地面积5.6万平方米，建筑面积45万平方米，主要建设主要建设五星级酒店、5A级写字楼	重大项目
99	汽车综合服务产业园	吉林长春东部车城有限公司	净月区	2021—2023	19.3	主要建设新车、二手车、进口车销售集群，以汽车为主题的购物中心、儿童乐园、卡丁车中心、餐饮服务中心等	重大项目
100	和信天阶城市商业综合体	吉林省和信房地产开发有限公司	净月区	2018—2022	26	占地面积8.38万平方米，建筑面积40万平方米，主要建设集大型商业、高端写字楼、多功能商务楼、星级标准酒店、住宅为一体的城市综合体	重大项目
101	智慧城市产业基地一期	长春市城市发展投资控股（集团）有限公司	净月区	2018—2021	6.65	占地面积3.7万平方米，建筑面积18万平方米，主要建设大数据产业创新服务基地、总部办公大楼、智慧产业创新孵化基地、综合服务中心等	重点项目
102	净月会议会展中心及净月假日旅游度假村项目	吉林省安华通信集团有限公司	净月区	2020—2021	6	占地面积1.99万平方米，建筑面积5.7万平方米，主要建设酒店及配套设施	重点项目
103	长春净月名人公园	长春净月高新技术产业开发区园林绿化处	净月区	2021—2029	5.5188	占地面积63.11万平方米，主要建设休闲公园	重点项目
104	卡利南酒店	长春启航房地产开发有限公司	净月区	2018—2022	1	占地面积0.55万平方米，建筑面积1.6万平方米，主要建设酒店及配套设施	一般项目
105	吉林艺术学院长春电影学院	吉林艺术学院	净月区	2022—2024	14.63	占地面积23.07万平方米，建筑面积18.62万平方米，主要建设吉林艺术学院长春电影学院教学及相关附属设施，包括教学楼、实验楼、综合艺术实践中心、影视制作交流中心、宿舍等	谋划项目
106	吉林动画学院影都校区	吉林动画学院	净月区	2022—2025	11	占地面积12.7万平方米，建筑面积20.32万平方米，主要建设产业楼、行政综合楼、教学楼、摄影棚、演艺中心、图书馆、宿舍等	谋划项目
107	长春厅湿地公园	四川迪盾投资公司与净月区联合建设	净月区	待定	11.8	复建长春厅遗址、净月中央湿地公园、满族风情水上商业街及博物馆等	谋划项目
108	科创谷先导区	长春净月规划建筑设计院有限公司及社会资本	净月区	2022—2024	18.97	规划总用地面积96870.29平方米，规划总建筑面积214154.73平方米，主要建设展示中心1栋，孵化基地4栋，创新大厦2栋，交易中心1栋，研发中心4栋	谋划项目

续表

序号	项目名称	建设主体	建设地点	建设期限	总投资（亿元）	主要建设内容及建设规模	项目类别
109	鹿鸣谷国际会议中心	长春鹿鸣谷生态旅游建设有限公司、吉林剑鹏马城旅游产业开发有限公司、净月区建设工程管理中心等	净月区	待定	12.04	国际峰会会议中心、马术俱乐部、神旗国际数字产业生态总部基地等内容	谋划项目
110	动漫风情商业街（知和文化产业综合体B地块）	长春尚都房地产开发有限公司	净月区	待定	1.9	主要建设商业及办公楼	谋划项目
111	中国移动IDC数据中心	中国移动通信吉林有限公司	净月区	2018—2022	2	占地面积8万平方米，建筑面积10万平方米，主要建设数据机房、维护支撑用房、油机房、66KV变电站等	一般项目
112	新经济（数字经济）创新创业实训中心	吉林财经大学	净月区	2020—2022	1.25	占地面积2.3万平方米，建筑面积3.4万平方米，主要建设A、B两座作为新经济双创实训研究中心，其中A座五层，B座四层	一般项目
113	长春新闻传媒中心	长春广播电视台、长春日报社	净月区	待定	11	公众服务区、演播区、办公区、制作区、后勤区、车库及设备用房等	谋划项目
114	长白山火山岩陶瓷艺术暨玄武烧	吉林省工艺美术集团有限公司	净月区	2023年	0.05	创意设计服务	一般项目
115	慢山里营地综合体	吉林省同人分享慢山里农业休闲度假有限公司	净月区	2020—2022	3.5	慢山里营地综合体占地面积60余万平方米，提供280余就业岗位，累计服务五十余万人次。一期16万平方米的已于2018年3月正式运营，可同时容纳700人用餐、400人住宿和八大营地教育主题，二百余项课程。二期40余万平方米的项目正在投产建设中。慢山里坚持以国家"乡村振兴"战略为导向，以"乡村旅游＋研学实践＋森林康养＋联农带农＋数字科技＋名马产业"为基础，打造"产、学、研"一体化综合性孵化基地，通过发展壮大乡村产业，为乡村振兴提供创新发展模式和新动能	重点项目

序号	项目名称	建设主体	建设地点	建设期限	总投资（亿元）	主要建设内容及建设规模	项目类别
116	电影《大戏台河》项目	长春普利丝路文化产业投资有限公司	净月区	2021—2022	0.6	项目位于吉林省长春市净月区，是一个以揭示三代京剧人爱恨情仇的悬疑片，展示改革开放环境下依然坚持传统艺术的青年京剧工作者生活与爱情主题，也利用现代都市和旅游景区的故事渲染，兼具提升地方文化符号建设和旅游拉动等功能诉求（推动吉林市"京剧第二故乡"文化符号建设和有效拉动长白山旅游宣传效果）	一般项目
117	全域智慧旅游大数据平台	吉视传媒股份有限公司	净月区	2021—2025	0.3	依托吉视传媒光纤网络建设省、市、县景区四级架构的智慧旅游大数据平台，为省内国家级全域旅游示范区创建单位、省级全域旅游示范单位应用部署平台，提升吉林省旅游信息化整体水平。汇聚吉林省文旅行业真实有效的涉旅数据，为省、市、县文旅主管部门提供决策依据；为游客提供更加方便、快捷的旅游线上服务	一般项目
118	国家文化大数据东北分平台	吉视传媒股份有限公司	净月区	2021—2025	0.65	国家文化大数据体系是新时代文化建设的重大基础性工程，公司计划依托自有数据中心资源，购进服务器等软硬件设备，进行国家东北区域中心建设，项目预计投资六千余万元。计划通过三期完成整体建设工作。在一期项目中，公司计划投资两千六百万，建设国家文化大数据体系东北区域中心底层关联集成系统及吉林文化专网，并在省委宣传部的统筹下，完成试点单位内容数字化的录入、标注工作；在二期项目中，公司计划投入两千万元建设完成红色基因库及线上线下红色体验馆工作；在三期项目中，公司计划投资三千万元建设文化标本库、文化素材库。项目全部建成后，中心将形成物理分散、逻辑集中、政企互通、事企互联、数据共享、安全可信的文化大数据体系。形成承载东北文化数据的存储、交流工作重任，构建文化大数据应用生态体系，加强文化大数据公共服务支撑，实现面向社会开放的文化大数据	谋划项目

续表

序号	项目名称	建设主体	建设地点	建设期限	总投资（亿元）	主要建设内容及建设规模	项目类别
121	大屋檐历史文化街区	汽开区管社会发展事业局	汽开区	2024	1	大屋檐历史文化街区改造	一般项目
122	汽车文化公园二期	长春润德公司	汽开区	2024	5	长春国际汽车城雕塑主题公园（二期）	重点项目
123	华侨城文旅项目	华侨城文旅科技集团	莲花山	2021—2025	50	拟占地80万平方米，围绕卡乐星球欢乐世界、卡乐小镇、卡乐水公园，打造以科技为实施手段，以文化传承与创新为主题内容的文化园区	谋划项目
124	天定山旅游度假区项目	吉林省建设集团	莲花山	2021—2025	89	规划占地700万平方米，投资89亿元，项目拟打造成以生态田园为环境底色，以冰雪体验、山地运动为核心功能，集山地观光、农业体验、民俗旅游、山地运动、康体养生等功能为一体的文旅度假区	重大项目
125	力旺半山温泉度假村项目	长春建源置业有限责任公司	莲花山	2019—2021	4	占地面积2.37万平方米，建筑面积4万平方米，主要建设内容为温泉酒店、别墅酒店、森林民宿三大类别，精心打造六大业态种类，多维度满足全龄段客户需求	重点项目
126	世茂莲花山冰雪小镇酒店项目	长春悦翔房地产开发有限公司	莲花山	2019—2022	8	用地面积2.86万平方米，建筑面积2.3万平方米。建设内容包括世茂莲花山冰雪小镇酒店工程	重点项目
127	国色天莲文化产业园项目	长春国色天莲文化产业有限公司	莲花山	2019—2022	20	位于度假区泉眼镇岗子村，由长春国色天莲文化产业有限公司投资建设。项目占地40万平方米，主要建设绿色农业及餐饮酒店、生态观光旅游、养老、育幼、教育等工程	重大项目
128	金鹰商业综合体	南京金鹰集团	莲花山	2021—2024	33	主要建设星级酒店、奥特莱斯购物中心、国际影城、水世界、美食广场、精品超市等	谋划项目
129	长春莲花音乐文化城	长春市长盛房地产开发有限公司	莲花山	2021—2024	50	该项目依托演艺产业为龙头，发挥地域影视文化和生态优势，以多元、包容、开放、中西交流为引领，通过文旅、教育、创意、康养等产业创新，融合音乐文化、旅游、科技、商贸产业联动发展，以实现国际音乐城、4A文旅景区、国家级研学基地、5G智慧城镇、新能源示范园的目标。拟开发建设音乐产业核心区、休闲文旅区、学术交流中心等	谋划项目

序号	项目名称	建设主体	建设地点	建设期限	总投资（亿元）	主要建设内容及建设规模	项目类别
130	现代农牧业展示区项目（浅山牧场）	长春君邦游乐管理有限公司	莲花山	2021—2024	9.4	浅山国际旅游度假区项目位于吉林省长春莲花山生态旅游度假区，总投资额 9.4 亿元，总占地面积 1500 万平方米。项目定位为乡村旅游微度假综合体，由浅山牧场、浅山小镇、浅山乐园、浅山集市四大版块构成。以"牧场+"模式，打造集观光、体验、度假、娱乐、采摘、研学为一体的田园牧场综合体	谋划项目
131	杨丽萍艺术酒店	力旺集团·长春建源置业有限责任公司	莲花山	2020—2023	4.7	该项目是一个以缔造山居生活为主题，兼具艺术、生态和纯臻等元素，在"尊重自然品质人居"的开发理念的指引下，以"自然与美共生"为目标，打造集康养旅居、生态养生、山林观光、田园休闲、亲子游乐等多元化功能于一体的项目。主要建设内容为温泉酒店、别墅酒店、森林民宿三大类别，精心打造六大业态种类，多维度满足全龄段客户需求	重点项目
132	中关村亚太（长春）生物科技产业园项目	吉林晓丹控股有限公司	中韩示范区	2021—2025	10	项目坐落在吉林省长春市中韩自贸区，以生物科技为主	重大项目